Freud
Wallon Lacan
A criança no espelho

Émile Jalley

Freud Wallon Lacan

A criança no espelho

Tradução
Antonio Carlos V. Braga

Revisão
Sandra Felgueiras

Editor
José Nazar

Companhia de Freud

Título Original
Freud Wallon Lacan – L'enfant au miroir

Editoração Eletrônica
FA - Editoração Eletrônica

Tradução
Antonio Carlos V. Braga

Revisão
Sandra Felgueiras

Editor Responsável
José Nazar

Rio de Janeiro, 2011

CIP-BRASIL. CATALOGAÇÃO-NA-FONTE
SINDICATO NACIONAL DOS EDITORES DE LIVROS, RJ

J27f

Jalley, Émile
Freud, Wallon, Lacan : a criança no espelho / Émile Jalley ; tradução Antonio Carlos V. Braga. – Rio de Janeiro : Cia. de Freud, 2009.

Tradução de: Freud, Wallon, Lacan : l'enfant au miroir

Inclui bibliografia
ISBN 978-85-7724-053-1

1. Psicologia infantil. 2. Freud, Sigmund, 1856-1939. 3. Wallon, Henri, 1879-1962. 4. Lacan, Jacques, 1901-1981. I. Título.

08-2202. CDD: 150.195
CDU: 159.964.2

03.06.05 04.06.08 006963

Companhia de Freud
editora

Endereço para Correspondência
Rua Barão de Sertório, 48 - casa
Tel.: (21) 2273-9357 • Fax: (21) 2293-5863
Rio Comprido - Rio de Janeiro
E-mail: ciadefreud@gmail.com
Site: www.ciadefreud.com.br

Sumário

Introdução 9

O estádio do espelho e seus antecedentes

Capítulo I
Histórico 25

Capítulo II
O estádio do espelho 39

Capítulo III
A exibição e o despotismo 45

Capítulo IV
O transitivismo 51

Capítulo V
O ciúme e a simpatia 63

Capítulo VI
O mimetismo afetivo 67

Capítulo VII
A função de imponência 73

Capítulo VII
Imitação, personalidades intercambiáveis, uso do Eu 75

Capítulo IX
Wallon ou Charlotte Bühler? 79

Capítulo X
Lacan antes do encontro com Wallon 86
Lacan e a psicologia 86
Lacan em 1932 87
Prelúdios do estádio do espelho 93
As síndromes de identificação delirante 94
Psicologia e psicanálise 100

Capítulo XI
A imagem especular em Freud 103
O tema do duplo 105
O jogo do carretel: Freud e Lacan 112

Capítulo XII
Os jogos de alternância em Wallon 123

Os psicólogos e a psicanálise: a criança no espelho

Capítulo XIII
A imagem especular em Wallon 137

Capítulo XIV
O espaço mental: Wallon, o simbólico lacaniano, Winnicott, Bion 147

Capítulo XV
As dificuldades de Wallon e Lacan 167

Capítulo XVI
As experiências de Zazzo sobre a imagem especular 173

Capítulo XVII
Reconhecimento de si e identificação especular 181

Capítulo XVIII
As outras pesquisas recentes sobre a imagem especular 205
Diversidade das abordagens 205
A imagem de um outro 210

A imagem de um outro-eu (alter / ego) 211
A imagem de si 215
Convergências com Lacan 220
Convergências com Winnicott 224
Dados psicopatológicos 225
Primazia da imagem parental 228
Outras descrições 231
Outras técnicas 233
O animal e o homem 235

OUTROS TEMAS FREUDIANOS

Capítulo XIX
A imaturidade e a prematuração em Freud 245

Capítulo XX
O estado de desamparo segundo Freud 257
Desamparo original e mal-estar da civilização 266
O desamparo c o auto-erotismo 268
O desamparo e a experiência de sedução 273
As duas origens, externa e interna, da sexualidade infantil 275
O estado de desamparo e o laço de identificação 280

Capítulo XXI
O estado de desamparo e a prematuração segundo Freud 293
Wallon 293
Melanie Klein 309
Winnicott, Bion, Spitz 312
O isomorfismo dos modelos de leitura 314

Capítulo XXII
A prematuração segundo Lacan 325

Capítulo XXIII
A teoria de Bolk 335

Capítulo XXIV
O duplo conceito do Outro e do outro 345
Lacan 345
O Eu – O Alter – O Outro: Wallon 351

O paradigma hegeliano da alteridade 364
O espelho divino 369
Hegel e Freud 375
O seminário de 1955-1956 380

Capítulo XXV
Conclusão: o problema da influência na história das idéias 385

Bibliografia 413

Introdução

A França é um país em que a história nem sempre é escrita com facilidade, mesmo que as suas peripécias sempre tenham sido e permaneçam sendo, em todas as áreas, portadoras de um rico desenvolvimento.

Dessa maneira, é notório, por exemplo, que ainda exista uma história secreta da Resistência e da Libertação no decorrer da guerra de 1939-1945, sem falar da guerra da Argélia. Alguns episódios perturbadores da guerra de 1914-1918, como a dizimação exercida contra alguns regimentos, ainda são ignorados, ou melhor, recalcados pela história oficial. Parece que tal medida, antigamente usada no exército romano e que consistia, em caso de grave demérito ocorrido em determinada unidade militar, em se executar ao acaso um soldado em dez, tenha sido ordenada pelo general Nivelle no *front* da batalha de Verdun. Todavia, nenhum livro nem nenhum documento trata desse assunto tabu, mesmo oitenta anos mais tarde.

Na história das ciências e da cultura, o mesmo tipo de abstenção abrange, com as devidas proporções, mas numa dimensão de recalque, num horizonte de denegação no final das contas comparável, a psicologia assim como a psicanálise.

A França é provavelmente o país em que a psicanálise é hoje mais viva, em que permaneceu mais fiel à sua forma original ao mesmo tempo que é mais inovadora. Entretanto, só passou a existir uma sociedade de história da psicanálise há um pouco mais de dez anos. Tal situação é em si mesma paradoxal e à primeira vista difícil de se entender. Tentaremos um pouco mais tarde oferecer um esboço de explicação.

Em relação à psicologia, não existe nenhum organismo importante que se interesse pela história dessa ciência com exceção de um pequeno grupo de estudos em que se reúnem alguns especialistas, de que, aliás, faz parte o autor (GEPHP: Groupe d'études disciplinaires d'histoire de la psychologie – Grupo de estudos disciplinares de história da psicologia).

Os psicólogos hoje em dia têm naturalmente repugnância por se interessar pela história de sua disciplina, na medida em que a pesquisa histórica lhes parece conotar a mesma dimensão ideológica que aquela que vem de toda a filosofia, com a qual estão, desde 1950 mais ou menos, corporativamente zangados. De fato, a tradição filosófica francesa está representada, já há bem mais de um século, por uma escola de história da filosofia muito rica (Brunschvicg, Guéroult, Gouhier). E se poderia dizer que a rejeição da filosofia – muito acentuada entre os psicólogos franceses, enquanto que são mantidos os laços, sem solução de continuidade, entre essas áreas no campo cultural da Alemanha, por exemplo – se associou à recusa simultânea de qualquer interesse pela história de sua própria disciplina. Aliás, não é só a história que é expulsa com a filosofia, mas também qualquer preocupação de caráter ético e, em geral, cultural. Assim, só pode prevalecer, na relação com o humano, o rigoroso ponto de vista técnico.

No que diz respeito aos psicanalistas, um certo ativismo da práxis é o que os afastaria geralmente dos problemas de caráter ao mesmo tempo teórico e cultural, aos quais se liga a pesquisa histórica julgada em si própria sem aplicação interessante sob semelhante ponto de vista prático. Freqüentemente, aliás, esse interesse pelas práticas se acha implicado também em disputas de opiniões, conflitos de tendências, paixões grupais cujo clima se revela pouco favorável ao surgimento dessa serena "galeria de imagens" que forma, segundo Hegel, o tecido de uma autêntica história das idéias científicas.

Por outro lado, sempre desde 1950 na França, as relações entre a psicanálise e a psicologia se ampliaram progressivamente no início e depois cada vez mais, ao ponto de apresentar em muitos casos uma aparência conflituosa. O papel de Lacan não é alheio a essa situação, sem ser, aliás, seu único fator responsável.

Antes dessa reviravolta fatídica dos anos cinqüenta, as relações entre a psicologia e a psicanálise foram muito mais acentuadas, *grosso modo*, pela interferência, pela troca recíproca, qualquer que fosse seu tipo ou estilo, do que pela indiferença mútua, até mesmo pela oposição ou quiçá pelo antagonismo que em geral se vê prevalecer atualmente.

Os dois representantes mais conhecidos dessa atitude de colaboração frutífera da psicologia com a psicanálise são principalmente, cada um com seu estilo próprio, Henri Wallon e Daniel Lagache.

Henri Wallon é provavelmente, comparado com Jean Piaget, o maior psicólogo da língua francesa. Sua influência nunca deixou de se fazer sentir de maneira constante, ou pelo menos evidente, no conjunto da paisagem da psicologia francesa.

É amplamente conhecido pelo público que Jacques Lacan renovou profunda e fecundamente a leitura do texto freudiano, particularmente ao colher na filosofia de Hegel um certo número de temas ou de esquemas interpretativos: assim foi com a luta de puro prestígio pelo reconhecimento, preâmbulo célebre de sua não menos notória dialética do senhor e do escravo.

Ora, Lacan é devedor a Wallon no plano da psicologia, como a Hegel no da filosofia. Não se trata somente de dados notáveis referentes à imagem em espelho, mas, mais comumente, de ingredientes básicos a partir dos quais se formaram no pensamento lacaniano as duas grandes categorias de imaginário e de simbólico.

Na realidade, uma tal perspectiva não adquire um significado verdadeiro a não ser identificando o campo do pensamento freudiano como o terreno em que se formularam as matrizes teóricas assim como as questões abertas, a partir das quais exatamente se originou o diálogo de Lacan com Wallon. Os projetos freudianos relativos ao conceito duplo de imaturidade/prematuração, também o do estado de desamparo, evidenciam as fundações de uma doutrina inacabada das identificações baseada nas formas do laço social primário. É nesse plano profundo que se conectariam o projeto lacaniano de uma interpretação renovada do texto freudiano e a descrição walloniana das "origens do caráter na criança". E é num tal tecido de fundo que indica o horizonte mais distante que acabamos de sugerir – o da filosofia romântica alemã, Hegel em particular, como o terreno de origem dos esquemas conceituais tais como o "par de oposições" ou o par outro-Outro – que inicialmente tomou raiz a noção moderna do sujeito. De maneira mais definida, se trataria aqui da maneira como a leitura "hegeliana" de Freud por Lacan encontra em Wallon exatamente o mesmo tipo de leitura, mas com uma ênfase e perfil pessoais sensivelmente diferentes.

O fato de adotar uma atitude polêmica em relação à psicologia, a partir de 1953 e sobretudo em relação à psicologia americana, não impediu Lacan de antecipadamente tirar o melhor proveito do que lhe era então oferecido de mais sólido na psicologia francesa, a obra de Wallon.

Filosofia alemã e psicologia francesa: compreende-se como o novo modelo de leitura, ao mesmo tempo original e fiel, do pensamento freudiano instituído por Lacan se liga ao conjunto da história cultural européia. Além dessas duas origens mais importantes, outras fontes de inspiração do pensamento lacaniano já foram muito bem descobertas e comentadas: o estruturalismo lingüístico (de Saussure, Jakobson) e antropológico (Lévi-Strauss), também Heidegger, além da dialética hegeliana.

Para retornar à denegação da história, de que se falou anteriormente, esse fenômeno em voga entre os "psiquistas" nos parece implicar um diagnóstico severo no momento. Ela nos parece, sem tentar bancar as pítias ou as cassandras, uma má tendência para as ciências da mente e até, para dizer tudo, um presságio pouco reconfortante de seu futuro. Em primeiro lugar, ela se associa a um sintoma característico da psicologia quotidiana de nossa época, expressa pelo pensamento concreto, factual, enterrada no quotidiano, deserdada de qualquer ressonância imaginária e fantasmática. Além disso, no âmbito da atividade científica e cultural, ela não é um indício positivo de avanço, mesmo que isso desagrade os partidários de um ideal estruturalista atualmente bastante desgastado, mas, melhor dizendo, um sinal de crise, de desespero, de impaciência ou até de declínio cultural.

O ser humano representa, dentre toda a série evolutiva dos viventes, a única espécie dotada de uma organização psicobiológica que a faz capaz de uma integração coordenada das dimensões temporais, de uma vetorização do presente, espécie que vive de acordo com as duas direções, do passado e do futuro. O ser humano é o único ser natural que possui um cérebro dotado de um córtex suficientemente desenvolvido para torná-lo capaz de se projetar em uma história. Amputá-lo de sua história, de sua capacidade historial, de seu interesse reflexivo espontâneo pelo passado tanto pessoal quanto cultural equivale simplesmente a "descorticá-lo", a descerebrá-lo. Cabe o espanto quanto a essa forma de masoquismo cultural, quanto a esse furor em entregar o homem ao presente técnico, ao universo morto dos objetos simplesmente úteis. Com qual destino poderia o *homo faber* sonhar ao se separar dessa maneira do *homo sapiens*?

Essa opinião, verdadeiramente dizendo por demais generalizada, sobre o desprezo da história poderia encontrar uma ilustração imediata e fácil a respeito do próprio objeto do qual nos ocupamos. De fato, a obra que estamos apresentando aqui foi redigida já há uma década. Não a havíamos publicado por motivos de caráter circunstancial. Na época, os laços entre o pensamento lacaniano, sobretudo o estádio do espelho, e a obra de Lacan ainda eram mais ou menos desconhecidos, excetuando-se duas referências de caráter mais elíptico, e sem informação exata, do *Vocabulaire de la psychanalyse*[1] de Laplanche e Pontalis e também de René Zazzo[2], o principal discípulo de Wallon.

Em 1983, o *Bulletin de psychologie*[3] assinalava a existência de observações do filósofo Hippolyte Taine a respeito das reações de seu próprio filho diante do espelho, publicadas pela *Revue philosophique* em 1876. Esse texto, aliás de um grande interesse, nunca mais foi publicado. Em 1986, Elizabeth Roudinesco[4] dedicava pela primeira vez, em sua volumosa obra sobre a história da psicanálise e, em particular, sobre o pensamento lacaniano, algumas páginas às origens wallonianas de Lacan relativas ao estádio do espelho. Ali ela mencionava, aliás, de bom grado, o fato de ter extraído

---

[1] J. Laplanche e J.-B. Pontalis, *Vocabulaire de la psychanalyse*, Paris, PUF, 1967, pp. 452-453.

[2] R. Zazzo, *Psychologie et marxisme*, Paris, Denoël-Gonthier, 1975, p. 174.

[3] D. Voutsinas citando R. Zazzo, "Chronique bibliographique à travers les revues", *Bulletin de psychologie*, nº 362, 36, 18, 1983, pp. 965-967.

[4] E. Roudinesco, *La bataille de cent ans. Histoire de la psychanalyse en France*, 2, 1925-1985, Paris, Seuil, 1986, pp. 15, 71-87.

suas fontes da comunicação que lhe havíamos feito dos textos de Wallon durante o ano de 1985, em conseqüência da informação que ela recebeu de Charles Baladier, um dos responsáveis então pela *Encyclopaedia Universalis*, de que provavelmente tínhamos um bom conhecimento a esse respeito.

Um pouco mais tarde, em 1989, uma outra obra[5] utilizava um certo número de dados circunstanciados a esse respeito accessíveis em nossa tese de Doutorado[6].

Enfim, no que diz respeito aos comentários muito interessantes do filósofo Merleau-Ponty[7] sobre o tema da imagem especular em Wallon e Lacan, fora uma breve e acidental menção de algumas linhas[8], ninguém nunca mais falou disso na França, enquanto são mencionados e estudados com o cuidado que merecem em outros países, o Japão, por exemplo.

Algumas palavras são necessárias aqui a respeito da metodologia de nossos passos em matéria de história das idéias. O que se esforça em demonstrar, entre outras coisas, a presente obra é que a obra de Wallon desempenhou, paralelamente ao pensamento hegeliano, um papel decisivo no período de formação do pensamento lacaniano entre 1938 e 1953 aproximadamente. A esse respeito, a elaboração primordial das duas categorias fundamentais do simbólico e do imaginário lhe deve muito. A partir dali, o percurso de Lacan seguiu seu próprio desenvolvimento, de uma originalidade irredutível a qualquer influência assinalável. Deste último ponto de vista, as duas categorias em questão também experimentaram, no decorrer do tempo, uma evolução que um certo número de conhecedores do pensamento lacaniano sem dúvida reconheceu.

Isso dito, seria um pouco imprudente interrogar em demasia, a partir de um ponto ulterior por demais longínquo, o laço histórico inaugural que se estabeleceu entre o pensamento de Wallon e a forma de origem, o

---

5 B. Golse e R. Bursztejn, *Penser, parler, représenter. Émergences chez l'enfant*, Paris, Masson, 1989, pp. 71, 75, 215.

6 É. Jalley, *Wallon et la psychanalyse, thèse de Doctorat ès lettres et sciences humaines*, Bibliothèque des thèses de la Sorbonne, 1986

7 M. Merleau-Ponty, *Merleau-Ponty à la Sorbonne, résumé de cours 1949-1952*, Grenoble, Cynara, 1988.

8 Borch-Jakobsen, *Lacan, le maître absolu*, Paris, Flammarion, 1990, pp. 65, 66, 69, 289, 290.

modelo de base do desenvolvimento lacaniano. Nem todo Lacan se explica por Hegel e Wallon. Sua respectiva influência em suas próprias concepções é de uma apreciável importância, mas mesmo assim localizada e ponderável. Sob essas condições, é conveniente evitar o perigo insidioso que habitualmente se instala em todas as formas mais ou menos confessas de interpretação retrospectiva, ou, se desejar ainda, de leitura "a tergo". Tal é o princípio do viés metodológico que podemos qualificar, na abordagem dos dados históricos, pela fórmula de "ilusão retrospectiva do verdadeiro" (Bergson). Ela pôde ser, por exemplo, uma concepção dita "engajada" da história, ao interpretar a Revolução Francesa voltando o tempo a partir de sua herança presumida na Comuna de Paris, ou até mesmo na Revolução de Outubro.

No que diz respeito a Lacan, o fato de interrogar – para acabar provavelmente e de maneira tendenciosa negando sua existência – o vínculo de seu pensamento com o de Wallon, a partir, suponhamos, da problemática do objeto *a*, seria absolutamente não pertinente. Tal erro de julgamento histórico poderia, a rigor, se explicar pelo fato de que é sob o abrigo, ou a roupagem, poder-se-ia dizer, do tema especular que se introduz primeiramente a nova e original problemática do objeto *a* na obra de Lacan. É evidente que o leitor atento saberá evitar tais sofismas, cujo princípio consiste, de alguma maneira, em confundir o continente e o conteúdo, o envelope e a carta que ele encerra.

Para ilustrar a coisa a partir de um exemplo extraído das ciências da natureza, e não mais das ciências da mente, passa por perigoso, aos olhos dos naturalistas, tentar recuperar o macaco a partir do homem moderno. Da mesma maneira os adversários de Darwin tinham razão, sem o saber realmente, quando se obstinavam em negar que o homem descendia do macaco. É incontestável que o homem não "descende" do macaco segundo uma linha evolutiva contínua. Mas, por meio de um sistema de bifurcações laterais altamente complexo, os macacos primeiramente produziram hominídeos, que finalizaram em hominianos aos quais o homo sapiens sapiens está definitivamente ligado. É verdade que o sábio às vezes assume o risco mais ou menos rentável de acionar, em certos casos particulares, uma metodologia regressiva dessa maneira. Entretanto, não se poderia mesmo assim considerá-la como um princípio metodológico geral sem incorrer em grandes riscos. O historiador, geralmente – aí incluídos os domínios especiais da história da filosofia, da história das idéias ou até da história da arte –, está por tradição treinado para contornar esse tipo de armadilha. Mas muito menos o psicólogo ou até o psicanalista, que suas formações não preparam para o bom uso do método histórico. Aliás, uma das razões essenciais é a prevalência implícita e não crítica, em sua abordagem dos fatos e dos mecanismos psíquicos, de modelos tradicionalmente colhidos, desde a própria origem de suas respectivas ciências, nas ciências naturais e biológicas e marcadas por uma continuidade de pensamento que privilegia a reversibilidade operatória (no sentido piagetiano) ao invés da direcionabilidade temporal postulada pela abordagem histórica. Esse tipo de método é acentuado por um vai-e-vem do princípio, uma revisão periódica do percurso percorrido efetuado pelo pensamento, no qual o retorno tem como função controlar o ir, como explica, por exemplo, Descartes, quando propõe em suas *Regras para a direção do espírito*[9] um novo paradigma do saber científico.

Além disso, no que se refere à psicanálise, é necessário mencionar essa circunstância específica de que o método psicanalítico repousa por princípio em um método de "análise regressiva" (Freud). E que, se há desse método retrocedente, retrógrado um uso "empírico" legítimo, pode haver também um outro uso, abusivo, pervertido, ilusório, quimérico, "transcendental" em uma palavra, para fazer uso dessa oposição clássica introduzida por Kant. Isso se percebe com facilidade, por exemplo, na posição de alguns psicanalistas que pretendem (Viderman) que o espaço analítico é um objeto completamente reconstruído a partir dos dados atuais da cura.

O pensamento de Lacan evoluiu muito no decorrer de sua longa existência. Não se poderia, baseado no último Lacan, oferecer um julgamento correto e crítico da contribuição de Wallon em seus passos iniciais. Tratase aqui de uma questão de colocação em perspectiva, de se adotar o bemdizer, o pensar correto, o que Pascal chamava de o espírito da fineza.

Para delimitar melhor o espaço de nosso estudo, nos parece interessante situar de novo esse período de formação do pensamento lacaniano (1938-1953) no contexto histórico em que se inscreveu a evolução das

---

[9] R. Descartes, "Règles pour la direction de l'esprit" (1628), *Oeuvres et lettres*, Paris, Gallimard, 1952.

disciplinas psicológicas já faz meio século, quer dizer, desde essa virada característica dos anos 1950 cuja importância já assinalamos anteriormente.

Na época em que o pensamento de Lacan ainda toma forma, no contato com suas duas fontes, hegeliana e walloniana, quer dizer, até o discurso de Roma mais ou menos (1953), o paradigma, formulado por Lagache, de uma psicologia clínica já ocupa o lugar, exatamente desde a publicação de sua pequena obra, bastante conhecida na época, sobre a *Unidade da psicologia*[10]. O modelo lagachiano de uma psicologia clínica representa, é claro, com relação à abordagem de um Lacan, uma versão particular e absolutamente diferente das interferências entre a psicanálise e a psicologia. Sem que seja o caso de se estudar aqui o detalhe, se ressaltará simplesmente o fato de que um paradigma tal se apresenta, de fato, como o projeto de uma aliança original e amplificadora, ou seja, não-redutora, entre a psicanálise e a psicologia.

Logo de cara, e com a finalidade de se perceber as coisas de maneira mais clara, digamos sumariamente que nos parece de grande importância, na atual conjuntura, examinar o antagonismo bastante conhecido entre Lagache e Lacan, ou seja, entre uma psicologia clínica e uma psicanálise pura, exclusivamente do ponto de vista de seu conteúdo epistemológico, para-além do conflito das pessoas e dos grupos em que ela assumiu uma figura histórica contingente e para o qual se é ainda vezes demais levado a reduzi-la justamente por carência de uma visão histórica.

Certamente seria mais interessante, ao invés de diabolizar de maneira dogmática uma tal oposição, considerá-la como trabalhando ainda de maneira contínua no âmbito da psicanálise francesa, ali criando linhas de força que de uma certa maneira contribuem para dinamizar sua criatividade. Provavelmente, é graças a essa tensão dinâmica entre diversas correntes do pensamento clínico francês que se pode ter em vista, sem um grande risco de erro, a França – reservando-se por sinal o caso da Inglaterra – como o país do mundo em que o pensamento psicanalítico se manteve mais vigoroso, mais criativo, mais próximo também de sua origem freudiana.

Em todo caso, é incontestável que esse projeto lagachiano de uma aliança entre a psicanálise e a psicologia em um novo quadro de uma psi-

---

[10] D. Lagache, *L'unité de la Psychologie* (1949), Paris, PUF, 6ª edição, 1983.

cologia clínica, cujos germes podem, por sinal, eventualmente mas inquestionavelmente, ser discernidos sob a pena de Freud[11], exerceu efeitos imediatos e profundos, precisamente a partir de 1950, no contexto cultural francês, no plano do conjunto das ciências da mente e da vida. Nesse meio ideológico, transtornado parcialmente pelas conseqüências sociais, políticas e culturais da Segunda Guerra mundial, a psicologia e a psicanálise tentam então definir sua nova associação situando-na em relação a outras disciplinas tradicionais: trata-se essencialmente de filosofia, por um lado, e ciências biológicas e médicas, por outro.

Em primeiro lugar, o pacto de tipo novo proposto por Lagache entre a psicologia e a psicanálise permite a esta – cuja difusão na França foi até então muito trabalhosa – utilizar a psicologia clínica como veículo destinado a favorecer sua implantação no meio universitário.

Ao mesmo tempo, a associação da psicologia com a psicanálise permitia também à primeira se distanciar e até mesmo se emancipar em relação à filosofia, à medicina e à biologia, as três disciplinas dominantes em relação às quais ela sempre esteve em grande condição de vassalagem desde o início de sua história até o final do século XIX.

Entretanto, a instituição médica resistiu prontamente, e por longos anos, a essa emancipação de uma psicologia clínica sob a tutela implícita da psicanálise. A medicina, autorizando-se pela rica tradição da clínica médica e psiquiátrica na França, controlando-a cerradamente, almejava uma hegemonia de direito sobre essas duas novas disciplinas.

No mesmo período intervém esse outro fator histórico determinante que representa a personalidade de Jacques Lacan. Seu ensinamento, instaurado imediatamente após seu célebre "relatório do congresso de Roma" (setembro de 1953), inaugura uma nova corrente da psicanálise determinada a rejeitar esse modelo de uma psicologia clínica que acabara justamente de ser proposto por Lagache, opondo-lhe o contramodelo estruturalista de uma psicologia pura como quadro de uma psicopatologia psicanalítica autêntica. Também de maneira mais extensiva, o discurso de Roma inau-

---

[11] S. Freud, "Lettre nº 103 du 30 janvier 1899", *La naissance de la psychanalyse*, Paris, PUF, 1956, p. 244; "L'intérêt de la psychanalyse" (1913), *Résultats, idées, problèmes I*, 1890-1920, Paris, PUF, 1984, pp. 187-197.

gura a ruptura entre a concepção lacaniana da psicanálise e o conjunto das disciplinas psicológicas. Entretanto, a ruptura definitiva com Lagache só se daria em 1963.

No que tange à filosofia, uma corrente não desprezível de suas personalidades oficiais se afasta, mais ou menos nessa época também, ostensivamente da psicologia. Em 1956, Georges Canguilhem, numa célebre conferência proferida perante a Société de philosophie[12] formula um requisitório severo e de repercussão durável contra a psicologia. Desde então, a linha de fratura entre psicólogos e filósofos não cessou de se alargar, sem que nenhum esforço de qualquer uma das partes tenha sido empreendido para tentar fechá-la.

Nessa história toda, o papel de Canguilhem aparece como paradoxal, se considerarmos que ele então ocupava a função de Inspetor Geral de Filosofia do ensino secundário. Nessa época, os programas de filosofia dos vários tipos de Classes Terminais previam um espaço muito importante reservado à psicologia; uns bons vinte e cinco por cento do ano para a classe de Filosofia propriamente dita. De um tal modelo pedagógico, sem equivalência naquela época em nenhum outro país, resultava o importante fato cultural de que uma base bastante consistente de conhecimentos em matéria de psicologia (Ribot, o associacionismo, Janet, o behaviorismo, a psicologia da forma, etc) faziam parte da formação básica do formando em segundo grau médio e, por conseguinte, de um número bastante expressivo de pessoas instruídas, cultas. Ora, a Inspeção Geral de Filosofia era exatamente encarregada de controlar e administrar a execução, entre outras matérias (lógica, moral e metafísica), de um tal programa de psicologia. Pode-se argumentar, a esse respeito, que o discurso de Canguilhem está no direito de assumir a responsabilidade histórica de haver destruído naquele dia o próprio sentido da missão cultural de que seu autor tinha sido investido pela função pública pelo fato de seu título de Inspetor Geral. Sob esse ponto de vista e a título de conseqüência longínqua, mas inevitável, é conveniente ressaltar que, em realidade, a parte efetiva reservada à psicologia no programa das Classes Terminais se abrandou muito nos úl-

[12] G. Canguilhem, "Qu'est-ce que la psychologie?" (1956), *Études d'histoire et de philosophie des sciences concernant les vivants et la vie*, Paris, Vrin, 1994, pp. 365-381.

timos vinte anos, em benefício, geralmente, de temas atuais sugeridos pela pressão ideológica dos meios de comunicação. Isso resultou provavelmente em modificações bastante profundas, mesmo que difíceis de delimitar, do perfil e do nível cultural da mentalidade cultural atual.

Vai-se ressaltar, incidentalmente, que os representantes da psicologia universitária nunca se interessaram pelo destino desse programa de psicologia das Classes Terminais, que deveria ter tido para eles o mérito de garantir uma certa iniciação para os futuros estudantes de sua própria disciplina, em número hoje de mais de 50.000. Aparentemente, sua crescente hostilidade em relação à filosofia os deixava abandonar esse ensinamento de psicologia concebido dentro do âmbito da filosofia.

É provável que o discurso infanticida de Canguilhem tenha sido em grande parte um texto circunstancial. Seu autor, que ambicionava então deixar a Inspeção Geral em favor de um cargo de professor na Sorbonne, por sinal obtido pouco após, fazia campanha diante de uma Sociedade de Filosofia composta em sua maioria por metafísicos tradicionais hostis ao que se chamava então de "psicologismo" (Alquié, Hyppolite, Schuhl), enquanto que uma outra tendência, também tradicional no quadro cultural francês, era bem mais aberta a uma aliança da filosofia com a psicologia.

Por outro lado, vários desses filósofos que guardavam uma distância cada vez maior da psicologia estavam justamente seduzidos pelo antipsicologismo e também pelas conotações filosóficas (Hegel relido por Kojève, Heidegger também) do discurso lacaniano. É nesse contexto que se situa a célebre intervenção do filósofo Jean Hyppolite[13] sobre a "negação" no seminário de Lacan de 1954.

Enfim, ao lado e em paralelo com esse conflito entre psicanálise lacaniana e psicologia, se desenvolve, entre 1955 e 1975, uma outra guerra, no seio da psicologia, entre psicologia experimental e psicologia clínica, os dois parceiros entre os quais o modelo lagachiano havia esperado um casamento de razão durável. Esse outro conflito se selou por um divórcio, seguido de uma atitude de indiferença mútua entre as duas partes. Em compensação, a oposição entre os dois modelos, lacaniano de uma psico-

---

[13] J. Hyppolite, "Commentaire parlé sur la Verneinung de Freud", *in* J. Lacan, *Écrits*, Paris. Seuil, 1966, pp. 879-887.

patologia psicanalítica e lagachiano da psicopatologia clínica, conservou uma grande parte de sua acuidade tanto nos meios universitários como profissionais. Esse fato, aliás, é notavelmente menos sensível já há algum tempo. É que o conjunto da cultura francesa entra em um processo de crise crescente, ligada à crise provocada pelo bloqueio de toda a sociedade francesa, processo de desculturalização progressiva no qual a adesão aos modelos conceitualmente bem estabelecidos cede lugar aos efeitos conjugados do empirismo, do ecletismo e, finalmente, das mentalidades tecnológica e tecnocrática.

Para terminar, confessamos que a massa de documentos que nosso objeto de estudo mobilizava nos criou vez por outra problemas delicados de manipulação. Dessa maneira, decidimos em certos casos citar os textos segundo um método de recorte e recomposição por meio de pontos de suspensão. Achamos bom adotar esse procedimento, que concordamos plenamente ser suscetível de crítica por alguns leitores, sobretudo no que se refere aos textos relativos ao transitivismo. Obviamente, não são efeitos de caráter estético da categoria de um Max Ernst que desejaríamos pela via de um uso moderado e controlado dessa técnica de "colagem", mas, muito mais, efeitos de significação de natureza histórica e epistemológica que a oportuna concentração do material pode tornar mais convincentes.

O estádio do espelho e seus antecedentes

CAPÍTULO I

HISTÓRICO

Existem correspondências explícitas entre certos temas da obra de Lacan e alguns dos conceitos de Wallon relativos ao desenvolvimento da criança. Apesar de seu caráter inegável, essas conexões temáticas não foram bastante nem exaustivamente situadas até a presente data.

Certamente, não escapou a Laplanche e Pontalis, no artigo do *Vocabulário de Psicanálise*[1] dedicado ao "estádio do espelho", que os desenvolvimentos de Lacan a respeito[2] se valiam dos dados publicados vários anos antes por Wallon (1931)[3]. Entretanto, essa observação não provocou até agora nenhum estudo comparado um pouco mais detalhado.

Em 1973, Zazzo, em um dos numerosos textos que dedicou à experiência especular, formulava a seguinte observação:

> A exegese do pensamento de Lacan deveria ser questionada quanto a eventuais influências wallonianas. Em seu artigo de 1938 (Encyclopédie

[1] J. Laplanche e J.-B. Pontalis, *Vocabulaire...*, *op. cit.*, p. 453.

[2] J. Lacan, "La famille", *Encyclopédie française*, t. 8, Paris, 1938, pp. 8.40-3 até 8.40-8, reeditado. *Les complexes familiaux dans la formation de l'individu*, Paris, Navarin, 1984; "Le stade du miroir comme formation de la fonction du Je telle qu'elle nous est révélée dans l'expérience psychanalytique" (1949), *Écrits*, *op. cit.*, pp. 93-100.

[3] H. Wallon, "Comment se développe chez l'enfant la notion du corps propre" (1931), *Enfance*, nº spécial Henri Wallon, 1959-1963, pp. 121-150.

Française), se acha a maior parte das noções e expressões que Wallon prezava: a dialética dos três modos de sensibilidade, o papel preponderante do proprioceptivo no esquema corporal, a importância conferida à antecipação funcional, a passagem da imagem para o símbolo que o reconhecimento de si mesmo no espelho exprime. Tudo isso "assimilado", é claro, numa perspectiva psicanalítica... Teria sido o pensamento lacaniano, pelo menos em seus inícios, um freudiano-wallonismo[4]?

De fato, supondo-se que tais influências sejam reais, nos parece ser no mínimo pouco construtivo censurar a psicanálise, não sem algum humor, por as ter "assimilado". Ainda mais que o termo assimilação, em um sentido positivo, nos parece a respeito – como talvez nos convençamos mais abaixo – absolutamente apropriado. Em realidade, Lacan teria captado, desde o final da década de trinta, o interesse – do pensamento psicanalítico – de se apropriar do que de melhor havia na psicologia infantil de sua época. Em nosso entender, acontece ainda freqüentemente, até mesmo atualmente, que psicanalistas só se interessem por sua própria prática e apenas pelos aspectos doutrinários que lhe dizem respeito por uma bem estabelecida tradição.

Em nossa opinião, os temas essenciais que nos parecem justificar uma comparação válida entre as visões de Lacan e as de Wallon são os seguintes e serão tratados nos capítulos mencionados:

a) A imagem especular (cap. 11 a 19),
b) A prematuração (cap. 20 a 24),
c) As relações inter-individuais entre crianças da primeira idade: contemplação e exibição, despotismo e submissão (cap. 3),
d) O ciúme e a simpatia (cap. 5),
e) A função de aparência [*prestance*] (cap. 7),
f) O transitivismo (cap 4),
g) O conceito duplo do outro e do Outro (cap. 15 e 25).

---

4 R. Zazzo, Psychologie... (1973), *op. cit.*, p. 174.

Outras abordagens, aparentemente menos evidentes, mas igualmente absolutamente justificáveis, também devem ser levadas em consideração. Aqui está também o recenseamento desses temas relativamente secundários:

h) O mimetismo afetivo (cap. 6),
i) O esquema das personalidades intercambiáveis (cap. 8),
j) O uso do embreador "eu" (cap. 8).

A marca própria de Lacan é ter centrado na experiência especular, como fato crucial, o conjunto dos comportamentos aqui arrolados. Em Wallon, eles são estudados em um contexto mais disparatado, embora se originem numa problemática comum.

É óbvio, e por muitos sinais, que Lacan conhecia bem pelo menos uma obra de Wallon, no caso *As origens do caráter na criança*, publicada em 1934, mas cujo primeiro terço, mais ou menos, esteve acessível sob a forma de artigos separados a partir de 1930 na *Revue des cours et conférences*, o segundo terço em 1931, no *Journal de psychologie normale et pathologique*. Essa segunda parte compreende, no quadro de um desenvolvimento sobre a gênese da consciência do corpo próprio, umas vinte páginas sobre a imagem especular. A terceira e a última partes da obra, esta publicada somente em 1934, se referem ao conjunto dos temas enumerados acima, com exceção dos da imagem especular, da prematuração e do conceito do Outro.

Não é necessário insistir no fato maior da participação de Lacan na redação do tomo oitavo da *Encyclopédie française*. Relatemos brevemente o essencial em relação ao nosso propósito. Já em 1932, Anatole de Monzie, ministro da Educação Nacional no governo do radical Edouard Herriot, havia elaborado o projeto de uma enciclopédia. Ao historiador Lucien Fabre, amigo pessoal de Wallon, foi confiada a tarefa de chefe do projeto. Wallon foi solicitado, provavelmente durante o ano de 1933, para assumir a direção do volume dedicado à psicologia. No âmbito do projeto, ele tratou de reunir um grupo bastante diversificado, vinte e oito colaboradores de todos os campos da psicologia propriamente dita (Blondel, Delacroix, Dumas, Guillaume, Janet, Ombredanne, Piéron, Rey), mas também os da psicanálise (Lacan, Lagache, Pichon), da psiquiatria (Guiraud, Logre, Minkowski), da neurologia (Lhermitte, Minkowski), da etologia (Prenant), da sociologia (Friedmann), da história (Febvre). No que se refere à psicanálise em si, o corpo central do enunciado coube a Pichon ("A psicanálise") e a Lagache ("A sexualidade"), enquanto a Lacan era confiado o capítulo sobre "A família".

Pode-se conceber como absolutamente plausível Lacan ter-se interessado pela obra de Wallon desde sua publicação, em 1934, no próprio período em que este o chamava para participar da redação desse tomo oitavo da *Encyclopédie* dedicado a *A vida mental*[5].

Wallon e Lacan já se tinham encontrado, pelo menos desde 1930, em um quadro cujo caráter pitoresco foi descrito por Hélène Gratiot-Alphandéry em sua "Autobiografia", formando um dos capítulos de uma obra recentemente publicada:

> A abadia de Pontigny era, por volta de 1930, um dos altos pontos da vida cultural. A cada verão ali se encontravam, no ambiente admirável de uma abadia cisterciense próxima a Vezelay, os convidados franceses e estrangeiros de Paul Desjardins, ex-professor e transformado em sucessor dos monges. Durante três décadas, ao redor de temas escolhidos e cuidadosamente preparados, se reuniam a cada vez uns sessenta escritores, artistas, professores de grande renome. Alguns jovens eram autorizados a participar como espectadores mudos e admirativos. Henri Wallon foi convidado a animar uma década sobre "A criança, o animal, o primitivo". Fui aceita sob o apadrinhamento de Léon Brunschvicg e abordei com um fervor respeitoso essa impressionante assembléia. Um rigor inflexível assegurava seu desenrolar diário. Com efeito, tudo era minuciosamente organizado: os horários das refeições e os das conferências, os lugares à mesa assim como os divertimentos culturais noturnos, a divisão dos quartos, antigas celas de monges reformadas, também os itinerários dos passeios no parque. Além disso, logo na chegada, certas recomendações nos eram entregues por escrito. Essa década era, se poderia dizer, de uma qualidade excepcional. Aos participantes habituais, Jean Schlumberger,

[5] Ver É. Jalley, "Introduction à la lecture de *La vie mentale*", *in* H. Wallon, *La vie mentale* (1938), Paris, Éditions sociales, 1982, em particular pp. 31-41.

Roger Martin du Gard, Sra. Van Rysselberghe, Ramon Fernandez, havia-se solicitado a adesão de alguns prestigiosos novatos: Ovide Decroly, Léon Brunschvicg, Henri Wallon e finalmente alguns jovens, relativamente pouco conhecidos ainda (!), Jean Piaget, Jacques Lacan, Daniel Lagache. Imagina-se com facilidade o estado de admiração permanente em que eu vivia. Nunca sabendo quem admirar mais ou ouvir melhor, me voltava para aquele de quem havia acabado de descobrir dois livros recentes sobre a *Linguagem e o pensamento*, *O julgamento e o raciocínio*: Jean Piaget. Tive depois muitas oportunidades de revê-lo, mas em seus últimos anos ele ainda se lembrava, com uma grande risada de cumplicidade, de nosso encontro daquele verão. Chegado de Genebra, ao volante de seu "bebê" Peugeot, ele se preocupava sobretudo com as possibilidades de fuga no momento dos intervalos de sessões um pouco pesadas. E íamos descobrir o entorno campestre ou travar longas partidas de bilhar russo em um café da vizinhança. Enquanto isso, Lacan e Lagache se enfrentavam em intermináveis partidas de tênis e seu embate levava o Sr. Wallon a pensar que seria bom associá-los em uma obra comum; o que ele fez mais tarde, solicitando a ambos colaborar no tomo VIII da *Encyclopédie sur la vie mentale* [Enciclopédia sobre a vida mental][6].

Por outro lado, sendo os dois psiquiatras, com toda certeza Wallon e Lacan se encontrariam nas sociedades freqüentadas por essa categoria médica.

Conhecem-se sete contribuições de Wallon, entre 1908 e 1914, às sessões da *Société de Psychiatrie*, mas nenhuma às da *Société de Neurologie*. Além disso, Wallon era membro da *Société médico-psychologique*, de que aliás se tornou presidente em 1951.

Ora, as primeiras intervenções conhecidas de Lacan nessas três sociedades datam, respectivamente e na ordem, dos anos de 1926, 1929, 1931. Essas datas correspondem à indicação cronológica aproximada fornecida por H. Gratiot-Alphandéry, segundo a qual Wallon e Lacan já se conheciam bem já por volta de 1930.

---

[6] H. Gratior-Alphandéry, *in* F. Parot et M. Richelle, *Psychologues de langue française. Autobiographies*, Paris, PUF, 1992, pp. 37-38.

Além disso, Lacan fez comunicações, também mais ou menos no mesmo período (1929, 1930), na *Société clinique de médecine mentale*, em que, por sinal, não encontramos sinais da atividade de Wallon.

Veremos mais adiante que as atividades de comunicação e de publicação desenvolvidas no âmbito das duas últimas sociedades mencionadas produziram, durante a dezena de anos que precedeu a primeira formulação do estádio do espelho em 1936, um material clínico importante, que provavelmente forneceu a Lacan os primeiros germes de sua inspiração.

Em sua tese *Da psicose paranóica em suas relações com a personalidade*[7], Lacan menciona rapidamente Wallon, que havia defendido uma tese chamada *Delírio de perseguição. O delírio crônico com base na interpretação*[8]. Este ali propunha ampliar a definição de Sérieux e Capgras[9] relativa à paranóia, fazendo ali entrar, além do delírio de interpretação, o de reivindicação (p. 17). Ele, por outro lado, admitia o papel de um fator constitucional na paranóia. Sobre esse último ponto, Lacan lhe dá razão em parte assim como a "numerosos autores franceses que não pudemos citar" (p. 76), isso apesar do fato de que o argumento geral de sua própria tese não seja em absoluto favorável a esse ponto de vista constitucionalista. Por sinal, Lacan confere a Sérieux e Capgras a opinião da unidade nosológica encabeçada pela paranóia, apesar de seus traços distintivos acentuados e até mesmo de sua "oposição clínica" do delírio de interpretação em relação ao delírio de reivindicação (p. 68). Ora, fato preocupante, é justamente o que Wallon parece querer demonstrar em sua própria tese, mas com a hipótese e o método originais de produzir entre esses dois tipos extremos formas de transição, o que de qualquer maneira equivale a, de certo modo, corrigir o modelo inicial de Sérieux e Capgras. Todavia, o mais pitoresco é que Lacan, por um *lapsus calami** singular, deforma o nome de Wallon, escrito com um V, tanto no corpo de seu texto quanto novamente na bibliografia no final da obra.

---

[7] J. Lacan, *De la psychose paranoïaque dans ses rapports avec la personnalité* (1932), seguido por *Premiers écrits sur la paranoïa*, Paris, Seuil, 1975.

[8] H. Wallon, *Délire de persécution. Le délire chronique à base d'interprétation*, Paris, Baillière, 1909.

[9] Sérieux e Capgras, *Les folies raisonnantes*, Paris, Alcan, 1906; Lacan indica 1909 na bibliografia de sua tese de 1932.

* Escorregadela (da pena). (NT)

Parece que Wallon escreveu toda a sua contribuição ao volume coletivo da *Encyclopédie française* no decurso do ano de 1936[10].

Ora, foi no curso desse mesmo ano de 1936 que Lacan pronunciou primeiro uma conferência, em 16 de junho, perante a Société psychanalytique de Paris (SPP) sobre o "estádio do espelho". Segundo E. Roudinesco:

> Nesse dia, Françoise Dolto tomou notas fiéis e abundantes que confirmam que, com efeito, Lacan retomou em seguida os termos de seu conceito no artigo sobre a família. A conferência era dividida em várias partes: o sujeito e o eu, o corpo próprio, a expressividade da forma humana, a libido, a imagem do corpo, a imagem do duplo e a imagem especular, a libido do desmame, o instinto de morte, a destruição do objeto vital, o narcisismo e seu laço com o simbolismo fundamental do conhecimento humano, o objeto reencontrado no Édipo dos gêmeos[11].

Dois meses mais tarde, em 3 de agosto, às 15.40h, Lacan expôs pela segunda vez, no XIVº Congresso Psicanalítico Internacional, realizado em Marienbad, na ocasião da segunda sessão científica deste, seus pontos de vista sobre o estádio do espelho. Ele escreve pessoalmente sobre o desenrolar dessa sessão o que se segue:

> Fiz um comunicado formal disso no congresso de Marienbad, em 1936, pelo menos até o ponto que coincide exatamente com o quarto badalar do décimo minuto, no qual Jones me interrompeu, Jones que presidia o congresso como presidente da Sociedade Psicanalítica de Londres, posto para o qual o qualificava, sem dúvida, o fato de que nunca consegui encontrar um de seus colegas ingleses que não me tivesse dito algo desagradável sobre seu caráter. Mesmo assim, os membros do grupo vienense, ali reunidos

[10] É a data que lhe atribui H. Gratiot-Alphandéry, ela própria membro da equipe dos autores do tomo 8 da *Encyclopédie française, in Lecture de Henri Wallon. Choix de textes,* Paris, Éditions Sociales, 1976, p. 383. Foi o conjunto desses textos redigidos por Wallon para esse volume que reeditamos sob o título: Henri Wallon, *La Vie..., op. cit.*

[11] E. Roudinesco, Jacques Lacan. *Esquisse d'une vie, histoire d'un système de pensée,* Paris, Fayard, 1993, pp. 159-160.

como pássaros antes da iminente migração, conferiram ao meu enunciado uma acolhida bastante calorosa. Não entreguei minhas notas para o relatório do congresso e vocês poderão achar o essencial dele, em algumas linhas, em meu artigo sobre a família publicado em 1938 na *Encyclopédie française* – volume da *vida mental*[12].

Uma nota no pé da mesma página dos *Escritos* precisa: "*Encyclopédie française*, fundamentada por A. de Monzie, tomo VIII, dirigido por Henri Wallon, Segunda parte, secção A. *A família*, especialmente as páginas 8' 40-6 até 8' 40-11".

Essa nota é interessante para o conjunto de nossas proposições, na medida em que representa uma das duas únicas menções a Wallon nos *Escritos*, levando-se em conta ainda uma terceira no resto da obra de Lacan.

Mesmo que pareça ter sido definitivamente perdido, o texto original da intervenção de 1936 em Marienbad é reconstituível em parte, pelo menos no que se refere à sua disposição geral, a partir da lista dos temas mencionados pelas notas anteriores de Françoise Dolto. Esse texto parece ter sido fundido, integrado na dimensão sensivelmente maior do artigo sobre *A família*, no qual se identifica, por sinal, sobretudo no primeiro dos dois capítulos que o constituem, o conjunto dos temas em questão.

Em janeiro de 1937, quer dizer, mais ou menos o período em que ele se dedicava a redigir o artigo sobre *A família*, Lacan dá, na ocasião de uma intervenção em uma conferência de Marie Bonaparte, uma definição, ao mesmo tempo muito concisa e falante, do estádio do espelho:

> Trata-se, propõe ele, dessa representação narcisística que tentei expor no congresso internacional ao falar do "estádio do espelho". Essa representação explica a unidade do corpo humano; por que essa unidade deve se afirmar?

[12] J. Lacan, "Propos sur la causalité psychique" (1950), *Écrits, op. cit.*, pp. 184-185, 917. A conferência do 16 de junho é mencionada como intervenção na French-Psycho-analytical Society sob o título "Notes on the 'Looking-glass-phase'" no *International Journal of Psychoanalysis*, 1937, tomo I, p. 115; a comunicação do 3 de agosto em Marienbad está indexada na mesma publicação sob o título "The looking-glass-phase", *ibid.*, p. 78, como indica J. Dor, *Nouvelle bibliographie des travaux de Jacques Lacan, Thesaurus Lacan*, vol. 2, Paris, EPEL, 1994, pp. 50-51.

> Exatamente porque o homem sente da mais incômoda maneira a ameaça desse despedaçamento. É nos primeiros seis meses de prematuração biológica que se fixa a angústia[13].

Mais de dez anos depois, a temática do estádio do espelho foi inteiramente reinventada pelo seu autor no âmbito de uma nova comunicação no congresso da International Psycho-analytical Association de Zurich em 1949, sob o título "O estádio do espelho como formador da função do Eu [*Je*] tal qual ela nos é revelada na experiência psicanalítica". Entretanto, Lacan já havia retomado seus dados essenciais três anos antes, em 1946, em uma intervenção nas Jornadas psiquiátricas de Bonneval, publicada somente em 1950 e chamada "Formulações sobre a causalidade psíquica"[14].

Lacan voltará à importância inovadora e teórica fundamental do estádio do espelho por várias vezes e bem além do período de formação de seu próprio pensamento[15], em uma época em que está ultrapassada por ele a dupla referência a Wallon e a Hegel. Entretanto, mesmo que essa última circunstância nos tenha desviado da abordagem direta do estudo desses textos, não poderíamos evitar de mencionar a referência.

Primeiro, publicado em 1961, o texto chamado "Observação sobre o relatório de Daniel Lagache" se mostra em sua parte final como uma audaciosa tentativa de aprofundamento teórico dos dados anteriores relativos ao estádio do espelho, baseados em um "modelo ótico" inspirado pela ilusão conhecida como "buquê invertido" descrita por Bouasse. Esse esquema ótico é oferecido, na época, como o modelo fundamental ao redor do qual se organiza o tecido particularmente complexo da metapsicologia lacaniana: o eu ideal, o ideal do eu, o traço unário, a função fálica como símbolo da falta, o nome do pai, a elisão do sujeito, o objeto pulsional parcial e destacável

[13] E. Roudinesco, *Jacques Lacan...*, *op. cit.*, p. 157.

[14] J. Lacan, "Le stage du miroir comme formateur de la fonction du Je telle qu'elle nous est révélée dans l'expérience psychanalytique" (1949), *Écrits*, *op. cit.*, pp. 93-100; "*Propos...*", *ibid.*, pp. 151-193.

[15] Quer dizer, entre 1932 e 1953.

("a coisa"), tais são as novas noções que vêm então se articular em torno do eixo primordial oferecido pela imagem especular[16].

O texto que tem por título "De nossos antecedentes", redigido em 1966 e que serve, após a "Abertura", de segundo prefácio aos *Escritos*, lembra primeiramente, de maneira bastante insistente, a importância histórica da intervenção de Marienbad para o movimento psicanalítico:

> Não havíamos esperado esse momento para meditar sobre as fantasias pelas quais se apreende a idéia do *eu* e, se o "estádio do espelho" foi produzido por nós em 1936, ainda às portas da titulação de uso, no primeiro congresso internacional em que tivemos a experiência de uma associação que deveria nos dar várias outras, tínhamos algum mérito nisso.

E se acrescenta em nota:

> Foi no congresso de Marienbad (31 de julho de 1936) que teve lugar esse primeiro eixo de nossa intervenção na teoria psicanalítica. Vai ser achada a ele uma referência irônica nas páginas 185-185 desse compêndio, com a indicação do volume da *Encyclopédie française* que atesta a data de suas teses (1938). Com efeito, havíamos negligenciado a entrega do texto para as atas do congresso[17].

A continuação desse manifesto inaugural se apresenta como uma homenagem ao papel antecipador fundamental que assumiram, em relação ao estádio do espelho, as contribuições respectivas de Hegel e de Wallon, mesmo que o primeiro seja o único a ser nominalmente citado enquanto que o segundo ali é claramente identificável por um olhar bem informado. Datado do mesmo ano de 1966, o texto chamado "De um silabário só-depois" insiste de maneira peculiar sobre a importância teórica maior para o pensamento lacaniano do estádio do espelho em relação à articulação inovadora das noções de imaginário e de simbólico. A respeito das dificuldades

[16] J. Lacan "Remarque sur le rapport de Daniel Lagache: "Psychanalyse et structure de la personnalité", 1961, *ibid.*, pp. 647-684.

[17] J. Lacan, "De nos antécédents" (1966), *ibid.*, p. 67.

relativas à manipulação de um joguinho chinês chamado de "Âne rouge" [Asno vermelho]*, Lacan escreve:

> A resistência de que havíamos falado está no imaginário. E é por lhe ter dado, desde nossos primeiros passos na psicanálise, no estádio do espelho, seu estatuto que pudemos em seguida dar corretamente seu lugar no simbolismo[18].

Vai se notar incidentalmente que Lacan comete um lapso relativo à data de sua intervenção em Marienbad, que ressitua em 31 de julho ao invés de 3 de agosto. Ainda teremos várias ocasiões para discernir outras manifestações de "esquecimento" relativas a esse registro, aparentemente muito investido, pelo duplo ponto de vista cognitivo e afetivo, da gênese histórica do estádio do espelho.

Enfim, em outros textos, sobretudo na sessão do 10 de janeiro de 1968 dedicada ao *Ato psicanalítico*, Lacan apresentou o estádio do espelho como a "vassourinha" graças à qual ele entrou na psicanálise.

Para voltar ainda um instante à comunicação de Lacan em Marienbad, é curioso constatar que ela é mencionada, bem ao final do volume 8 da *Encyclopédie française*, com dois títulos discordantes entre si. O primeiro desses títulos consta, segundo o *Índice dos colaboradores do tomo 8* da Encyclopédie (8A.1), na lista das publicações que acompanham o verbete pessoal relativo a Lacan. Seu título é "*O estádio do espelho, teoria de um momento estrutural*[19] *e genético da constituição da realidade concebido em relação com a*

---

* O *âne rouge* é um quebra-cabeças que funciona pela movimentação das peças através da existência de um lugar vazio. (NT)

[18] *Id.*, "D'un syllabaire après coup" (1966), *ibid.*, p. 723.

[19] *Estrutural* e não "estruturante" como escrevem por exemplo E. Roudinesco, *Jacques Lacan...*, *op. cit.*, p. 630, e em sua seqüência, parece, J. Dor, *Thesaurus...*, *op. cit.*, p. 51. Esse verbete bibliográfico, que nunca foi reproduzido desde 1938, se apresenta nos seguintes termos literais, salvo a menção de duas falhas de composição e da omissão de um título existente no corpo do texto, segundo o "Índice dos colaboradores no tomo 8 (8A.1)": Lacan (Jacques-M.), 1901, Ex-chefe de clínica na faculdade de medicina de Paris. Principais obras: *De la psychose paranoïaque dans ses rapports avec la personnalité*, 1932. Trabalhos sobre a estrutura mental dos delírios ditos crônicos: *Écrits inspirés: schizophasie, ds Ann. Médico-psychologiques; Motifs du crime paranoïaque, ds le Minotaure. Théorie de la connaissance paranoïaque (contribution de la psychopathologie à la gnoséologie)*, comunicações no grupo da *Évolution psychiatrique; Le stade du miroir, théorie d'un moment*

experiência e a doutrina psicanalítica, Congresso internacional de psicanálise, Marienbad, 1935" (outro *lapsus calami*!).

Esse verbete, que resolvemos reproduzir integralmente na nota 19, inclui ainda uma outra variação interessante relativa a um outro título que está incluído na tese de 1932 (p. 406 D.4). Podemos ali ler o título "Teoria do conhecimento paranóico (contribuição da psicologia à gnosiologia)", ao invés do título mais neutro da tese: "O problema do estilo e a concepção psiquiátrica das formas paranóicas da experiência, *in Minotaure*, nº 3, 1933". Além disso, o segundo título de que estamos falando aparece, na bibliografia do tomo 8, umas vinte páginas mais adiante sempre nesse volume célebre da *Encyclopédie française* (8B. 16), nesses breves termos: "*Le stage du miroir*, Congresso internat. de Marienbad, 1936", então aqui com o ano correto, ao contrário do lapso pitoresco que atinge o da formulação anterior.

Se Wallon fala longamente da imagem em espelho nas *Origens do caráter na criança*[20], nada mais fala em *A vida mental*, não mais, aliás, que do transitivismo (*f*). Entretanto, ele ali retoma mais ou menos todo o conjunto dos temas precedentes (*c, d, e, g, h, i, j*)[21]. Por outro lado, são de surgimento mais tardio, em sua obra, os temas da prematuração[22] e do Outro[23]. Esses últimos temas levantam, no que diz respeito a suas evidentes correspondências com certos temas inerentemente lacanianos, problemas históricos delicados, que implicam diversos tipos de situações históricas e contextos epistemológicos.

---

structural et génétique de la constitution de la réalité, conçu en relation avec l'expérience et la doctrine psychanalytique, Congresso internacional de psicanálise, Marienbad, 1935 (falha de composição); *Au delà* (outra falha) *du principe de réalité, ds Évolution psychiatrique*, 1936. Colaboração em: *Annales médico-psychologiques; Évolution psychiatrique.* (Omissão: Secção A: La famille, Introdução: L'Institution familiale, 8.40-3). Le complexe, facteur concret de la psychologie familiale, 8.40-5. Les complexes familiaux en pathologie, 8.42-1.

20 H. Wallon, *Les origines du caractère chez l'enfant. Les préludes du sentiment de personnalité*, Paris, Boivin, 1934, reed. PUF, 1973.

21 *Id.*, *La Vie...*, *op. cit.*; ver o índice desse volume nos itens: crise, ciúme. imitação, mímicas, lactante, personalidade, aparência, simpatia, entre outros.

22 *Id.*, *L'Évolution psychologique de l'enfant* (1941), Paris, A. Colin, 1974.

23 *Id.*, "Le rôle de l'autre dans la conscience du moi" (1946), *Enfance*, *op. cit.*, pp. 279-286; "Les stades de l'évolution psychologique de l'enfant", (1947), *in* É. Jalley e L. Maury, *Henri Wallon, Écrits de 1926 à 1961. Psychologie et dialectique*, Paris, Messidor, 1990, pp. 140-147; "Niveaux et fluctuations du moi", (1956), *Enfance*, *op. cit.*, pp. 87-98.

O texto de Lacan sobre *A família* compreendia, na versão de 1938, numerosos subtítulos, conforme o ordenamento geral do volume coletivo sobre *A vida mental* que Wallon, que era seu diretor, parece ter concebido não somente no plano geral, mas ainda, com o maior cuidado, no detalhe do agenciamento interno. O artigo de Lacan compreendia uma bibliografia imponente de mais ou menos 75 títulos. Esses subtítulos e essa bibliografia[24] não foram reproduzidos na reedição que J.-A. Miller fez desse artigo em 1984 sob o título *Os complexos familiares*. Entretanto, E. Roudinesco mais recentemente restituiu em sua obra de 1993 sobre *J. Lacan* o conjunto desses documentos de um grande interesse histórico[25]. Não sabemos se esses subtítulos eram da própria autoria de Lacan, ou então de Wallon, o que, ao final das contas, é possível. No que se refere à bibliografia, pode-se perfeitamente presumir que Lacan seja seu autor. Ora, esta é, na nossa opinião, de um grande interesse por mencionar certas obras, além das duas abaixo, de grande importância sobre o tema da imagem em espelho[26].

De uma maneira curiosa, *As origens do caráter na criança*, publicado quatro anos antes por Wallon, não consta da bibliografia dada por Lacan em anexo a seu artigo da *Encyclopédie française*. Quanto às duas obras de Charlotte Bühler e de Elsa Köhler[27], das quais veremos a importância para nosso tema mais adiante, nenhuma tampouco é mencionada (é uma outra obra de C. Bühler que está consignada nessa bibliografia de 1938[28]). Ora, em seu artigo sobre "A família", Lacan invoca noções cuja origem se prende às duas obras em questão[29], que ele aparentemente ainda não havia lido, mas

[24] J. Lacan, "La famille", *Encyclopédie française, op. cit.*, pp. 8.40-3 a 8.42-8, 8.B-17 e 8.B-18.

[25] E. Roudinesco, *Jacques Lacan..., op. cit.*, pp. 663-666, 686-687.

[26] O. Rank, *Don Juan et le double, Études psychanalytiques* (1914-1922), Paris, Payot, 1932; S. Freud "Au-delà du principe du plaisir" (1920), *Essais de psychanalyse*, Paris, Payot, 1981.

[27] C. Bühler et col., Soziologische und psychologische Studien über das erste Lebensjahr., Iena, Fischer, 1927; E. Köhler, Die Persönlichkeit des dreijahrigen Kindes), Leipzig, Hirzel, 1926.

[28] C. Bühler, *Kindheit und Jugend, Genese des Bewusstseins* (*Enfance et adolescence, Genèse de la conscience*), 1931.

[29] Encontraremos em J. Lacan, "La famille", *Encyclopédie française*, t. 8, Paris, 1938, p. 8.40-3 a 8.42-8; reeditado: *Les complexes familiaux dans les formations de l'individu* (Os complexos familiares nas formações do indivíduo), Paris, Navarin, 1984, as noções de exibição e despotismo (p. 37, 45), atribuídas a Charlotte Bühler (*Soziologische und psychologische Studien über das erste Lebensjahr*, Fischer, Iena, 1927 e retomadas por Wallon (1934), assim como a noção de tran-

cujo conteúdo Wallon relatava detalhadamente como importantes fontes em *As origens do caráter na criança*[30], e isso desde 1934. Foi só mais tarde, em 1950, nos *Escritos*[31], que Lacan atribuiu a origem dos conceitos em questão aos dois títulos alemães de 1926 e 1927 antes que à obra de Wallon. Essas esquisitices, como se Lacan deixasse inicialmente entender[32] que encontrou suas fontes alemãs em lugar diverso das duas obras citadas anteriormente por Wallon[33] e mencionadas finalmente bem mais tarde por ele mesmo[34], parecem indicar que a origem histórica primordial dos dados de Lacan, no que se refere às noções formuladas por Charlotte Bühler e Elsa Köhler, seria *As origens do caráter na criança*, mesmo que não mencione a obra de Wallon, mesmo se mais tarde pudesse ler diretamente os autores alemães.

Tão espinhoso como possa parecer, por enquanto, o subterrâneo da história factual, no que se refere ao nosso propósito, pensamos que as páginas seguintes contribuirão primeiramente para organizar as vias mais praticáveis para o leitor. A partir de então, será possível contemplar perspectivas mais amplas, relativas às relações históricas e epistemológicas complexas que interligam a psicologia de Wallon não somente com o pensamento de Lacan, mas até também com o de Freud, assim como com o de outros de seus herdeiros, em particular Spitz, mas não somente ele. Será possível também esclarecer sob uma luz especial certos aspectos dos movimentos de Lacan em relação ao pensamento freudiano.

sitivismo (p. 45), devida a um fato relatado por Elsa Köhler (*Die Persönlichkeit des dreijahrigen Kindes,* Hirzel, Leipzig, 1926), mas qualificado de transitivismo somente por Wallon. O detalhe de nossa argumentação será exposto mais adiante, nos cap. 3 e 4.

30 H. Wallon, *Les origines du caractère...*, *op. cit.*, pp. 242, 276.

31 J. Lacan, "Propos...", *op. cit.*, p. 180.

32 Em 1938.

33 A partir de 1934.

34 Foi somente em 1950, em "Propos sur la causalité psychique" (p. 180), após haver referido pela primeira vez "um Wallon" (*sic*) em 1948 em "L'agressivité en psychanalyse" (p. 112) e logo antes de mencioná-lo pela segunda vez no mesmo texto de 1950 (p. 185) como tendo dirigido o tomo 8 da *Encyclopédie française.*

Capítulo II

O estádio do espelho

Sabe-se que Lacan qualificou como "estádio do espelho" a fase de desenvolvimento situada entre seis e dezoito meses, até mesmo dois anos; quiçá dois anos e meio[1].

A partir dos seis a oito meses em geral, a criança "reconhece sua imagem" no espelho. Tal experiência se acompanha por uma "intuição iluminativa" que evoca o *Aha-Erlebnis** descrito por Köhler a respeito do chimpanzé ao descobrir a solução de um problema. Mas, ao invés deste, a criança manifesta um "desperdício jubilatório de energia", que se organiza em um "ludismo de descobertas[2]".

O estádio do espelho, que surge no "declínio do desmame", tem como pano de fundo a prematuração específica do nascimento característica do ser humano. O atraso do desenvolvimento do sistema nervoso central durante os seis primeiros meses provoca no bebê um estado de impotência vital, de

---

[1] J. Lacan, *Les complexes...* (1938), *op. cit.*, pp. 46-48: "Le stade..." (1949), *op. cit.*, pp. 93-94; "L'agressivité en psychanalyse" (1948), *ibid.*, p. 113.

* Experiência do "Ah!"; exprime mais ou menos o mesmo que o "Eureca!" de Arquimedes. (NT)

[2] *Id.*, *Les complexes...*, *op. cit.*, pp. 41-43; "Le stade...", *op. cit.*, p. 93; "L'agressivité...", *ibid.*, p. 112.

miséria psicológica, ligado à descoordenação motora. A falta prolongada de coordenação dos aparelhos fornece "a base de uma proprioceptividade que dá o corpo como despedaçado". Daí o desenvolvimento de tendências direcionadas a qualquer rejuntamento do corpo próprio[3]".

O estádio do espelho ao mesmo tempo exprime e ultrapassa uma forma de "crise biológica" característica do desenvolvimento da espécie humana. Nele se condensam "as incidências subjetivas da prematuração neonatal no hominiano". "A dinâmica que dele expomos se vale de efeitos de diacronia: atraso da coordenação nervosa ligado à prematuração do nascimento, antecipação formal de sua resolução[4]".

De fato, antecedendo o domínio do andar, o amadurecimento da percepção visual permite ao sujeito a antecipação imaginária – já que não há o amadurecimento motor – de sua entidade corporal. A criança percebe então, no espelho, "a forma do semelhante", "A *imago* do duplo[5]". Ela dessa maneira se identifica com a "imagem do ser humano[6]", a *Gestalt do alter ego*, quer dizer, com uma entidade perceptiva em que se fundem, no estado de momentos indiferenciados, a forma do mim e a do outro.

Em seu modo precoce, esse processo não equivale em hipótese alguma ao reconhecimento explícito de si. Se a criança "já reconhece sua imagem", ela ainda não reconhece sua própria pessoa; "a identificação pessoal vacila ainda". Lacan, aliás, o aponta claramente:

> as sensações extero-, próprio- e interoceptivas não estão ainda, após o décimo segundo mês, suficientemente coordenadas para que seja concluído o reconhecimento do corpo próprio, nem, correlativamente, a noção do que lhe é exterior[7].

---

3 *Id. Les complexes...*, *op. cit.*, p. 43; "Fonctions de la psychanalyse en criminologie" (1951), *Écrits*, *op. cit.*, p. 136; "Propos...", *ibid.*, p. 186.

4 J. Lacan "D'un syllabaire après coup" (1966), *ibid.*, p. 723; "De nos..." (1966), *ibid.*, p. 69.

5 *Id.*, *Les complexes...*, *op. cit.*, pp. 42, 44.

6 *Id.*, "Propos...", *op. cit.*, p. 185.

7 *Id.*, "Le stade...", *ibid.*, 93; *Les complexes...*, *op. cit.*, pp. 28, 45.

A percepção da forma do semelhante desempenha para o sujeito o papel de um "*insight* configurante", ela é o molde da "*Urbild** do eu**", "a matriz simbólica em que o Eu [*Je*] se precipita em uma forma primordial". Entretanto, esse processo produz o *eu* tanto em sua permanência como em sua alienação. "Antes que o eu afirme sua identidade, ele se confunde com essa imagem que o forma, mas que o aliena primordialmente". A *imago* salutar é em si mesma parte do logro: é nessa condição que ela fornece ao sujeito "a forma ortopédica de sua totalidade", lhe oferece "a armadura de uma identidade alienante"[8].

Lacan colhe nos trabalhos dos etólogos certos exemplos desses efeitos formativos do logro nas funções vitais. Dessa maneira, a pomba só ovula em presença de um parceiro, mas ocasionalmente diante de sua própria imagem em espelho (Harrisson). O grilo peregrino só muda sua casca solitária para a casca gregária na presença de uma imagem do semelhante (Chauvin). Isso sendo dito, é claro que a "etologia animal" só pode servir de metáfora à psicobiologia do "hominiano", justamente por causa do caráter específico desse fator que comanda as particularidades de seu desenvolvimento. Também é sob o ponto de vista dessa diferença radical, apesar de analogias pertinentes entre o mundo animal e o reino humano, entre a biologia e a psicologia, que pode ser compreendida essa fórmula introduzida por Lacan:

> O estádio do espelho dá a regra de partilha entre o imaginário e o simbólico nesse momento de captura por uma inércia histórica da qual se encarrega tudo o que se autoriza como sendo psicologia, ainda que por caminhos que pretendem livrar-se desse encargo[9].

---

* Modelo, protótipo. (NT)

** Quando se tratar do *moi*, o mesmo será sempre traduzido por "eu" em português; quando se tratar de *Je*, isto será indicado entre colchetes. (NT)

8 *Id.*, *Les complexes...*, *op. cit.*, p. 45; "De nos...", *op. cit.*, p. 69; "Le stade...", *ibid.*, pp. 94, 97; "Propos...", *ibid.*, p. 180.

9 J. Lacan, "De nos...", *ibid.*, p. 69; ver também pp. 59, 189-191, 215-216, 218, 220.

Considerando-se unicamente sua estrutura física, a imagem especular também é logrante a duplo título; por seu caráter irreal em primeiro lugar, mas também por sua construção em simetria invertida em relação ao plano do espelho. Dessa maneira, pode-se perguntar "o que seria o *eu* em um mundo onde ninguém nada soubesse da simetria relativamente a um plano[10]".

Pela sua excepcional significação, a experiência especular introduz numa dimensão da experiência humana estruturada pela "inércia", pela "captação espacial", pelo "desconhecimento" na qual, definitivamente, "a gênese do *eu* participa da aparência"[11]. Com efeito, o sujeito só percebe ali a unidade de seu próprio corpo sob a forma de um objeto de que está separado: imagem, então, de um outro corpo, ilusão de um corpo comum ao eu e ao outro. No espaço imaginário instituído pela visão em espelho, a estrutura do corpo próprio oferece a base, a partir de uma similitude objetiva, da "identificação precipitada do eu com o outro". Dessa maneira, pela mediação da imagem refletida do corpo, "é no outro que o sujeito se identifica e até se experimenta em primeiro lugar[12]".

Dessa maneira, essa identificação auto-heteromórfica, na condição de associada à percepção especular da forma do ser humano, tende originariamente a "mascarar o vivo de uma função de falta", mas ao preço da introdução no mais fundo do sujeito de um princípio de "discordância imaginária". Por essa mesma via, uma identificação dessa espécie abre caminho para a relação de "fascínio dual" de que deriva a conexão fundamental entre o narcisismo e a agressividade, a captação libidinal e "os instintos de destruição", "a negatividade existencial". Da mesma maneira, poderia o "conhecimento especular" se acompanhar, na relação do sujeito com sua própria imagem, de "uma semiologia que vai da mais sutil despersonalização à alucinação do duplo". De maneira complementar, em sua relação com o semelhante, a alienação do sujeito deriva "para a rivalidade, que prevalece, totalitária"[13].

---

10 *Id.*, "De nos...", *ibid.*, pp. 70-71. Deve-se também acrescentar que todo movimento de objeto perpendicular à superfície do espelho aparece refletida com o dobro da velocidade real.

11 *Id.*, "O estágio...", *ibid.*, pp. 95, 99; "L'agressivité...", *ibid.*, pp. 112, 114; "Propos...", *ibid.*, pp. 180, 185; "Remarque...", *ibid.*, p. 675; "De nos...", *ibid*,. p. 70.

12 *Id.*, "Propos...", *ibid.*, p. 181; "Fonction et champ de la parole et du langage en psychanalyse" (1956), *Écrits, op. cit.*, p. 248. Aparentemente se trata de uma identificação de tipo ao mesmo tempo introjetivo (do ego ao outro) e projetivo (do outro ao ego), segundo a terminologia proposta por Lagache.

13 J. Lacan, "Le stade...", *ibid.*, p. 98; "De nos...", *ibid.*, pp. 69-71.

Com efeito, a *imago* do duplo, em que o eu se identifica com o outro, representa igualmente "o modelo de todos os objetos", a forma cujo tipo unifica o caos perceptivo, o despedaçamento do espaço. Dessa maneira se constitui "a tríade do outrem, do eu, e do objeto" como campo da rivalidade, animado pela "dialética do ciúme-simpatia". Pelo fato da "simpatia ciumenta", princípio "ao mesmo tempo de rivalidade e de concórdia", se institui "a concorrência de uma situação triangular". "É pelo semelhante que tanto o objeto como o eu se realizam"[14]. No âmbito desse triângulo, meu desejo se dirige ao objeto de desejo do outro, mas ao mesmo tempo para esse próprio desejo e *vice-versa*, na medida em que cada desejo se faz desejo de ser reconhecido como desejo[15]. No campo do objeto, a dialética ciúme-simpatia, cuja tensão representa o "arquétipo dos sentimentos sociais", introduz à "objetividade fundamental do conhecimento humano"[16].

Maurice Merleau-Ponty, dentro de seu ensinamento de psicologia infantil e de pedagogia na Sorbonne[17], foi provavelmente o primeiro a comentar as concepções de Lacan relativas à imagem especular. No curso chamado *A criança vista pelo adulto*[18], ele faz, em um longo capítulo sobre "Os estágios do desenvolvimento infantil", um comentário muito detalhado sobre o célebre artigo escrito por Lacan para a *Encyclopédie française* sobre *A família*. Nesse contexto e em relação à importância da imagem especular, o autor se exprime nos seguintes termos:

> Então: 1) Graças ao espelho se dá a integração visual do corpo próprio na consciência proprioceptiva. Mas 2) o espelho representa um perigo para a evolução psicológica da criança. Lacan retoma e enriquece o mito de Narciso tomado de paixão por sua imagem ao ponto de se atirar na água e

[14] *Id.*, Les complexes..., *op. cit.*, pp. 46-48; "L'agressivité...", *op. cit.*, p. 113; *Le moi dans la théorie de Freud et dans la technique de la psychanalyse* (1954-1955), Paris, Seuil, 1978, p. 67.

[15] *Id.*, "Propos...", *op. cit.*, p. 181; "La chose freudienne" (1956), *Écrits*, *op. cit.*, p. 427.

[16] *Id.*, *Les complexes...*, *op. cit.*, pp. 46-47; *Le moi...*, *op. cit.*, p. 326; *Les psychoses* (1955-1956), Paris, Seuil, 1981, pp. 49-50, 200. Entrelaçamento de um tema walloniano (o par ciúme-simpatia) e um tema hegeliano (o desejo do desejo).

[17] M. Merleau-Ponty, *Merleau-Ponty à la Sorbonne, résumé de cours 1949-1952*, Grenoble, Cynara, 1988.

[18] Proferido em 1949-1950.

morrer afogado. Freud havia visto no narcisismo sobretudo o componente sexual, a libido voltada para o corpo próprio. Lacan utiliza plenamente a lenda e integra ali seus outros componentes:

1) a tendência de morte, de aniquilamento de si;

2) a predileção por si como espetáculo (exame ou inventário de si);

3) o componente de solidão que o narcisismo implica: o adulto narcisista, sedutor e déspota quer demais ver e ser visto, ao mesmo tempo que se recusa para outrem.

Em um artigo chamado *Formulações sobre a casualidade psíquica*[19], Lacan retoma o problema do espelho: a imagem especular permite à criança confirmar sua posição no mundo, "sua paixão de ser um homem", "essa loucura pela qual o homem se acredita um homem"; ela o limita e suprime nele o elemento de ultrapassagem de sua condição humana.

Lacan cita duas séries de experiências que provam a importância da percepção da imagem do corpo até mesmo nos animais (Harrisson, Chauvin)...

Essas duas séries de experiências provam que existe um mecanismo de reconhecimento rudimentar nesses animais.

Havíamos dito que, no homem, a imagem do corpo próprio toma um significado muito profundo. Mas já no animal ela co-determina mecanismos que se achava que eram estritamente biológicos[20].

Voltaremos mais adiante (pp. 169-171) às posições de Merleau-Ponty a respeito das concepções de Wallon relativas à imagem especular.

[19] J. Lacan, "Propos sur la causalité psychique" (1950), *Écrits*, *op. cit.*, pp. 151-193.

[20] M. Merleau-Ponty, *Merleau-Ponty à la Sorbonne, résumé de cours 1949-1952*, Grenoble, Cynara, 1988, pp. 112-113. Curiosamente, Merleau-Ponty não cita aqui, conjuntamente aos dois textos de 1938 e 1950, o importante texto de 1949 sobre o "estádio do espelho". Ele só o fará em um curso no ano seguinte (1951-1952).

Capítulo III

A exibição e o despotismo

O tema da imagem especular propriamente dito se cerca, na obra de Lacan, de um certo número de temas anexos, que contribuem para enriquecer a descrição e determinar seu alcance.

Trata-se de certos tipos de comportamentos observáveis na criança no mesmo período do fato especular e que acompanham de alguma maneira a reação ao espelho *stricto sensu.* Lacan indica, para essa constelação de comportamentos, um lapso etário compreendido – já dissemos – entre seis meses e dois anos e meio mais ou menos.

Um primeiro conjunto de fatos, várias vezes evocado por Lacan, é descrito pela série conceitual: despotismo, sedução, exibição. Esses termos dizem respeito às atitudes que surgem entre duas crianças muito jovens, à condição que uma seja mais velha que a outra. Papéis complementares se estabelecem entre elas, numa relação ainda muito rudimentar, em que "se realiza esse paradoxo: cada parceiro confunde a parte do outro com a sua própria e se identifica com ela". Existe ao mesmo tempo complementaridade e fusão dos dois papéis: o déspota é talvez o mais servil; o que ostenta é também espectador; a criança que tenta seduzir a outra também se seduz consigo mesma[1].

---

[1] J. Lacan, *Les complexes..., op. cit.,* pp. 36-38, 45; "L'agressivité...", *op. cit.,* pp. 112-113.

Sem que o sobreponha, esse tipo de situação é, entretanto, isomorfo ao da captação especular. De fato, sua estrutura se constitui de uma relação de "participação bipolar" a partir de uma situação vivida como indiferenciada. A insistência da diferenciação na fusão representa a própria raiz da experiência imaginária, da identificação alienante. O eu e o outro ali surgem e se reabsorvem, numa espécie de choque, um tipo de vacilação.

Abordemos o transitivismo, um outro modo de relação casada característico das crianças pequenas, mas de um nível mais elevado que o anterior, porque implica a linguagem, a imputação verbal. De fato, apesar de seu componente simbólico, essa categoria de comportamentos é freqüentemente evocada por Lacan como um modo próprio da relação imaginária. Trata-se de um comportamento "em que se vê se equivaler para a criança sua ação e a do outro. Ela diz 'François bateu em mim', enquanto que foi ela quem bateu em François. Há ali um espelho instável entre a criança e seu semelhante[2]". Ora, a sinceridade da criança geralmente não é para ser posta em dúvida em tais casos. O transitivismo representa uma variante de identificação cujo mecanismo consiste num troca-troca peculiar dos papéis, uma inversão da relação agente-paciente, duplicada por um reflexo explícito no plano verbal.

Os temas expostos até agora são familiares a muitos, pois se referem a um período de elaboração relativamente antigo da obra de Lacan. Seu conjunto é até uma de suas bases clássicas, nunca recolocada em questão. Ora, sugerimos mais acima que não é muito difícil encontrar sua fonte nas *Origens do caráter na criança.* De fato, todos esses temas surgem com uma evidência absoluta nas oitenta páginas finais da obra.

Mas voltemos ao conjunto de noções relativo ao despotismo, à sedução, à exibição. Acontece que esses comportamentos são relatados por Wallon de maneira muito detalhada em 1934 e também em 1938, no que se refere a obras principais. Além disso, Wallon retoma sua descrição em

---

[2] J. Lacan, *Les écrits techniques de Freud* (1953-1954), Paris, Seuil, 1975, p. 192; ver também *Les psychoses, op. cit.*, pp. 50, 165-166; "Le Stade...", *op. cit.*, p. 98; "L'agressivité...", *ibid.*, pp. 113-114; "Propos...", *ibid.*, p. 180; "La chose...", *ibid.*, p. 429.

referência explícita aos trabalhos de Charlotte Bühler (1927), que os observou como marcando o segundo semestre do desenvolvimento.

Como tentaremos justificar um pouco mais adiante, é mais provável que Lacan tenha colhido essa descrição em Wallon, ao menos pelo canal da obra de 1934, do que em Charlotte Bühler, a quem aparentemente ele se refere como fonte de primeira mão. Por outro lado, é possível que Lacan tenha tido conhecimento do texto de 1938, redigido por Wallon no decorrer de 1936, no período em que ele mesmo redigia seu texto sobre *A família* para a *Encyclopédie française*, o qual retomaria "o essencial em algumas linhas" (na realidade, 112 páginas em 1984!) de sua comunicação apresentada ao congresso de Marienbad durante o mesmo ano de 1936.

Mais ou menos a partir da idade de seis meses, ressalta Wallon, vários tipos de relações casadas são identificáveis nas atitudes recíprocas entre crianças pequenas. Esses modos relacionais são determinados por condições muito precisas: a diferença de idade entre as duas crianças não deve ultrapassar dois meses e meio mais ou menos.

Nas crianças menores, já se observam "gestos de aproximação e de troca". A partir dessa situação, se constitui em primeiro lugar o par contemplação-exibição: a criança mais velha se agita, se mostra, enquanto a outra a observa, cativada pela situação. Entretanto, à medida que a idade aumenta, a relação fica mais equilibrada entre os parceiros, ensejando a possibilidade de uma mudança dos papéis. Mas citemos o próprio texto de Wallon. No plano mais primitivo, ele escreve,

> o ato é, no caso, indiviso entre espectador e o executante [...] os dois parceiros se confundem entre si [...] com crianças mais velhas [...] a situação, mesmo permanecendo indivisa, suscita gestos entre os dois parceiros [...] 0; 8 (7), não conseguindo arrancar seu mordedor de 0; 6, acaba por levar seus dedos à boca, como para lhe mostrar o que ele deve fazer [...] o ato se limita a ser não mais do que um simulacro [...] A individualização do gesto suscitada por uma situação precede a dos parceiros. Um pouco mais tarde são eles que parecem se individualizar, ou melhor, são seus pontos de

vista recíprocos. Em suma, eles estarão ou de acordo ou em conflito [...] a participação pode gradualmente mudar de sinal [...] a oposição também tem suas nuances e seus graus[3].

Wallon descreve também a rivalidade e o par despotismo-submissão. Enquanto que a rivalidade requer a rigorosa diferença de idade mencionada acima, o despotismo pode se desenvolver também quando ela ultrapassa três meses. A rivalidade é muitas vezes "competição de brincadeira"; já "o despotismo é o sentimento de superioridade que busca se exercer em sua forma pura... Essa necessidade de domínio não é refinada, é muito primitiva". Wallon menciona, a esse respeito, os trabalhos em matéria de psicologia animal sobre os galos (Ebbe) e sobre os macacos (Révész). Com as crianças, "pode acontecer também que as relações sejam reviradas em benefício da mais jovem". A mais, o despotismo nem sempre implica maus-tratos e hostilidade, ele pode se fazer de bonachão, exigindo somente "marcas de aceitação ou de admiração".

Wallon estuda esses fatos a título de manifestações da "sociabilidade sincrética[4]". No plano dos mecanismos, ele os descreve como o acionamento de "atitudes recíprocas e complementares" em um tipo de experiência marcada pela "confusão inicial de si e de outrem[5]". Na fase primitiva da psicogênese, "as situações em que o Eu está primeiramente em estado de sensibilidade difusa são, todavia, bipolares e implicam dois papéis contrastantes, complementares ou similares[6]". Tão aparentada que possa ser – em plano formal – à de Lacan, essa descrição, porém, é conduzida em um contexto diferente do da psicanálise. Por seu lado, Lacan insiste a respeito

---

3 H. Wallon, *Les origines du caractère...*, *op. cit.*, pp. 253-254; a anotação do tipo 0, 8 (7), convencional em psicologia infantil, significa: 0 anos, 8 meses e 7 dias; 8 meses sem detalhamento de dias se escreve simplesmente: 0, 8.

4 Trata-se, segundo Wallon, do tipo de sociabilidade que marca o primeiro ano do desenvolvimento (estágio emocional), tipo ao qual sucede a articulação do primeiro e do segundo anos, o "sincretismo diferenciado", caracterizado pela seqüência hierarquizada: mimetismo afetivo (0, 6-1 ano), ciúme (0, 9), simpatia (1, 2). Henri Wallon, *Les origines...*, *op. cit.*, p. 301.

5 H. Wallon, *ibid.*, p. 255; *La vie...*, *op. cit.*, p. 45.

6 *Id.*, "Niveaux et fluctuations du moi" (1956), *in Enfance, nº spécial Henri Wallon, 1959-1963*, Paris, PUF, pp. 88-89.

dos mesmos fatos, sobre sua relação com a expressão da agressividade que toma forma nas "pulsões sadomasoquistas e escopofílicas (desejo de ver e de ser visto), destrutivas em sua essência[7]". Não é menos verdade que ele menciona, julgando-a compatível com suas próprias visões, a concepção de Wallon. A agressividade característica do despotismo infantil diz respeito a uma ordem de comportamento que coordena "as posturas tônica e de tensão vegetativa com uma relatividade social cuja prevalência na constituição expressiva das emoções humanas um Wallon ressaltou de maneira notável[8]". É particularmente interessante ver se encontrarem e se ajustarem entre si aqui dois modos explicativos, dois tipos interpretativos cuja compatibilidade à primeira vista poderia parecer causar problemas. O primeiro, característico da psicanálise, se situa no plano rigoroso da realidade psíquica, enquanto que o segundo introduz um novo componente, o qual se exprime na referência dupla a um substrato neurológico e ao meio social.

[7] J. Lacan, *Les complexes...*, *op. cit.*, p. 45.
[8] *Id.*, "L'agressivité...", *op. cit.*, p. 112.

Capítulo IV

O transitivismo

Nas *Origens do caráter na criança*, Wallon dedica um desenvolvimento bastante extenso aos fatos do transitivismo. Como foi visto mais acima, esse tipo de comportamento consiste, entre outras coisas, em que o sujeito inverta, atribuindo a outrem, o princípio de sua própria ação sobre este. Essa inversão da polaridade sujeito-objeto do ato naturalmente faz pensar no mecanismo que Freud descreveu, no plano da paranóia, pelo termo projeção. Entretanto, fala-se também de transitivismo nos casos em que o processo de deslocamento opera em uma direção não mais centrífuga, do sujeito para o objeto, mas igualmente centrípeta, do objeto para o sujeito. Dessa maneira, por exemplo, o sujeito sente como vindo dele as ações ou os sentimentos que vêm, na realidade, dos outros; ou até mesmo situa em seu próprio corpo um objeto externo. Pensamos, nesse caso, no mecanismo de introjeção. Na acepção mais ampla do termo, implicando as duas direções inversas, o transitivismo supõe a ausência de fronteira entre o interior e o exterior, de onde a confusão dos vetores centrífugo e centrípeto da experiência vivida[1].

[1] A. Porot, *Manuel alphabétique de psychiatrie*, Paris, PUF, 1965, pp. 569-570.

A noção de transitivismo (*Transitivismus*) foi introduzida pelo neurologista e psiquiatra alemão Wernicke[2] no sentido mais restritivo de uma transferência para o exterior; portanto, numa acepção relativamente aparentada à noção freudiana de projeção[3]. A partir dali, ela experimentou um certo uso no linguajar psiquiátrico, com um destino relativamente independente do conceito psicanalítico de projeção. Pode-se discernir seu uso relativamente comum na literatura especializada de língua francesa, por exemplo, entre os anos 1920 e 1930. Em um artigo datado exatamente de 1921, Wallon escreveu as seguintes linhas:

> Atribuir a outrem o que nos é próprio resulta de uma ilusão que Wernicke apontou com o nome de *transitivismo*, de ocorrência bastante comum entre os alienados. Muitas vezes, doentes vieram a ele convencidos de que eles é que estavam trazendo à consulta a pessoa que os acompanhava. A origem dessa confusão seria, na sua opinião, a impossibilidade de compreender outrem a não ser por comparação a si próprio. O sujeito cuja mentalidade se modifica sem que ele tenha tido consciência disso atribui o desacordo que ele sente acontecer entre o seu círculo e ele a mudanças que são de outra pessoa, já que ele não acredita que sejam dele. Seu erro seria, em suma, o do navegador que vê a margem se pôr em movimento ao se afastar dela[4].

Muitos anos após, Wallon, na descrição que fez do processo, que então chama de "identificação centrífuga", evoca ainda o transitivismo de Wernicke, a respeito do qual ele escreve que, freqüentemente,

> o Eu projeta em outrem os traços de seu personagem, que às vezes não ousa confessar a si próprio [...] Essa tendência é tão freqüente, mesmo em

---

[2] Karl Wernicke, neurologista e psicólogo alemão (1848-1905).

[3] S. Freud, "Manuscrit H" (1895), *La naissance...*, *op. cit.*, pp. 98-102; *Manuscrit K* (1896), *ibid.*, pp. 135-136; "L'hérédité et l'étiologie des névroses" (1896), *Névrose, psychose et perversion*, Paris, PUF, 1973, pp. 72-81; L. Moor, *Lexique français-allemand des termes usuels em psychiatrie, neuro-psychiatrie infantile et psychologie pathologique*, Paris, ESF, 1969, p. 137; K. Wernicke, *Grundriss der Psychiatrie*, 2ª ed., 1906, p. 216.

[4] H. Wallon, "La conscience et la vie subconsciente" (1920-1921), *in* G. Dumas, *Nouveau traité de psychologie*, Paris, PUF, 1942, t. 7, p. 31.

indivíduos normais, que, sem muito risco de engano, se pode correr o risco de aplicar ao seu autor os julgamentos referentes a outrem. É fora de nós mesmos que procuramos o retrato de nossos próprios defeitos[5].

De acordo com essa acepção específica introduzida por Wernicke, Wallon apresenta, em *As origens do caráter na criança*, a noção de transitivismo, fornecendo exemplos de tipo centrífugo trazidos do registro da psicopatologia. É assim com "essa velha epiléptica de hospício que culpava a vizinha pela crise que ela mesma tivera na noite anterior[6]".

Em decorrência de tais exemplos, Wallon sugere, no mesmo contexto, transpor o conceito de transitivismo do campo da psiquiatria para o da psicologia. Assim, menciona o exemplo, tomado de Elsa Köhler, de uma "Aninha" que bate em sua colega Hermia para logo em seguida a acusar de ter cometido essa má ação contra ela própria[7].

Lacan menciona, mas sem atribuir então a Wallon – que é o verdadeiro autor –, o fato histórico de uma tal transposição do campo da psiquiatria para o da psicologia[8]. De fato, uma indicação tão precisa de sua parte parece ser a prova mais ou menos inquestionável de que é de Wallon mesmo e de ninguém mais que Lacan colhe essa noção de transitivismo, apresentada em termos não ambíguos como tendo sida traduzida e adaptada de Wernicke. Além disso, é incontestável que o significado do termo transitivismo admitido no vocabulário psiquiátrico da época lhe é bem conhecido, pois que ele já o utiliza em várias ocasiões em sua tese de 1932, referindo-se a Minkowski e, parece, igualmente a Janet.

De fato, Lacan utiliza a noção de transitivismo como o descritor principal da organização psíquica própria do estádio do espelho, uma categoria genérica que funciona, sob forma de leitmotiv essencial, como um tipo de organizador nodal, do qual se destacam e irradiam os outros mecanismos específicos e mais localizados cuja série completa estudamos aqui: exibição

5 *Id.*, "Niveaux et fluctuations du moi" (1956), *op. cit.*, p. 96.
6 *Id.*, *Les origines du caractère...*, *op. cit.*, p. 282.
7 *Id.*, *Les origines du caractère...*, *op. cit.*, p. 283.
8 J. Lacan, *De la psychose paranoïaque dans ses rapports avec la personnalité* (1932), seguido por *Premiers écrits sur la paranoïa*, Paris, Seuil, 1975, pp. 138, 270, 272; "Propos...", *op. cit.*, p. 180.

e despotismo (cap. 3), mimetismo (cap. 6), imponência (cap. 7), ciúme e simpatia (cap. 5). Todo esse conjunto de comportamentos locais parece interpretado por ele como subtendido por um mecanismo fundamental de projeção, de transporte centrífugo e alocêntrico, o qual, por sinal, se reúne ao tema integrador peculiar de um "conhecimento paranóico" de ressonância ao mesmo tempo metapsicológica, filosófica e surrealista.

É nesse complexo tecido de associações de origens muito diversas que surgem as menções a Charlotte Bühler e Elsa Köhler (5 referências em 3 passagens dos *Escritos*) e até, finalmente, a única referência consistente a Henri Wallon que se pode localizar na obra em questão, excetuando-se uma segunda, em nota, de que falamos anteriormente.

Com relação a isso, parece-nos interessante e até necessário apresentar aqui o essencial desses textos de Lacan, mencionando de maneira tão detalhada quanto possível a origem histórica exata dos diversos conceitos evocados:

> Esse momento em que se encerra o estádio do espelho[9] inaugura, pela identificação (Freud) com a *imago* (Jung) do semelhante e pelo drama do ciúme primordial (Guillaume, Preyer, Stern, Köhler, Bühler, Wallon), tão bem ressaltado pela escola de Charlotte Bühler (Köhler) nos fatos de *transitivismo* (Wernicke, Wallon) infantil, a dialética (Hegel-Kojève) que desde então liga o *Eu* (Freud, Wallon) a situações socialmente elaboradas[10].
> O que chamei de conhecimento paranóico[11] demonstra então corresponder, em suas formas mais ou menos arcaicas, a certos momentos críticos que escandem a história da gênese mental do homem e que representam, cada um, uma fase da identificação objetivante.
> Pode-se entrever ali, pela simples observação, as etapas, na criança, em que uma Charlotte Bühler, uma Elsa Köhler e a escola de Chicago[12] em

[9] Expressão utilizada pela primeira vez por Lacan na ocasião da comunicação do 3 de agosto de 1936 em Marienbad e, talvez, já na conferência de 16 de junho perante a SPP; J. Dor, "*Nouvelle...*", *op. cit.*, pp. 50-51. Ver p. 27, nota 12.

[10] J. Lacan, "Le stade...", *op. cit.*, p. 98.

[11] Freud, a paranóia-crítica de Salvador Dali que Lacan encontrou em 1930.

[12] Referência obscura e não identificada por nós.

seguida a elas, nos mostram vários planos de manifestações significativas, mas às quais somente a experiência analítica pode conferir seu valor exato ao permitir ali reintegrar a relação subjetiva.

O primeiro plano nos mostra que a experiência de si mesma na criança de tenra idade, na medida em que ela se refere ao seu semelhante, se desenvolve a partir de uma situação vivida como indiferenciada. Assim, ao redor da idade de oito meses, nesses confrontos entre crianças, que, assinalemos, não admitem mais do que dois meses e meio de diferença de idade (Bühler), observamos esses gestos de ações fictícias através dos quais um sujeito acompanha o esforço imperfeito do gesto do outro, confundindo sua aplicação distinta, essas sincronias da captação especular, ainda mais notáveis porque precedem a coordenação completa dos aparelhos motores que empregam.

Assim, a agressividade que se manifesta nas retaliações de tapas e socos não pode ser tomada apenas como uma manifestação lúdica de exercício das forças e de sua aplicação para a referenciação do corpo[13]. Ela deve ser entendida em uma ordem de coordenação mais ampla: a que subordinará as funções de posturas tônicas e de tensão vegetativa a uma relatividade social cuja prevalência na constituição expressiva das emoções humanas um Wallon sublinhou de maneira notável.

Mais ainda, eu mesmo acreditei poder ressaltar que a criança, nessas ocasiões, antecipa no plano mental a conquista da unidade funcional de seu próprio corpo, ainda inacabado, nesse momento, no plano da motricidade voluntária[14]. [...]

É essa captação da forma humana pela *imago*, mais do que uma *Einfühlung** cuja ausência na primeira infância tudo demonstra, que, entre seis meses e dois anos e meio (Wallon), domina toda a dialética do comportamento da criança na presença de seu semelhante. Ao longo desse período se registram as reações emocionais (Wallon) e os testemunhos articulados de um transitivismo normal (Wallon). A criança que bate diz que bateram nela (Köhler), a que vê cair, chora. Da mesma maneira, é numa identificação

[13] Uma das funções, por sinal, colocadas em relevo por Wallon.

[14] Idéia devida parcialmente a Wallon.

* Empatia. (NT)

com o outro que ela vive toda a gama das reações de imponência (Wallon) e de exibição (Bühler), cuja ambivalência estrutural suas atitudes revelam com evidência, escravo identificado com o déspota (Hegel, Bühler), ator com o espectador, seduzido com o sedutor[15].

Ao abarcar com a expressão *conhecimento paranóico* uma estrutura fundamental desses fenômenos, quis designar senão uma equivalência, pelo menos seu parentesco com uma forma de relação com o mundo (Husserl, Heidegger, Merleau-Ponty) de um alcance absolutamente particular. Trata-se da reação que, reconhecida pelos psiquiatras (Wernicke), foi generalizada na psicologia (Wallon) sob o nome de *transitivismo.* Com efeito, tal reação, embora não seja eliminada completamente do mundo do homem em suas formas mais idealizadas (nas relações de rivalidade, por exemplo), se manifesta inicialmente como a matriz da *Urbild* do Eu.

Nós a constatamos, com efeito, dominando significativamente a fase primordial em que a criança toma essa consciência de seu indivíduo, que sua linguagem traduz – vocês sabem[16] – na terceira pessoa antes de fazê-lo na primeira (Wallon). Charlotte Bühler[17], com efeito, para só citar ela[18], observando o comportamento da criança com seu colega de brincadeiras, reconheceu esse *transitivismo*[19] sob a cativante forma de uma verdadeira captação pela imagem do outro.

Assim, ela pode participar, num transe completo, da queda de seu colega ou da mesma maneira imputar a ele, sem que se trate de mentira, ter recebido dele o tapa que ela deu. Deixo de lado a série desses fenômenos que vão da identificação especular à sugestão (Bernheim) mimética (Wallon) e à sedução (Freud) de imponência (Wallon). Todos são incluídos por essa autora[20] na dialética que vai do ciúme (esse ciúme cujo valor iniciador santo Agostinho já percebia de maneira fulgurante) às primeiras formas da simpatia

---

[15] J. Lacan, "L'agressivité..." (1948), *op. cit.*, pp. 111-113.

[16] Suposição absolutamente gratuita que na realidade oculta uma referência implícita a Wallon.

[17] A nota seguinte aparece nesses termos ao pé do próprio texto de Lacan, *Écrits*, *op. cit.*, p. 180, incluídos *os lapsus calami*: "Charlotte Bühler, *Soziologische n. Psychologische Studien über das erste Lebensjahr*, Iena, Fischer, 1927". Ver também Elsa Köhler, *Die Persönlichkeit des dreijahrigen Kindes*, Leipzig, 1926.

[18] Para não mencionar Wallon.

[19] Afirmação pouco exata, segundo os dados recentemente relatados. Ver também p. 57.

[20] A proposta de Charlotte Bühler é muito mais reduzida.

> (Guillaume, Preyer, Stern, Köhler, Bühler, Wallon). Eles se inscrevem em uma ambivalência primordial que nos aparece, vou dizer logo, *em espelho*, nesse sentido de que o sujeito se identifica em seu sentimento de Si com a imagem do outro e a imagem do outro vem cativar nele esse sentimento.
> Ora, essa reação só se produz sob uma condição: que a diferença de idade entre os participantes se mantenha dentro de um certo limite, que, no início da fase estudada, não pode ultrapassar um ano (Bühler).
> Ali já se manifesta um traço essencial da *imago* (Jung) [...] um efeito de *alienação* (Hegel) [...] o próprio desejo do homem se constitui, nos diz [Hegel], sob o signo da mediação, é desejo de fazer reconhecer seu desejo[21].

Enfim, esse tecido complexo de associações organiza, em torno da noção walloniana de transitivismo, um jogo de referências complementares com o conceito freudiano capital de narcisismo, ele mesmo implicado numa rede de conotações hegelianas e pós-hegelianas aparentadas, cuja insistência os textos precedentes manifestaram em mais de um lugar.

Dessa maneira, "a expressão narcisismo primário pelo qual a doutrina designa o investimento libidinal próprio desse momento[22]", "a noção de uma agressividade ligada à relação narcisística e às estruturas de desconhecimento e de objetivação sistemáticos que caracterizam a formação do *eu*", "a noção de uma agressividade como tensão correlativa da estrutura narcisística no devir do sujeito" se referem tanto à "função do complexo de Édipo[23]" como a "essa negatividade existencial cuja realidade é tão vivamente promovida pela filosofia contemporânea do ser e do nada[24]" (Sartre, Heidegger). Entretanto, esse eu carrega como correlato esse "outro cuja noção de reflexo eu expus a vocês na dialética do narcisismo (Freud), o outro da parte imaginária da dialética do senhor e do escravo (Hegel) que fomos buscar no transitivismo infantil (Wallon), no jogo de imponência (Wallon) em que ocorre a integração do socius[25]".

---

[21] J. Lacan, "Propos..." *op. cit.*, pp. 180-181.
[22] *Id..*, "Le stade...", p. 98.
[23] J. Lacan, "L'agressivité...", *ibid.*, pp. 115-116.
[24] *Id.* "Le stade...", *ibid.*, pp. 98-99.
[25] Id., *Les psychoses* (1955-1956), op. cit., p. 165.

Eis uma formulação que ressalta de maneira particularmente ilustrativa a importância dessa dupla inspiração geminada que, de maneira idêntica, a leitura original do texto freudiano por Lacan retira do psicólogo Wallon assim como do filósofo Hegel.

Notemos também que essa evocação do narcisismo como conceito conexo ao de transitivismo em si mesma conduz, naturalmente, para esse tema aparentado que representa "o uso do Eu [*Je*]", ao qual voltaremos um pouco mais adiante (cap. 8).

No que lhe diz respeito, e de maneira menos ampla, Wallon interpreta o transitivismo como "uma simpatia invertida que faz substituir si por outrem", então como um processo inverso aos comportamentos do registro "participação emotiva, mimetismo afetivo". O sujeito se faz substituir por outrem ao invés de se instituir no lugar deste. Essas reviravoltas entre atitudes de pólos opostos se explicam, segundo ele, pela indivisão relativa do tipo primitivo de relação entre o sujeito e outrem. Essa relação se institui para o sujeito em um eixo constituído pelas duas funções antagônicas: afetividade e imagem, componente proprioceptivo e componente exteroceptivo. Ora, em um patamar primitivo de desenvolvimento, o conteúdo da relação poderia, seja qual fosse sua direção real, se transferir em espelho, escorregar de um pólo para o outro, sem que seja levada em consideração a repartição efetiva dos papéis entre os dois parceiros. Aliás, esse processo pode funcionar, Wallon o sugere sem utilizar a expressão, como mecanismo de defesa:

> Provavelmente, escreve ele se referindo a Aninha, a criança representava com mais facilidade a agressão à medida que sua angústia estava melhor aplacada[26].

Essa oscilação bipolar do comportamento entre a participação emotiva (pólo afetividade) e o transitivismo propriamente dito (pólo imagem) representa um mecanismo cuja estrutura anuncia, desde 1934, um conceito de uma importância essencial. Trata-se da estruturação com duplo vetor, centrípeto e centrífugo, introjetivo e projetivo, dos processos de identificação que Wallon enuncia como tal no artigo de 1956 chamado *Níveis e flutuações*

---

[26] H. Wallon, *Les origines du caractère...*, *op. cit.*, pp. 282-284.

do eu e ao qual nos referimos mais acima a respeito de Wernicke. De fato, o conceito de uma dimensão bipolar dos processos de identificação surge de uma forma já bastante definida na *Evolução psicológica da criança*[27] e no *Do ato ao pensamento*[28]. Ressaltemos que uma concepção tal ainda não foi propriamente elaborada, mesmo se é pressentida na obra de Freud. De fato, a doutrina freudiana relativa aos mecanismos e às formas dos processos de identificação parece marcada pelo primado essencial da dimensão introjetiva. Um dos aspectos importantes da iniciativa de Melanie Klein consistirá no esforço para ultrapassar essa limitação da metapsicologia freudiana. Ora, apenas a partir de 1945 Melanie Klein coordenará, dentro do quadro de um mecanismo funcional bipolar, as duas dimensões "complementares" ativadas pela "interação" das formas introjetiva e projetiva da identificação[29]. Essas considerações rápidas demais, sobre as quais nos será necessário voltar mais tarde, nos permitem perceber a importância teórica da psicologia de Wallon em relação às dificuldades que emperram a doutrina freudiana da identificação. Esse interesse dos conceitos wallonianos com relação a certos incômodos da metapsicologia dos processos de identificação foi ressaltado, como veremos mais adiante, por Lagache[30]. Entretanto, Lacan foi, na nossa opinião, o primeiro autor a ter compreendido o importante benefício que o pensamento psicanalítico poderia tirar de um diálogo com a psicologia de Wallon.

Mencionaremos incidentalmente o fato de que Winnicott, clínico cuja formação foi marcada pelos pontos de vista de Melanie Klein, entre outros os relativos à identificação projetiva[31], relata fatos muito análogos aos descritos pelo transitivismo walloniano: "na excitação de uma experiência ligada a um bom objeto, acontece de a criança morder: o objeto será, então, entendido como um objeto que morde[32]".

[27] H. Wallon, *L'évolution psychologique de l'enfant*, Paris, A. Colin, 1941, reeditado em 1974.

[28] *Id.*, *De l'acte à la pensée*, Paris, Flammarion, 1942.

[29] M. Klein, *Essais de psychanalyse* (1948), Paris, Payot, 1968, p. 413; *Développements de la psychanalyse* (1952), Paris, PUF, 1966, pp. 275 e 196; *Envie et gratitude et autres essais* (1957-1963), Paris, Gallimard, 1968, pp. 72, 100-101, 103-104.

[30] D. Lagache "Quelques aspects de l'identification" (1954), *Œuvres complètes 1932-1968*, 6 vol., Paris, PUF, 1977-1984, t. 3, pp. 202-213.

[31] G. Bléandonu, *L'école de Mélanie Klein*, Paris, Le Centurion, 1985, p. 295.

[32] D. Winnicott, *Processus de maturation chez l'enfant* (1965), Paris, Payot, 1978, p. 65.

Aproximações semelhantes criam difíceis problemas de caráter histórico. Os conceitos de Wallon relativos à dupla dimensão dos processos de identificação são conseqüência provável – assim como os de Melanie Klein, mas por um outro caminho – de uma reflexão pessoal sobre as dificuldades da doutrina freudiana da identificação. Além disso, certos indícios levam a pensar que Wallon possa ter tomado conhecimento de certas idéias desenvolvidas pela escola de Melanie Klein. Enfim, se é verdade que Wallon exerceu uma ascendência inegável sobre certas visões de Spitz, por outro lado uma influência de sua obra nas de Melanie Klein e Winnicott não é historicamente indicável, é até mesmo bastante improvável.

Em relação tanto ao transitivismo como à exibição e ao despotismo, Lacan se refere às mesmas fontes que Wallon, especialmente Charlotte Bühler e Elsa Köhler. Certamente, é possível que Lacan tenha tido acesso direto a essas duas autoras. Mas é possível também, como sugerimos mais acima, que só tenha sido informado de seus conceitos através da obra de Wallon. Com efeito, as referências de Lacan trazem alguma incerteza, às vezes erros, como evidencia bem o conjunto de nossas anotações anteriores. Esses enganos, de que daremos mais tarde (cap. 9) uma análise mais detalhada, parecem indicar de maneira plausível que talvez ele não tenha lido essas duas autoras de primeira mão e que seu documento de referência tenha realmente sido o texto de Wallon. Entretanto, lembremos, Wallon só é citado a respeito desses fatos uma única vez nos *Escritos*, enquanto que as outras duas autoras são objeto de cinco menções. Por sinal, como é muito sensível nos textos anteriores, Lacan destaca a figura de Charlotte Bühler, que assumiria a função de uma espécie de biombo por detrás do qual desaparece quase que completamente a silhueta efêmera de seu colega Wallon. Eis alguns exemplos dessas imprecisões significativas.

Assim, Lacan relaciona primeiramente a noção de transitivismo mais a Charlotte Bühler do que a Elsa Köhler, sendo anexada a esta em segunda menção. Isso não é concebível. Com efeito, as pesquisas de Charlotte Bühler se centram unicamente no primeiro ano e as de Elsa Köhler no terceiro ano do desenvolvimento infantil. Ora, os fatos de transitivismo são relatados por Wallon como característicos do segundo semestre do terceiro ano. E ele cita, com relação a isso, o exemplo, colhido em Elsa Köhler, da Aninha, de exatos dois anos e nove meses. No livro de Elsa Köhler, o próprio fato é relatado (p. 191), mas sem uma referência técnica explícita à noção de transitivismo. É bem a Wallon, como dissemos mais acima, que é devida a engenhosa transferência desse conceito da área da psiquiatria para a da psicologia genética[33].

Em relação a essa incerteza relativa quanto às contribuições das duas autoras, pode-se notar, em várias passagens, a tendência de Lacan a tratar como pertencentes ao mesmo domínio de comportamentos os fatos de despotismo e de exibição por um lado, e os fatos de transitivismo por outro. Ora, Wallon distingue claramente uns como característicos do segundo semestre do primeiro ano (Charlotte Bühler) e os outros como pertencentes ao segundo semestre do terceiro ano (Elsa Köhler). Pode-se, sem dúvida, imaginar uma tal redução dos níveis do comportamento como o efeito natural de um preconceito estruturalista, mais atento à significação dos comportamentos do que à construção de seus mecanismos. Acontece também a Lacan situar os comportamentos de rivalidade e de exibição em uma faixa etária mais ou menos imprecisa, "entre seis meses e dois anos", enquanto que Wallon, fiel às indicações de Charlotte Bühler, os atribui às "crianças de menos de um ano". De vez em quando Lacan se engana também quando se refere à diferença de idade estipulada entre os parceiros dos comportamentos acoplados: às vezes "dois meses e meio", às vezes "um ano de diferença"! Em compensação, Wallon se refere às suas próprias fontes de maneira muito mais precisa:

> De acordo com a Sra. Bühler, a rivalidade não se manifesta nunca entre duas crianças cuja diferença de idade ultrapasse dois meses e meio... Para o despotismo, ao contrário, em mais da metade dos casos, a diferença ultrapassava três meses. Era o feito do mais velho... A única exceção é entre menino e menina, pois, mesmo mais jovem, a menina pode tomar a dianteira do menino[34].

[33] H. Wallon, *Les origines du caractère...*, *op. cit.*, p. 283.

[34] Id., *Les origines du caractère...*, *op. cit.*, pp. 252-255; *La vie...* (1938), *op. cit.*, pp. 316-317; ver: Charlotte Bühler, *Soziologische...*, (1927), *op. cit.*, pp. 53-89.

Capítulo V

O ciúme e a simpatia

Nas *Origens do caráter na criança*, o tema do despotismo, por um lado, e o do transitivismo, por outro, são expostos com um intervalo de mais ou menos trinta páginas entre eles. Entre esses dois blocos figuram dois capítulos sobre o ciúme e a simpatia aos quais não é impossível atribuir o interesse de Lacan pela "dialética do ciúme-simpatia[1]".

Wallon vê no ciúme e na simpatia comportamentos mais evoluídos, mais explicáveis a partir da estrutura do par contemplação-exibição.

> Os dois pólos da situação, ao invés de serem ainda simplesmente complementares e situados em dois indivíduos diferentes, são integrados pelo mesmo[2].

Dessa maneira, o ciumento é ao mesmo tempo a vítima do outro e o carrasco de si próprio[3]. Segundo Wallon, o surgimento do ciúme se dá mais ou

---

[1] H. Wallon, *Les origines du caractère...*, *op. cit.*, pp. 257-277; ver J. Lacan, *Les complexes...*, *op. cit.*, pp. 35-49; "Propos...", *ibid.*, pp. 180-181; Charlotte Bühler, *Soziologische...*, *op. cit.*; Elsa Köhler, *Die personalichkeit...*, *op. cit.*

[2] H. Wallon, *ibid.*, p. 257.

[3] Wallon retomará esse modelo interpretativo no artigo "Niveaux..." (1956), *op. cit.*, a respeito da gê-

menos aos nove meses, enquanto que a simpatia, um pouco mais tardia, surge por volta dos quatorze meses. Além disso, de acordo com suas visões relativas ao laço social, Wallon concede a esta um desenvolvimento bem mais importante do que àquele, acrescentando aí o conjunto dos fatos de imitação.

Wallon se refere a numerosos autores, sobretudo a Guillaume[4], tanto a respeito do ciúme (2 vezes) quanto da simpatia (6 vezes). Por sinal, é dando crédito às observações deste que Wallon situa suas respectivas datas de aparecimento aos nove e aos quatorze meses. Ele menciona igualmente os psicólogos alemães Stern[5] e Preyer[6], Charlotte Bühler[7], Elsa Köhler[8] e também o filósofo-psicólogo americano Baldwin[9], o naturalista Darwin[10], Péres[11], Sully[12] e finalmente Stendhal[13].

As duas menções a Bühler por Wallon são meio rápidas. No capítulo sobre o ciúme:

> A criança grita, chora, se agita, puxa as orelhas quando vê um adulto se aproximar de uma outra criança, pegá-la, lhe dar o seio.

Em relação à simpatia, o mesmo autor, escreve ainda Wallon, invocaria um mecanismo de "associação condicional" para explicar o fato de que, "a partir de dois meses, o bebê começa a responder por gritos aos gritos do bebê vizinho, por um sorriso ao sorriso de sua mãe".

---

nese da diferenciação entre o *Eu e o Outro*: "Stendhal disse que o ciúme é uma 'simpatia sofredora'. O ciumento o é ainda mais pois que sente de maneira mais viva os supostos gozos do *Outro*, este podendo ser, além disso, tanto o concorrente como o parceiro [...] Mas ele sofre porque eles são nele um simples eco do que é supostamente realidade para o *Outro*. Foi feita a divisão entre as pessoas. Mas ela deixou que permanecesse uma certa comunidade sentimental", p. 95.

4 Guillaume, *L'imitation chez l'enfant*, Alcan, 1925.

5 W. L. Stern, *Psychologie der frühen Kindheit*, Leipzig, Quelle et Meyer, 1914, 2ª ed., 1921.

6 G. Preyer, *Die Seele des Kindes* (1882), Trad. Varigny, *L'âme de l'enfant*, Paris, Alcan, 1887.

7 Charlotte Bühler e col., *Soziologische...* (1927), *op. cit.*

8 Elsa Köhler, *Die Persönlichkeit...* (1926), *op. cit.*

9 J.-M. Baldwin, *Le développement mental chez l'enfant et dans la race* (1895), Paris, Alcan, 1897.

10 C. Darwin, "A biographical sketch of an infant", *Mind, 7,* 1877, pp. 285-294.

11 B. Péres, *La psychologie de l'enfant. L'enfant de trois à sept ans*, Alcan, 1886.

12 Sully, *Studies of childhood*, Londres, 1895, Paris, Alcan, 1886.

13 Stendhal, *De l'amour* (1822), Paris, Gallimard, 1980; "La cruauté n'est qu'une sympathie souffrante" [A crueldade nada mais é que uma simpatia que sofre], p. 238.

Elsa Köhler é mencionada, no capítulo sobre a simpatia, por haver observado "por volta de 2 ; 5, na sua pupila, o hábito de dialogar, à noite, na cama, com ela mesma, sublinhando por entonações diversas a intervenção alternada dos personagens entre os quais a única coisa que ela consegue fazer é se dividir ela mesma".

No grande quadro sinóptico que figura ao final do livro de E. Köhler, a menção a esses monólogos dialogados, assim como aos jogos de papéis (*Rollenspiel*; *Monolog*), é referida à idade de 2,6. Essa mesma idade de dois anos e meio se caracteriza também pelos seguintes comportamentos que interessam ao nosso tema:

> *Sentimento*: empatia* (*Einfühlung*), do humor de outrem; "estranheza" ("*Umheimlich*"), arrependimento?, angústia, incômodo, alegria, vergonha, *ciúme* (*Eifersucht*); *Comportamento social: simpatia* (*Sympathie*) viva pelas crianças da mesma idade; iniciativas de aproximação.

Vê-se bem, então, que não são essas últimas notações (nossos itálicos), referidas a uma idade bem diferente, que são utilizadas por Wallon. Por outro lado, voltaremos mais adiante, a respeito dos jogos de alternância, ao importante fenômeno dos monólogos dialogados[14].

Ao contrário de Wallon, é mais no ciúme que Lacan centraliza seu interesse teórico e esse conceito desempenha um papel fundamental no artigo sobre *A família*. Ele constitui ali o esqueleto em relação ao qual se organizam, em sua primeira versão, as visões de Lacan relativas ao estádio do espelho, mas também as visões conexas de agressividade e de narcisismo, dentro do

* De acordo com o original, seria *intropatia*, mas prefiro esse termo mais corrente: "Como tradução do vocábulo alemão *Einfühlen* foram propostos os termos 'intropatia' e 'empatia' – o primeiro usado inicialmente por tradutores franceses, o segundo sugerido pelo filósofo espanhol Ortega y Gasset e agora usado pelas línguas não-germânicas. Ambos foram compostos a partir do grego '*pathein*' com o significado de se afetar ou de sentir e de 'en' ou 'intro' – *dentro de*. Empatia ou intropatia equivalerá então, etimologicamente, a 'sentir dentro de'. É esse o sentido original de *Einfühlen*". http://www.uebe.pt/psique/tpersonalidade.html (Teorias da Personalidade – Perspectiva Humanística do Prof. Guimarães Lopes). (NT)

[14] Wallon situa o surgimento do ciúme por volta dos 9 meses, o da simpatia, pelos 14 meses.

campo da rivalidade fraterna. Nos textos seguintes, a partir do *Estádio do espelho*, o tema do ciúme lhe cederá em importância, para se subordinar a ela, à noção do transitivismo que se torna então, como mostramos mais acima, a categoria organizadora central.

As referências de Lacan às fontes alemãs relativas ao ciúme e à simpatia são relativamente imprecisas. Ele igualmente relaciona os estados afetivos em questão a Charlotte Bühler, no mesmo contexto que o transitivismo, com a incorporação lateral de Elsa Köhler em uma nota, como já mencionamos mais acima, a respeito desse último comportamento:

> Charlotte Bühler (nota: [...] ver também Elsa Köhler) [...] reconheceu esse *transitivismo* sob a cativante forma de uma verdadeira captação pela imagem do outro [...] Deixo de lado a série desses fenômenos que vão da identificação especular à sugestão mimética e à sedução de imponência. Todos são incluídos por essa autora na dialética que vai do ciúme (esse ciúme cujo valor iniciador Santo Agostinho já percebia de maneira fulgurante) às primeiras formas da simpatia[15].

Observemos que Spitz e Winnicott também notaram o surgimento do ciúme na criança jovem mais ou menos no final do segundo semestre, quer dizer, num período que coincide aproximadamente com a idade proposta por Wallon assim como com os inícios do estádio do espelho. Spitz o observa como sendo consecutivo ao surgimento do segundo organizador (oito meses), Winnicott o entende como sendo bastante perceptível na criança "antes de seu primeiro aniversário"[16].

---

[15] J. Lacan, "Propos...", *op. cit.*, pp. 180-181.

[16] R. A. Spitz, "Les premières relations objectales", *Revue française de psychanalyse*, 18, 1954, pp. 525-526; D. Winnicott, *De la pédiatrie à la psychanalyse* (1958), Paris, Payot, 1978, p. 283. Percebe-se claramente, em 1938, a dupla influência de Wallon e Hegel em Lacan, *via* Kojève, no seguinte texto: "pela participação ciumenta e a concorrência simpática, o eu se diferencia em um progresso comum de outrem e do objeto [...] esse jogo dialético [...] drama existencial". J. Lacan, *Les complexes...*, *op. cit.*, p. 94.

Capítulo VI

O mimetismo afetivo

As duas expressões, mimetismo afetivo e sentimento de imponência, designam, nas *Origens do caráter na criança*, formas de comportamento de surgimento muito precoce na criança e cuja significação funcional e filogenética muito arcaica mobiliza, através da pluma de Wallon, referências à etologia animal.

Esses dois mecanismos funcionais são claramente discernidos por Wallon, que lhes dedica duas passagens bem detalhadas em seu livro de 1934[1].

Ora, Lacan menciona explicitamente sobretudo a segunda, por sinal no cortejo dos comportamentos peculiares de que a fase do espelho é o organizador. Entretanto, e retornaremos a isso um pouco mais adiante, Lacan nunca menciona a esse respeito a obra de Wallon, que é a fonte original e única na época.

Para melhor compreender o que se segue, ao mesmo tempo que se o articula ao que antecede, é bom introduzir aqui um esboço bastante sumário da seqüência genética dos comportamentos adequados à fase primitiva da psicogênese, tal como Wallon a descreveu.

---

1 Wallon, *Les origines du caractère chez l'enfant. Les préludes du sentiment de personnalité*, Paris, Boivin, (1934), reedição PUF, 1973, pp. 262-271, 286-289.

Um primeiro estágio, dito impulsivo e emocional, ocupa o primeiro ano do desenvolvimento infantil. Após uma primeira fase, marcada por uma motricidade de tipo tônico e impulsivo (00-0,3), o comportamento emocional atinge seu ponto de organização culminante por volta da idade de 6 meses.

O tipo de comportamento que Wallon qualifica de mimetismo afetivo representa, entre 6 e 12 meses mais ou menos, a organização do repertório diferenciado das emoções sob a forma de um sistema primitivo de comunicação, de uma verdadeira pré-linguagem afetiva. O mimetismo afetivo é mais ou menos contemporâneo (segundo semestre) das relações acopladas de contemplação-exibição e de despotismo-submissão que estudamos mais acima.

Um segundo estágio, qualificado como sensorial-motor e projetivo, se estende pelo período de 1 aos 3 anos. No ponto de junção aproximativo do primeiro e do segundo estágios, o ciúme (0,9) e a simpatia (1,2) são descritos por Wallon como comportamentos que efetuam ao mesmo tempo a dissociação e a interiorização progressivas dos dois pólos indivisíveis do par contemplação-exibição.

Além disso, Wallon apresenta o mimetismo afetivo do primeiro semestre como a base funcional de onde se origina, desde o início do segundo ano (1,2), a simpatia e, um pouco mais tarde (1,6), a imitação. Wallon estabelece também um laço genético entre o mimetismo e outras funções, cujo desenvolvimento é conexo ao da imitação, ou seja: a representação e a linguagem[2].

O último período da fase sensorial-motora, de 2,6 a 3 anos, mais ou menos, é ocupado pelo que Wallon chama de "fase das personalidades intercambiáveis[3]", a qual atinge, mais ou menos aos 3 anos, a "crise de personalidade". É na altura da fase das personalidades intercambiáveis que Wallon localiza o fenômeno do transitivismo propriamente dito, de que tratamos no cap. 4. Esse período marca também o apogeu dos jogos alternativos, aos quais retornaremos mais adiante (cap. 13). Enfim, é no final desse período,

---

[2] H. Wallon, *Les origines...*, *op. cit.*, pp. 261-276.

[3] *Id.*, pp. 278-284.

no início da crise de oposição de 3 anos então, que o emprego dos pronomes *Eu* [*Je*] e *Mim* [*Moi*]* se torna regular na criança (cap. 8).

No que diz respeito às reações de imponência, elas se referem à fase primitiva da psicogênese em seu conjunto. Assumem um destaque especial em certas condições patológicas na criança e no adulto.

Uma exposição mais circunstanciada da concepção walloniana do desenvolvimento infantil não interessa ao nosso objetivo. Só apresentamos aqui seu esquema a fim de identificar detalhadamente as principais articulações, importadas pela própria pena de Lacan[4].

Comecemos pelo "mimetismo", cuja menção é reencontrada no texto lacaniano. A forma de comportamento que Wallon qualifica como "mimetismo afetivo[5]" tem como princípio o processo do contágio mímico pelo qual a emoção se refina em espécies diferenciadas. O mimetismo afetivo surge como uma forma aperfeiçoada da comunicação emocional, cujas propriedades de "contagiosidade" e de "sensibilização recíproca[6]" ele organiza. Mencionamos mais acima a concepção de Wallon de um eixo bipolar afetividade-imagem cujos pólos extremos seriam ocupados pelo mimetismo afetivo (0,6-1) e pelo transitivismo (2,6-3)[7] respectivamente.

> "A partir dos dois meses, anota Wallon, o bebê começa por responder por gritos aos gritos do bebê vizinho, por um sorriso ao sorriso de sua mãe". Mas um pouco mais tarde surgem manifestações mais complexas: "Dos 6 aos 8 meses, a criança acolhe sua mãe abrindo os braços para ela [...], aos 9 meses, ela chora quando sua mãe chora".

---

* Sintaticamente, em português, o *moi* é traduzível por pronomes pessoais oblíquos de primeira pessoa como mim, me. (NT)

4 Podem ser consultados em outras fontes relatos mais detalhados: É. Jalley, *Wallon lecteur de Freud et Piaget,* Paris, Éditions Sociales, 1981, pp. 278-287; H. Wallon, *La vie..., op. cit.*, pp. 43-47; Tran-Thong, *Stades et concept de stade de développement de l'enfant dans la psychologie contemporaine,* Paris, Vrin, 1971, pp. 43-47, 139-222.

5 Além de H. Wallon, *Les origines..., op. cit.*, ver também "Kinesthésie et image visuelle du corps propre chez l'enfant" (1954), *Enfance, op. cit.*, p. 260; "Niveaux..." (1956), *ibid.*, p. 95.

6 H. Wallon, *Les origines...* (1934), *op. cit.*, pp. 105, 109, 263; *La vie...* (1938), *op. cit.*, p. 219, *L'évolution...* (1941), *op. cit.*, p. 184; *De l'acte...* (1942), *op. cit.*, p. 139.

7 Esse eixo refere-se à dimensão genética das formas primitivas dos processos de identificação, um dos temas fundamentais do pensamento de Wallon.

Essas formas de contágio mímico não são ainda, pensa Wallon, simpatia. Se é verdade que "na simpatia a situação permanece mais ou menos indivisa entre o espectador e o interessado", ela implica desde já uma espécie de desdobramento em relação à diversidade das situações e das pessoas[8].

Wallon insiste na "utilidade" social da mímica ao mesmo tempo que na sua contribuição para a diferenciação do eu pelo jogo cruzado das assimilações recíprocas entre sujeitos:

> Ao mesmo tempo que suscita, escreve ele, a sensibilidade que o alimenta, sensibilidade postural, afetiva, emotiva, ela exerce uma ação sobre outrem, ação de intimidação, de atração ou outra... É uma representação ainda confundida com seu objeto, e seu objeto é o sujeito, que percebe nela suas próprias disposições e que percebe, através dela, os outros nele mesmo e ele mesmo nos outros[9].

Ao que tudo indica, esse processo de cristalização do sujeito sob o efeito dessas introjeções-projeções entre parceiros se conforma à estrutura dos fenômenos de identificação no sentido psicanalítico.

Lacan aproxima os mecanismos da identificação imaginária dos fatos etológicos de relação dual entre parceiros. Ora, é precisamente o que faz Wallon quando propõe situar a mímica como fator de identificação recíproca em um plano intermediário entre os fatos da sinalização animal e o funcionamento da linguagem. Ele escreve:

> Por um lado, como a plumagem ou o canto do macho, como a linguagem articulada por outro lado, essa função não implicaria a existência de parceiros eventuais? Situada entre os dois, ela teria por efeito, como eles, suscitar as reações de outrem [...] a mesma figura, as mesmas atitudes e, por aí, as mesmas reações[10].

---

[8] H. Wallon, *Les origines...*, *op. cit.*, pp. 263, 269-270.

[9] *Ibid.*, pp. 265-267.

[10] H. Wallon, *ibid.*, pp. 265-267. Pode-se se perguntar se esse texto, que não está tão longe, na obra de Wallon, de seus desenvolvimentos sobre a imagem em espelho (pp. 218-237), não teria provocado

Wallon retomará essa noção de "mimetismo mímico" vinte anos mais tarde[11] em um desenvolvimento notável relativo ao tema do espelho em Marx. Voltaremos a isso em tempo útil, a propósito da formação, tal como Wallon a descreveu, da tríade eu-outro-Outro. Em *Níveis e flutuações do eu*, ele destaca o fato de que "o mimetismo afetivo é eventualmente de todas as idades. Não é somente na fase afetiva (emocional) que ele existe[12]".

o interesse de Lacan pelos fatos de mimetismo animal em sua relação com a experiência especular.

[11] H. Wallon, "Kinesthésie et image visuelle du corps propre chez l'enfant" (1954), *Enfance*, pp. 252-263; "Niveaux et fluctuations du moi" (1956), *Enfance*, pp. 87-98.

[12] H. Wallon, "Kinesthésie...", (1954), *op. cit.*, p. 260; "Niveaux..." (1956), *ibid.*, p. 95.

Capítulo VII

A função de imponência

Abordemos agora o conceito de imponência [*prestance*]. De fato, Lacan recorre bastante a esse termo para qualificar a relação dual de tipo imaginário. Essa noção é às vezes associada por ele às de prestidigitação, de intimidação. Esse conjunto de noções parece aproximar-se, no pensamento de Lacan, à série despotismo, sedução, exibição. De fato, a noção de imponência está mais particularmente associada à de pulsão escópica, à

> fenomenologia da vergonha, do pudor, do prestígio, do medo particular engendrado pelo olhar[1].

A respeito disso, Lacan cita uma vez as análises de Sartre sobre o olhar, uma referência que efetivamente parece se impor. Entretanto, a freqüência relativa do termo em questão evoca de maneira igualmente evidente o tipo de comportamentos que Wallon, como foi dito, designou precisamente sob o título de "função de imponência". No plano dos comportamentos observáveis, esta diz respeito "às mudanças de atitude que a impressão de

---

[1] J. Lacan, *Les écrits techniques...*, *op. cit.*, pp. 240-241 (também p. 199); ver ainda "L'agressivité...", *op. cit.*, p. 113; "Variantes de la cure-type" (1955), *Écrits*, *op. cit.*, p. 345; *Les psychoses*, *op. cit.*, p. 165: "o jogo de imponência em que ocorre a integração do *socius*".

ser olhado freqüentemente produz", ou ainda "o reflexo do personagem que cada um leva em si em relação a qualquer ser encontrado". Essas manifestações são comuns na criança muito jovem, mas também no retardado e até no animal. Seu mecanismo consiste em "um reflexo postural muito primitivo [...] que a presença do outro desperta [...] um estado de vigilância que resulta no contato dos seres psíquicos entre eles". As reações de imponência, em sua forma mais primitiva, contêm uma influência dinamogênica, uma excitabilidade que pode ensejar, segundo os casos, irritação e cólera, ou então satisfação e alegria. Um pouco mais tarde, lá pelos três anos na criança normal, elas levam a atitudes afetivas mais diversificadas, como "a vergonha... o pudor" (*sic*) e, em geral, a timidez, esse "medo relativo a seu próprio 'si' em relação aos outros[2]".

Wallon parece distinguir claramente, como já foi dito, as reações de imponência dos comportamentos associados aos duos contemplação-exibição e despotismo-submissão. Esses últimos parecem mais localizados no desenvolvimento (fim do primeiro ano), mesmo que todos estejam dentro do registro das atitudes sociais primitivas que resultam da função tônico-postural. Em Lacan, a distinção é menos clara e ele parece tratar no mesmo plano as noções de exibição e de imponência[3].

[2] H. Wallon, *Les origines...*, *op. cit.*, pp. 286-287; *La vie...*, *op. cit.*, pp. 179-213; *L'évolution...*, *op. cit.*, p. 118.

[3] J. Lacan "L'agressivité...", *op. cit.*, p. 113.

Capítulo VIII

Imitação, personalidades intercambiáveis, uso do Eu [*Je*]

Segundo Wallon, o desenvolvimento da imitação verdadeira é posterior às primeiras manifestações da simpatia (mais ou menos 1 ano). Antecipado no curso do primeiro ano por certos presságios característicos (reações em eco), esse desenvolvimento começa de fato mais ou menos aos dezoito meses. Além disso, Wallon diferencia dessa primeira forma de imitação, como cópia de gestos, uma forma ulterior, mais complexa, que intervém no curso do quinto ano, após a crise de personalidade: a imitação como cópia dos papéis e dos personagens.

Com um pensamento muito diferente do de Piaget, Wallon insiste nas conjunções da imitação com a contagiosidade emocional e mímica, cujas manifestações a precedem. Marca também de maneira muito vigorosa o caráter conflituoso, ambivalente, da imitação, oscilando entre a tendência canibalesca e a rivalidade ciumenta, caráter em que se exprime sua função fundamentalmente identificatória. Parece que esse aspecto do pensamento de Wallon teve, junto com alguns outros, alguma influência nos conceitos de Spitz[1].

---

[1] H. Wallon, *L'enfant turbulent* (1925), Paris, Alcan, reed. PUF, 1984, p. 127; "Psychologie et éducation de l'enfance" (1937), *Enfance*, *op. cit.*, p. 197; *L'évolution...* (1941), *op. cit.*, pp. 70, 105,

Ora, uma formulação de Lacan relativa às "reações de oposição ou de imitação" poderia muito bem ser o eco desse caráter de oposição com o qual Wallon marcou de maneira tão clara sua própria descrição da imitação[2].

Nas *Origens do caráter na criança*, imediatamente após haver descrito os comportamentos de despotismo e de exibição, em seguida o ciúme e a simpatia, Wallon aborda a descrição da "fase das personalidades intercambiáveis". Trata-se de um período, situado entre dois anos e meio e três anos mais ou menos, durante o qual a criança parece ainda incerta a respeito do caráter real da identidade pessoal, trate-se da sua própria ou da de outrem. Além disso, Wallon relata um pouco mais adiante os fatos de transitivismo como uma das variedades marcantes da atitude geral peculiar a esse período[3].

Ao longo desse período, acontece à criança realizar a "fusão entre as pessoas; também pode ocorrer o seu desdobramento".

No que diz respeito à sua própria pessoa, é freqüente que a pressão das circunstâncias sobre a criança "seja suficientemente forte para fazê-la adotar maneiras de ser diferentes ou então uma outra identidade". Certas crianças encarnam durante um certo tempo uma personalidade nova, chegando até a lhe dar outro nome[4].

Não nos parece injustificado o fato de notarmos um eco desse texto em uma passagem dos *Escritos* em que, justamente após haver descrito o transitivismo, Lacan observa em termos muito parecidos com os de Wallon o caráter ainda pouco unificado da pessoa nessa fase:

> A criança nessa idade pode desconhecer a identidade das pessoas que lhe são mais familiares, se elas surgem num meio completamente modificado[5].

143-144, 189; *De l'acte à la pensée*, Paris, Flammarion, 1942, pp. 149, 1952, 161, 162; "L'évolution dialectique de la personnalité" (1951), *Enfance*, *op. cit.*, p. 49; R. A. Spitz, *Le non et le oui* (1957), Paris, reed. 1962, pp. 31-37, 40-41, 45, 70, 75-78, *L'embryogenèse du moi. Une théorie du champ pour la psychanalyse* (1959), Bruxelas, Complexe, 1979, pp. 35-36; *De la naissance à la parole* (1965), Paris, PUF, 1968, pp. 134-135, 138-139, 140-143.

[2] J. Lacan, "Au-delà du 'Principe de réalité'" (1936), *Écrits*, Paris, Seuil, 1966, p. 91 (ver H. Wallon, *L'enfance...* (1925), *op. cit.*, pp. 144,189).

[3] H. Wallon, *Les origines du caractère...* (1934), pp. 278-284.

[4] *Ibid.*, pp. 280-281.

[5] J. Lacan, "L'agressivité em psychanalyse" (1948), *Écrits*, Paris, Seuil, 1966, pp. 113-114; ver

Essas dificuldades na identificação da pessoa, consistam elas na fusão do múltiplo ou então na desfusão do idêntico, aparece em parte, como se verá mais adiante, como a seqüela da laboriosa organização das camadas primitivas do espaço. Durante muito tempo, cada setor do espaço contém uma espécie de ubiqüidade:

> A criança pequena não parece ser avessa a acreditar que a mesma coisa ou o mesmo ser possam estar aqui e ali adiante... a presença simultânea do mesmo ser em vários lugares e de vários seres no mesmo lugar não parece ser um absurdo[6].

Enfim, segundo Wallon[7], a fase das personalidades intercambiáveis, em que floresce sem obstáculos o transitivismo, se caracteriza por uma particularidade notável da linguagem infantil:

> Seu emprego do *Eu* [*Je*] é, então, intermitente, ocasional ou associado a certas circunstâncias. No mais da vezes ela fala na terceira pessoa, designando-se por seu próprio nome [...] O período da terceira pessoa é também o da segunda*: ela não consegue converter em *Eu* [*Je*] os *Você* que lhe são dirigidos e que são a semente de seu diálogo consigo própria.

É só lá pela crise dos três anos que a criança "se apropriará definitivamente do uso correto dos pronomes pessoais [...] idade do *Não*, do *Mim*, do *Meu*[8]".

---

também em *Le moi dans la théorie de Freud et dans la technique de la psychanalyse 1954-1955, Le Séminaire, livre 2,* Seuil, 1978, p. 113; "A identidade imaginária do outro está profundamente relacionada com a possibilidade de uma fragmentação, de um despedaçamento. O outro é estruturalmente duplicável, desmultiplicável".

6 H. Wallon, *La vie mentale*, Paris, Éditions sociales (1938), reed. 1982, p. 273.

7 *Id.*, Les origines..., *op. cit.*

* "Tu" ou "você", conforme os usos nas diferentes regiões do Brasil. (NT)

8 *Ibid.*, pp. 276-277, 291; *L'évolution...*, *op. cit.*, pp. 186-188; "Les stades de l'évolution psychologique de l'enfant" (1947), *in* É. Jalley e L Maury, *Henri Wallon, Écrits de 1926 à 1961. Psychologie et dialectique,* reed. Paris, Messidor, 1990, p. 144; "Niveaux...", *op. cit.*, p. 87; retomado por Pichon (1936) e Lagache ("Note sur le langage et la personne" (1938), *Œuvres complètes 1932-1968,* 6 vol., Paris, PUF, 1977-1984, t. 1, pp. 211-212), que se refere explicitamente a Wallon (1934).

Concordaremos também, imaginamos, em encontrar uma ressonância bastante provável dessas visões de Wallon quando Lacan escreve a respeito do transitivismo:

> A fase primordial em que a criança toma essa consciência de seu indivíduo, que sua linguagem traduz em terceira pessoa antes de fazê-lo na primeira[9].

Alem disso, Lacan também ressalta, em 1938, que o "eu não encontra antes da idade de três anos sua constituição essencial", passagem que parece ser também uma evocação bastante direta das *Origens do caráter na criança*[10].

---

[9] J. Lacan, "Propos sua la causalité psychique" (1950), *Écrits*, Paris, Seuil, 1966, p. 180.
[10] *Id.*, *Les complexes familiaux dans la formation de l'individu* (1938), reed. Paris, Navarin, 1984, p. 46.

Capítulo IX

Wallon ou Charlotte Bühler?

A pesquisa um tanto detalhada sobre as fontes psicológicas em que Lacan colheu uma parcela não negligenciável de sua concepção do Imaginário que empreendemos até aqui não pode assumir seu verdadeiro interesse senão finalmente abordando seu objetivo principal, a saber, a análise das visões de Wallon relativas à experiência especular. Entretanto, tão incompleta quanto ainda possa ser, essa pesquisa chega a um resultado já bastante interessante, se quisermos aproximá-lo dos dados desse texto emblemático e já citado de Lacan: "Deixo de lado a série desses fenômenos que vão da identificação especular à sugestão mimética e à sedução de imponência. Todos são incluídos por essa autora[1] na dialética que vai do ciúme (esse ciúme cujo impressionante valor iniciador Santo Agostinho já percebia de maneira fulgurante) às primeiras formas da simpatia. Eles se inscrevem em uma ambivalência primordial que nos aparece, vou dizer logo, *em espelho*, nesse sentido de que o sujeito se identifica em seu sentimento de Si com a imagem do outro e a imagem do outro vem cativar nele esse sentimento[2]". Lembremos que Charlotte Bühler é evocada, em

[1] Charlotte Bühler, citada por Lacan seis linhas acima.

[2] J. Lacan, "Propos sur la causalité psychique (1950), *Écrits*, Paris, Seuil, 1966, pp. 180-181.

epígrafe desta passagem, como autora da noção de transitivismo como fator das "relações de rivalidade".

Ora, o exame escrupuloso das obras de Charlotte Bühler e de sua discípula Elsa Köhler permite que sejam feitas várias constatações absolutamente surpreendentes. Deixando de lado a noção de rivalidade, quer dizer, um dos aspectos das relações acopladas entre 6 e 12 meses, nenhum dos elementos, a não ser sob a forma de indícios mínimos para alguns, é encontrado no livro de Charlotte Bühler[3]. Esta autora falou muito pouco do ciúme, salvo em algumas anotações puramente descritivas que serão retomadas por Wallon. Mesma constatação a respeito da simpatia. Seria mais Elsa Köhler quem fala mais explicitamente do ciúme (*Eifersucht*) e da simpatia (*Sympathie*), cujas manifestações, aliás, ela constata em uma faixa etária diversa daquela em que Wallon situa seu surgimento. Ela lança o ciúme, em seu quadro recapitulativo, em 2,6, 2,9, 3,2: a simpatia em 2,6.

A longa análise que Wallon faz desses dois sentimentos[4] se baseia parcialmente em sua obra pessoal anterior, que ele com freqüência menciona[5], e em parte em outros autores, que ele menciona mais ainda – pelo menos a esse respeito – do que Charlotte Bühler, sobretudo Guillaume[6], Stern[7] e Preyer[8].

No que se refere à "sugestão mimética" de Lacan, ela também nos parece ser bem mais uma ressonância dos pontos de vista de Wallon (a respeito do "contágio mimético", o "mimetismo afetivo") do que dos de Charlotte Bühler. Ela se limita a dizer em sua obra que:

---

3 Wallon relata com muito mais fidelidade que Lacan as análises de Charlotte Bühler sobre a rivalidade, o despotismo e a submissão, às quais ela, por sinal, confere muita importância. Lembremos que Charlotte Bühler não fala em lugar algum de transitivismo, que é Elsa Köhler quem dá um exemplo disso, mas sem utilizar a palavra *Transitivismus* moldada por Wernicke.

4 H. Wallon, *Les origines du caractère...* (1934), pp. 257-277.

5 H. Wallon, "Forme écholalique du langage chez un imbécile épileptique", *J. de Psychologie*, set-out 1911, pp. 436-444; "L'interrogation chez l'enfant", *in. J. de psychologie*, 21, 1924, pp. 170-182; *L'enfant turbulent*, Paris, Alcan, 1925, PUF, reed. 1968.

6 P. Guillaume, *L'imitation chez l'enfant*, Paris, Alcan, 1925, reed. PUF, 1984.

7 *W. L. Stern, Psychologie der frühen Kindheit*, Leipzig, Quelle et Meyer, 1914, 2ª ed. 1921; *Die intelligentz der Kinder und Junglichen und Methoden ihrer Unterpuchung*, Leipzig, Barth, 1916, 2ª ed. 1920.

8 W. Preyer, *Die Seele des Kindes* (1882), trad. Varigny, *L'âme de l'enfant*, Paris, Alcan, 1887.

> o sorriso e a mímica estão já muito diferenciados somente no segundo semestre, em particular é impressionante o sorriso de triunfo, que não se esperaria ver tão precocemente[9].

Ao contrário, Elsa Köhler concede uma importância bastante grande, em seu relato, às manifestações "mímicas e imitativas", mas entre 2,6 e 3,5.

No que diz respeito à imponência, não há dúvida de que se trata de um conceito cujos conteúdo e formulação são bem mais de autoria pessoal de Wallon do que de Charlotte Bühler. Wallon descreve as reações de imponência pela primeira vez em 1925, sem utilizar ainda esse termo, que ele só estréia em um artigo de 1928. Ele volta freqüentemente a essa noção em sua obra posterior, em seus importantes livros de 1934, 1938, 1941, mas também em numerosos artigos[10].

No livro de Charlotte Bühler, publicado um ano antes que Wallon usasse pela primeira vez o termo imponência, encontram-se algumas breves e raras noções puramente descritivas que evocam, no caso da criança normal, o que o próprio Wallon entende por noção de imponência:

> 0,2: responder ao olhar pelo sorriso, ser afetado pela presença, ser afetado pela palavra [...] 0,5: ser afetado pelo olhar humano, o jogo se interrompe até que o adulto não esteja mais visível[11].

Mas nenhuma categoria genérica bem definida vem subsumir essas observações esparsas.

Enfim, quanto à "identificação espetacular", ela nos parece ainda menos presente, se isso fosse possível, na obra de Charlotte Bühler. Se nos

---

[9] C. Bühler, *Soziologische und psychologische Studien über das erste Lebensjahr*, Iena, Fischer, 1927, p. 102.

[10] H. Wallon, *L'enfant...*, *op. cit.*, pp. 27-29; "La maladresse" (1928), *Enfance*, pp. 275-276; "L'habilité manuelle. Ses conditions psychologiques" (1929), *Enfance*, p. 120; *Les origines du caractère...* (1934), *op. cit.*, pp. 127-130; "L'évolution dialectique de la personnalité", *Enfance*, 1951, pp. 48-49; "L'instabilité posturo-psychique chez l'enfant" (1955), *Enfance*, pp. 169-171.

[11] C. Bühler, *Soziologische und psychologische Studien über das erste Lebensjahr*, Iena, Fischer, 1927, pp. 243, 246.

permitirmos essa interpretação um pouco livre, essa expressão nos parece evocar, por uma espécie de condensação, a teoria walloniana das emoções. Com efeito, Wallon por diversas vezes desenvolveu a idéia de que a emoção e a atitude em que ela se assenta são "espetáculo", resultando num "desdobramento espetacular[12]", essa propriedade instituindo para o sujeito, além disso, uma capacidade de "se identificar". Ofereçamos, entre muitos outros, um texto cuja simples leitura sugere, para assim dizer, *de visu*, um processo semelhante de condensação:

> A atitude rapidamente se tornou espetacular. Ela é para outrem um aviso e para si próprio um maneira de se identificar com uma situação[13].

Concluamos essa pesquisa histórica sobre as fontes de Lacan no campo da psicologia. É certo que Lacan não apenas leu *As origens do caráter na criança* como ainda se inspirou muito nessa obra. Ainda não falamos até aqui do tema da imagem especular propriamente dito. No que se refere a Charlotte Bühler e Elsa Köhler, que ele menciona 5 vezes, enquanto Wallon só é mencionado uma única vez no corpo dos *Escritos*, é possível que, já sugerimos anteriormente, ele os tenha lido. Entretanto, deve ser dito que, cada vez que olhamos mais atentamente, como tentamos, mais isso parece duvidoso. Não somente Lacan atribui a Charlotte Bühler dados que se acham somente na obra de Elsa Köhler, como ainda atribui a Charlotte Bühler, por meio de uma verdadeira operação de deslocamento, noções de importância capital cujo único e autêntico autor é o próprio Wallon. A partir daí, é uma questão quase secundária se perguntar se a única noção que ele atribui corretamente à obra de Charlotte Bühler – a imponência – lhe chegou em primeira mão, ou, ao invés disso, através do canal da obra de Wallon. Nas *Origens do caráter na criança*, o psicólogo Henri Wallon havia definitivamente reagrupado, canalizado, tematizado e interpretado os dados de Bühler e de Köhler de maneira perfeitamente original, no senti-

---

[12] H. Wallon, *Les origines...*, *op. cit.*

[13] H. Wallon, "L'évolution dialectique..." *op. cit.*, p. 48; ver também *Les origines...*, *op. cit.*, p. 142; *La vie...* (1938), *op. cit.*, pp. 218, 282.

do, imediatamente captado pela perspicácia de um Lacan, de um modelo das formas primitivas dos processos de identificação. O fracasso parcial dos textos aporéticos de Freud sobre a identificação primária[14] representa ao mesmo tempo o esboço decisivo do modelo walloniano. Esse fracasso, que desde então pesa de uma certa maneira no desenvolvimento ulterior do pensamento freudiano, representa também o momento dinâmico que parece ter motivado em parte as pesquisas, de aspectos muito diferentes, de Melanie Klein e de Lacan. O psicólogo Wallon teria, numa forma de diálogo inconsciente e frutífero com o pensamento freudiano, elaborado e desenvolvido, a partir das fundações que este oferecia, um modelo relativamente coerente das formas primárias do laço identificatório.

Fica um fato essencial do ponto de vista da história das idéias na França. Lacan oportunamente traz de Wallon, psicólogo universitário já notório à época, um certo número de elementos adequados para contribuir com o desenvolvimento da abordagem metapsicológica do laço primário. Mas, ao mesmo tempo, ele apaga em grande parte esses empréstimos de diversas maneiras.

Nos casos específicos da função de imponência e do contágio mimético, Lacan atribui seu empréstimo a um autor que se exprime numa língua estrangeira de um certo prestígio cultural e cuja única obra era, já naquela época, desatualizada. Similarmente, veremos em breve em que condições Lacan atribui suas informações sobre a imagem especular (tiradas de Wallon) a Baldwin, que, outro caso exemplar, nunca mencionou isso.

Em outros casos, primado neonatal das sensibilidades intero-proprioceptivas, fase das personalidades intercambiáveis, uso do *Eu* [*Je*], Lacan utiliza essas informações sem as relacionar a autor algum, quer se tratasse do próprio autor ou de qualquer outro personagem de cobertura. Até se pode pensar se a noção lacaniana de Simbólico, como se poderá ver mais adiante, não tem suas origens na importante noção walloniana do espaço mental.

Na verdade, essa situação nada tem de extraordinário. É comum na história das idéias que um pensador produtivo e inovador se assimile e

[14] S. Freud, "Psychologie des foules et analyse du moi" (1921), *Essais de psychanalyse*, Paris, Payot, 1981, pp. 117-217; "Le moi et le ça" (1923), *Essais de psychanalyse*, *op. cit.*, pp. 219-275.

canalize em seu campo de interesses particulares informações de proveniências muito diversas, cujo selo de origem ele desconhece de maneira mais ou menos inconsciente. Dessa maneira, veremos o próprio Wallon colher em Lacan o conceito de prematuração, sem o mencionar explicitamente. Da mesma maneira, não é impossível que o interesse de Wallon pelo tema da imagem especular tenha uma relação com uma leitura, muito provável, de certos textos de Freud que tampouco cita. Mas não antecipemos nada a respeito disso.

Na bibliografia anexada a seu texto sobre *A família* e infelizmente não reproduzida na edição recente, Lacan menciona Charlotte Bühler, mas não Elsa Köhler nem Wallon. Entretanto, os empréstimos feitos à obra de Wallon são evidentes já no plano desse primeiro texto, e só pode ter sido na obra de Wallon que ele pode ter encontrado, na medida em que não tinha lido ainda Elsa Köhler, os dados dessa autora (transitivismo, ciúme, simpatia), que ele apresenta, por sinal, como provenientes de Charlotte Bühler.

Na verdade, no âmbito da história das idéias, são possíveis todos os níveis entre a dissimulação de um empréstimo preciso e a influência inconsciente de um tema achado em um autor, transformado e utilizado como material em um outro contexto.

Parece-nos, para tentar apreciar essa situação melhor, que Lacan discerniu bem cedo o interesse de certos dados da ciência psicológica da época para o desenvolvimento da teoria psicanalítica ao mesmo tempo que se esforçava em aperfeiçoá-la em um movimento de tomada de distância em relação à psicologia então reinante. Da mesma maneira, ao invés de atacar pessoalmente Lacan quanto à sua relativa indiferença a relatar fielmente suas fontes, pensamos que é mais interessante tentar situar e explicar sua atitude em relação às particularidades do contexto cultural e científico francês da época.

Capítulo X

Lacan antes do encontro com Wallon

Lacan e a psicologia

Qual foi primeiro a atitude pessoal de Freud em relação à psicologia?

Ressaltemos, para efeitos de memória, que Freud era bastante bem informado no que diz respeito às contribuições marcantes, em sua época, em matéria de psicologia infantil e de pedagogia[1], sem esquecer, claro, seu interesse pela psicologia social[2]. Em *O interesse da psicanálise*, texto de divulgação que tinha como objetivo um público amplo, Freud insiste fortemente na contribuição trazida pela psicanálise à "psicologia geral" e à "psicologia genética" – assim como, aliás, às ciências sociais e pedagógicas[3].

Deve-se marcar bem este ponto: ao inventar a psicanálise, Freud acreditava, sinceramente, estar fundando a psicologia científica ao relegar a psiquiatria organicista de Meynert e ao conferir sua coerência total às ten-

---

[1] S. Freud, *Trois essais sur la théorie de la sexualité* (1905), Paris, Gallimard, 1962, pp. 176-177: Preyer, Baldwin, Pérez, Strümpell, Groos, Heller, Beller, Stanley Hall, Moll, Bleuler, Hug-Hellmuth, revista *Die Kinderfehler.*

[2] *Id.*, "Psychologie des foules et analyse du moi" (1921), *Essais de psychanalyse*, Paris, Payot, 1981, pp. 126-152: Le Bon, Tarde, Mc Dougall, Trotter, Kraskovic, Sighele, Moede.

[3] *Id.*, "L'intérêt de la psychanalyse" (1913), *Résultats, idées, problèmes, 1*, Paris, PUF, 1984, pp. 189, 194, 205, 211-213.

tativas iniciantes da psicologia. Leiamos com atenção, ainda em *O interesse da psicanálise*:

> A psicanálise restringiu, por um lado, a maneira de pensar fisiológica e, por outro lado, conquistou uma grande parcela da patologia em benefício da psicologia[4].

Alguns anos mais tarde, na *Introdução à psicanálise*, se lê o seguinte: "Bleuler e Jung lançaram a primeira ponte que permitiu a passagem da psicologia experimental para a psicanálise[5]".

Além de anotações tão breves, pode-se ressaltar que a questão das relações entre a psicanálise e a psicologia tal como Freud as via representa um tema tão vasto quanto difícil de tratar. Não podemos falar mais aqui, a não ser dizendo que as idéias de Freud sobre esse tema são tão numerosas e de conteúdo tão variado que merecem ser objeto de um livro inteiro, que o público francês, ao que parece, não aguarda com muita impaciência.

No que se refere aos países de língua francesa, a história das relações entre a psicanálise e a psicologia originou, recentemente, um certo número de estudos bastante bem informados e de um certo alcance, pelo menos no que diz respeito ao período que vai até a Segunda Guerra mundial[6]. A história do período mais recente ainda é cheia de lacunas e abre espaço para numerosas discordâncias. Deixando de lado o contexto específico da Suíça (Jung, Rorschach, Piaget, etc), a aclimatação da psicanálise na França foi marcada por esse fator *sui generis* que o próprio Freud qualificava como "obstáculo francês[7]" para explicar a reticência manifestada à sua doutrina

4 S. Freud, "L'intérêt...", *op. cit.*, p. 189.

5 *Id.*, *Introduction à la psychanalyse* (1916-1917), Paris, Payot, 1962, p. 95. Ver também *Abrégé de psychanalyse* (1938), Paris, PUF, 1951: "O conceito segundo o qual o elemento psíquico está em si inconsciente permitiu fazer da psicologia um ramo, semelhante a todos os outros, das ciências naturais" (p. 21).

6 R. Doron, *Éléments de psychanalyse*, Paris. PUF, 1978, pp. 9-66; C. Chiland, *Les écoles psychanalytiques. La psychanalyse en mouvement*, Paris, Tchou, 1981; R. Jaccard, *Histoire de la psychanalyse*, Paris, Hachette, 1982; E. Roudinesco, *La bataille de cent ans. Histoire de la psychanalyse em France 1*, Paris, Ramsay, 1982.

7 V. N. Smirnoff, "De Vienne à Paris. Sur les origines d'une psychanalyse à la française". *Nouvelle revue de psychanalyse*, 20, 1979, p. 19.

pelo meio médico e universitário francês. Para observar unicamente o domínio da psicologia que nos interessa especificamente aqui, lembremos que Ribot, Binet, Dumas, Blondel foram, em níveis diversos, adversários da psicanálise[8]. A posição de Janet é mais difícil de apreciar: ela evoluiu de uma atitude mais ou menos hostil, no congresso de 1913, para um tom muito menos crítico a partir dos anos trinta[9]. Entretanto, paradoxalmente, é mais ou menos pelo viés, pelo canal dessa resistência que a implantação "deformada" do pensamento freudiano progrediu na França. Binet, Ribot e Janet contribuíram para divulgar uma doutrina que, por sinal, criticavam abundantemente[10].

Hoje é correntemente admitido que Lacan quase sempre manteve idéias de tom decidido e constantemente negativo em relação a qualquer tipo de psicologia. Essa atitude pode parecer ter sido comandada nele, como ele se explica, por sinal, em diversas ocasiões, pela rejeição a qualquer prática analítica que derivasse do conjunto das concepções anglo-saxônicas discernidas pelo termo de *ego-psychology* e caracterizadas, entre outras coisas, pelo destaque específico dado às funções adaptativo-motoras do Eu.

Talvez seja conveniente também levar em consideração, para melhor apreciar a rejeição lacaniana do que se apresenta como saber psicológico, a hostilidade bem acentuada – durante o período de formação de Lacan – dos meios da psicologia oficial na França em relação à psicanálise.

Lacan em 1932

Em realidade, a atitude de Lacan em relação à psicologia parece ter tomado um caminho decisivamente polêmico a partir dos inícios de seu ensinamento, e isso pela primeira vez de maneira muito marcante no Discurso no Con-

---

8 E. Roudinesco. *La bataille..., op. cit.*, 1982, pp. 223-266 e "Index".

9 C. M. Prévost, *La psycho-philosophie de Pierre Janet,* Paris, Payot, 1973, pp. 51-92.

10 E. Roudinesco, *la Bataille..., op. cit.*, pp. 228-1982.. No que se refere às resistências do meio médico propriamente dito, ver a mesma obra e também outros estudos citados em É. Jalley, *Wallon lecteur de Freud et Piaget, op. cit.*, pp. 125-126.

gresso de Roma[11]. Antes dessa data, sua opinião a respeito da psicologia é muito mais circunstancial, como se ele percebesse tudo que a formação de seu pensamento devia a uma certa psicologia de qualidade e de origem européia. A melhor maneira de nos convencer disso seria examinar, a respeito dessa questão específica, a tese de 1932.

Pode-se dizer que, nessa época, *grosso modo*, mesmo que anunciasse sem a menor reserva sua completa adesão à psicanálise, Lacan não rejeitava por isso a psicologia, e que lhe aconteceu mesmo pensar em uma aliança entre a psicanálise e a psicologia. Isso num espírito, no fim das contas, pouco diferente então do que marcará mais ou menos vinte anos mais tarde o projeto federativo de Lagache[12], mesmo que este ficasse muito mais tingido pela psicologia americana (Rapaport, por exemplo).

Aliás, na mesma época em que Lagache resolve promover e oficializar no próprio seio da instituição universitária um tal projeto, encontramos ainda, sob a pena de Lacan, idéias de uma tonalidade positiva com respeito à psicologia. É assim, quando, em 1950, ele formula – invocando, por sinal, o apadrinhamento do filósofo e psicólogo Merleau-Ponty – que a *Gestalt*, em outros termos, a *imago*, "é objeto próprio da psicologia". Em si, uma tal formulação nada mais faz além de enunciar o programa formulado pela grande escola de psicologia de origem alemã conhecida como *Gestalttheorie* e cujas origens se mesclam com as filosofias de Brentano e de Husserl, um precursor e o outro fundador da corrente fenomenológica à qual se filiava o próprio Merleau-Ponty.

Sigamos então Lacan em 1932: "O problema da estrutura psicológica complexa dos delírios paranóicos", declara, "é o problema pelo qual nos interessamos". Se a psicose tem "o pleno valor de um fenômeno da personalidade", ela implica "uma origem psicológica [...] um determinismo psicológico" em que interferem "as disposições psicológicas" assim como as "influências externas psicológicas".

Conseqüentemente, "a ciência ainda nascente da personalidade" tem em vista uma "definição funcional e social da personalidade [...] em que se faça a junção do plano *vital individual* com o plano *social pessoal*". Melhor

---

11 Discurso proferido no Congresso de Roma, setembro de 1953.

12 D. Lagache, *L'unité de la psychologie*, Paris, PUF, 1949.

ainda, essa ciência nascente se definiria bastante bem como um conjunto interdisciplinar reunido sob a égide federativa da psicanálise: "Sob os diversos aparatos que são designados pelos títulos de *psicanálise*, *psicologia concreta*, *Individual-psychologie* e *caracterologia* (dentro do alcance que Klages confere a esta última), uma ciência já estabeleceu seus esboços, que nada mais são além da parte inerentemente humana da psicologia: nós a denominamos *ciência da personalidade*". E, sob esse ponto de vista, "o que nos parece original e precioso" na doutrina psicanalítica é a "abertura psicológica do método [...] é o determinismo que ela permite estabelecer em certos fenômenos psicológicos de origem e significação sociais, que definimos como *fenômenos da personalidade*". E isso definitivamente porque "ela traz em psicologia uma noção *energética* [...] o ponto de vista energético". Freud "permitiu conceber em seu verdadeiro alcance a reatividade psicológica".

A menção a uma psicologia concreta provavelmente remete a Politzer. A expressão "psicologia individual" remete em alemão a duas coisas muito diferentes, o modelo de psicologia psicanalítica de Adler, por um lado, a psicologia das diferenças individuais por outro, provavelmente objeto da atenção de Lacan na ocasião. Quanto a Ludwig Klages[13], freqüentemente mencionado na época por Lacan, ele é curiosamente um dos fundadores da grafologia científica, mas também, e sobretudo, um dos grandes nomes da psicologia alemã.

Lacan também exprime seu interesse pelo estudo da mentalidade infantil quanto ao apoio que ela pode proporcionar à perspectiva psicanalítica. A fonte que ele menciona como importante a esse respeito é a *Psicologia da criança*[14] de Édouard Claparède, um dos mestres de Piaget. No texto sobre *Os motivos do crime paranóico*, se pode ler, justamente:

> Os belos estudos de Piaget[15] nos mostraram o avanço que se dá desde o *egocentrismo* ingênuo das primeiras participações nas regras do jogo moral até a objetividade cooperativa de uma consciência idealmente realizada[16].

[13] L. Klages, *Les principes de la caractérologie*, trad., Paris, Alcan, 1930.

[14] E. Claparède, *Psychologie de l'enfant*, Genebra, Kunding, 1920.

[15] J. Piaget, *Le jugement moral chez l'enfant* (1932), PUF, 1969.

[16] J. Lacan, "Motifs du crime paranoïaque: le crime des sœurs Papin" (1933), *De la psychose...*, *op. cit.*, pp. 389-398.

Lacan também evoca, como também fará mais tarde por sinal, a vantagem para a psicopatologia de se referir à etologia, mencionando a esse respeito "os trabalhos fundamentais de J. von Uexküll[17]".

Parece que a oportunidade de uma certa forma de aliança, ou pelo menos de colaboração, entre a psicanálise e um grupo de disciplinas psicológicas possa ter sido sentida na época, por Lacan, como se fosse motivada por um certo número de pontos fracos, de insuficiências que uma leitura tão crítica quanto profunda do texto freudiano lhe permite situar. É pelo menos o que pareceriam testemunhar as seguintes idéias, que, por sinal, permitem entender que Lacan pudesse já estar disposto a empreender a partir dessa época uma abordagem do pensamento freudiano enriquecida por temas conceituais colhidos em outros psicólogos além dos que ele menciona já na época:

> Deve-se dizer que nossa pesquisa nas psicoses retoma o problema a que a psicanálise chegou. A própria noção de *fixação narcisística*, pela qual a psicanálise fundamenta sua doutrina das psicoses, continua muito insatisfatória, como bem manifesta a confusão dos debates constantes sobre a distinção entre o *narcisismo* e o *auto-erotismo*, sobre a natureza da *libido* referida ao eu (sendo o eu definido por sua oposição ao si, a libido narcisística seria oriunda do eu ou do si?), sobre a própria natureza do *eu*, tal como é definido pela doutrina (ele é identificado com a consciência perceptiva, *Wahrnehmung-Bewusstsein* e com as funções pré-conscientes, mas também é em parte *inconsciente* no sentido próprio da doutrina), sobre o próprio valor econômico dos sintomas que fundamentam da maneira mais sólida a teoria do narcisismo (sintomas de *despersonalização*, idéias *hipocondríacas*): tratar-se-ia ali de fatos de *super-investimento* ou de *desinvestimento* libidinal? É sobre isso que as opiniões divergem completamente [...] o narcisismo de fato se apresenta, na economia da doutrina psicanalítica, como uma *terra incognita*[18].

Superficialmente, pode-se dizer que o que uma tal crítica da noção do narcisismo denuncia é a ausência, no pensamento freudiano, de um verda-

---

[17] J. von Uxeküll, *Unwelt und Innenwelt der Tiere*, Berlim, 1909.

[18] J. Lacan, *De la psychose paranoïaque dans ses rapports avec la personnalité*, Paris, Seuil, 1975, pp. 321-322.

deiro modelo do laço social primário. E se pode presumir que a inspiração colhida em vários autores orientados para esse problema, tais como Hegel e Wallon, pode então ser considerada como um meio que pode favorecer a iniciativa de corrigir uma semelhante carência.

O interesse de Lacan pelo conceito maior de personalidade parece se inspirar na época em dois livros: um sobre *A personalidade humana*, dos psicopatologistas Delmas e Ball, mas, sobretudo, o *Curso sobre a personalidade*, proferido no Collège de France por Janet[19], "um dos psicólogos modernos mais econômicos de hipóteses".

Muito espantosa para a época parece ser a fórmula epistemológica de um "desenvolvimento histórico da personalidade do sujeito" referida ao mecanismo de uma "gênese social" que opera segundo "uma progressividade de caráter dialético". Ora, expresso posteriormente e mais no campo da psicogênese do que no da psicopatologia, o modelo walloniano da psicologia praticamente não se definirá de outra maneira. Wallon se interessará também pela abordagem conjugada das noções de caráter e de personalidade. Quanto à menção explícita de um caráter dialético dos processos psíquicos, ela é um pouco tardia nele também[20].

Assim surpreendentes parecem as idéias relativas à necessidade de um "estudo genético e estrutural" que articule as "estruturas" de acordo com a "relação com sua gênese", as quais antecipam de uns bons vinte anos as explícitas declarações de Piaget a respeito no contexto de suas preocupações relativas à construção de um estruturalismo genético.

Definitivamente, é bastante singular ver Lacan, na publicação de 1932, adotar, nessa questão das relações entre a psicanálise e a psicologia, uma atitude de espírito federativo que lembra de uma certa maneira a de Freud no já célebre texto de 1913 sobre *O interesse da psicanálise* e que mais tarde um Lagache retomará, com o risco de excesso de habilidade diplomática que, por princípio, um modelo teórico semelhante comporta.

Não se poderia deixar de mencionar aqui, no relativo a um problema que foi tão debatido, uma proposta, tanto estranha quanto significativa,

---

[19] P. Janet, *La personnalité, Cours du Collège de France*, Paris, Maloine, 1929

[20] H. Wallon, *Les origines du caractère chez l'enfant. Les préludes du sentiment de personnalité*, Paris, Boivin (1934), reed. Puf, 1973; *La vie mentale*, (1938), Paris, Éditions Sociales, 1982.

sustentada por Lacan bem no final de sua carreira, no seminário de 10 de novembro de 1978.

> Eu me pergunto às vezes se não teria feito melhor trabalhando no que se chama de o psicológico. O que me dispensou disso foi o que se chama de estrutura. Existem estruturas que são, claro, psicológicas, mas que não se definem em relação à posição relativa do Simbólico, do Imaginário e do Real [...] Por isso que eu escolhi enunciar o raciocínio matemático como fundamental [...] Essa preeminência do Simbólico em relação ao Real é o que constitui o Inconsciente propriamente dito. O fato de que haja nisso tudo incidências psicológicas foi o que me afastou de o reconhecer como tal[21].

Essa última frase, com efeito um pouco obscura, significaria que o inconsciente conteria algumas incidências psicológicas que Lacan teria evitado reconhecer? Não é fácil decidir.

Enfim, a tese de 1932 manifesta também um domínio perfeito do modelo fenomenológico; isso, por sinal, tanto na acepção psiquiátrica do termo (Jaspers) como em sua acepção filosófica (Brentano, Husserl, Scheler) – o que torna mais singular ainda o uso freqüente, sob a pena de Lacan, do termo e do conceito de dialética, que em absoluto não se originam em uma tal afiliação filosófica, são de genealogia hegeliana, isso bastante antes do encontro com o ensinamento de Kojève[22]. Será que Lacan já conhecia a filosofia hegeliana sem que o caráter técnico de seu estudo de algum modo motivasse o que ele particularmente cita? Ou então seria necessário evocar aqui ainda a marca discreta do filósofo marxista Politzer, como parece talvez sugerir uma referência breve, mas de interesse positivo para o "materialismo histórico", na medida em que este ultrapassa o materialismo mecanicista do século XVIII?

É claro que, na época de sua tese, Lacan ainda não havia mantido contato com a psicologia de Wallon, mesmo que os dados que o interessarão, reunidos somente na publicação de 1934, estivessem disponíveis já em

---

[21] J. Lacan, *La topologie et le temps*, séminaire du 10 novembre 1978 (inédito).

[22] A. Kojève, *Introduction à la lecture de Hegel* (1933-1939), Paris, Gallimard (1947), Lacan acompanhou esse ensinamento de 1934 a 1937.

1931. Isso torna ainda mais sugestivas as curiosas convergências conceituais de que falamos e que já aproximam, de uma certa maneira por antecipação, as preocupações de Lacan do espírito da obra de Wallon.

Prelúdios do estádio do espelho

Por outro lado, uma situação dessas permite igualmente que se aprecie sob uma ótica exclusiva as primeiras alusões discerníveis à temática do espelho na tese de Lacan, e cuja análise agora nos é preciso abordar.

Kretschmer, citado por Lacan, diferencia quatro tipos caracterológicos. O primeiro é o caráter sensitivo, que ele considera como uma disposição adquirida pela forma especial de paranóia que ele isolou sob a forma de "delírio de relação dos sensitivos". Por sinal, é a esse tipo de paranóia que Lacan relaciona seu próprio conceito da "paranóia de autopunição" diagnosticado no "caso Aimée". Os três outros tipos são os caracteres primitivo, expansivo e astênico puro. Ora, Kretschmer, sempre segundo Lacan, considera o caráter expansivo como "de alguma maneira a imagem invertida do sensitivo". Deve-se assinalar, ainda,

> as estreitas relações que unem os dois tipos, sensitivo e expansivo, numa proporção tão exatamente invertida das tendências estênicas e astênicas que um parece a imagem em espelho do outro. Sob a influência da reativação estênica característica do delírio, pode-se observar o tipo sensitivo se inverter momentaneamente e reagir como o expansivo[23].

Uma variedade específica desse tipo expansivo é representada pelo personagem da *intrigante refinada*, que, por sinal, vez por outra se designa de caráter histérico.

Ora, segundo Lacan, o caso Aimée corresponderia ao caráter sensitivo, opondo-se então ao personagem da intrigante refinada desempenhado por uma de sua principais atormentadoras, Srta. C. de la N.,

[23] J. Lacan, *De la psychose paranoïaque dans ses rapports avec la personnalité*, Paris, Seuil, 1975, p. 101.

quer dizer que sua atividade e suas reações, como Kretschmer escreveu sobre os tipos correspondentes, se opõem às de nosso tema, "como ao objeto sua imagem invertida no espelho[24]".

Ou ainda essa outra metáfora do duplo: "Das duas amigas, uma é a sombra da outra[25]".

Para ser exato e sem que nos tenha sido possível consultar a versão alemã, Kretschmer, se nos referirmos a seu próprio texto, prefere dizer que o caráter sensitivo "representa, como em espelho invertido, o retrato da personalidade expansiva[26]".

A configuração patológica aqui descrita por Lacan, referindo-se ao modelo de Kretschmer, parece lhe sugerir também, sem que ele tente por outro lado reduzi-la a estes, uma certa analogia com "os casos de delírio a dois citados por Legrand du Saulle em seu magistral livro" e que não deixam de sempre levantar o "problema, em nossa opinião falsamente resolvido, do *contágio mental*".

As síndromes de identificação delirante

Não nos parece, em absoluto, fora de propósito referirmos o aparecimento – com efeito ainda discreto, mas já consistente – da temática especular na tese de Lacan a uma constelação pessoal de antecedentes históricos já mencionada e cujo interesse, tanto histórico quanto clínico em relação à formação de seu pensamento, parece ter escapado até aqui[27].

Lembremos rapidamente, para nos servir de fio condutor, que Lacan define o estádio do espelho, entre outras características, pela dupla qualificação de um desconhecimento e de uma identificação precipitada. É exatamente ao redor desse dois atributos que vão se reagrupar e se ordenar os fatos sobre os quais vamos discorrer. Esses fatos definem um verdadeiro

---

[24] *Ibid.*, p. 226.

[25] *Ibid.*, p. 227.

[26] M. Kretschmer, *Paranoïa et sensibilité*, Brionne, Montfort, 1950, pp. 44-57.

[27] Retiramos nossa informação a respeito disso, com a permissão do autor, de uma notável tese de Doutorado de Stéphanie Thibierge, redigida sob nossa orientação e ainda inédita.

campo clínico descoberto e explorado pela escola francesa de psiquiatria entre as duas Guerras Mundiais, especificamente nos exatos anos que antecederam a tese de Lacan.

Esses fenômenos clínicos ocupam os diversos planos da desintegração da imagem do semelhante, no contexto de certas psicoses, sob a forma especial de uma disjunção entre o reconhecimento da imagem e a identificação pelo nome.

Em 1923, a ilusão ou *síndrome dos sósias* foi isolada e descrita pela primeira vez por Capgras e Reboul-Lachaux perante a Sociedade Clínica de Medicina Mental. Esse distúrbio – assim como, por sinal, os seguintes – não se encaixa nas categorias clássicas conhecidas da alucinação ou do falso reconhecimento. Consiste, antes, na incapacidade de reconhecer completamente uma pessoa, a si mesmo inclusive. De fato, trata-se de uma forma sutil de "desconhecimento" sobre fundo de reconhecimento, por exemplo, nessa paciente que declara: "Esse rapaz parece bastante com meu filho, mas eu acho que não é ele". Ou seja: o sujeito reconhece a imagem de (sua) pessoa ao mesmo tempo que desconhece sua identidade nominal: não a identifica. Apesar de um vago sentimento de familiaridade, subsiste uma dúvida a respeito de sua real identidade. Esse distúrbio foi chamado por seus inventores de "agnosia de identificação". Dois outros casos foram publicados rapidamente em 1923 e depois em 1924.

Em 1927, Courbon e Fail apresentam, ainda perante a Sociedade de Medicina Mental, a descrição de uma *síndrome de ilusão de Frégoli*, do nome de um ator italiano célebre no início do século por seu talento em interpretar um mesmo espetáculo sob vários disfarces. Nesse tipo de caso, o doente sempre detecta com a mesma insistência um personagem mais ou menos familiar através de outros conhecimentos de seu entorno. Além disso, acontece a ele freqüentemente "reconhecer" imediatamente pessoas que não conhece de fato. Ao contrário do caso anterior, o sujeito afirma aqui a identidade de um mesmo autor ou atuante, o identifica por um nome, mas sem reconhecer as sucessivas imagens em que ele se encarna.

Em 1932, Courbon e Tusques apresentaram, desta vez perante a Sociedade Médico-Psicológica, a *síndrome da intermetamorfose*: uma doente evoca todo tipo de mudanças que atingem os objetos e animais que a rodeiam, suas próprias roupas, as pessoas que ela encontra. Esse distúrbio leva a seu nível máximo a falibilidade do reconhecimento e da identificação. Todos os semelhantes e também os objetos trocam indiferentemente suas aparências. Desta vez, as transformações são generalizadas.

Em um artigo publicado em 1932 nos *Annales médico-psychologiques*, os mesmos autores sugerem pela primeira vez o modelo de uma seriação gradual dos três distúrbios precedentes sob o título de um processo comum que eles qualificam como *identificação delirante*.

Rapidamente se notará que as duas últimas síndromes não deixam de exibir uma certa analogia estrutural com as duas vertentes da alternativa posta em ação pelo fenômeno das "personalidades intercambiáveis", descrita por Wallon como característica do comportamento normal das crianças perto dos 3 anos (cap. 8). Em um primeiro caso, fusão entre as pessoas ("todos os homens são papais"), a mesma pessoa encarna indivíduos diferentes: um tal mecanismo se refere, assim como o seu modelo patológico, à síndrome de Frégoli. O segundo caso – transformação de uma mesma pessoa em outras aparências sucessivas de acordo com a variedade das circunstâncias – também é de observação corrente na criança pequena e encontraria seu equivalente patológico na síndrome de intermetamorfose. Wallon igualmente qualificou com os termos "metamorfismo" e "fenomenismo" essa propensão às transformações desmotivadas características do pensamento da criança muito jovem[28].

As três configurações clínicas anteriores, cuja revelação se fez em um pouco menos de uma década por volta dos anos trinta, nos parecem hoje dignas de releitura, na perspectiva geral aberta *après coup* por Lacan, como representando sem dúvida vários estados de decomposição da experiência especular. Mas o que é particularmente interessante é que essas configurações clínicas mostram várias espécies de desagregação da imagem do corpo, na medida em que elas estão geralmente associadas a diversas modalidades de desagregação da imagem e do nome, ou seja, dos dois procedimentos, bem distintos, do reconhecimento e da identificação. Esse desatamento da imagem especular e de sua nomeação surge nas duas primeiras síndromes

[28] H. Wallon, *Les origines de la pensée chez l'enfant*, Paris, PUF, 1963.

segundo dois aspectos bem específicos, guardando uma organização disposta em estrutura invertida, ou seja, regida por uma lógica em espelho. Dos dois componentes cuja conjunção garante habitualmente a consistência da imagem especular, cada um se impõe então no primeiro plano, desligado de seu associado complementar e por essa razão com uma insistência reduplicativa característica, em que se marca precisamente a carência do papel temperante do outro.

Em primeiro lugar, a síndrome dos sósias desvela o fenômeno insólito de uma *imagem sem nome*, quer dizer, cortada de um significante verbal que possa incidentemente marcar sua interrupção. Para um sujeito confrontado com tais condições, o mesmo é outro, não é igual, é sempre um outro. Em segundo lugar, a síndrome de Frégoli ilustra a figura simétrica de um *nome sem imagem*, pondo então em destaque a ubiqüidade de uma denominação sem consistência imaginal e, em vista disso, destinada a corresponder indiferentemente a qualquer imagem. Nesse caso, ao contrário, para esse sujeito, o outro é o mesmo, é igual, é sempre o mesmo. Subsistem somente a perenidade e a iteração monótonas de um traço identificatório isolado. Mesmo assim, nos dois casos, é precisamente o laço que segura entre si a imagem e o nome que não se sustenta mais, laço cuja ruptura ocasiona o desmembramento do espaço especular, o despedaçamento do conjunto do campo da experiência imaginária.

As três síndromes de identificação delirante deram lugar a um número relativamente magro de outras publicações desde sua invenção[29]. G. Lanteri-Laura, em um artigo recente da *Encyclopédie Médico-chirurgicale*, propõe reagrupá-los junto com mais algumas síndromes, entre as quais a de Cotard, em uma categoria que ele intitula: "delírios crônicos do adulto além da paranóia e da esquizofrenia". Nos países de língua inglesa, a tendência atual é conferir-lhes uma interpretação em termos neurológicos e

[29] J. Vié, "Un trouble d'identification délirante: l'illusion des sosies", *Ann. Méd-Psych.*, t. I, 1930; P. Janet, "Les sentiments dans le délire de persécution", *J. de psychol.*, março-abril de 1932; Deromblies, *L'illusion de sosies, forme particulière de méconnaissance systématique*, Cahors, Coueslant, 1935; G. Daumézon, "Le délire d'intermétamorphose – variété d'illusions de sosie et de Frégoli", *Ann. Méd-psych*, janeiro de 1973, pp. 19-26: H. Cénac-Thaly e col. "L'illusion de sosie", *Ann. Méd-psych.*, 1962, 2, pp. 481-494.

de base lesional sob a qualificação "*delusional misidentification syndromes*". Esta parece se juntar, de uma certa maneira e em uma perspectiva análoga, à recente rubrica aberta pelo DSM IV sob o título de Distúrbio dissociativo da identidade.

Por outro lado, não se poderia deixar em silêncio um outro fato clínico bem menos conhecido pelo público, no caso o signo do espelho nos esquizofrênicos, sobre o qual, entretanto, se deve ressaltar que foi identificado no mesmo período e também no mesmo contexto institucional que as síndromes de identificação delirante. Com efeito, ele foi descrito e nomeado, em 1927, por Paul Abely no quadro da Sociedade Médico-psicológica e comentado de novo um pouco mais tarde em *Annales médico-psychologiques*[30]. Como é sabido, esse signo, que consiste em uma forma de absorção específica diante da imagem em espelho, geralmente é observado em doentes na fase inicial da psicose como se eles procurassem, em favor dessa captação pela imagem, organizar o despedaçamento, cujos primeiros efeitos eles sentem.

Interno do hospital Sainte-Anne a partir de 1927, Lacan provavelmente foi muito bem informado sobre o conjunto das pesquisas que mencionamos acima. Em todo caso, a síndrome dos sósias lhe era certamente muito familiar, porque um dos autores que acabamos de citar[31] menciona de bom grado o fato de que uma de suas observações clínicas relativas a essa entidade nosológica lhe foi feita por Lacan. O estudo que acabamos de fazer dessa ilhota do tecido científico da época nos parece apresentar um duplo interesse histórico. Em primeiro lugar, esses trabalhos permitem entender a que tipo de antecedentes científicos, por sinal de um conteúdo sensivelmente diferente daquele da tese de 1932 sobre a paranóia, podem se associar as primeiras formulações de Lacan sobre o estádio do espelho. Entende-se bem, ao percorrer suas etapas, a maneira como elas podem tomar inspiração em tais trabalhos sem para tanto se reduzirem a eles. Mas, sob uma luz mais clara também, esses dados até aqui pouco conhecidos consistem numa escala entre o modelo novo forjado em 1936 por Lacan e uma

[30] F. A. Delmas, "Le signe du miroir dans la démence précoce", *Ann. Méd.-psych.*, 1929, 1, pp. 227-233; P. Abely, "Le signe du miroir dans les psychoses et plus spécialement dans la démence précoce", *Ann. Méd.-psych.*, 1930, 1, pp. 28-36.

[31] Dérombies, *L'illusion de sosie...*, *op. cit.*

tradição científica muito mais antiga. Em outras palavras, eles permitem que se compreenda, se os restituirmos em seu próprio quadro histórico, que o estádio do espelho, não obstante sua incontestável originalidade, deve ser concebido, de fato, no prolongamento e como uma conclusão da longa história da escola francesa de psiquiatria. Uma verdade que já antevê a tese de Lacan, mas de forma indireta, pois a noção de experiência especular só se encontra ali então em uma forma virtual.

Com efeito, as síndromes de identificação delirante expõem à luz do dia fenômenos de dobra, de redobra na ordem escópica que se assemelham à ampla categoria dos fenômenos de eco na ordem da palavra e do pensamento (Séglas, Clérambault). Os efeitos de uma estrutura de desdobramento de tal ordem, de decomposição reduplicativa, foram progressivamente destacados desde o início do século como associados aos processos de dissociação psíquica e de despersonalização característicos das psicoses.

Ligam-se a essa experiência vivida da dessubjetivação sentimentos existenciais cujo uso anterior certos dos autores citados mais acima (Courbon e Tusques, Janet) retomam e enriquecem (Moreau de Tours, por exemplo): sentimentos de *déjà vu*, de *jamais vu**, de familiaridade, de estranheza, de vazio, de irreal, de artificial. Eles também, de bom grado e correntemente, anexam aí a noção de transitivismo[32].

Além das psicoses, esse mecanismo de duplicação havia sido destacado também no registro das neuroses: por exemplo, atribuição à histeria dos fenômenos das personalidades alternantes ou mesmo múltiplas (Azam, Pitres e Régis, Janet, Morton Prince).

Enfim, esse princípio de reduplicação, essa fórmula do duplo não têm menos importância para o funcionamento do pensamento normal do que para a economia dos fatos psicopatológicos. O mesmo vale para a organização do "pensamento por pares" tal qual Wallon[33] descreveu na criança pequena,

* *Nunca visto.* Preferimos deixar no original para se contrapor ao "déjà vu", de uso corrente. (NT)

[32] Halberstadt, "Le syndrome d'illusion des sosies rapporté à une observation clinique", *Journ. Pysch. Norm. Path.*, outubro de 1923; P. Courbon e P. Sollier, *Pratique sémiologique des maladies mentales, guide de l'étudiant et du praticien*, Paris, Masson, 1924; J. Vié, "Un trouble de l'identification délirante..." (1936), *op. cit.*

[33] H. Wallon, *Les origines du caractère chez l'enfant...* (1945), *op. cit.*

"um em dois, dois em um", sobre o qual voltaremos mais adiante (cap. 11). Importância também dos pares de opostos para o metapensamento (Hegel, Freud), ao qual, aliás, também teremos que voltar (cap. 11 e 25).

É a presença latente, implícita, mas não menos real, viva, de todo esse fundo ideológico e cultural por detrás do estádio do espelho que faz surgir algo bem diverso de um modelo clínico e metapsicológico engenhoso, surgido prontinho (*ready-made*) do cérebro ou até mesmo do genial inconsciente de seu inventor.

Psicologia e psicanálise

Como já tivemos a ocasião de demonstrar em nossa introdução, a atitude de Wallon para com a psicanálise contrasta completamente com a de seus colegas psicólogos contemporâneos. Apesar de sua atitude de abstenção pessoal em relação ao desenvolvimento da corrente psicanalítica, seus interesses científicos o encaminham para um tipo de disponibilidade e até para uma forma de diálogo profundo e fértil com o pensamento freudiano, do qual resultam dados teóricos que podem – em contrapartida – contribuir para a elaboração do conceito psicanalítico de identificação primária.

No que se refere ao diálogo entre psicologia e psicanálise no contexto francês, deve-se mencionar também a posição de Lagache[34], preocupado em organizar as bases científicas para uma cooperação durável entre as duas áreas, o que representa uma atitude muito diferente daquela de Lacan, posteriormente. Desse ponto de vista, podemos sustentar, sem paradoxo, que a reflexão de Lagache relativa à *Unidade da psicologia*, inscreve-se, apesar da diferença de contexto histórico, em uma tradição, a que projeta na sucessão de Freud[35] uma espécie de federação das ciências do psiquismo, na qual a psicanálise seria o princípio organizador.

A posição de Lagache é conhecida demais para que insistamos demais nela. Notemos, entretanto, que sua clareza e sua elegância não eliminam um

---

[34] D. Lagache, *L'unité de la psychologie* (1949), *op. cit.*

[35] S. Freud, "L'intérêt de la psychanalyse" (1913), *op. cit.*; *Introduction à la psychanalyse* (1916-1917), Paris, Payot.

certo tipo de tensão: "O projeto de uma teoria geral do comportamento, escreve ele, implica uma síntese da psicologia experimental, da psicologia clínica e da psicanálise, assim como da psicologia social e da etnologia". Aliás, já existem interações, e a tendência é que se desenvolvam mais delas ainda, entre a psicologia experimental e, respectivamente, a psicologia clínica e a psicanálise. Além disso, ele afirma, "sobre a maneira de conceber o objetivo geral da psicologia [o comportamento], existe um acordo completo entre experimentalistas e clínicos". Entretanto, ressalta ele ainda, "a psicanálise ocupa e provavelmente continuará a ocupar um lugar à parte", mesmo que por ora "uma definição da psicanálise não possa ser buscada em lugar outro a não ser no âmbito de uma psicologia clínica do comportamento humano[36]". Dessa maneira, a psicanálise surgiria ao mesmo tempo como necessária no próprio âmago do projeto de síntese de Lagache e ocupando também, e por princípio, uma posição descentrada relativamente a uma tal perspectiva.

Quase cinqüenta anos após a publicação da obra de Lagache, não é muito claro que a ambição federativa que ele exprime, supondo-se que ela ainda tenha algum significado, possa ainda ser formulada nos mesmos termos.

Excetuando-se o caráter problemático de sua relação com a psicanálise, as ciências psicológicas propriamente ditas hoje em dia vêem sua unidade interna comprometida pelo surgimento de disciplinas laterais, suscetíveis, a médio ou longo prazo, de abordar e tratar seus objetos tradicionais em linguagens completamente renovadas: ciências do cérebro, modelos de inteligência artificial, linguagens formais. Em última hipótese ainda, e supondo-lhe alguma chance, o estabelecimento de novas conexões, a redistribuição das relações no próprio interior das ciências do psiquismo correm o risco de se desenvolver de maneira absolutamente imprevisível.

No que diz respeito atualmente aos próprios psicanalistas, é bastante sabido que os que se formaram no âmbito do ensino lacaniano manifestam pouco interesse pela psicologia, mesmo que existam exceções. Mas, independentemente desse fator específico, também existe uma quantidade

[36] D. Lagache, *L'unité...*, *op. cit.*, pp. 13, 36, 51-52, 62-63, 67-68.

razoável de praticantes da psicanálise que têm tendência a se interessar unicamente pelas questões formuláveis, sejam elas de caráter técnico ou teórico, unicamente no campo da psicanálise, sem necessidade de nenhuma outra conexão interdisciplinar. Em realidade, encontram-se atualmente, tanto entre os psicólogos como entre os psicanalistas, as mais variadas posições pessoais no que se refere à possibilidade e interesse em estabelecer conexões entre seus respectivos domínios.

No plano da pesquisa teórica propriamente dita, desde os anos sessenta na Europa, mas já bem antes disso nos Estados Unidos, foram reveladas tentativas de aproximação de caráter pontual, local, entre a psicanálise e a psicologia. Um exemplo bem conhecido, já à essa época, foi dado pela noção de apego, formulada em primeiro lugar, sem combinação prévia, no duplo quadro da etologia animal[37] e da psicanálise infantil[38], para fornecer em seguida um terreno de aproximação com a psicologia genética[39]. Ressaltemos mais recentemente o interesse de muitos psicanalistas pelas pesquisas de Brazelton sobre o apego paterno, de Montagner sobre as formas precoces de comunicação entre crianças. Por outro lado, certas questões, que foram em primeiro lugar formuladas em um quadro diverso do da psicanálise, no sentido estrito, interessam e aguardam ainda uma solução em termos metapsicológicos: tal é o caso, pensamos, no teste de Rorschach, da resposta-movimento, sobre a qual este autor formula que pertence ao registro do inconsciente, tendo como função o controle da pulsão[40].

De qualquer maneira, "o interesse da psicanálise" em uma atitude de atenção vigilante, com relação aos resultados da psicologia em seus diversos domínios, é uma questão de bom senso científico e epistemológico. Nenhuma forma de saber, como gostava de ressaltar Piaget, a partir de uma outra perspectiva, "pode a longo prazo permanecer no interior de seus próprios limites, sem nunca os ultrapassar"[41].

---

[37] H. F. Harlow, "The nature of love", *American Psychologist*, 1958, 12, pp. 673-675.

[38] J. Bowlby, "The nature of child's tie to his mother", *Int. J. of psycho-an.*, 1958, 39, pp. 350-373; *Attachement et perte* (1969, 1973, 1980), 3 vol., Paris, PUF, 1978, 1984.

[39] D. Anzieu e col., *L'attachement*, Neuchâtel, Delachaux et Niestlé, 1974.

[40] H. Rorschach, *Psychodiagnostic* (1921), Paris, PUF, 1953.

[41] J. Piaget, "Autobiographie" (1950), *Cahiers Vilfredo Pareto*, 1976, nº 38-39, pp. 1-43.

Capítulo XI

A imagem especular em Freud

Freud dedicou dois textos notáveis à imagem em espelho[1], quanto aos quais podemos nos espantar – a partir da celebridade do glorioso motivo lacaniano – que permaneçam mais ou menos desconhecidos, ou pelo menos pouco comentados em relação à problemática da história do registro especular.

Podemos nos perguntar se não teria sido a leitura desses textos de 1919 ou 1920, além da de outros psicólogos de que falaremos, que teria mobilizado, na época, o interesse de Wallon pela questão do espelho. É uma hipótese que não é possível confirmar nem contrapor. Em todo caso, Wallon não cita os dois textos de Freud em questão a respeito disso.

Entretanto, nada se opõe tampouco a essa conjetura segundo a qual ele teria lido esses textos, pois conhecia bem o idioma alemão, como informa uma referência de Lagache[2]. Wallon fazia parte, pelo menos no

---

[1] S. Freud, "L'inquiétante étrangeté" (1919), *Essais de psychanalyse appliquée*, Paris, Gallimard (1975), pp. 184-188; "Au delà du principe du plaisir" (1920), *Essais de psychanalyse*, Paris, Payot, 1981, p. 53.

[2] D. Lagache, "Wallon Henri (1897-1962)" (1965), *Œuvres complètes, op. cit.*, t. 6, pp. 185-191. A passagem de Wallon sobre a imagem especular foi redigida em 1931, o texto de Freud, 1919, foi traduzido para o francês em 1933, o de 1920, em 1951.

período de 1920-1939, das raras pessoas na França que travaram conhecimento ao mesmo tempo extenso e sólido com o pensamento de Freud[3]. Todavia, segundo Philippe Malrieu, psicólogo infantil conhecido como um dos principais discípulos de Wallon, este teria recebido já em 1912, de Georges Dumas, a tarefa de ler Freud em alemão para que preparasse um artigo sobre a psicanálise que foi publicado em definitivo em 1920, em seu grande *Tratado de psicologia*, numa época em que nenhum texto de Freud tinha sido traduzido para o francês e em que sua obra era mais ou menos desconhecida nos países de fala francesa – salvo por alguns suíços em contato com Jung. Temos uma segunda informação do germanista Pierre Grappin, autor de um bem conhecido dicionário alemão e que dizia ter feito parte, junto com Wallon, ao final da guerra, de uma comissão encarregada de interrogar em sua língua materna o filósofo Martin Heidegger sobre a realidade de suas atividades durante o período nazista (esse filósofo se teria explicado sobre o fato de ter levado para a Universidade uma indumentária de caráter militar sensivelmente óbvio com uma astúcia de um tipo que impressionou muito seus interlocutores, explicando a eles que se tratava na realidade de botas de cavaleiro e de calças de ciclista "à francesa"). Na época em que pela primeira vez Lacan formula o conceito do estádio do espelho, ele tem 35 anos. Não se pode ter certeza de que nessa época ele dominasse o conjunto do texto, traduzido e original, de Freud. A respeito disso, é característico que a bibliografia anexada ao texto da *Encyclopédie française* sobre *A família* só mencione nada mais que três títulos de Freud no total, entre os mais importantes, é verdade: *Totem e tabu*[4], *Além do princípio de prazer*[5] e finalmente *Psicologia das massas e análise do ego*[6].

É no célebre ensaio de 1920 que se encontra a segunda passagem de Freud relativa à imagem especular, mas sob a forma de uma nota bastante discreta, anexada à passagem bem conhecida relacionada ao jogo do *fort-*

[3] Wallon conheceria até, ao que parece, certas idéias de Ferenczi, e também da escola de Melanie Klein. A propósito, É. Jalley, *Wallon lecteur...*, *op. cit.*, pp. 7-257, 381-542; *Wallon et la psychanalyse* (1986), *op. cit.*

[4] S. Freud, *Totem et tabou* (1913), Paris, Payot, 1947.

[5] *Id.*, "Au delà du principe du plaisir" (1920), *Essais de psychanalyse*, Paris, Payot, 1981, pp. 41-115.

[6] *Id.*, "Psychologie des foules et analyse du moi" (1921), *Essais...*, *op. cit.*, pp. 117-217.

da. Essa notinha de oito linhas, de aspecto material modesto, mas de uma importância teórica considerável[7], ou foi conhecida e denegada, ou então simplesmente escapou à perspicácia de Lacan (teríamos nossas dúvidas): em todo caso, nunca saberemos nada sobre isso.

O tema do duplo

Vejamos agora o primeiro texto de Freud relativo ao tema do espelho. Trata-se de uma passagem bastante extensa do artigo denominado *A inquietante estranheza* (*Das Unheimliche*), publicado em 1919 e traduzido para o francês em 1933 no compêndio *Ensaios de psicanálise aplicada*. Surpreendemo-nos ao achar ali absolutamente todas as noções capitais que Lacan reúne no conceito-mestre de identificação especular: a formação primordial do eu, ligada aos efeitos positivos e negativos da função ao mesmo tempo unificante e alienante da figura do duplo; o caráter ilusório, imaginário de uma tal estrutura; a emergência da representação do corpo próprio, do esquema corporal; a relação dessa função do duplo psíquico com o narcisismo ao mesmo tempo que com o surgimento da pulsão de morte; enfim, a distinção entre o eu ideal (*Ideal-Ich*) como suporte da identificação imaginária e o ideal do eu (*Ich-Ideal*).

Essa distinção entre o eu ideal e ideal do eu surge pela primeira vez em *Para introduzir o narcisismo*[8]. Ela nos parece retomada, implicitamente, em quatro parágrafos desse texto de 1919, sob a forma da distinção entre um eu que critica, o ideal do eu que se tornará mais tarde o supereu, e um eu que sofre a crítica, um eu-objeto, ligado ao narcisismo primário, cristalizado sob forma de um duplo primitivo e que funciona como suporte da função imaginária. Essa segunda instância é aquela à qual Lacan e Lagache[9], com vistas a precisar as sugestões de Freud, darão explicitamente o nome de eu ideal. Pelo menos, nos parece que se pode ler esse texto notável, sem forçar seu sentido, com o auxílio desse fio condutor.

[7] *Id.*, “Au delà du principe du plaisir”, *Essais...*, *op. cit.*, p. 53.

[8] S. Freud, “Pour introduire le narcissisme” (1914), *La vie sexuelle*, Paris, PUF, 1969.

[9] Lagache desde 1958 e Lacan somente em 1959, mesmo que ele mencione já um “eu-ideal” desde o “Le stade...”, *op. cit.*, p. 94.

O texto em questão, que agora citaremos integralmente, aparece, no artigo de 1919, a propósito de um estudo sobre Hoffmann,

> o mestre inigualado do *Unheimliche* ou da inquietante estranheza em literatura. Seu romance, os *Elixires do diabo*, apresenta um amplo leque de temas aos quais se poderia atribuir o efeito estranhamente inquietante da história [...] tudo o que diz respeito ao tema do "duplo" em todas as suas nuances [...] ali achamos uma pessoa identificada com uma outra ao ponto de ela ser perturbada no sentimento de seu próprio *eu*, ou colocar o *eu* estranho no lugar do seu próprio[10]. Dessa maneira, redobramento do *eu*, cisão do *eu*, substituição do *eu* – enfim, retorno constante do semelhante, repetição dos mesmos traços, caracteres, destinos, atos criminosos, até mesmo dos mesmos nomes por várias gerações sucessivas[11].

Freud prossegue:

> O tema do "duplo" foi a esse mesmo título profundamente trabalhado por Otto Rank. As relações que o duplo tem com a imagem no espelho e com a sombra, com os gênios tutelares, com as doutrinas relativas à alma e com o temor à morte são ali estudados e, ao mesmo tempo, uma viva luz cai sobre a surpreendente história da evolução desse tema. Pois, primitivamente, o duplo era uma garantia contra a destruição do *eu*, um "enérgico desmentido à potência da morte" (Otto Rank), e a alma "imortal" foi, sem dúvida, o primeiro duplo do corpo. A criação de um tal redobramento, com a finalidade de conjurar o aniquilamento, tem sua contrapartida em um modo de figuração da linguagem onírica em que a castração se exprime de bom grado pelo redobramento ou pela multiplicação do símbolo genital; entre os egípcios, ela deu um impulso à arte, ao incitar os artistas a moldar,

[10] Processo que D. Lagache ("Quelques aspects de l'identification" (1954), *Œuvres complètes*, *op. cit.*, t. 3, pp. 202-203) denominou desde então, após Melanie Klein, mas num sentido menos restrito, de identificação projetiva, e cuja menção é muito rara na obra de Freud.

[11] Interessante antecipação do conceito de "compulsão de repetição", formulado um ano mais tarde, em "Au-delà du principe du plaisir", *Essais...*, *op. cit.* (1920).

em uma matéria durável, a imagem do morto. Mas essas representações brotaram no terreno do egoísmo ilimitado, do narcisismo primário que domina a alma da criança assim como a do primitivo, e, quando essa fase é ultrapassada, o sinal algébrico do duplo muda e, de uma garantia de sobrevida, passa a ser um estranhamente inquietante sinal precursor da morte.

A idéia do duplo não some necessariamente com o narcisismo primário, pois pode, no curso dos sucessivos desenvolvimentos do *eu*[12], adquirir novos conteúdos. No *eu*, desenvolve-se aos poucos uma instância especial que pode se opor ao restante do *eu*, que serve para se observar e se auto-criticar[13], que cumpre um trabalho de censura psíquica e se revela em nosso consciente sob o nome de "consciência moral". No caso patológico do delírio de introspecção, essa instância é isolada, destacada do *eu*, perceptível para o médico. O fato de que uma instância semelhante exista e possa tratar o restante do *eu* como um objeto, de que o homem, conseqüentemente, seja capaz de auto-observação, permite à velha representação do duplo adquirir um fundo novo, e lhe atribuímos então muitas coisas, em primeiro lugar tudo o que aparece à crítica de si próprio como pertencente ao narcisismo superado do tempo primitivo[14].

Entretanto, o que contradiz a crítica de nosso *eu* não é a única coisa que pode ser incorporada no duplo; podem ser incorporadas ainda todas as eventualidades não-realizadas de nosso destino que a imaginação não quer abandonar, todas as aspirações do *eu* que não puderam se cumprir em conseqüência de circunstâncias alheias, assim como todas essas decisões reprimidas da vontade que produziram a ilusão do livre arbítrio[15].

Mas, após haver exposto dessa maneira a motivação manifesta dessa figura do "duplo", somos forçados a confessar que nada do que dissemos pode nos explicar o grau extraordinário de inquietante estranheza que lhe é característico. Nosso conhecimento dos processos psíquicos patológicos nos permite até acrescentar que nada do que achamos poderia explicar o esforço de defesa que projeta o duplo para fora do *eu* como se fora algo

[12] De acordo com duas instâncias, o eu ideal e o ideal do eu.

[13] O ideal do eu.

[14] O conteúdo da crítica feita pelo ideal do eu é deslocado para o eu narcísico primitivo.

[15] O duplo, o eu narcísico primitivo, o eu ideal, como sustentação da função imaginária.

> estranho[16]. Dessa maneira, o caráter de inquietante estranheza inerente ao duplo só pode provir do seguinte fato: o duplo é uma formação característica dos tempos psíquicos primitivos, tempos em que sem dúvida deveria ter um sentido mais benevolente. O duplo se transformou em uma imagem de horror da mesma maneira que os deuses, após a queda da religião à qual pertenciam, se transformaram em demônios[17].
>
> É fácil julgar, segundo o modelo do tema do duplo, outros distúrbios do *eu* colocados em operação por Hoffmann. Trata-se aqui do retorno a certas fases na história evolutiva do sentimento do *eu*, de uma regressão à época em que o *eu* ainda não tinha limites nítidos em relação ao mundo exterior e a outrem. Acho que esse temas contribuem para dar a impressão de inquietante estranheza aos contos de Hoffmann, mesmo que não seja fácil determinar, isolar onde está a sua parte.
>
> O fator da repetição do semelhante talvez não seja admitido por todo mundo como produzindo o sentimento em questão... ele lembra, além disso, o estado de desamparo que acompanha muitos estados oníricos[18].

É importante para nosso assunto voltar a Rank, de quem Freud menciona em uma nota o estudo sobre *O duplo*, publicado na revista *Imago* em 1914. Rank escreveu também, em 1922, dentro da mesma ordem de preocupações, um estudo sobre *O personagem Don Juan*. Esses dois textos foram reunidos e traduzidos em francês em 1932, durante a permanência de Rank em Paris, sob o título: *Don Juan. Um estudo sobre o duplo.*

Ora, embora Lacan não mencione o artigo de Freud, cita, entretanto, na bibliografia de sua contribuição à *Vie mentale*, assim como, por sinal, já na bibliografia de sua tese, o duplo título francês de Rank.

O livro de Rank contém a maior parte dos dados que a longa passagem de Freud que acabamos de citar menciona, mas também contém outros que

---

16 É o que Lacan chamará de "captação especular", "a inércia própria das formações do *eu*". Ver "Le stade...", *op. cit.*, p. 99; "L'agressivité", *ibid.*, p. 113.

17 Pode-se notar, nesses duas características contraditórias, a antecipação do que Lacan chamará de "a forma ortopédica da *imago* saudável" por um lado, "a função alienante do *eu*" por outro lado. Ver "Le state...", *ibid.*, pp. 97-98; "L'agressivité...", *ibid.*, p. 113.

18 S. Freud, "L'inquiétante étrangeté (1919)", *in Essais de psychanalyse appliquée*, Paris, Gallimard (1975), pp. 184-188.

aparecem no texto de Lacan. Por outro lado, é claro que tanto Freud como Lacan tratam esse material de empréstimo de acordo com perspectivas em que se marca a originalidade de seus próprios encaminhamentos.

Rank estuda o problema da representação do Eu como processo que implica, em uma grande variedade de formas, a imagem do duplo. Nessa perspectiva, analisa um vasto material fornecido pela etnografia, pela mitologia, pelo folclore, pela literatura.

O tema do duplo se revela para ele como um dos objetos privilegiados do romantismo literário na Europa, sobretudo na Alemanha, mas também na França e na Inglaterra. Aliás, Hoffmann é mencionado por Rank por diversas vezes, entre muitos outros autores, alguns deles muito conhecidos na época, como Gide, Edmond Rostand ou Julien Green.

Sob a sua forma mais evoluída, a estrutura do duplo, em que se projeta como um princípio independente a representação do Eu, é constituída pela alma. Esta perpetua o narcisismo primário, ao dar ao Eu uma garantia contra a morte. Entretanto, a figura do duplo se notabilizou também, na história das mentalidades, sob formas muito materiais, como a sombra do corpo, seu reflexo na água, a imagem em espelho, o fenômeno do eco. Como rebento do narcisismo primário, a representação do duplo está relacionada a "um Eu anterior, que contém junto com o passado também a juventude do indivíduo[19]". De fato, sob suas diversas formas, a representação do duplo conota um aspecto positivo indissociavelmente associado a um aspecto negativo. Ela inclui uma dupla significação, inseparavelmente erótica e mortífera. Esses elementos diversos são encontrados sem muita dificuldade no texto de Freud. Além disso, a diferenciação da instância crítica em relação ao eu primitivo, sobre a qual Freud se alonga bastante, é transcrita por Rank de maneira muito original: o valete *Leporello* é, de uma certa maneira, a consciência desdobrada, em sua função crítica, do mestre *Don Juan*[20]. Com respeito a uma tal transposição, a noção do *Unheimliche*, da inquietante estranheza, representa seguramente a marca pessoal de Freud.

---

[19] O. Rank, *Don Juan et le double. Études psychanalytiques* (1914-1922), Paris, Payot, 1932, pp. 73-74, 109.

[20] Foi durante esse mesmo ano de 1914 que Freud pela primeira vez extraiu a dupla noção de eu ideal-ideal do eu.

Entretanto, a obra de Rank contém também outros elementos, que o texto de Freud não retoma, mas que, ao contrário, ressurgem sob a pena de Jacques Lacan.

À parte um capítulo inteiro sobre a imagem especular (cap. 5, pp. 75-88), Rank dedica igualmente um capítulo (cap. 6, pp. 89-104) ao tema dos gêmeos nos campos da mitologia e da etnografia. Efetivamente, esse tema representa uma ilustração especial, muito divulgada, por sinal, da figura do duplo. Ora, a esse respeito, e em conexão com o capítulo anterior sobre o duplo especular, o autor evoca, em termos particularmente exatos, "a identificação com o irmão" no quadro do "complexo fraterno":

> esta se exprime sob a forma negativa da "raiva pelo concorrente", da "rivalidade entre irmãos" a propósito do objeto libidinal, do "amor pela mulher[21]".

Por outro lado, e conexamente, Rank associa a estrutura do duplo com o mecanismo da perseguição paranóica em relação à escolha de objeto homossexual. Ele nota também que a significação mortífera da imagem do duplo contém um laço essencial e profundo com a imagem materna[22]. Ora, é incontestável que esses motivos diferentes são reencontrados, até sob uma forma particularmente predominante, no texto de Lacan sobre *Os complexos familiares*[23].

Concluamos essas observações sobre Rank por um traço de caráter mais anedótico. Em seu preâmbulo, Rank atribui a origem de seu interesse pelo estudo da questão do duplo à difusão de um filme chamado *O estu-*

---

[21] O. Rank, *Don Juan...*, *op. cit.*, pp. 18, 26, 83-84, 86-88. Ele menciona, a esse propósito do duplo fraterno, Musset, Hoffmann, Edgar Allan Poe, Maupassant, Dostoïewski. Também fala da morte do Duplo" e da "loucura do Duplo".

[22] Esse tema também é característico do pensamento de Melanie Klein, por sinal mencionada por Lacan em 1938 (*Les complexes familiaux dans la formation de l'individu* (1938), Paris, Navarin, 1984, p. 60). Entretanto, é bom também não esquecer que Melanie Klein foi analisada e formada por Ferenczi e depois por Rank.

[23] J. Lacan, *Les complexes...*, *op. cit.*, pp. 85-83, 89-105, 111, 115; S. Freud, "L'inquiétante...", *op. cit.*, p. 186. Não nos é possível, e seria fastidioso, no âmbito deste trabalho, identificar detalhadamente, no texto de Lacan, o conjunto de correspondências com o texto de Rank.

dante de Praga, cujo autor era o romancista alemão Ewers, "o Hoffmann moderno"[24]. Esse filme, adaptado para o francês, tinha merecido uma montagem teatral em Paris "dois anos" antes, nos diz Rank, da publicação da edição francesa de seu livro, ou seja, em 1930. Ele punha em cena um herói perseguido por seu duplo na forma de sua própria imagem, que se tornou independente e se chamava Baldwin. Ora, pode-se se perguntar se esse personagem Baldwin, então em voga nos palcos parisienses e de que Rank nos fala longamente em sua obra, não representaria, por um acaso singular, o ponto de partida associativo do curioso lapso pelo qual Lacan substitui, em seu texto de 1936-1949 sobre *O estádio do espelho*, o nome de Darwin pelo de Baldwin.

Definitivamente, se há certeza de que Lacan leu a obra de Rank e se inspirou nela, isso não é tão certo quanto à passagem de Freud em *A inquietante estranheza*. Com relação a isso, as significativas correspondências que é possível achar entre certos aspectos desse texto e os temas lacanianos ulteriores podem ser devidas ao fato de que Lacan pode ter se inspirado na mesma origem que Freud sem que para isso tivesse lido travado conhecimento direto com a passagem de Freud.

Enfim, parece-nos particularmente interessante, do ponto de vista da história científica e cultural, comparar os principais momentos das respectivas elaborações de Freud e de Rank relativas à questão do duplo com esse período fértil, que foi mencionado no capítulo anterior, dos trabalhos da escola francesa de psiquiatria sobre os fenômenos de redobramento e de repetição nas síndromes de identificação delirante. Sabe-se agora que Lacan teve, por sua parte, acesso a esses dois campos de saber, sem que seja

[24] Sobre a questão do "duplo" e igualmente do fenômeno patológico da heautoscopia, ver também, para registro: J. de Ajuriaguerra, *Méconnaissances et hallucinations corporelles; intégration et désintégration de la somatognosie*, Paris, Masson, 1952; *Id.*, *La cécité psychique, étude critique de la notion d'agnosie, ibid.*, 1963; *Id.*, *Le cortex cérébral, étude neuro-psycho-pathologique, ibid.*, 1964; Dostoievski, a novela *Le double;* L. Lévy-Bruhl, *Le surnaturel et la nature dans la mentalité primitive*, Paris, 1931; J. Lhermitte, *L'image de notre corps*, Éd de la nouv. rev. crit., 1939; G. de Maupassant, *Le Horla*, Paris, Albin Michel, 1963; J. Postel, *Le compagnon imaginaire chez l'enfant de trois à dix ans*, Mémoire de DES philo., Bibliot. CHS Sainte-Anne, nº 08, 1269, 1961; P. Schiller, *L'image du corps*, Paris, Gallimard (1970); P. Sollier, *Les phénomènes d'autoscopie*, Paris, Alcan, 1903.

necessário supor que estes possam de alguma maneira ter se comunicado. De qualquer maneira, é perturbador ver Janet elaborar seus estudos sobre o sentimento de estranheza mais ou menos no mesmo período em que Freud escreveu o ensaio sobre *Das Unheimliche*.

O jogo do carretel: Freud e Lacan

Abordemos agora o estudo do segundo texto de Freud, datado de 1920, relativo à imagem em espelho. Este consiste numa pequena nota de oito linhas anexada à muito conhecida passagem sobre o jogo do carretel em *Além do princípio de prazer*. Essa notável particularidade é habitualmente passada em silêncio nos comentários.

O próprio Lacan não destaca essa circunstância no conjunto das passagens clássicas relativas ao jogo do *fort-da* dos *Escritos*. Entretanto, não se poderia duvidar de que Lacan tenha tomado conhecimento desse texto no período de 1936-1938, quando se elaboram suas concepções sobre o estádio do espelho.

Com efeito, Lacan menciona *Além do princípio de prazer* junto com o livro de Rank na bibliografia de sua contribuição à *Encyclopédie française*. Mais precisamente, esses dois textos figuram no parágrafo dessa bibliografia dedicado ao "desmame e à intrusão", quer dizer, na parte do artigo em que está a primeira formulação, na obra de Lacan, do estádio do espelho.

Certos empréstimos de um caráter preciso, feitos ao célebre ensaio de 1920, com menção explícita a Freud, são facilmente localizados no texto de Lacan. Trata-se de duas passagens relativas ao jogo do carretel[25]; o primeiro, por sinal, relaciona explicitamente esse tema com a noção de "instinto de morte". De fato, essas passagens são notáveis na nossa opinião, porque elas representam os raros textos de Lacan em que se acha estabelecida uma relação de fato essencial, uma conexão "fenomenológica" entre o tema do espelho e o do *fort-da*. Ora, é essa mesma imbricação fundamental que surge

---

[25] J. Lacan, *Les complexes familiaux dans la formation de l'individu* (1938), Paris, reed. Navarin, 1984, pp. 40-41, 93-94.

– e à qual voltaremos em breve – no plano da descrição fenomenológica concreta que Freud nos faz do comportamento da criança. Entretanto, as formulações de Lacan não se relacionam especificamente com essa notável conexão estabelecida pelo texto de Freud, mesmo que pareçam estar reproduzindo-a, pode-se dizer, em filigrana. Temos que citar integralmente um desses dois textos, um pouco longo, mas significativo:

> [Nossa concepção do estádio do espelho] reconhece a partir dessa fase a intencionalização dessa situação em duas manifestações psíquicas do sujeito: a assunção da dilaceração inicial no jogo que consiste em rejeitar o objeto e a afirmação da unidade do corpo próprio na identificação com a imagem especular. Há ali um nó fenomenológico que, manifestando em sua forma original essas propriedades, inerentes ao sujeito humano, de imitar sua mutilação e de se ver outro diferente do que é, deixa também apreender sua razão essencial nas servidões, características da vida do homem, de sobrepujar uma ameaça específica e de dever sua salvação ao interesse de seu congênere[26].

Ficamos embaraçados de tentar apresentar um novo estudo das considerações de Freud sobre o jogo do carretel. Entretanto, no ponto a que chegamos, isso nos parece indispensável, mas levando-o ao pé da letra, à própria essência, do texto de Freud. A partir dos aspectos mais marcantes e ressaltados de maneira clássica, nos permitimos indicar alguns outros, nos quais nos parece que geralmente se insiste menos.

Antes de Lacan, Freud já havia insistido pesadamente na relação que o jogo do *fort-da** com a emergência da função simbólica.

Ninguém ignora, naturalmente, que a dupla ação de projetar e depois de trazer de volta o carretel se acompanha de um comentário verbal rudimentar, sob a forma de uma alternância de sílabas, "um O-O-O-O,

[26] J. Lacan, *Les complexes familiaux dans la formation de l'individu* (1938), Paris, reed. Navarin, 1984, pp. 93-94. Quase por todo o canto, na obra de Lacan, o tema do espelho e o do *fort-da* ensejam dois registros de formulações nitidamente delimitadas.

* O sobrinho de Freud brincava de fazer desaparecer (dizendo "fort") um carretel de linha e depois, puxando-a, de fazê-lo aparecer de novo (dizia "da"): *fort-da.* (NT)

alto e prolongado, que [...] significava 'embora', seguido por um feliz 'chegou!'"[27].

Há lugar aqui para insistir especialmente no fato de que a instalação do jogo se faz, segundo Freud, em um momento em que os rudimentos da linguagem certamente estão – mas acabaram de o ser – instalados:

> na idade de um ano e meio, ele só podia dizer algumas palavras compreensíveis; além disso, utilizava um certo número de sons que ofereciam um sentido inteligível para os que o cercavam.

Além disso, Freud ressalta a incidência desse jogo nos progressos da capacidade simbólica ao estabelecer sua

> relação com os importantes resultados de caráter cultural obtidos pela criança com a renúncia pulsional[28].

Ninguém ignora também, pelo menos em seus traços essenciais, a interpretação que Freud propôs da função do jogo do *fort-da.* A criança, diz ele, "se compensava (pela partida de sua mãe), digamos, encenando, com os objetos que podia pegar, o mesmo "desaparecimento-retorno" (*dasselbe Verschwinden und Wiederkommen*)[29]". Entretanto, habitualmente quase nunca se pensa em ressaltar a circunstância muito peculiar que Freud menciona como a origem decisiva da interpretação que ele propõe. Em uma nota, ele declara ter ficado plenamente convencido dela num dia em que observou um jogo muito singular da criança, que consistia em produzir e aniquilar alternativamente sua própria imagem especular. Freud ressalta sem nenhuma ambigüidade: foi a observação do comportamento particular da criança em frente ao espelho que permitiu definir, pelo acréscimo de evidências, a significação do jogo do carretel:

> Essa interpretação foi plenamente confirmada por uma observação posterior. Num dia em que sua mãe havia se ausentado por longas horas, ela foi saudada

---

[27] S. Freud, "Au-delà..., *op. cit.*, pp. 52, 53: "*fort*": embora; "*da*": aí!.
[28] S. Freud, "Au-delà..., *op. cit.*, pp. 52, 53.
[29] *Ibid.*, p. 53.

em seu retorno pela mensagem *Bebê o-o-o-o,* que pareceu inicialmente ininteligível. Mas não demorou para que se percebesse que a criança havia achado durante sua longa solidão uma maneira de se fazer desaparecer. Ela havia descoberto sua imagem em um espelho que não chegava até o nível do chão e depois se agachava de maneira que sua imagem "sumisse" (*fort*)[30].

Freud propõe então uma interpretação do jogo do *fort-da* em termos de "compensação". Na verdade, trata-se, no espírito mesmo de Freud, de uma explicação em termos aproximados, a qual lhe parece dever ser precisada. Como, por qual mecanismo definido a criança se compensa pela ausência do objeto? E Freud confessa primeiro sua "hesitação entre duas concepções", sobre as quais acabará por admitir que não são incompatíveis. Em primeiro lugar, o comportamento da criança se explicaria por

> uma pulsão de domínio (*Bemächtigungstrieb*) [...], o impulso para elaborar psiquicamente uma experiência impressionante e para exercer plenamente seu domínio sobre ela.

Daí o princípio de uma transposição da passividade em atividade, que opera em benefício do domínio pelo simbólico. A criança, escreve Freud, era "passiva, à mercê do acontecimento; mas eis que, ao repeti-lo, tão desagradável quanto seja, como jogo, ela assume um papel ativo". Entretanto, além desse desejo de mestria dirigido à "força da impressão", Freud prevê também que o jogo possa conter um "ganho de prazer vindo de uma outra origem[31]". E acontece que a fonte desse prazer está longe de ser sempre a que esperaria "a bela alma", para citar esse personagem hegeliano.

Freud descreve com alguma perplexidade o fato de que, em geral, só se observava o primeiro tempo do jogo, o ato de jogar, incansavelmente repetido por ela:

> o primeiro ato, a partida, ele insiste, foi encenado como jogo e até muito mais freqüentemente que o episódio inteiro com sua conclusão e o prazer que ela fornecia.

---

[30] *Ibid.*, p. 53.

[31] S. Freud, "Au-delà..., *op. cit.*, pp. 54-55.

Freud tem em vista que a primeira fase do jogo, excetuada a expressão da pulsão de domínio, "poderia satisfazer um impulso, reprimido na vida cotidiana, de se vingar de sua mãe, que tinha ido embora para longe dela", Assim, o ganho de prazer que é o objetivo do jogo do *fort-da*, pelo menos seguindo rigorosamente o texto de Freud, estaria muito menos freqüentemente associado à antecipação do retorno materno, imitado pela fase do *da*, do que à figuração de um desejo hostil, encenado pela fase do *fort*. Freud leva até mesmo às últimas conseqüências essa "outra interpretação", a de um prazer associado à expressão de uma pulsão hostil. Em uma nota de caráter biográfico bastante doloroso, ele relata o fato de a criança, com a idade de aproximadamente seis anos, "não manifestar nenhuma tristeza" pelo falecimento de sua mãe:

> é verdade, ele explica em termos muito sóbrios, que no intervalo uma segunda criança havia nascido (ela tinha dezoito meses no momento do falecimento materno), despertando nela o mais profundo ciúme[32].

Dessa maneira, a interpretação que Freud propõe para o jogo do *fort-da* não deve ser generalizada, como foi feito vez por outra, apoiando-se unicamente na compulsão de repetição, vista como princípio autônomo, irredutível ao princípio de prazer.

> No exemplo que discutimos, escreve Freud a respeito da alternância do *fort-da*, a criança só podia repetir em seu jogo uma impressão desagradável porque um ganho de prazer de tipo diverso, mais direto, está associado a essa repetição[33].

Entretanto, permanece a questão de saber também qual relação estabelecer entre o prazer resultante da realização de um desejo hostil e o tipo de satisfação ligado ao exercício da pulsão de domínio. De fato, a pulsão de

---

[32] *Ibid.*, pp. 53, 55. Freud escreveu "Au-delà du principe du plaisir" no mesmo ano do falecimento de sua filha Sophie (1920), cujo eco, relativo ao laço entre o jogo do *fort-da* e o tema da ausência, encontramos nas primeiras páginas do texto.

[33] S. Freud, "Au-delà..., *op. cit.*, p. 55.

domínio e a pulsão de agressão, sem serem redutíveis, mantêm, cada uma, uma relação especial com a pulsão de morte, e esta com a compulsão de repetição como tendência ao retorno para o estado anterior, para o repouso absoluto, a ausência de qualquer tensão[34]. Daí a presença do conjunto dessa noções, sem excetuar nenhuma delas, no difícil texto em que Freud se esforça em extrair um "além do princípio de prazer". Entretanto, deixemos de lado esse difícil problema de ordem teórica. Talvez seja suficiente notar, no plano prático e também clínico, que um dos meios econômicos adequados para dominar a excitação oriunda de um conflito consiste, em muitos casos, em uma descarga controlada das pulsões agressivas.

Lacan, por seu lado, insistiu muito na "alternância de sílabas distintivas" que pontua o ciclo do desaparecimento e do reaparecimento do objeto. Esse "cruzamento de um jogo de ocultação e de uma escansão alternativa dos dois fonemas[35]" faz aparecer a ordem binária, "a contradição original do 0 e do 1, como estrutura fundadora da linguagem, matriz da ordem simbólica[36]".

Segundo Lacan, o estádio do espelho institui, "no ponto de junção da natureza com a cultura[37]", "a organização mais arcaica do conhecimento humano[38]". Esta se define pela relação imaginária, que inclui a inércia própria de "um espaço estruturado pela visão[39]". Em relação a esse modo primário de experiência, a ordem simbólica introduz uma dimensão nova, estruturada pela repetição, "a intervenção de uma escansão que permite a inserção do que pode ter um sentido para um sujeito[40]".

Primeiro, em sua relação com o referente, é claro que "o signo [...] conota a presença *ou* a ausência, introduzindo essencialmente o *e* que os liga, pois, ao conotar a presença ou a ausência, ele institui a presença com base na ausência, assim como constitui a ausência na presença[41]". Mas, sob

---

[34] J. Laplanche e J.-B. Pontalis, *Vocabulaire...*, *op. cit.*, pp. 15-16, 365, 372-373, 375.
[35] J. Lacan, "La direction de la cure" (1961), *Écrits*, *op. cit.*, p. 594.
[36] *Ibid.*, p. 594; *Le moi...*, *op. cit.*, pp. 345, 359.
[37] J. Lacan, "Le stade...", *op. cit.*, p. 100.
[38] *Id.*, "Propos...", *op. cit.*, p. 185.
[39] *Id.*, "La chose...", *op. cit.*, p. 427.
[40] *Id.*, *Le moi...*, *op. cit.*, p. 328.
[41] J. Lacan, "La direction..." *op. cit.*, p. 594.

outro ponto de vista, também é em sua materialidade fonética, em sua estrutura opositiva que o significante inclui um "funcionamento alternante por princípio, o qual exige que ele deixe seu lugar, nem que seja para retornar a ele circularmente[42]".

Dessa maneira, a dupla escansão característica do jogo do *fort-da* e de seu comentário verbal manifesta de maneira particularmente característica tanto as exigências específicas à estruturação material dos elementos signifiantes[43] como aquelas adequadas ao seu funcionamento na cadeia falada[44]. De fato, pode-se discernir no conjunto do processo, tal como Lacan o analisa:

> as condições convencionais que são próprias do significante em seu duplo registro – sincrônico, de oposição entre elementos irredutíveis, diacrônico, de substituição e de combinação – pelas quais a linguagem, se certamente não preenche tudo, estrutura a totalidade da relação inter-humana[45].

Mas como explicar que Lacan tenha se abstido de ressaltar a conexão de fato, de uma importância fenomenológica essencial, que Freud estabeleceu entre o comportamento especular da criança e o jogo do *fort-da*, que, ao pé da letra, vem se refletir nele?

Com certeza, Lacan sempre demonstrou a necessidade de uma articulação de princípio entre o campo imaginário e o simbólico, da qual o comportamento especular e o jogo do *fort-da* representam respectivamente o acontecimento inaugural e a experiência-testemunho. É significativo quanto a isso, ao mesmo tempo que é problemático, ver, no Índice dos *Escritos*, o "Fort-Da" posto, junto com o "estádio do espelho", como momento, como sub-rubrica pertencente ao mesmo parágrafo chamado "a

---

[42] *Id.*, "Le séminaire sur la lettre volée" (1957), *Écrits, op. cit.*, p. 29.

[43] Trata-se dos pares de oposições que constituem, segundo R. Jakobson (*Essais de linguistique générale*, Paris, Minuit, 1963, pp. 127 sq.), os traços distintivos característicos dos fonemas (aqui, o/a).

[44] Trata-se dos dois eixos, um deles paradigmático ("substituição": fort/da), o outro sintagmático ("combinação": fort-da), segundo os quais, de acordo com Jakobson (*Ibid.*, pp. 45-49), se organiza a estrutura de qualquer mensagem.

[45] J. Lacan, "La direction..." *op. cit.*, p. 618.

identificação imaginária[46]". De qualquer maneira, essa inevitável intrincação entre o simbólico e o imaginário é necessária, como Lacan menciona sem equívoco, pelo centro de sua própria interpretação do pensamento freudiano. "Se o homem chega a pensar a ordem simbólica, ele diz, é por estar primeiramente aprisionado nela em seu ser. A ilusão de que ele a formou com sua consciência provém de ter sido através de uma hiância específica de sua relação imaginária com o semelhante que ele pôde entrar nessa ordem como sujeito[47]". É essa situação que Lacan apresenta como estruturalmente expressa pelo célebre esquema L.

Mas, de uma certa maneira também, a disjunção entre a identificação imaginária e a identificação simbólica, fundamentada na distinção capital entre eu ideal e ideal do eu, representa uma exigência estrutural. Sob este ponto de vista, o estádio do espelho e a experiência do *fort-da* não ocupam o mesmo lugar, não comportam a mesma função no processo de estruturação do sujeito humano. A gênese do Eu não representa ainda o processo da produção do Sujeito propriamente dito. Nesse sentido, o estádio do espelho dá a regra da divisão entre o imaginário e o simbólico, ele produz a instância do eu no ponto de junção entre natureza e cultura e até, verdadeiramente, desde antes de sua determinação social. Em contraste, e por apoio, pode-se dizer, nesse "Eu primordial", o comportamento do *fort-da* representa o nascimento do símbolo, o momento em que a criança nasce para a linguagem, o ponto de inseminação de uma ordem simbólica, que "manifesta em seus traços radicais a determinação que o animal humano recebe da ordem simbólica[48]".

Significativamente, o contraste estrutural e o destino funcional diferente dos dois registros de comportamentos característicos de que saem respectivamente o estádio do espelho e o jogo do *fort-da* se manifestam no mesmo plano das formas de investimento mobilizadas pelos objetos que eles põem em ação. Como ressalta Lacan, o objeto ao qual se refere a relação imaginária corresponde a um interesse do eu, uma paixão, enquanto que o

---

46 *Id.*, "Index raisonné des concepts majeurs" (1966), *Écrits*, *op. cit.*, pp. 895-896.
47 J. Lacan, "Le séminaire sur la lettre volée", *op. cit.*, p. 53.
48 *Ibid.*, pp. 46, 53.

objeto que manipula a repetição simbólica posta em ação pela estrutura do *fort-da*, o que a criança faz aparecer e desaparecer, é um objeto indiferente por natureza, o qual só tem "valor enquanto insignificante[49]".

Assinalemos ainda, a respeito do jogo do carretel, que Winnicott enriqueceu o tema freudiano com observações muito interessantes. Winnicott tinha como hábito, em sua prática de pediatra, colocar em um canto de seu consultório um objeto (espátula metálica) acessível à criança no colo de sua mãe sentada. Segundo ele, o comportamento que consiste em pegar os objetos para fazê-los cair se observa comumente na criança num período que vai dos cinco aos doze ou dezoito meses. Esse jogo se formaria, com relação à posição depressiva, no período do desmame, no curso do segundo semestre. Ele daria "uma indicação da crescente capacidade que a criança tem para dominar a perda[50]". O comportamento da criança se exprime geralmente por um gozo agressivo. De fato, ao mesmo tempo que manifesta o domínio da perda, o jogo de se livrar do objeto contém também a função paradoxal de aí assentar sua existência. Como Winnicott escreveu:

> os objetos se tornam reais porque são destruídos [...] é a pulsão destruidora que cria a qualidade da exterioridade[51].

Enfim, mesmo que essa idéia possa, à primeira vista, parecer incongruente, não se poderia deixar de aproximar os fatos descritos por Freud e por Winnicott do tipo de comportamento que Piaget qualificou de relação circular terciária. Esta é característica, segundo ele, do período que vai dos doze aos dezoito meses e consiste, em especial, em atirar longe (*sic*), fazer rolar, largar do ponto mais alto possível os objetos, graduando e variando os efeitos. Em sua perspectiva cognitivista própria, Piaget discerne aí "uma

[49] J. Lacan, "La direction...", *op. cit.*, p. 594.

[50] D. Winnicott, *De la pédiatrie...*, *op. cit.*, p. 165; ver também pp. 36, 150, 153, 164, 272, 286.

[51] *Id.*, *Jeu et réalité* (1971), Paris, Gallimard (1975), pp. 126, 130. Tal é o paradoxo do objeto achado-destruído (1971), ilustrativo, paralelamente a outras formas, do aspecto original dos processos de pensamento como "pensamento paradoxal". Outras formas são representadas também pelos paradoxos do seio criado-achado, da capacidade de estar só em presença da mãe, da culpa da inocência (1958).

experiência para ver... um esforço dirigido e controlado... um tipo de experimentação ou de procura pela novidade como tal[52].

De maneira absolutamente congruente com as observações de Winnicott, Piaget observa que "Jacqueline começa a deixar cair ao invés de jogar no chão[53]". Parece muito provável que se esteja lidando aí com a mesma categoria de fatos. Mas estes são abordados e interpretados em função de modelos tão diferentes que se pode inicialmente hesitar em reconhecer sua pertinência à mesma categoria de observáveis.

[52] J. Piaget, *La naissance de l'intelligence chez l'enfant*, Neuchâtel, Delachaux-Niestlé, 1959, pp. 232, 240-241.

[53] *Ibid.*, pp. 238.

Capítulo XII

Os jogos de alternância em Wallon

Não poderíamos deixar de evocar, em relação ao jogo do carretel, a categoria especial de jogos que Wallon descreveu como jogos de alternância. Trata-se de uma forma de comportamentos cujo aparecimento é um pouco mais tardio e a estrutura, mais complexa do que a do *fort-da*, porém isomorfa a esta.

Sabe-se que a criança de que nos fala Freud, o filho de sua filha Sofia, tem 18 meses de idade, realmente um pouco mais jovem do que as crianças que são mencionadas nas observações de Wallon (dois anos e meio a três anos). Entretanto, notemos também que Freud confessa ter continuado por bastante tempo, até "um ano mais tarde", suas observações desta criança a respeito do comportamento de "jogar um brinquedo no chão[1]".

Os jogos de alternância, que Wallon nos relata, se desenvolvem então no curso do terceiro ano, no período anterior à afirmação da identidade pessoal, marcada pela crise de três anos. Essas "reações alternantes e recíprocas" se caracterizam pelo fato de que a criança:

[1] S. Freud, "Au-delà du principe du plaisir" (1920), *Essais de psychanalyse*, Paris, Payot, 1981, pp. 51, 54.

atribui a si própria, alternadamente, o papel ativo e passivo [...] decompõe a situação em duas fases, uma delas ativa e a outra passiva [...], que a fazem representar alternadamente os papéis de autor e de vítima [...] de ator e de objeto ao mesmo tempo [...] dar e receber um tapa, fugir e alcançar, esconder e procurar [...] Através dessa troca de papéis com outra pessoa, ela chega a conhecer o desdobramento a ser feito entre aquele que age e o que sofre [...] ela começa a se opor parceiros [...] a conceber relações bipolares entre ela e os outros [...] mas essa alternativa que ela faz passar de si ao outro, esse ir e vir de mesma impressão não é ainda a afirmação do ponto de vista pessoal; é somente a meada embaraçada do fazer-sofrer que é trazida a cada um de seus termos complementares. O parceiro se destaca da criança, mas os dois conservam uma espécie de equivalência essencial. Com uma simples diferença de tempo seus gestos são os mesmos e suas impressões as mesmas. Dois indivíduos, se quisermos, mas perfeitamente assimiláveis ou intercambiáveis entre si[2].

Uma variedade particular de comportamentos aparentados a esses jogos de alternância consiste nos "monólogos dialogados nos quais a criança empresta sua voz para dois interlocutores que responderiam cada um com uma entonação diferente [...] ela representa os dois papéis ao mesmo tempo, assumindo todo o diálogo[3]".

Wallon marca com insistência a função identificatória desses "jogos recíprocos ou alternativos" que antecedem em alguns meses e anunciam, por sua significação funcional, a crise de três anos. De fato, esses jogos:

---

[2] H. Wallon, *Les origines du caractère chez l'enfant. Les préludes du sentiment de personnalité*, Paris, Boivin, 1934, reed. PUF, p. 271; *L'évolution psychologique de l'enfant*, Paris, A. Colin, 1974, p. 108; "Le rôle de l'autre dans la conscience de soi" (1946), *Enfance, nº spécial Henri Wallon, 1959-1963*, p. 282; "Niveaux et fluctuation du moi", *Enfance, op. cit.*, p. 88.

[3] *Id.*, "Les étapes de la personnalité chez l'enfant" (1956), *Enfance, op. cit.*, p. 76; *L'évolution psychologique et sociologique de l'enfant* (1947), *ibid.*, p. 308; "Les stades...", *op. cit.*, p. 144. Ver também J. Lacan, *Les psychoses, op. cit.*, p. 66; "O sujeito fala literalmente com seu eu, e é como se um terceiro, seu duplo, falasse e comentasse sua atividade", isso a respeito do fenômeno da alucinação verbal na psicose. Ver também; "A captura pelo duplo é correlativa do que se pode chamar de discurso permanente... o *você* que fala sozinho e que nos diz *você está vendo* ou *você é sempre o mesmo*", *ibid.*, pp. 236, 306, 311-312. Wallon remete a menção dos monólogos dialogados a Elsa Köhler (*Les origines du caractère chez l'enfant..., op. cit.*, p. 276; ver pp. 54-55, 116, 175 nota 40).

> indicam a sedução, bem nova para a criança, do desdobramento que lhe permite identificar uma ação por seus dois pólos [...] se voltar alternadamente para um ou o outro pólo de uma mesma situação, como para descobrir seus aspectos opostos ou complementares [...] se conhecer ela própria como agente e paciente, distinguir entre o que tem a iniciativa e o que sofre ou responde. Um ou o outro desses papéis às vezes captura sua preferência. Em cada uma das situações, ela aprende a distinguir participações complementares, a isolá-las, a fazer de cada uma delas o atributo de um personagem definido [...] Dessa maneira, ela acaba por descobrir a personalidade do parceiro, do outro: a prática da alternância a faz reconhecer a alteridade em sua própria sensibilidade, antes disso indivisa [...] acaba por tornar possível ao *eu* tomar posição com relação ao *outro*[4].

Definitivamente, segundo Wallon, essa prática da alternância contribui, no fim das contas, para introduzir no seio do sujeito a bipartição entre dois pólos, eu e o outro, processo em que surgem em um mesmo movimento o espaço adequado à aptidão simbólica, o uso efetivo do pronome eu e a relação diferenciada com outrem. A emergência da função pronominal marca, então, o aparecimento do sujeito pessoal como portador da função simbólica e ponto de vínculo da relação social.

É claro que a descrição que Wallon nos dá dos jogos de alternância apresenta um certo número de traços que nos permitem aproximá-los de maneira bastante plausível do tema clássico do *fort-da*. O jogo do carretel representa incontestavelmente uma forma particular de jogo de alternância, pois consiste num processo de "desaparecimento e retorno" do objeto, este último por sinal desempenhando um papel não em sua materialidade mesmo, mas somente a título de puro significante do outro. O que está em pauta nesse jogo diz respeito à alternativa da presença e da ausência do outro em relação ao sujeito.

Na estrutura descrita por Wallon, o outro é alternativamente posto, como paciente e agente, e ao mesmo tempo apagado, despejado pelo sujeito do lugar complementar em que este, por sua vez, vem se situar. Com certeza,

---

[4] H. Wallon, *La vie...*, *op. cit.*, p. 342; "Le rôle...", *Enfance*, *op. cit.*, p. 283; "Les stades...", *op. cit.*, p. 144; "Les étapes de la sociabilité chez l'enfant" (1952), *Enfance*, *op. cit.*, p. 313; "Niveaux...", *ibid.*, *op. cit.*, p. 88. Outro exemplo: "lançar e receber uma bola", evocado por Spitz também; "levantar o véu, se esconder debaixo... esconder o interlocutor e desmascará-lo".

essa estrutura é mais complicada do que a do *fort-da*, na medida em que o movimento próprio do sujeito ali representa um papel, se cruzando com o movimento do outro sujeito. Entretanto, é sempre verdade que, qualquer que seja o pólo da ação, ativo ou passivo, o outro se acha colocado nele alternativamente como presente e ausente.

Ao que tudo indica, o processo de transposição da passividade para a atividade, sobre o qual Freud insiste a respeito do *fort-da*, não deixa de evocar o mecanismo descrito por Wallon nos jogos de alternância, excetuando-se o fato de que ele considera este reversível, quer dizer, como atuando no sentido atividade-passividade tanto quanto no sentido inverso passividade-atividade. De qualquer maneira, e em patamares diversos de complexidade genética e funcional, é em benefício comum da formação do eu e da instauração do simbólico que funcionam os mecanismos descritos respectivamente por Freud e por Wallon.

Parece-nos particularmente interessante que Wallon tenha discernido por conta própria, no quadro dos comportamentos de alternância, um modo específico de verbalização que contém um tipo especial de estrutura binária (os monólogos em duas vozes). Sob uma forma verbal mais complexa, talvez relacionada à idade mais adiantada dos sujeitos, os monólogos dialogados ensejam um tipo de relação contrastada que pode estar no prolongamento do tipo de oposição mais elementar característico do *fort-da*.

Sob um outro ponto de vista, e de maneira não menos interessante, Freud ressalta que a transmutação da passividade em atividade, peculiar ao jogo do *fort-da*, pode eventualmente ser encontrada, em um modo transposto, na relação de jogo entre dois parceiros. Esse último ponto nos aproxima, é claro, muito, sem que haja identidade completa, do tema walloniano relativo ao par passividade-atividade nos jogos de alternância. Freud escreve as seguintes linhas a respeito:

> Ao mesmo tempo que passa da passividade da experiência à atividade do jogo, a criança inflige a um colega de jogo o desagrado que havia sofrido e, dessa maneira, se vinga na pessoa desse substituto[5].

[5] S. Freud, "Au-delà...", *op. cit.*, p. 55. Ver a respeito R. Doron, "La socialisation de l'enfant" (1964), pp. 36-39; "Sens clinique et psychologie clinique" (1968), pp. 1157-1158.

Enfim, mesmo que indiscutivelmente operem na dimensão do simbólico, os jogos de alternância descritos por Wallon numa certa medida comportam um caráter que pode ser qualificado como "especular", pelo menos em uma acepção funcional e metafórica, senão literal e material. Testemunha a favor disso essa espécie de "equivalência essencial" na intercambialidade pela qual é marcada ainda, nesse período, a função do parceiro em relação à posição do sujeito. De fato, Wallon insiste na estrutura ainda frágil, relativamente inconsistente do eu pessoal:

> O eu ainda não tomou em relação ao outro essa espécie de estabilidade e de constância que nos parece indispensável à consciência de si, que nos parece ser constitutiva da pessoa[6].

Ora, uma tal característica evoca de maneira sugestiva essa conexão entre o simbólico e o especular que surge de maneira tão notável nesse texto de Freud e da qual um Lacan nos parece ter tentado de alguma maneira se separar.

Lembremos, por sinal, que os jogos de alternância se desenvolvem, segundo Wallon, no decorrer de um período (2,6 a 3 anos, mais ou menos) caracterizado por uma constelação de fatos notáveis, já que comportam, apesar de sua diversidade, uma estrutura homóloga. Nós os estudamos bastante anteriormente. Trata-se do transitivismo, do fenômeno das personalidades intercambiáveis e do uso da terceira pessoa para designar o sujeito próprio. Efetivamente, essas várias formas de comportamento são marcadas por um processo de oscilação em que se exprime uma forma de "ambivalência" (*sic*), de incerteza relativa aos "lugares", às posições do sujeito[7]. O Eu interfere ali com o Tu, numa espécie de indiferenciação relativa com o Ele. Ora, exceção feita à importância que Wallon dá a esse período para o desenvolvimento da capacidade simbólica, é inegável que a função do Duplo, que ela põe em jogo nessas diversas formas de comportamentos, oferece uma antecipação

---

6 H. Wallon, "Le rôle...", *op. cit.*, p. 282.

7 H. Wallon, *L'évolution psychologique...*, *op. cit.*, p. 96; "Les étapes de la personnalité...", *op. cit.*, p. 76.

muito próxima em termos de estrutura da instância que Lacan qualificou como Imaginário. De fato, a estrutura comum que esses comportamentos põem em ação aparece bem como o que o próprio Lacan mesmo denominou de "A relação dual de eu a eu", "a identificação precipitada do eu com o outro no sujeito" e "o 'tu ou eu' [...] da querela transitivista[8]".

A inspiração que Lacan pôde retirar das descrições de Wallon aparece aqui não mais em dimensão detalhada, como se cogitou mais acima, mas bem mais no plano da própria estrutura.

A descrição dos jogos de alternância aparentemente resulta das observações pessoais de Wallon. Apesar das analogias muito sugestivas que apresenta sua estrutura com a do *fort-da*, Wallon nunca mencionou Freud a respeito disso, como se ele próprio nunca tivesse notado as correspondências de suas próprias análises com o material freudiano. Em verdade, existem muitos outros exemplos de uma situação semelhante na obra de Wallon, como se ele mesmo estivesse pouco consciente da proximidade em que está em relação ao pensamento freudiano. Assim, por exemplo, Wallon nunca ressaltou a homologia entre a concepção dos estágios característica da psicanálise clássica e sua própria grade de corte temporal.

Em compensação, no que se refere aos monólogos dialogados, Wallon atribui explicitamente a observação e a descrição a Elsa Köhler (1926)[9].

Spitz, que se valeu, por sinal também em relação a outras coisas, da influência de Wallon em suas próprias concepções, relata jogos de estrutura bipolar e formas de comportamentos verbais que estão relacionadas com os fatos descritos por Wallon. Além disso, atribui a eles um papel importante no desenvolvimento dos processos de identificação por imitação gestual.

Em um primeiro nível, Spitz observa "jogos sociais", de surgimento muito precoce (0,6 – 1 ano). Nessa fase, a criança estende a mão quando ela lhe é estendida, ou então devolve a bola que acabou de lhe ser dada. Em uma fase mais adiantada, no decorrer do segundo ano (1,6 – 2 anos), Spitz descreve o que ele denomina de "jogos de faz-de-conta": a criança diz "Não"

[8] J. Lacan,, "La chose...", *op. cit.*, pp. 428-429.

[9] H. Wallon, *Les origines du caractère chez l'enfant...*, *op. cit.*, p. 276. Ver pp. 54-55, 112, 175 nota 40.

a si própria, ou até à sua boneca. Essas formas verbais são, segundo ele, um prelúdio ao monólogo interior. Mas, além de pertencer a um período mais primitivo, o mesmo em que se situa o *fort-da* de Freud, elas apresentam também uma estrutura mais simples do que o tipo do monólogo em duas vozes descrito por Köhler e Wallon.

Se o parentesco dos dois tipos de jogos descritos por Spitz com os jogos de alternância de Wallon é inegável, ele também é bastante claro no jogo do *fort-da*. É mesmo possível, embora Spitz não se refira explicitamente a isso, que suas próprias descrições devam ser concebidas como variações que prolongam e desenvolvem o tema primordial do *fort-da*[10].

O fenômeno dos monólogos dialogados apresenta também uma certa analogia, além de qualquer influência histórica assinalável, com o fenômeno dos "companheiros imaginários", que Winnicott descreve como prelúdio à emergência do *self*. Em relação ao caráter ainda frágil dos processos de personalização, a criança pequena freqüentemente forja para si parceiros fictícios, "às vezes outros *self*, de um tipo muito primitivo[11]".

O conjunto dos comportamentos alternantes de caráter bipolar considerados por Wallon inclui também o importante fenômeno por ele descrito sob a expressão "pensamento em pares". Trata-se, em poucas palavras, de um modo de funcionamento intelectual primitivo identificável na criança, entre 2 e 8 anos mais ou menos, que se origina – segundo os próprios termos de Wallon – no princípio lógico, ou, melhor dizendo, pré-lógico "um em dois, dois em um".

As análises de Wallon sugerem e até mesmo, em certas ocasiões, evocam diretamente um modo de estruturação binário, um tipo de organização de oposição como característico das formas primitivas da vida mental. Em relação a isso, é importante notar que um contato dessa natureza diz respeito – bem além da aproximação anterior entre as respectivas estruturas do jogo do carretel e os jogos de alternância – a uma confrontação de natureza mais ampla e mais profunda entre abordagens relativas aos conteúdos mentais bastante parecidas em Freud e em Wallon.

---

[10] R. Spitz, "Les premières relations objectales...", *op. cit.*, pp. 525, 527; *Le non...*, *op. cit.*, pp. 37, 98; *De la naissance...*, *op. cit.*, p. 40.

[11] D. Winnicott, *De la pédiatrie...*, *op. cit.*, p. 40.

Não se insistirá muito aqui no fato bastante conhecido de que as concepções metapsicológicas de Freud se organizam de acordo com um certo número de dualidades principais: pulsões sexuais e de autoconservação, pulsões de vida e de morte, para só falar das mais importantes. Mas, de maneira mais local também e em geral menos conhecida, Freud concebe um "princípio de contraste[12]" como um processo de funcionamento muito geral da economia psíquica e, em particular, dos "modos do pensamento primitivo" (*sic*). Nessa perspectiva, a análise de um número não negligenciável de processos psíquicos, especialmente do registro normal, mobiliza de maneira corrente, sob sua pena, estruturas duais relativas, por exemplo, a certos procedimentos do tratamento dos contrários no trabalho do sonho, mas também as formas arcaicas da linguagem, como o lapso e o chiste. Naturalmente, o jogo do carretel pertence a uma tal série das formas elementares da vida mental.

De maneira mais específica também, as análises freudianas igualmente põem em jogo a noção do "par antitético", de "pares contrários" (*Gegensatzpaar*) para descrever fenômenos tão diversos quanto a organização das pulsões parciais[13] ou ainda a sintaxe do amor (*das Lieben*). O *Vocabulário da psicanálise* ressalta seu interesse teórico, ao mesmo tempo lhe concedendo um artigo bastante curto. Um tema conexo ao anterior e até aqui pouco estudado, apesar de sua importância metapsicológica, é o importante conceito de "polaridade" (*Polarität*), trate-se da polaridade dos julgamentos negativo e positivo[14], ou das "três grandes polaridades dominantes da vida psíquica" (sujeito-objeto, prazer-desprazer, atividade-passividade), cujo complexo jogo estabeleceu ao mesmo tempo o esqueleto interno e o desafio teórico do ensaio de 1915 chamado *Pulsões e destinos das pulsões*.

Deve-se ressaltar aqui o caráter fundamental desse tipo de estrutura binária e seu interesse descritivo e explicativo de primeiro plano no campo dos fatos da vida mental. É sua indiferença, seu modo de funcionamento invalidante, ou seja, inoperante em relação ao critério de validade capital

---

[12] S. Freud, *L'interprétation des rêves* (1900), Paris, PUF, 1971, p. 402; *Prinzip des Kontrasts*, G. W., V, p. 474.

[13] *Id.*, "Pulsions et destins des pulsions" (1915), *Métapsychologie*, Paris, Gallimard,1967.

[14] S. Freud, "La négation" (1925), *Résultats, idées, problèmes, 2, 1921-1938*, Paris, PUF, 1985.

sobre o qual repousa a lógica aristotélica e que consiste na verdade de uma de duas proposições contraditórias sob a condição da exclusão, quer dizer, da falsidade da outra. Pelo contrário, esse outro tipo de estrutura supõe uma outra forma de lógica, de fato uma pré-lógica, de critério bivalente: seu princípio consiste na coexistência de duas proposições ou posições teoricamente contraditórias, mas vividas na experiência como ambas verídicas sem predomínio de nenhuma. Esse critério pré-lógico de bivalência é normalmente conhecido e identificado pelo profissional clínico padrão no mecanismo chamado justamente de ambivalência, atualmente familiar e consensual, mesmo que seja Freud, sob sugestão de Bleuler, que tenha introduzido seu uso na mentalidade moderna[15]. De fato, ele diz respeito igualmente a uma grande variedade de conteúdos mentais diferentes da clássica ambivalência amor-ódio. O princípio da estruturação binária dos elementos psíquicos, que leva seu distintivo lógico particular, foi retomado e utilizado segundo aplicações sempre novas pelos principais herdeiros do pensamento freudiano, sobretudo no campo da psicanálise infantil (Spitz, Mahler, Winnicott, Klein, Lacan).

Essa estrutura bivalente é a marca do "pensamento paradoxal" descrito por Winnicott.

Associam-se tipos lógicos bem conhecidos na história da filosofia a esse modo de funcionamento bilavente da coexistência dos contraditórios: o estilo lógico, por exemplo, da escola de Mégara, mas também aquele, especial, da antinomia kantiana.

Formulado no clima intelectual adequado à filosofia grega do século IV antes de Cristo, o sofisma de Epimênides, a mais conhecida dentre muitas das criações da Escola de Mégara, é bem conhecido dos lógicos: se Epimênides, o cretense, diz que todos os cretenses são mentirosos, então ele ao mesmo tempo diz a verdade e mente. Esse enunciado – e outros semelhantes –, de formulação aparentemente tão límpida, representa, na realidade, um dos capítulos mais difíceis da história do pensamento. Um esboço de solução dessa categoria de paradoxos só pôde ser pensado no final

[15] E. Bleuler, "Vortrag über Ambivalez", *Zentralblatt für Psychoan.*, 1910, 1, p. 266; S. Freud, "La dynamique du transfert", *De la technique psychanalytique*, Paris, PUF, 1953, pp. 50-60.

do século XIX, no âmbito da "teoria dos tipos lógicos", cujo princípio está descrito pela primeira vez nos *Principia mathematica* de Bertrand Russel. Esse modelo lógico apresenta uma incontestável afinidade com a diferença, formulada a partir de 1950 por Jakobson, entre o plano do enunciado e o plano da enunciação, de que pouco após Lacan fará uso em proveito de sua própria distinção entre eu imaginário e sujeito inconsciente. De fato, é só quando se chega ao final desse percurso histórico, em realidade com e segundo Lacan, que passa a ser bastante natural imaginar – dificuldade outrora intransponível – que Epimênides, "*o cretense*" que fala, não se encontra no mesmo nível de discurso que "*os cretenses*" dos quais ele fala. A contradição aparentemente insolúvel exibida pelo famoso paradoxo é gerada na verdade pela indiferenciação, no plano do discurso ingênuo, desses dois níveis de discurso, reconhecidos realmente como conflituosos, senão por Russell e Jakobson, mas pelo menos pela psicanálise.

Mais de vinte séculos após os megáricos, na perspectiva muito diferente, mas no final das contas homóloga, definida por sua filosofia crítica, Kant chamará de antinomias os pares de proposições contraditórias em que cada uma é logicamente argumentável sem implicar a falsidade da outra: dessa maneira, o mundo é ao mesmo tempo finito (tese) e infinito (antítese) no tempo e no espaço. Seja ainda, a liberdade pode, ao mesmo tempo, existir e pode não existir na ordem da causalidade psíquica, etc. Por seu lado, Kant inventa o princípio da solução dessa categoria de dificuldades recorrendo também ao procedimento de uma hierarquia de níveis em profundidade, no caso, no que diz respeito ao seu próprio desenvolvimento de pensamento, à distinção entre fenômeno e númeno, aparência e essência.

Com relação a esse módulo prototípico do pensamento dual, é bastante provável que Freud e Wallon devam seu interesse comum por uma abordagem da vida psíquica em termos de estrutura binária, bipolar, oposicional, a uma fonte filosófica não ambígua: trata-se da filosofia crítica e romântica alemã (Kant, Fichte, Schelling, Hegel), sejam quais forem, por sinal, as dificuldades que a pesquisa histórica francesa, no estado de sua debilidade atual, encontrou até aqui para retraçar os caminhos possíveis da psicanálise até esse rico e fértil período "von Kant bis Hegel*". Voltare-

* De Kant a Hegel. (NT)

mos mais adiante a essa fonte presumida representada pela filosofia alemã, especialmente propondo dados que nos parecem bastante novos sobre o componente hegeliano de uma tal fonte.

Desse ponto de vista, além da fonte alemã antiga, Wallon provavelmente alimentou seu interesse pelo conceito de estrutura dual em sua inquestionável e original freqüentação dos pensamentos freudianos, em certos de seus aspectos relativamente negligenciados pelos comentários oficiais (por sinal raros na época: Hesnard). Lacan sem dúvida percebeu muito bem essa rede de laços complexos entre a cultura alemã, antiga e mais recente, e o psicólogo francês que permitia precisamente ter em vista uma leitura original de Freud, tanto nos pontos negligenciados pelo comentário oficial da época como nos pontos incompletamente desenvolvidos pelo próprio Freud.

Em 1953, o pensamento de Lacan é construído sobre um conjunto de dualidades fundamentais, discerníveis no célebre "esquema L". Voltaremos a isso, longamente, no capítulo dedicado ao duplo conceito do Outro e do outro. Tais considerações nos interessam muito, numa perspectiva ao mesmo tempo histórica, lógica e epistemológica, para fazer uma análise da constelação cultural européia, em especial filosófica, em que a psicanálise nasceu.

Os psicólogos e a psicanálise: a criança no espelho

Capítulo XIII

A imagem especular em Wallon

O capítulo XI nos conduziu a um desvio de uma importância essencial quanto aos prováveis antecedentes do estádio do espelho no próprio pensamento psicanalítico.

A respeito do jogo do *fort-da* e de sua relação com o tema da experiência especular, o capítulo XII nos permitiu ali reconhecer correspondências, em nossa opinião de um grande interesse, com as descrições de Wallon relativas aos jogos de alternância e aos monólogos dialogados, dentro da esfera de um período de desenvolvimento em que todas as formas de comportamentos são marcadas por um caráter especular, uma estrutura de tipo imaginário.

Podemos agora abordar um dos principais objetivos de nosso empreendimento: o estudo das visões de Wallon relativas à imagem especular.

Estas se desenvolvem num quadro teórico à primeira abordagem muito diferente do de Lacan. Em *As origens do caráter na criança*, Wallon estuda o processo de formação da pessoa em relação a uma hierarquia de patamares genéticos. No decorrer do primeiro ano de vida, surge uma forma afetiva de consciência cujo comportamento dominante é representado pela emoção. O sentimento da identidade pessoal, ligado à consciência de si, só se cristaliza a partir da crise de personalidade, mais ou menos aos três anos. A consciência de si, cuja gênese é correlativa da consciência de outrem (de

3 a 6 anos), é, para Wallon, o substrato do pensamento por categorias, o fundamento da consciência acabada do objeto (de 6 a 11 anos). Ora, o surgimento da consciência de si supõe certas condições ao mesmo tempo de caráter biológico e social.

Pelo segundo ponto de vista, a consciência de si implica ultrapassar a sociabilidade sincrética (de 0 a 3 anos) característica da consciência emocional em direção a um tipo diferenciado de sociabilidade em que se distinguem o eu e o outro. No primeiro ponto de vista, ela pressupõe o desenvolvimento da consciência corporal, a individualização progressiva do corpo próprio. É em relação a esse processo de tomada de consciência da entidade corporal como base da consciência de si e de outrem que Wallon aborda o tema da imagem especular[1].

Esse tema não é particularmente novo na história da psicologia. Wallon menciona e retoma o conjunto dos dados colhidos em trabalhos anteriores: Darwin[2], Preyer[3], Köhler[4], Guillaume[5]. Mas Wallon é o primeiro a integrar esse grupo de observações em um quadro teórico que ultrapassa as explicações locais de seus predecessores. O comportamento do espelho se apresenta a ele como uma das séries de fatos que, junto com o conjunto de outras séries – contemplação-exibição, etc – permite uma abordagem global do processo de personalização.

As considerações de Wallon sobre a imagem em espelho formam um dos capítulos (IV) da segunda parte das *Origens do caráter na criança.* Lembremos que ele faz parte de um conjunto que já havia sido publicado em partes separadas em 1931. Wallon completará suas visões sobre a experiência especular em dois artigos – de 1954 e 1956. Esses dois últimos textos modificam em alguns pontos os dados expostos no texto de 1931-1934. Veremos mais adiante em quê. É mais do que provável, já sabemos (capítulos III a VIII), que Lacan tenha tido conhecimento do primeiro texto.

---

1 H. Wallon, *Les origines du caractère chez l'enfant. Les préludes du sentiment de personnalité*, Paris, Boivin, 1934, reed. PUF, pp. 179-237.

2 C. Darwin, "A biographical sketch of an infant", *Mind*, 7, 1877, pp. 285-294.

3 G. Preyer, *Die Seele des Kindes* (1882), trad. Varigny, *L'âme de l'enfant*, Paris, Alcan, 1887.

4 W. Köhler, *L'intelligence des singes supérieurs* (1917), Paris, Alcan, 1927; "Zur Psychologie der Schimpansen" (1921), *in* J. Corraze, *Image spéculative du corps*, Toulouse, Privat, 1980, p. 1 03.

5 P. Guillaume, *L'imitation chez l'enfant*, Paris, Alcan, 1925, reed. PUF, 1968.

O capítulo IV das *Origens*, relativo ao "corpo próprio e sua imagem exteroceptiva", é precedido de um capítulo chamado "diferenciação e progresso das reações relativas ao corpo próprio". Parece-nos interessante, em relação ao nosso objetivo, dar um breve resumo dele. Com efeito, Wallon ali trata do caráter despedaçado da representação inicial do corpo próprio na criança:

> em um período do desenvolvimento da criança compreendido entre três e seis meses, a entrada fortuita de seus membros em seu campo perceptivo parece surpreendê-la e provoca um visível esforço de reconhecimento e de discriminação.

Progressivamente, ela se interessa pelos movimentos de suas mãos. Lá pelos quatro meses, "realmente presta atenção à sua mão direita, deixa-a parada diante de seus olhos". Apesar desse interesse pelos seus próprios movimentos, a criança parece de início "incapaz de prevê-los". Falta-lhe "uma intuição do corpo próprio em seu conjunto"; esta supõe "um trabalho de ajuste entre a percepção externa e a sensibilidade proprioceptiva", a diferenciação entre a sensibilidade afetiva, protopática, e a sensibilidade discriminatória, epicrítica. Trata-se de estabelecer "sistemas que arranquem as duas sensibilidades conjugadas da sua subjetividade inicial"[6].

Dos seis aos doze meses, "ela se entrega a uma atividade de alguma maneira complementar", relativa à exploração conjunta de seu próprio corpo e do mundo exterior. No que diz respeito ao corpo,

> ela acaba por fazê-lo produzir, com gestos previstos, impressões previstas.

Ela segura o pé com as mãos, agita as pernas, observando-as, bate na mesa, depois na sua boca, perto da orelha. "Com um ano, experimenta um grande prazer em bater nos dentes com algo duro"[7].

---

[6] H. Wallon, *Les origines du caractère chez l'enfant...*, *op. cit.*, pp. 208, 209, 211, 214.

[7] *Ibid.*, pp. 211-213. Poderia aí intervir um tipo de masoquismo? Ver É. Jalley, *Wallon et la psychanalyse* (1968), *op. cit.*, pp. 243-246.

Ao longo do segundo ano, "os órgãos estão primeiramente mais bem identificados pela criança em outra criança do que em si própria". Entretanto, ela ainda confunde a cabeça e os pés de sua boneca. Tentando mamar, ela localiza com muita precisão o lugar do seio em outras pessoas, mas

> chama de "nénins", como os seios de sua mãe, os dois pontos vermelhos que percebe nos cotovelos de seu pai. Destacada do conjunto com o qual ela antes estava confundida, parece que a imagem começa a flutuar indistintamente sobre as coisas.

Também, o reconhecimento das formas corporais começa a se exercer nas coisas. "Com um ano e quatro meses, ela beija na cabeça os pássaros esculpidos em um móvel"[8].

Ela trata então seus próprios órgãos como se não fossem de seu próprio corpo:

> Com um ano e três meses ainda, ela morde seu dedo e dá um grito de surpresa. Com um ano e sete meses, como se lhe diz "Dá o sapato", ela pega o sapato que acabara de tirar e o entrega. Aí lhe dizem "Dá o pé", ela pega o pé com as duas mãos e faz um longo esforço para entregá-lo[9].

Mesmo quando as reconheceu e individualizou, a criança não integra imediatamente as partes do corpo em sua individualidade física:

> ela só sabe, no começo, ao individualizar seus próprios órgãos, justapô-los a si.

Por volta dos dois anos, uma criança "oferece várias vezes seu biscoito ao seu próprio pé, da mesma maneira que o oferecia a seus pais". Uma outra "botava suas pernas na sacada para que elas vissem as pessoas"[10].

---

[8] *Ibid.*, pp. 214-215.

[9] H. Wallon, *Les origines du caractère chez l'enfant...*, *op. cit.*, p. 216.

[10] *Ibid.*, pp. 216-217.

Vai-se notar o tom bastante sereno dessa descrição do caos inicial. Com certeza, Wallon identificou bem o duplo caráter, positivo e negativo, agradável e desagradável, da experiência emocional na criança pequena.

> Desde as primeiras horas da vida, a oposição entre as expressões ou manifestações de bem-estar e as de mal-estar é significativa. Sob a influência de impressões agradáveis – chupeta, banho morno a 35º, iluminação moderada –, os olhos se abrem bem abertos, um pouco mais tarde as comissuras dos lábios se transformam num leve sorriso e, quando a satisfação se torna mais intensa, os membros inferiores se agitam como se pedalassem no vazio [...] As sensações desagradáveis provocam efeitos exatamente inversos. A fome, a necessidade de dormir, a umidade, o frio, o incômodo de uma posição, roupas que apertam, uma luz forte demais fazem com que as pálpebras se fechem com força, a boca se franze e a criança grita. Acontece o espasmo mais ou menos generalizado[11].

Sob esse ponto de vista, é interessante ver Lacan, no artigo sobre *A família*, pintar o estado pós-natal em termos que lembram a descrição de Wallon, ainda mais que se juntam ali noções de uma importância central na sua psicologia, sobretudo a distinção entre os três registros de sensibilidade devida a Sherrington: exteroceptiva, proprioceptiva, interoceptiva (capítulo I das *Origens do caráter na criança*), e, para completar, a noção especialmente walloniana de função tônico-postural (capítulos VI, VII, VIII).

Lacan nos descreve os primeiros interesses afetivos com relação a certos conjuntos de sensações exteroceptivas como a reação de interesse que a criança manifesta, logo nos primeiros dias, pelo rosto humano. Também em relação com as sensações proprioceptivas de sucção e de preensão, seja esta última ativa, ou, ao invés disso, passiva, como no "abraço materno".

Ele evoca em seguida o caos das sensações interoceptivas, a angústia, o frio e o mal-estar labiríntico, os mal-estares primordiais resultantes de uma

---

[11] *Ibid.*, p. 112. Wallon, por sua conta então, descreveu a experiência do corpo despedaçado (1934), pouco após Melanie Klein (1928), *Essais...*, *op. cit.*, pp. 289-290. É possível que essa espécie de afinidade entre as visões de H. Wallon, e as de Melanie Klein interesse também J. Lacan, nessa época, na obra de Wallon.

"adaptação insuficiente à ruptura das condições ambientais e nutricionais que fazem o equilíbrio parasitário da vida intra-uterina" e que "a organização postural, tônica, equilibratória, adequada à vida intra-uterina, sobrevive a esta"[12]. Esse vocabulário todo foi diretamente colhido nas *Origens do caráter na criança*, publicado quatro anos antes.

Fica o fato de que esses empréstimos estão integrados numa perspectiva psicanalítica; no caso, na descrição que Lacan sugere da "imago do seio materno". É claro que esse tema se situa em um quadro de referência muito diferente do da psicologia walloniana.

No artigo de 1954, Wallon ressaltou o acento dramático que, segundo ele, a psicanálise dá a fatos que sua própria descrição aborda num espírito totalmente diferente:

> O fato de que essa reunião ordenada das partes na unidade dinâmica e harmoniosa do corpo não seja primitiva e que permaneça dissociável é demonstrado pelo exemplo de certos pesadelos ou de certos delírios. Mas ver ali um retorno às aflições da infância como os psicanalistas fazem, ver numa criança uma supliciada à procura de sua unidade corporal, falar com Lacan de "defasagem, de desmembramento, de emasculação, de evisceração, de devoração, de enterramento", isso é uma tragédia que nada no comportamento da criança permite que se suponha[13].

Em relação a isso, podemos nos perguntar, com toda a razão, se as visões de Wallon não conotam, apesar de seu interesse, um otimismo excessivo relativo à quietude característica do estado de dependência infantil.

O capítulo seguinte das *Origens do caráter na criança* (IV), dedicado à experiência especular propriamente dita, apresenta três subconjuntos de considerações. O primeiro se refere a "a atitude dos animais diante

---

[12] J. Lacan, *Les complexes...*, *op. cit.*, pp. 28-31, 43. Ver também a menção às "emoções" e às "posturas", pp. 31, 37, 45; e à "idade de três anos" como aquela da distinção do eu em relação a outrem e ao objeto, p. 46.

[13] H. Wallon, "Kinesthésie et image visuelle du corps propre chez l'enfant", *op. cit.*, p. 257. H. Wallon se refere aqui a duas passagens precisas de J. Lacan, *Les complexes...*, *op. cit.* (pp. 44, 60), das quais a última, por sinal, menciona explicitamente as concepções de Melanie Klein.

do espelho", o segundo trata da "criança diante da imagem especular de outrem"; finalmente, o terceiro estuda "a criança diante de sua própria imagem especular".

Notemos primeiramente que a dissociação dos fatos especulares em dois registros, segundo se trate da imagem de outrem ou então da imagem de si, situa imediatamente a perspectiva de Wallon como muito diferente da de Lacan, cujo eixo é constituído pelo conceito de experiência imaginária em termos de identificação com a imago do duplo (*alter ego*). Também acontece, veremos, que Wallon por vezes aproximou-se, de maneira muito interessante, das visões de Lacan.

No que diz respeito aos animais, Wallon menciona o caso de um pato, viúvo de sua companheira, que ficava em frente ao vidro de uma janela de um porão em que se refletia sua própria imagem. Alguns gatos passam por trás do espelho. Os cães têm reações de evasão, salvo alguns que se fixam neles próprios "de maneira prolongada", sem excitação nem prazer, quando os acariciam. Entretanto, "tudo o que eles vêem, por transparência, através de um vidro, os excita da maneira mais forte"[14].

Os chimpanzés passam a mão por trás do espelho e ficam zangados por não encontrar nada. Segundo Köhler, eles inclusive seriam capazes de se reconhecer num retrato.

A identificação da imagem alheia é mais precoce do que a da imagem própria. Entretanto, ela passa por um "estágio de justaposição", caracterizado pelo "realismo da imagem"[15].

No decorrer do quarto mês, a criança de Preyer fixa com o olhar a imagem de outra pessoa e alguns dias mais tarde lhe sorri. Lá pelos seis meses, a criança se volta para a pessoa cuja imagem percebe no espelho (Preyer, Guillaume). Segundo Wallon, trata-se de um

> ato de conhecimento [...] que sobrepõe aos dados brutos da experiência novas formas de identificação e de integração mentais[16].

---

[14] H. Wallon, *Les origines du caractère chez l'enfant...*, *op. cit.*, pp. 221-222.

[15] *Ibid.*, p. 222.

[16] H. Wallon *Les origines du caractère chez l'enfant...*, *op. cit.*, pp. 224-225. Lacan só foi se interessar tardiamente (1966) por esse se voltar da criança para o objeto parental, comportamento acompa-

Entretanto, "o gesto de atribuição não faz ultrapassar o estágio da simples justaposição". No mesmo período em que se volta para o adulto visto no espelho, a criança tenta pegar sua própria imagem com a mão (Preyer). Mas também fica confusa se vê seu pai através de um simples vidro (Darwin). Dessa maneira, a imagem e o modelo têm, "ambos, uma espécie de realidade independente". Mesmo assim,

> nunca acontece à criança confundir a imagem e a pessoa[17].

A criança então distinguiria claramente a imagem especular do adulto do aparecimento dele através de um vidro. Porém, na mesma época, ela tenta se apreender, se pegar ela própria *dentro* do espelho.

Outra pessoa seria bem reconhecida no espelho pela criança de seis ou sete meses, mas a percepção especular do outro daria lugar a um par de complexos sensoriais justapostos, sem "redução verdadeira de um ao outro[18]". A coexistência do mesmo indivíduo em lugares diferentes nada tem, então, de inconcebível para a criança. Essa eventual ubiqüidade se aplica não somente a outrem, mas também, como se vai ver, a si mesma.

"Lá pelo oitavo mês", escreve Wallon, "ela manifesta parte de seus 'Ah!', sua surpresa, cada vez que acontece de seu olhar encontrar sua imagem". No período seguinte, tenta pegá-la,

> ela estende a mão com ardor e se espanta quando sente o contato liso e duro do vidro[19],

enquanto que, já há várias semanas, ela se volta para outra pessoa vista no espelho. Ela ri quando vê a imagem, a olha quando a chamamos pelo nome. A ilusão de realidade parece completa: a criança vê, na sua frente, seu eu exte-

---

nhado da "troca de olhares" à qual ele concederá desde então uma certa importância teórica em relação a suas visões sobre o objeto *a*, como apoio "evanescente" e não-especularizável da imagem especular; J. Lacan, "De nos...", *op. cit.*, p. 70.

17 *Ibid.*, pp. 225-226.

18 *Ibid.*, p. 226.

19 *Ibid.*, p. 226.

roceptivo como uma espécie de duplo material de seu eu proprioceptivo.

Segundo Wallon, a criança se sente então simultaneamente presente em dois espaços não imediatamente comparáveis: o espaço subjetivo de sua presença corporal e o espaço objetivo da percepção visual. Na etapa anterior à experiência especular, a consciência corporal exprime ainda um estado de confusão cujos registros de impressões são pouco diferenciados. O comportamento do espelho introduz um plano marcado pela dissociação dessa experiência imediata de acordo com seus dois componentes sensoriais, íntero-proprioceptivo (subjetivo) e exteroceptivo (objetivo). Em um terceiro tempo, o componente exteroceptivo sofrerá uma "redução" em benefício de sua base íntero-proprioceptiva, perdendo sua realidade para se tornar uma simples imagem. A percepção especular se torna aparência em decorrência da anexação do meu corpo exteroceptivo pelo meu corpo cinestésico. Só outra pessoa pode formar uma percepção real do meu corpo como objeto puramente visual. A percepção visual que tenho do meu próprio corpo encerra, por princípio, outros registros de sensação, que asseguram sua realidade dentro unicamente dos limites do envelope corporal.

A criança só pode unificar seu eu corporal situando-o em "uma espécie de espaço redutor" dos espaços locais. A referência a esse "espaço mais abstrato[20]", instituído pela função simbólica, permite dissipar a ilusão de realidade característica da imagem e atribuí-la, como um significante em si mesmo esvaziado de existência, a um corpo cinestésico-visual, subjetivo-objetivo, representado como único real[21].

Entretanto, o sujeito não pode elaborar a percepção primitiva de seu corpo no plano representativo, no plano desse espaço abstrato e redutor, a não ser passando por uma etapa intermediária de disjunção dos dados sensoriais. A partir da situação de confusão primitiva, o sujeito só pode atingir

---

[20] H. Wallon, *Les origines du caractère chez l'enfant...*, *op. cit.*, pp. 230-231.. Wallon utiliza freqüentemente esse conceito de "redução" como uma espécie de equivalente funcional, num sentido muito amplo, do conceito psicanalítico de recalque. De outro ponto de vista, veremos mais adiante que esse "espaço redutor" representa uma das plausíveis origens da noção lacaniana de simbólico.

[21] *Ibid.*, p. 231: "A imagem no espelho [...] ao esvaziar-se da existência tornou-se puramente simbólica".

uma imagem homogênea e coerente de seu próprio corpo ao exteriorizá-lo antes sob a forma de imagem independente. Pois

> é da natureza das imagens pertencer ao espaço.

Essa imagem unificada do corpo é de saída uma percepção externa, único modo de experiência que permite ao sujeito "captar a si próprio como um corpo entre os corpos". Esse plano da imagem, intercalar entre o da percepção primitiva e o da representação, constitui um registro especial de experiência, na qual o sujeito realiza primitivamente sua unidade em termos de *Gestalt* visual, sob forma de outro corpo, então. Essa etapa do duplo visual é inevitável e ainda pode ocasionalmente ser observada no adulto: dessa maneira, no sonho, nos estados hipnagógicos, às vezes no transe poético, "em moribundos, em afogados, segundo certos testemunhos[22]".

Em um contexto sem dúvida diferente, Wallon desenvolve uma idéia que já se aproxima do tema lacaniano da identificação alienante característica da formação do eu em sua relação com a captação pela *imago* do duplo. Mas, diferentemente de Wallon, para quem a imagem especular apresenta à criança "seu" duplo, trata-se para Lacan do duplo da forma humana, em que fundem e se opõem ao mesmo tempo o eu e o outro.

---

[22] H. Wallon, *Les origines du caractère chez l'enfant...*, *op. cit.*, pp. 228-229. Esquema hegeliano de uma experiência ou "dado imediato", primeiramente submetida à "dissociação", depois retomada, "em um plano superior", em forma de uma experiência "homogênea e coerente" (*sic* H. Wallon). Pensa-se também nas análises de Rank (*Don Juan...* (1914-1922), *op. cit.*) sobre "o duplo".

Capítulo XIV

O espaço mental: Wallon, o simbólico lacaniano, Winnicott, Bion

O conceito de espaço abstrato redutor que se acabou de discutir diz respeito a um objetivo muito original e, em nossa opinião, de um interesse epistemológico considerável em relação ao desenvolvimento do pensamento psicanalítico pós-freudiano.

Quanto ao próprio Freud, com o qual o pensamento de Wallon parece ter tecido um laço inconsciente de uma profundidade extrema[1], uma nota pessoal, redigida logo antes de sua morte, formula um conceito que nos parece antecipar, em um tipo de vibração genial, as concepções dos quatro autores mencionados no título deste item:

> É possível que a espacialidade seja a projeção da extensão do aparelho psíquico. Provavelmente nenhuma outra derivação. Ao invés das condições *a priori* do aparelho psíquico segundo Kant. A psique é extensa, nada sabe sobre isso[2].

---

[1] Wallon desenvolveu, de maneira conseqüente, a teoria das pulsões de Eu ou de autoconservação, que Freud, por algumas razões históricas, deixou inacabada; É. Jalley, *Wallon et la psychanalyse* (1986), *op. cit.*

[2] S. Freud, "Résultats, idées, problèmes" (1938), *in Résultats, idées, problèmes, 2, 1921-1938, op. cit.*, p. 288.

Venhamos ao texto primeiro de Wallon relativo ao espaço mental. Ele é colhido em seu primeiro grande livro, *A criança turbulenta*, publicado em 1925. Sua importância teórica e sua densidade nos obrigam a citá-lo inteiramente:

> Falar de um espaço virtual que o pensamento sobreporia ao espaço percebido nada mais é, por sinal, do que lhe combinar dois espaços psíquicos[3]. As análises de Van Woerkom[4] e de Head[5] demonstraram que a afasia, essencialmente relacionada a um distúrbio do simbolismo, não é acompanhada por incerteza na utilização prática do espaço, nem na percepção localizada dos objetos, mas na aptidão de dispor da ordem espacial para realizar as relações, as transposições que pareciam poder se deduzir o mais imediatamente de sua percepção pura. Ao espaço sensível e motor se sobrepõe então uma operação de situação e de distribuição de acordo com pontos de referência virtuais, que seriam função de uma espécie de espaço mental, em que o símbolo acha sua condição principal, que é a de estabelecer uma ordem superior à realidade empírica, ao particular. É uma vez ultrapassado o estágio infantil ou epiléptico[6] que ele verdadeiramente preenche essa destinação. Ele não é como um novo atributo ligado por simples associação à coisa. Ele se torna essencialmente seu substituto. Ele não estende, entre todos os casos aos quais acontece de se aplicar, um simples laço de participação: ele os contêm em potência, pois serve para evocá-los ou até para manter seu lugar, se seu simples chamamento implícito basta às necessidades do pensamento. Feito para desenvolvê-

[3] De fato, um *imaginário* e o outro, *simbólico*.

[4] Van Woerkom, "La signification de certains éléments de l'intelligence dans la genèse des troubles aphasiques", *J. de psychol.*, 18, 8-9, 192 pp.

[5] H. Head, *Studies in neurology*, Londres, 1920; *Aphasia*, Londres, 1926.

[6] Quer dizer, por volta dos três anos, idade em que a criança domina o uso diferenciado dos pronomes pessoais, orientado pelo embreador *Eu*. Também é a idade dos interrogativos *por quê?* e *quando?*. Por volta dos 2 anos, Wallon (segundo Stern e Preyer) observa as questões de lugar e de simpatia (H. Wallon, "L'interrogation chez l'enfant" (1924), *J. de Psychol.*, 21, p. 176). Na opinião dele, a criança epiléptica encontra dificuldades específicas para lidar com essas funções da linguagem. Na criança normal, se observa um funcionamento homólogo que Wallon chama de atividade projetiva (de 1,6 aos 3 anos) e que cobre o conjunto dos comportamentos cuja estrutura imaginária mostramos anteriormente: ciúme-simpatia, jogos de alternância, personalidades intercambiáveis, transitivismo.

> lo ou reduzi-lo segundo o caso, constitui para ele um sistema acima do atual; mantém à sua disposição tudo o que não pode ser realizado o tempo todo; abre para suas evoluções o meio, no qual o pensamento acredita se orientar livremente em meio às idéias e às lembranças. Esses dois planos funcionalmente diferentes da consciência concreta e da espontaneidade mental correspondem, sem dúvida, a duas etapas sucessivas da evolução psíquica [...] Conseqüentemente, a forma a mais elementar, mais material do símbolo [...] não é possível a não ser que ele se agregue ao campo da sensibilidade bruta de outros campos, em que possam ser ordenadas séries ideais, que opõem no presente instante as veleidades da atividade mental [...] Unir-se ao espaço e mentalizá-lo são os dois tempos [...] A consciência se identifica com o espacial [...]. Desdobrando-o, ela sobrepõe à ordem do real a ordem do possível[7].

Em outros contextos, Wallon qualificou ainda esse "espaço mental" como uma "intuição do espaço", ou ainda como um "espaço em potência[8]". Entretanto, numa abordagem muito genética, ele deriva essa estrutura, de acordo com uma relação dupla de filiação-oposição, de formas mais primárias do espaço.

Segundo ele, é na articulação do espaço corporal com o espaço real que se constroem outras camadas de espaço,

> que são as transposições do espaço concreto e que são o fundamento necessário de nossas representações e de nossas operações mentais [...] É o espaço em que situamos a imagem [...] é o espaço das lembranças, da vida passada, ou da vida a vir, o espaço da quimera e das ficções. Também é o espaço dos sonhos[9] [...] o espaço das crenças.

Esses "planos sobrepostos de espaço" compreendem "graus variados de abstração e de sublimação", e estes culminam precisamente numa "intuição mental", num "espaço intelectual", numa "aptidão para pensar o virtual",

[7] H. Wallon, *L'enfant...*, *op. cit.*, pp. 130, 160, 163-164.

[8] H. Wallon, *L'évolution psychologique de l'enfant*, Paris, A. Colin, 1941, reed. 1974.

[9] Ver a respeito: S. Freud, "Une autre scène", *L'interprétation des rêves* (1900), Paris, PUF, 1971.

num "campo de projeção", num "poder de imaginar", nas "linhas de força", nas "direções do espaço". Esse "meio ideal e virtual [...] decantação do espaço sensorial [...] fundo em que se projeta a estrutura das coisas" representa "a esfera das realizações mentais", o espaço da "atividade simbólica como poder de desdobramento". Ora, esse poder implica "a aptidão para prever um certo número de coisas", daí a dupla capacidade de justapor em "unidade simultânea" as representações e de ordenar em "instantes sucessivos" as partes do discurso. Ele constitui, assim, a dupla "condição da linguagem e do pensamento[10]".

Wallon formou a noção de um hiper-espaço cujas funções são muito ricas, porque é a estrutura que torna possível a construção da imagem do corpo em relação à consciência de si e do outro, processo ele próprio articulado com o advento da função simbólica, de acordo com suas duas vertentes: a linguagem e o pensamento. Esse conceito bastante sobredeterminado nos parece ter se prolongado sob formas muito variadas no pensamento contemporâneo, sem que por isso se possa considerá-lo como a fonte de influências históricas precisamente assinaláveis. Quanto a nós, parece-nos que podemos encontrar indícios bastante consistentes dele na concepção lacaniana do Simbólico, mas também nas visões de Winnicott sobre o "espaço potencial" e, finalmente, nas idéias de Leroi-Gourhan sobre as relações entre os gestos e a palavra. Naturalmente, não se trata de, em nossa mente, confundir perspectivas tão diferentes, o que não impede que as visões de Wallon possam representar uma forma bastante convincente de antecipação.

Por enquanto, tentemos deixar clara a noção de espaço mental em relação aos vários objetos aos quais sua estrutura oferece apoio: a consciência do corpo, a linguagem e, finalmente, o pensamento. O primeiro aspecto nos conduz à questão da experiência especular; o espaço mental é esse

[10] H. Wallon, "La mentalité primitive et celle de l'enfant" (1928), *Rev. philos.*, 7-8, p. 96; "De l'image..." (1930), *op. cit.*, p. 457; "De l'expérience concrète à la notion de causalité et à la représentation-symbole" (1932), *Enfance, op. cit.*, pp. 346-347; "Le réel..." (1935), *op. cit.*, pp. 93, 149, 155-157; *La vie...* (1938), *op. cit.*, pp. 239,240,241, 265-267, 274; *L'évolution...* (1941), *op. cit.*, pp. 93, 149, 155-157; *De l'acte...* (1942), *op. cit.*, p. 115; *Les origines de la pensée chez l'enfant* (1945), Paris, PUF, 1963, pp. 285, 367, 475, 602; "Espace postural et espace environnant" (1962), *Enfance, 1*, p. 33.

tipo de espaço ideal, forma sublimada do espaço, é um espaço de ultrapercepção em que as imagens podem não ter mais do que uma existência virtual.

Ele representa o meio que permite ao sujeito construir "a noção de seu corpo", ultrapassar a justaposição inicial de seus diversos aspectos de maneira a "fazê-los, de alguma maneira, se simbolizar entre si". De fato, o sujeito, para ter acesso a uma tal noção, "deve revestir idealmente seu ser proprioceptivo [...] com seu ser exteroceptivo[11]". Essa operação simbólica primordial, em que se ajustam as diversas partes, as diversas articulações da noção do corpo, se produz em um espaço em que, por sinal, se articulam – como já assinalamos – a função simbólica propriamente dita e o conjunto das interações da linguagem e do pensamento.

No que diz respeito à *linguagem*, Wallon sustenta a idéia de que a cadeia falada se constrói não somente no tempo, o que é banal, mas, antes de mais nada, em uma forma de espaço, o que o é muito menos. Ele via a prova experimental disso – já tratamos disso em relação ao texto de 1925 – nas observações de certos neurologistas segundo os quais as afasias ou distúrbios corticais da linguagem se acompanham freqüentemente por apraxias, quer dizer, distúrbios da motricidade voluntária adaptada ao espaço. Wallon escreve:

> A intuição espacial subjacente à linguagem [...] permite que se distribuam as partes do discurso em sua ordem de sucessão. [...] intuição [...] que nada tem de perceptivo. Ela só pode ser mental [...] A intuição específica à linguagem não tem referências atuais no mundo exterior. Ela se desenvolve num plano de iniciativas puramente abstratas. Os distúrbios que correspondem aos seus no plano do espaço exterior também dizem respeito à ação. Eles não se referem ao poder de reconhecer as efetivas relações das coisas entre elas, mas ao que coloca um objeto numa posição prescrita, ao mesmo tempo, por sinal, em que a prescrição é tão concreta

[11] H. Wallon, *Les origines du caractère...* (1934), *op. cit.*, pp. 240, 284. A criança, então, se torna "capaz de ultrapassar o espaço... de suas imagens para ordená-las como simples símbolos em uma espécie de espaço ideal".

quanto possível. A inaptidão é, nos dois casos, a de agrupar ou de arrumar de acordo com uma ordem determinada[12].

Da mesma maneira, o desenvolvimento das formas do *pensamento*, a construção das categorias mentais pressupõem esse espaço abstrato. Com efeito, a categoria nasce progressivamente da inserção de grandezas intercalares entre contrastes inicialmente distantes. Ora, seu conjunto só pode se reunir em uma estrutura única em um meio homogêneo que permita ordenar e, em uma certa medida, reduzir suas diferenças.

> Da oposição qualitativa tenderá a nascer seu contrário: uma progressão com variações insensíveis, uma redução ao homogêneo do que era disparatado [...] a fusão entre a intuição dessa série e a intuição do espaço é manifesta [...]. Do caso isolado sai, então, seu contrário, a categoria. Primeiro por diferenciação de estruturas gradualmente mais próximas e mais semelhantes. Mas também por projeção dessas diferenças, tão mínimas possam ser elas, sobre um fundo contínuo e adequado à sua redução [...] Algo em comum, nem que seja um lugar onde arrumá-las à vontade, é necessário. A ordem

[12] H. Wallon, *De l'acte...* (1942), *op. cit.*, pp. 225-226. Segundo Head e van Werkoen, alguns afásicos experimentariam algumas dificuldades de organizar o espaço sensório-motor, como, por exemplo, de utilizar peças para reconstruir objetos segundo modelos (tarefas do tipo cubos de Kohs), síndrome hoje em dia denominada de apraxia construtiva (H. Hécaen e R. Angelergues, *Pathologie du langage*, Paris, Larousse, 1965, p. 190). Segundo Wallon, que interpreta esses autores, os distúrbios corticais ou centrais da linguagem estão associados a distúrbios de organização do espaço, ou seja: eles não são somente distúrbios associados aos parâmetros temporais, sintagmático e paradigmático, da cadeia falada, como será desenvolvido posteriormente, e no essencial, por R. Jakobson (*Essais...* (1963), *op. cit.*, 1969). Ora, essa idéia de Wallon nos parece já muito próxima da concepção, bastante posterior, do pré-historiador A. Leroi-Gourhan (*Le geste et la parole*, Paris, Albin Michel, 1964) sobre o que ele chama de "o campo anterior" do organismo, lugar funcional em que se articula o quadro espaço-temporal das relações da função práxica e da função simbólica, da técnica e da linguagem, do gesto e da palavra. É conveniente, quanto a isso, ressaltar que os centros cerebrais da linguagem estão localizados em um setor fronto-temporo-parieto-occipital bastante grande do hemisfério esquerdo, mas em estreita conexão com o centro sensório-motor frontoparietal que dirige a mão dominante, na maioria das vezes a direita. Existiria, para Wallon, assim como para Leroi-Gorhan, uma relação estreita entre o desenvolvimento da capacidade simbólica e a organização das estruturas do espaço, das mais concretas às mais abstratas. Em uma ordem de idéias próxima, Wallon insiste também no problema bastante comum para a criança que é o aprendizado da linguagem, ou seja, transpor e canalizar a representação de elementos simultâneos em cadeia falada de estrutura linear (*La vie...*, *op. cit.*, pp. 266-267).

> a ser reconhecida entre elas deve se tornar anterior. Ela deve se confundir com um poder, uma potência. Deve ser uma ordem virtual[13].

Mas voltemos ao relato dos fatos, cujo encadeamento não deixa de levantar alguns problemas delicados, pelo menos no texto de 1931-1934. Veremos um pouco mais adiante o porquê disso.

Por volta de um ano, a criança diante do espelho leva a mão ao rosto, parecendo finalmente atribuir a imagem ao seu eu proprioceptivo.

> Dos 12 aos 15 meses, a criança fica executando diante do espelho gestos que são já há bastante tempo parte de seu repertório, mas ela os faz com muito mais dificuldades e incorreções.

Entretanto, nesse mesmo período, acontece a ela passar a mão por detrás do espelho, trazê-la de volta depois e, nada encontrando, afastá-la com desprezo. Esse comportamento, muito semelhante ao do chimpanzé, marca "o início do período instrumental na criança. O motivo essencial do comportamento foi o espelho e não sua imagem". Um pouco mais tarde ainda,

> a criança parece esquecer a significação puramente simbólica da imagem e lhe dar existência [...] ela entra em seu período animista [...] aos 31 meses ainda, ela brinca com ela não como uma parte dela mesma, mas como uma emulação ou um duplo [...] um comparsa[14].

Mesmo atribuindo a ela uma grande importância, Wallon também ressalta que a experiência especular nada mais é que "um procedimento mais ou menos episódico" entre os que implicam a formação da consciência corporal. Esta deverá ser integrada pela criança na

> consciência de sua personalidade moral em relação a outrem [...] modelada pelas condições de vida e de pensamento onde a colocam as técnicas da

[13] H. Wallon, *De l'acte...*, *op. cit.*, pp. 239-240.
[14] Id., *Les origines du caractère chez l'enfant...*, *op. cit.*, pp. 231-234.

existência, as formas da linguagem, os usos, crenças, conhecimentos, etc característicos da sua idade[15].

Não pretendemos que as visões de Lacan relativas ao simbólico derivem, segundo um relatório histórico exato, do conceito walloniano de espaço mental. Entretanto, esse conceito de "um espaço de ultrapercepção" – apresentado nas *Origens do caráter na criança* como sendo o meio em que a função inerentemente imaginária da experiência especular é suscetível de articulação, ao mesmo tempo que se subordina à eficácia simbólica – poderia perfeitamente revelar-se como um dos antecedentes, no pensamento de Lacan, da categoria fundamental do simbólico.

Em relação a isso, o próprio vocabulário de que se vale Wallon parece conter conotações bastante significativas com os termos correntemente utilizados por Lacan. Com efeito, Wallon descreve muitas vezes o espaço mental em termos de "ordem", "campo", meio do qual a função simbólica é ao mesmo tempo a fonte e o resultado e no qual esta faz a distribuição seqüencial, a "seriação" das representações e de seus "signos". Em um registro muito homólogo, encontra-se em Lacan as expressões: espaço simbólico, ordem simbólica, campo do Outro, cuja função semântica essencial é acentuar as "relações que o significante mantém com o lugar". Mas, além desse vocabulário preciso, encontra-se também a idéia fundamental de que essa ordem simbólica, esse "lugar da convenção significante", inclui uma estrutura marcada por uma rede de seqüências orientadas, de "cadeias significantes". Ora, essa é uma noção que não deixa de evocar o processo de seriação, de traçado de "trajetórias" que Wallon descreve como a atividade específica da função simbólica no "mundo dos signos[16]".

Entretanto, as diferenças devem ser preservadas também. Na perspectiva de seu próprio estruturalismo, Lacan marcou a correlação-oposição, a articulação assim como o corte entre o espaço imaginário e o espaço simbólico. Por outro lado, Wallon, já mencionamos, prefere desenvolver o modelo de uma organização hierárquica das camadas do espaço, cuja "forma

[15] *Ibid.*, pp. 228, 235.

[16] H. Wallon, *L'enfant...*, *op. cit.*, p. 130; *La vie...*, *op. cit.*, p. 265; *L'évolution...*, *op. cit.*, pp. 93, 155, 157.

sublimada", o ponto culminante, o espaço mental representa. Além disso, em Wallon, o plano das imagens, do imaginário, parece menos separado, parece até integrado de maneira mais contínua no plano dos signos, do simbólico. Enfim, as preocupações de Wallon parecem, no que se refere a essas formas primordiais do espaço, orientadas em particular pelo tema do espaço corporal propriamente dito e pelo problema conexo da gênese do limite, da delimitação entre o eu e o não-eu. Através dessas várias características, a concepção walloniana da psicogênese desse "espaço em potência" evoca, de maneira bastante perturbadora, as visões de Winnicott relativas ao espaço potencial como formação psíquica organizada sobre a base primordial que lhe fornece o objeto transicional. Mas, sob esse aspecto, o pensamento de Wallon lembra também certas visões de Freud relativas às relações entre o aparelho psíquico e a organização espacial, visões de que já apresentamos uma amostra em epígrafe no presente desenvolvimento e sobre as quais seremos levados a apresentar outros aspectos. Mas voltemos primeiramente às concepções de Wallon relativas à psicogênese das camadas primitivas do espaço.

A delimitação dos espaços intracorporal, por um lado, e externo, por outro lado, representa para Wallon o desafio primitivo de um processo genético cujo desenvolvimento levará até a diferenciação do espaço mental. De fato, ele ressalta, "a delimitação do corpo próprio e do mundo exterior é primeiramente imprecisa e ambígua". Segundo Wallon, o corpo e os objetos próximos pertencem inicialmente a um espaço caracterizado pela

> combinação muito estreita dos dados posturais e dos dados objetivos [...] é só mais tarde que eles podem se tornar relativamente independentes uns dos outros, quer dizer, que se torna suficientemente nítida a diferença entre o espaço próprio e o espaço em que os objetos estão distribuídos de acordo com posições definíveis[17].

A compreensão do conjunto corporal exige ajustes progressivos que permitem que sejam diferenciadas progressivamente várias camadas de espaço. Entretanto, até no final do desenvolvimento

[17] H. Wallon, "Kinesthésie..." (1954), *op. cit.*, p. 258; "L'espace graphique chez l'enfant" (1959), *J. de Psychol.*, 59, p. 428.

essa oposição entre espaços não impede que os dois termos (espaço postural e espaço ambiente) estejam estreitamente entrelaçados[18].

No que diz respeito a essa gênese primária do espaço, Wallon distingue, de fato, três estratos.

Ao espaço *circundante exteroceptivo* opõe-se progressivamente o espaço *postural proprioceptivo*. Este constitui o espaço de nossos atos, de nossos gestos, "um espaço morfodinâmico" que fornece a armação do esquema corporal. Entretanto, o espaço corporal também contém uma camada mais profunda,

> o espaço afetivo [...] interoceptivo face ao espaço proprioceptivo e ao espaço exteroceptivo.

Essa camada profunda está implicada na dilatação pericorporal da margem de segurança associada às reações de intolerância. São manifestações de "apreensão e de intolerância dirigidas a outrem", que se desencadeiam quando se chega perto demais da criança. Wallon as situa por volta dos 10 meses, quer dizer, uma idade mais ou menos comparável à que Spitz consignou (0,8-0,9) para o comportamento que ele chamou de "angústia face ao estranho" e que ele considera como o indício da representação permanente do objeto materno. Ora, a interpretação que Wallon faz das reações de intolerância é bastante diferente, sem por sinal ser incompatível com a de Spitz; tratar-se-ia de comportamentos associados ao sentimento de uma violação do espaço imediatamente próximo, aderente ao esquema corporal, como se esse espaço pudesse ser invadido e como que dilatado pelo espaço afetivo-interoceptivo, quer dizer, a camada mais interna do espaço intracorporal. Com efeito,

> é um espaço que pode transbordar do espaço postural propriamente dito, é um espaço defensivo, de contato com o mundo exterior [...] Ele é como

---

[18] *Id.*, "Le dessin du personnage chez l'enfant: ses étapes et ses mutations" (1958), *Enfance*, *3*, p. 211; "Espace postural..." (1962), *op. cit.*, p. 2.

uma extravasão no espaço ambiente de uma sensibilidade íntima[19].

Na criança pequena, a oposição-correlação entre o espaço corporal e o espaço exterior compreende ainda uma margem indistinta, uma zona fronteiriça em que se produzem diversas formas de conflitos. Além das reações de intolerância, estes se cristalizam em compromissos que Wallon denominou como

> o que se pode chamar, junto com Lévy-Bruhl, de fatos de pertencimento, quer dizer, a extensão de nosso sentimento de existência material ou corporal a objetos mais ou menos próximos ou distantes que tornamos assim uma parte de nós mesmos. Essa extensão da sensibilidade íntima por objetos exteriores não é excepcional na criança[20].

Os fatos de pertencimento relacionam-se especialmente ao interesse pelos resíduos orgânicos:

> o que se separa do corpo, os resíduos e até os dejetos provocam na criança, e às vezes nos adultos mal-educados ou folgados, um tipo de interesse que parece exprimir o prolongamento de si próprios na medida em que se arrancam ou se expulsam. A cinestesia digital, bucal ou esfincteriana não parece ser alheia a esse sentimento de pertencimento, ou melhor, de ruptura com o que vai tornar-se alheio, pois que visualmente exterior a nosso corpo[21].

Esse interesse pelos resíduos orgânicos assim como as reações de agressividade à aproximação de outrem foram descritos há muito tempo pela psicanálise com o título de organização sádico-anal. Entretanto, a interpretação que Wallon faz deles refere-se essencialmente ao processo da articulação entre espaços, da fronteira eu-não-eu. Mas uma abordagem semelhante não está sempre ausente, pelo menos conotativamente, na plu-

---

19 H. Wallon, "Kinesthésie...", *op. cit.*, p. 258; "Espace postural...", *op. cit.*, pp. 1, 32.
20 *Ibid.*, p. 259.
21 H. Wallon, "Kinesthésie...", *op. cit.*, p. 259.

ma de Freud. São aberturas semelhantes, por sinal, que, em nossa opinião, acharão sua continuação explícita no pensamento de Winnicott.

Efetivamente, as formulações de Wallon relativas a esses objetos presos-destacados, cujo estatuto oscila entre eu e não-eu, evocam de maneira bastante clara, por exemplo, mesmo que em um outro contexto, a observação de Freud, no *Homem dos lobos*, a respeito desse objetos (fezes, pênis, criança) que o "conceito de uma pequena coisa que pode ser destacada do corpo"[22] designa.

Abordemos agora o estudo mais preciso das correspondências que anunciamos entre os conceitos de Wallon e de Winnicott respectivamente.

Sem forçar o pensamento de Wallon, parece-nos muito pouco contestável que a descrição por ele dada desses fatos relativos ao limite entre eu e não-eu apresenta um certo parentesco, senão quanto ao conteúdo, pelo menos quanto à estrutura e ao papel funcional, com a definição que Winnicott propôs do objeto transicional como objeto-limite, realidade paradoxal, "uma parte do eu que não é um eu-corpo[23]".

Por outro lado, o objeto transicional oferece à articulação do dentro e do fora o ponto de apoio para o desenvolvimento de um lugar intermediário, de um espaço terceiro, que Winnicott definiu como "espaço potencial" e que é representado como um ponto de fixação da função dupla imagem-linguagem, espaço que representa uma analogia com o "espaço em potência" de Wallon.

Descrevamos simplesmente, em relação a nosso tema, as visões clássicas de Winnicott relativas ao objeto transicional e ao espaço potencial, cuja gênese se apóia na estrutura típica eu não-eu do primeiro.

O objeto transicional representa, como se sabe, a grande descoberta clínica e teórica de Winnicott. Esse objeto, ponta de lençol ou de cobertor, retalho de tecido, fragmentos de lã apertados em bola, representa a "primeira posse não-eu da criança". É importante notar que Winnicott classifica na categoria dos "fenômenos transicionais" não apenas esses objetos físicos, mas até as primeiras emissões sonoras da criança.

---

[22] S. Freud, "L'homme aux loups" (1918), *in Cinq psychanalyses,* Paris, PUF, 1954, p. 38.

[23] D. Winnicott, *Jeu...*, *op. cit.*, p. 140.

O objeto transicional, segundo Winnicott, representa a passagem do estado de união para o estado de separação na relação entre a mãe e a criança. Seu significado funcional exprime um "paradoxo": esse objeto, que ao mesmo tempo "une e separa", não é de natureza interna nem externa, não vem do lado de dentro nem do lado de fora.

O objeto transicional, segundo Winnicott, antecede a instauração do princípio de realidade. É por isso que ele nasce em um "momento de continuidade-contigüidade" e funciona de modo ambíguo, implicando ao mesmo tempo a conjunção e a disjunção em relação ao sujeito. Seu estatuto geral paradoxal reside no fato de que se trata de um objeto ainda aderente ao sujeito, situado na dobradiça entre o real psíquico e o real objetivo.

A diferenciação entre esses dois registros do real implica a formação de um "limite do dentro e do fora", quer dizer, de uma "membrana [...] entre o eu e o não-eu". Esta "se confunde, até certo ponto (nos casos normais), com a superfície da pele". A consolidação dessa fronteira torna possíveis, sobre "o fundamento da [...] função de incorporação e de eliminação [...] corporal", os mecanismos de introjeção e de projeção. Esse conjunto funcional permite que se construa o esquema corporal, ou, como diz ainda Winnicott, do "psique-soma"[24].

No que diz respeito à diferenciação sujeito-objeto, o objeto transicional surge em uma zona intermediária, um espaço intercalar, garantindo "a passagem para a manipulação dos objetos verdadeiramente não-eu". Situação de que resultam ao mesmo tempo seu caráter efêmero e sua importância genética.

Pelo primeiro ponto de vista, o objeto transicional só representa uma etapa provisória do desenvolvimento. Seu destino é ser progressivamente relegado, desinvestido. Mas ele não se deixa apagar sem deixar alguns resquícios. Com efeito, por causa de sua própria função mediadora, ele representa a forma primitiva do símbolo, uma das fontes da função semiótica, ao mesmo tempo que da vida imaginária.

[24] D. Winnicott, *De la pédiatrie...* (1958), *op. cit.*, pp. 15, 84, 129, 157, 245; *Processus...* (1965), *op. cit.*, pp. 16, 62, 159, 162; *Jeu...* (1971), *op. cit.*, pp. 8, 9, 10, 13, 19, 26, 73, 134, 140, 143, 148, 149.

De fato, esse modo espacial específico, "que se localiza entre o subjetivo e o que é objetivamente percebido", dá forma à "área da ilusão [...] uma área neutra de experiência em que [...] nenhuma tomada de decisão é esperada" no que se refere à natureza, real ou irreal, do objeto. Dessa maneira se constitui uma terceira área, um espaço potencial, fora da alternativa introversão-extroversão. Essa esfera intermediária "entre a fantasia e o fato real, entre os objetos internos e os objetos externos, entre a criatividade primária e a percepção" torna possível o percurso "entre a diferença e a similaridade", em outros termos, "a utilização dos símbolos que valem ao mesmo tempo para os fenômenos do mundo exterior e para os do indivíduo". Mas, numa escala maior ainda, esse "terceiro modo de vida" institui um registro da experiência em que se encontra abolida a "tensão inerente à percepção objetiva", delimita um "lugar de repouso [...] de realização de si no descanso" em que podem eclodir "o pensamento ou a fantasia": é o campo próprio da "experiência cultural [...] em ligação direta com a área de jogo da criança pequena"[25].

Ao final desse confronto, é incontestável que essa terceira área, esse espaço potencial que Winnicott descreve como o entorno dos símbolos e da experiência cultural, apresenta alguma similitude com esse espaço em potência que Wallon concebeu como uma forma sublimada do espaço, inserida como um terceiro entre o espaço do corpo e o espaço das coisas, lugar em que se articulam a imagem e o símbolo, a representação e a linguagem. É até essa articulação da imagem e da linguagem em um mesmo campo funcional que distingue da concepção lacaniana do simbólico as de Wallon e de Winnicott[26]. De fato, o indício maior de convergência entre os dois autores reside precisamente no reconhecimento desse terceiro lugar como passagem necessária da relação entre o corpo e as coisas. Esse caráter mediatizado das relações entre o organismo-sujeito com qualquer forma da objetividade é uma das características essenciais da existência humana, da qual a psicologia transcendental de um Piaget, por exemplo, parece nunca ter tomado consciência claramente.

---

[25] D. Winnicott, *Processus...*, *op. cit.*, p. 128; *Jeu...*, *op. cit.*, pp. 9, 10, 11, 14, 23, 24, 26, 59, 60, 75, 128, 132, 133, 142, 143, 148, 149, 150, 152.

[26] H. Wallon, *La vie...*, *op. cit.*, p. 266; D. Winnicott, *Jeu...*, *op. cit.*, pp. 14, 134, 142, 148, 150, 151, 178, 180.

Segundo Wallon, como já vimos, o espaço mental só atingiria seu ponto máximo de estruturação na crise de personalidade dos 3 anos: é nessa época que se forma o que ele chama de "consciência objetiva de si", cujo correlato psicofisiológico seria representado pelo amadurecimento do lobo pré-frontal.

Ora, antes que essa fase de formação do eu seja alcançada, a incompletude do espaço simbólico contém, como conseqüências insistentes, formas diversas da dificuldade para estabelecer o limite entre o sujeito e o objeto. Os vários fenômenos que vimos ligados ao estágio das personalidades intercambiáveis (2,6-3 anos) e, *a fortiori*, ao período anterior (cap III a VIII) representam outras ilustrações delas. Mas uma das formas particularmente marcantes dessa categoria de fenômenos é representada, segundo Wallon, pelo realismo da imagem especular, o estágio do "duplo visual" que subsiste, veremos, até após os 2 anos.

De maneira bastante surpreendente, a expressão "espaço mental" é encontrada um grande número de vezes na última obra do psicanalista inglês Wilfrid R. Bion, chamada *A atenção e a interpretação*[27].

Bion é o mais importante discípulo de Melanie Klein. Interessado pela psicologia dos pequenos grupos e pelo estudo da personalidade psicótica, ele produziu sobretudo uma teoria muito original das formas primitivas e do desenvolvimento dos processos de pensamento.

O conceito de espaço mental não é, por sinal, a única analogia que se pode identificar entre o seu pensamento e o de Wallon. Todavia, não se poderia pensar em nenhuma influência histórica das idéias de Wallon nas de Bion, não mais, por sinal, que nas de Melanie Klein e de Winnicott. Esse tipo de correspondências de caráter mais ou menos fortuito, mesmo que imotivado, não é raro na história das idéias. Ao contrário, não é impensável que Wallon tenha tido conhecimento de algumas das concepções desenvolvidas pela escola de Melanie Klein, sobretudo através de Suzan Isaacs, de quem um texto de 1931 consta da bibliografia do tomo VIII da *Encyclopédie française*[28].

---

[27] Não pudemos verificar o vocabulário inglês que Bion usa: *mental space*?

[28] S. Isaacs, "Psychologie sociale des jeunes enfants", *Journ. de Psychol.*, 1931, *Encycl. Fr.*, t. 8, p. 8.B.18.

A psicologia de Wallon desenvolveu, entre outras coisas, uma notável teoria das emoções. Esta prolonga, em uma certa medida, o esboço de uma teoria das emoções que Freud delimitou, em paralelo à metapsicologia da pulsão, mas que finalmente deixou inexplorada. Ora, esse conceito de emoção parece ter sofrido desenvolvimentos muito expressivos nos principais psicanalistas da língua inglesa. É muito freqüente em Spitz, que por sinal reconheceu a influência de Wallon. No caso de Melanie Klein, a análise de seus textos escritos em inglês[29] deixa transparecer um fato curioso: o crescimento progressivo e até bastante marcante – na última fase (1946-1963) de sua obra – do vocabulário circunvizinho ao termo inglês *emotion*. Quanto a Winnicott, também formado por Melanie Klein, mesmo que ela nunca o tenha reconhecido como um autêntico kleiniano, ele faz um amplo uso de expressões tais como "desenvolvimento emocional", "desenvolvimento afetivo". Talvez deva-se ver no recurso bastante freqüente a um tal vocabulário o indício do que A. Green qualificou na obra de Winnicott como "um uso restritivo do conceito de pulsão[30]". Finalmente, a obra de Bion acentua mais ainda a tendência que se revela no pensamento kleiniano: não se acha ali quase nunca os termos pulsão ou relação de objeto, mas, em compensação, uma inflação muito espantosa das palavras "emoção" e "experiência emocional".

Achamos que essa preocupação dos autores psicanalíticos de língua inglesa com o conceito de emoção está associado a seu interesse em comum pelos problemas das formas primitivas da identificação, sobretudo no desenvolvimento da criança muito nova (Spitz, Melanie Klein, Winnicott). Essas formas de processo supõem um regime especial da afetividade que os autores em questão sentem mais ou menos claramente que é interessante distinguir do regime inerentemente pulsional da afetividade.

No que se refere às correspondências entre Wallon e Bion, uma delas é particularmente impressionante: consiste no fato de considerar a emoção como o núcleo primitivo do processo de pensamento. Com efeito, uma das

---

[29] Fizemos em especial um estudo estatístico metódico do vocabulário de M. Klein (tese de Doutorado de Estado não publicada).

[30] A. Green, "La royauté appartient à l'enfant", *in* D. Winnicott, *L'arc*, nº 69, Aix-en-Provence, 1977, p. 12; ver D. Winnicott, *De la pédiatrie...*, *op. cit.*, pp. 33, 80, 191; *Jeu...*, *op. cit.*, p. 90.

idéias fundamentais de Wallon é que a experiência emocional representa a matriz do desenvolvimento cognitivo, que, por sinal, depende também de um fator inerentemente intelectual. Ora, também é um dos conceitos essenciais de Bion que todo conhecimento tira sua origem de um vivido primitivo de caráter emocional. Spitz igualmente desenvolve, em sua perspectiva pessoal, a noção de uma sub-estrutura afetiva própria a qualquer processo cognitivo[31].

É em relação a essa constatação fundamental que a confrontação do conceito de espaço mental nas concepções de Bion e de Wallon assume um perfil digno de interesse.

Segundo Bion, o espaço mental se organiza em torno dos pensamentos primitivos a partir dos quais se constitui o aparelho mental, ou ainda o que ele chama de "aparelho de pensar". Esses protopensamentos são geneticamente anteriores ao aparelho em questão, que eles contribuirão para constituir[32].

Esses pensamentos primitivos ou elementos *alfa* são precisamente produzidos pela função alfa. Esta opera a partir dos dados sensoriais e emocionais fornecidos pelo órgão "consciência" e os transforma em imagens perceptivas, em representações da "coisa em si". Tais são os elementos alfa, cuja inscrição instala a capacidade de simbolizar. A partir de sua matéria se formam os pensamentos inconscientes de vigília, os estados de devaneio[33], as lembranças e os sonhos. O aparelho de pensar se elabora, então, progressivamente. Esse processo implica a delimitação do espaço mental sob a forma de um sistema coordenado de imagens, de representações. Este forma uma espécie de continente do material psíquico na fase inicial do desenvolvimento[34].

---

31 H. Wallon, *Les origines du caractère chez l'enfant...*, *op. cit.*, p. 250; *La vie...*, *op. cit.*, p. 203; R. A. Spitz, "Les premières...", *op. cit.*, pp. 513-514, 525, 562; *De la naissance...*, *op. cit.*, p. 133; R. Spitz e Cobliner, *ibid.*, pp. 260, 271-272; L. Grinberg, *Introduction aux idées psychanalytiques de Bion*, Paris, Dunod, 1976, pp. 93-96; W. Bion, *Aux sources de l'expérience* (1961), Paris, PUF, 1979, pp. 64, 84, 86, 113-115; *Éléments de la psychanalyse* (1963), Paris, PUF, reed. 1979, pp. 32, 36, 38-49, 41.

32 Encontramos também a idéia de aparelho mental em Wallon, justamente a respeito de um longo desenvolvimento sobre o espaço mental: *La vie...*, *op. cit.*, p. 266. Como se sabe, Freud formula o conceito de aparelho psíquico.

33 "Pensamentos oníricos".

34 Bion também descreve a "mãe capaz de devaneios" como a forma primordial desse continente.

Os elementos alfa se aglomeram e se coordenam de maneira a formar uma "barreira de contato", espécie de membrana semipermeável que garante a separação entre o consciente e o inconsciente[35].

Apesar disso, as coisas funcionam de maneira completamente diferente no tipo de processo que caracteriza a personalidade psicótica. Como a função alfa não consegue produzir as representações primitivas, resulta disso uma forma de funcionamento muito arcaica em que os dados sensoriais e emocionais não alcançam o estatuto de imagens, surgem literalmente como "coisas em si". São os elementos *beta*, que aparecem como fatos não digeridos, impossíveis de recalcar, objetos persecutórios que Bion qualifica de "objetos bizarros". Esses objetos são criados pela contínua expulsão do conteúdo mental por intermédio de um uso hipertrofiado do mecanismo da identificação projetiva. De sua função persecutória resulta a tendência a agir sob o efeito de alucinações. O aparelho mental funciona como um músculo que descarrega continuamente elementos não simbolizados.

Bion tenta descrever pelo conceito de halucinose esse estado, característico da experiência psicótica, no qual não existe diferença entre os processos consciente e inconsciente, nem entre a vigília e o sono. Às vezes os elementos beta se aglutinam e forma uma "tela", mas incessantemente assaltada por todas as formas de "ataques contra as ligações".

De fato, nenhum laço pode ser estabelecido entre os conteúdos psíquicos primordiais, porque não existe nenhum continente que possa acolhê-los e apoiar seu processo de simbolização. Esses conteúdos são então ejetados e se perdem em um espaço imenso, infinito, sem limite: "o domínio do não-existente"[36].

É absolutamente notável ver Bion utilizar a noção de espaço mental concebido como um meio em que a capacidade simbólica (função alfa) produz, organiza e diferencia o material representativo. É uma idéia que lembra, em certa medida, a concepção walloniana de um espaço mental na medida em que representa ao mesmo tempo o lugar de origem e a resultante da função simbólica. Sem que seja necessário dizer que a psicologia de Wallon

[35] As duas censuras de Freud.

[36] O qual é paradoxalmente, para Bion, aquele mesmo da coisa em si persecutória.

prefigura o conteúdo, tão diferente, das concepções de Bion, parece-nos de um certo interesse ressaltar uma tal homologia, ainda mais que um acaso singular confere a ela, nos dois autores, a mesma denominação[37].

[37] W. Bion, *L'attention et l'interprétation* (1970), Paris, PUF, 1974, pp. 38, 40, 41, 43, 44, 48, 210; L. Grinberg, *Introduction...*, *op. cit.*, pp. 33, 36, 46-49, 52-53, 55-57, 61, 63, 82-84, 86, 90, 92, 99, 155-157, 163.

Capítulo XV

As dificuldades de Wallon e Lacan

Nas *Origens do caráter na criança*, Wallon parece admitir ao mesmo tempo a precocidade e também certas dificuldades tardias da identificação especular. Daí um caráter árduo, senão contraditório, peculiar à sua exposição. Ele afasta esse obstáculo no artigo de 1954, ao escrever que é preciso "atingir a idade de dois anos e até mais para que a criança saiba atribuir a si mesma sua própria imagem[1]".

Em uma revisão recente, Zazzo atribui a dificuldade do relatório de 1934 a certos erros de ordem histórica na transmissão dos fatos relatados pelos predecessores de Wallon, sobretudo Darwin e Preyer.

A primeira menção relativa ao comportamento da criança em frente ao espelho remonta a um artigo de Hyppolite Taine, publicado na *Revue Philosophique* em 1876. Este, escreve Zazzo, situa aos dezessete meses

> a idade em que a criança pronuncia a palavra bebê e sorri quando se vê no espelho. Nada mais. Taine, comenta Zazzo, não fala do reconhecimento de si, e se pode pensar que ele duvide disso, pois ele acrescenta que essa

[1] H. Wallon, "Kinesthésie et image visuelle du corps propre chez l'enfant" (1954), *Enfance*, p. 262; e também "Niveaux et fluctuations du moi" (1956), *Enfance*, p. 90.

palavra bebê é utilizada pela criança também para os outros além de si própria[2].

No ano seguinte, é publicado na revista *Mind* um artigo de Charles Darwin chamado "Esboço biográfico de uma criança". Nele pode-se ler o seguinte:

> Alguns dias após a idade de nove meses (meu filho) associava seu nome à sua imagem especular, e, quando o chamávamos pelo nome, ele se voltava para o espelho, mesmo que estivesse bastante distante.

Em seguida, um pouco mais adiante:

> E também o *ah*, que ele usa sobretudo quando reconhece alguém ou sua própria imagem, é um som de exclamação, como nós fazemos quando nos surpreendemos[3].

Zazzo ressalta que Darwin não fala aqui "explicitamente" de reconhecimento, mas unicamente de associação, de acordo, por sinal, com o quadro contemporâneo de uma psicologia associacionista.

Cinco anos mais tarde, W. Preyer retoma em *Die Seele des Kindes*[4] a observação de Darwin, que ele apresenta nos seguintes termos: "No princípio, *ao se reconhecer no espelho*, a criança lança seu *ah*, etc". As palavras ressaltadas, nota Zazzo, foram acrescentadas por Preyer, que, dessa maneira, "força o texto" de Darwin. Ora, uma má interpretação como essa é ainda mais estranha quando se sabe que o próprio Preyer relata, a respeito de seu filho, observações muito diferentes das que ele acabou de colher no mesmo contexto em Darwin. Em lugar de nove meses, ele propõe a idade de quatorze ou dezessete meses e conclui:

---

[2] R. Zazzo, *in* D. Voutsinas, "Chronique bibliographique, à travers les revues", *Bulletin de psychologie*, nº 362, p. 967.

[3] C. Darwin, "A bibliographical sketch of an infant", *Mind*, 7, 1877, pp. 285-294.

[4] W. Preyer, *Die Seele des Kindes* (1882), trad. Varigny, *L'âme de l'enfant*, Paris, Alcan, 1887.

Muito tempo após ter ultrapassado essa etapa, persiste ainda uma certa falta de clareza a respeito da designação da imagem e da pessoa de quem ela é o reflexo[5].

Assim, as próprias observações de Preyer concordam com as de Taine, mas parecem, por outro lado, pouco compatíveis com as que ele erroneamente atribui a Darwin. Esse desacordo entre os dois tipos de dados seria a origem da dificuldade do texto de 1934, no qual Wallon segue as indicações pessoais de Preyer ao citar Darwin segundo este.

Entretanto, ainda outras alterações intervêm na transferência entre autores dos dados relativos à experiência especular.

Dessa maneira, Lacan remete a Baldwin a menção do reconhecimento especular na idade de seis meses. Todavia, como Zazzo indica também[6], Baldwin nunca disse isso. Ora, é um fato que Baldwin é freqüentemente citado por Wallon nas *Origens do caráter na criança* sobre outras questões. De qualquer maneira, Zazzo sugere ainda, Lacan estaria cometendo um lapso ao assemelhar Baldwin a Darwin, este último citado pessoalmente muitas vezes por Wallon, mas com respeito ao comportamento do espelho!

Em nossa opinião, pode-se ver, nessa indicação, uma nova prova do fato de que Lacan, quando menciona autores aliás citados por Wallon (Baldwin, Elsa Köhler, Charlotte Bühler), parece conhecê-los não de fonte direta, mas por intermédio do próprio texto de Wallon.

Notemos também que Wallon refere-se a Darwin falando não de nove, mas de oito meses[7].

Merleau-Ponty, em seu ensino na Sorbonne do ano de 1951-1952, o ano seguinte à sua primeira referência a Lacan, produziu um texto comparativo interessante sobre as concepções de Wallon e de Lacan a respeito da imagem especular.

Merleau-Ponty inicialmente homenageia Wallon por ter produzido um grande número de fatos. Ele reconhece a originalidade da perspectiva

---

[5] W. Preyer, citado *in* D. Voutsinas, "Chronique, bibliographique, à travers les revues", *op. cit.*, pp. 965-966.

[6] R. Zazzo, *in* D. Voutsinas, "Chronique, bibliographique, à travers les revues", *op. cit.*, p. 967.

[7] H. Wallon, *Les origines du caractère chez l'enfant. Les préludes du sentiment de personnalité*, Paris, Boivin, 1934, reed. PUF, 1973.

de Wallon que consiste em valorizar a existência na criança, a partir dos seis meses, mais ou menos, de

> uma espécie de sistema do qual a consciência interoceptiva do corpo próprio, a percepção do corpo próprio visto de fora e a percepção de outrem são três elementos [...] O corpo interoceptivo, o corpo visual e outrem formam então um sistema.

Entretanto, ele acha que Wallon reduz a dimensão da imagem especular a "um processo de entendimento, uma atividade intelectual que a qualquer momento opera reduções e integrações". Sua interpretação deve ser completada e retomada em uma outra linguagem. Não se poderia evocar um simples mecanismo de redução por síntese intelectual. Mais do que um "trabalho de conhecimento", de um controle cognitivo destinado a reduzir a imagem, trata-se da "busca, às apalpadelas, de um estado de equilíbrio". Segundo Merleau-Ponty, uma "operação muito mais concreta" do que a que ele descreve intervém então nesse patamar da psicogênese e que deveria ser formulada em termos de "reestruturação do esquema corporal".

Wallon também não explica por que a criança acha "essa experiência tão divertida", enquanto que "a psicanálise acentua a essência afetiva do fenômeno". Nessa perspectiva, comenta Merleau-Ponty, "O Dr. Lacan parte justamente do fato do júbilo da criança diante de sua imagem". Nessa ocasião, ele percebe com perspicácia os conceitos-chave do modelo lacaniano de 1938-1949 relativos ao estádio do espelho: identificação, alienação, captação, antecipação, prematuração. Para a psicanálise,

> as novas formações não são resultado de uma atividade de puro entendimento, mas de uma *Gestaltung* vital, concreta, sempre parcial, sempre capaz de regressão, menos estável do que o seria um avanço de pura inteligência.

Tais são "os caminhos nos quais a análise psicológica deve se engajar".

Entretanto, Merleau-Ponty também reconhece que Wallon, de uma certa maneira, "concorda com os psicanalistas que dão um significado especial à conquista do visual", interpretado não apenas como um modo sensorial, mas sobretudo como "o sentido do espetáculo, do imaginário". Definitivamente, "não existe discordância entre os dois pontos de vista". Trata-se unicamente de conferir à abordagem proposta por Wallon "um sentido mais concreto", o que, segundo ele, o novo modelo psicanalítico proposto por Lacan[8] conseguiria.

[8] M. Merleau-Ponty, *Merleau-Ponty à la Sorbonne, résumé de cours 1949-1952,* Grenoble, Cynara, 1988, pp. 112, 314-320, 528.

Capítulo XVI

As experiências de Zazzo sobre a imagem especular

Zazzo não é o único autor a ter abordado o estudo experimental dos comportamentos especulares. Eles inspiraram diversos trabalhos, já por uns quarenta anos, nos diversos campos da psicologia animal, da psicologia normal e patológica da criança, assim como do adulto.

Entretanto, como Zazzo se posicionou, por várias vezes[1] e de maneira crítica, a respeito das visões de Lacan sobre esse assunto, achamos conveniente fazer um apanhado à parte de suas pesquisas e conclusões. Deixemos claro logo de início que seus trabalhos, que se encontram dentro de um quadro conceitual inspirado por Wallon, não nos parecem fornecer a base de uma refutação decisiva da concepção lacaniana, como às vezes ele sugere. Analisaremos posteriormente os resultados de outras pesquisas, que nos parecem, apesar das vias de abordagem muito diferentes, apresentar certas convergências com o modelo lacaniano do estádio do espelho.

---

[1] R. Zazzo, *Psychologie et marxisme*, Paris, Denoël Gonthier, 1975; "La genèse de conscience de soi (la reconnaissance de soi dans l'image du miroir)", *in* R. Angelergues e col., *Psychologie de la connaissance de soi,* Symposium de l'APSLF, Paris, PUF, 1975, pp. 145-204; "Image spéculaire et image anti-spéculaire. Expériences sur la construction de l'image de soi", *Enfance*, 1977, 2-4, pp. 223-230; "Image spéculaire et conscience de soi", *in* G. Oléron e col., *Psychologie expérimentale et comparée. Hommage à Paul Fraisse*, Paris, PUF, 1977; *Où en est la psychologie de l'enfant?*, Paris, Denoël-Gontrier, 1983; *Reflets de miroir et autres doubles*, Paris, PUF, 1993.

Em relação a isso, é bom não esquecer que Lacan se referiu ao conjunto dos dados etológicos e psicogenéticos que achou à disposição naquela época. E seria dar prova de uma certa estreiteza de espírito conceber as coisas desta vez pelo lado de seus próprios partidários e considerar que essa propagação do modelo do espelho fora do campo da psicanálise não conseguiria *a priori* interessar muito os psicanalistas. De fato, esse fenômeno de difusão de um modelo em campos múltiplos, acompanhado por fenômenos complexos e freqüentemente não discutidos de transposição, representa uma ilustração característica do tipo dos processos que trabalham e ao mesmo tempo definem o que pode ser qualificado como o contexto cultural de uma época e que nós definiremos melhor ao final deste trabalho. Além disso, insistamos ainda, essas pesquisas empíricas sobre a imagem em espelho, longe de destruir o modelo lacaniano, como proclamou prematuramente R. Zazzo, nos parecem, ao contrário, lhe conferir retrospectivamente um grande brilho ao mesmo tempo que o enriquecem com novos aspectos. A grande expansão desse tema do especular parece indicar que ele provavelmente representa uma das grande imagens nas quais se formulou já há muito tempo o espírito da época moderna.

As pesquisas de R. Zazzo relativas "à psicologia do espelho" começaram em 1972. Elas contêm uma fase de experimentação que vai de 1972 a 1978. A partir dessa data, o autor decide ampliar a perspectiva de um estudo até então conduzido em "laboratório" em direção a uma metodologia mais centrada no "campo", no meio natural da criança. Essas pesquisas são, atualmente, conduzidas pelos alunos de R. Zazzo segundo várias vias de investigação (sobretudo o estudo do animal).

O ponto de partida das pesquisas de R. Zazzo está situado em uma insólita observação, feita em 1947, de seu próprio filho. Em discordância com a observação de Darwin relatada por Wallon, apoiado em Preyer, foi só aos vinte e cinco meses, mais ou menos, que Jean-Fabien "colocado em frente ao espelho e interrogado 'O que é isso?'... disse seu nome". Um pouco antes, lá pelos vinte e três meses, R. Zazzo observou um fato nunca mencionado até então na literatura: uma atitude de desamparo e de evitação diante da imagem especular. A criança sorri perturbada, depois volta a cabeça para não se ver mais[2].

No âmbito de sua pesquisa em "laboratório" propriamente dita, R. Zazzo utiliza diversos tipos de procedimentos, cada um destinado à solução de um problema específico.

O primeiro consiste numa adaptação especial do método dos gêmeos do qual outras variantes foram ilustradas pelos trabalhos anteriores de R. Zazzo. A proposta é estudar o comportamento de pares de gêmeos face a um dispositivo composto por um espelho e um vidro transparente. Procura-se saber em que idade a criança distingue a percepção de si no espelho da percepção de seu irmão colocado do outro lado do vidro. O procedimento utilizado tem como efeito igualar tanto quanto for possível as duas percepções, "com a única exceção dos movimentos".

Um outro método é o da prova da mancha. "Em um determinado momento do desenrolar da experiência, se faz, escondido da criança, uma mancha em seu nariz. Em que idade e de que maneira a criança vai limpar a mancha?". Dirigindo a mão para a imagem ou então para seu próprio rosto?

Outro método ainda, "a prova do pisca-pisca (uma lâmpada colocada por trás da criança, a mais ou menos dois metros, que acende intermitentemente)". Depois disso, R. Zazzo introduziu o "estímulo mãe (ou pai)", também posto por detrás da criança em uma cabine experimental iluminada intermitentemente. Conserva-se, a título de comparação, o estímulo do pisca-pisca.

No decorrer de seu trabalho, R. Zazzo objetou a si próprio que essa "gaiola de mãe" cria um "cenário de ficção científica" bastante estranho, passível de desconcertar os comportamentos por si próprios frágeis da criança pequena. Ele imagina então um método mais "natural": consiste, no quadro da escola maternal, em fazer a mãe entrar no aposento e fazê-la se aproximar, com um punhado de balas na mão, por detrás da criança sentada diante do espelho. O problema reside em saber, por via das variantes do mesmo método, em que idade a criança vai se voltar, ao invés de dirigir sua atividade para a imagem.

2 R. Zazzo, *Où en est la psychologie de l'enfant?*, *op. cit.*, p. 191.

Nas primeiras experiências, o espelho está preso à parede. Mais tarde o autor acrescentou ao dispositivo um espelho móvel. Na situação "natural" só se usa esse espelho móvel. Tal dispositivo permite particularmente o estudo dos comportamentos de "contorno"[3].

Os resultados dessas pesquisas apresentam uma progressão muito rica de comportamentos, cujas etapas são esquematicamente as seguintes:

1) A imagem especular de outrem é identificada pela criança muito mais cedo do que a sua própria, "lá pelos seis meses e talvez antes, ao invés de um ano e meio ou dois anos" para essa última. A partir do instante em que conhece sua mãe, a criança a reconhece também no espelho. Reage então à imagem das pessoas familiares

> com um júbilo espetacular (*sic*): sorrisos, gritos de alegria, agitação dos braços[4].

2) Por volta dos dez meses, a criança beija o espelho, depois observa, admirada, a impressão de seus lábios; ela os toca e beija o espelho novamente.

3) Posteriores a esses "jogos de boca" são os "jogos de mãos", que surgem por volta dos onze ou doze meses. A criança mexe as mãos diante do espelho e observa nele o efeito produzido. Esses jogos se prolongam até a idade de dezesseis, dezessete meses, quando param repentinamente[5].

4) "A diferenciação entre as reações-espelho e as reações-vidro surge francamente a partir dos 12 meses. Mas nem por isso a criança se identifica". Com quinze meses, muitas crianças ainda manifestam sua alegria batendo indiferentemente no espelho ou no vidro. Ora, a criança que se "reconheceu" nitidamente não bate mais no espelho, mas ainda bate no vidro, através do qual aparece seu gêmeo[6].

5) Ao mesmo tempo que desaparecem as batidas no espelho e os jogos de mãos (16-17 meses), aparece a atitude de mal-estar, de sensação de

---

3 *Ibid.*, pp. 194, 204, 208-210.

4 *Ibid.*, pp. 207, 212-213.

5 *Ibid.*, pp. 197-198.

6 *Ibid.*, pp. 195-196.

abandono, o comportamento de evitação. Este parece se prolongar por pelo menos seis meses. "Na idade de dois anos, todas as crianças observadas o apresentam". Tudo acontece como se a criança percebesse então no espelho "um outro diferente dos outros", um parceiro que não se comporta como um parceiro habitual e com o qual não há mais trocas possíveis. Trata-se então de uma "nova percepção do outro", mas esse comportamento se situa ainda em um patamar infra-humano, pois o observamos no símio e no cão pastor alemão. Por sinal, no cão, como na criança, ele acontece geneticamente após as reações de brincadeira e de euforia[7].

6) O êxito na prova da mancha aparece, "o mais precocemente, na idade de dezoito meses, em média um pouco antes dos dois anos". Até então, a criança tentava apagar a mancha em seu nariz levando a mão para o espelho. O êxito na prova da mancha pode coexistir por um certo tempo com o comportamento de evitação.

> Algumas delas em breve dirão seu nome ao se ver no espelho. Pode-se então concluir, sem hesitar, que *finalmente a criança se identificou* com a imagem especular[8].

7) Um novo período se abre então, período marcado pela "contradição dos comportamentos". Pouco após o êxito na prova da mancha, a criança freqüentemente se entrega, diante do espelho, a "todo tipo de trejeitos, de movimentos", como para experimentar seu poder sobre a imagem. Trata-se de reações de um tipo diferente dos jogos de mãos da fase 3. Na mesma época,

> a maior parte das crianças, espontaneamente ou por sugestão mais ou menos discreta, contorna o espelho para tentar se achar do outro lado. E volta desapontada, sem querer recomeçar.

É a fase multilocal, ubiqüista, cujo mecanismo Wallon havia identificado, sugerindo a noção de uma coexistência em lugares separados de

[7] *Ibid.*, pp. 197-198, 214-216.
[8] *Ibid.*, pp. 195, 199.

duas formas dissociadas da experiência corporal, um "eu exteroceptivo" desdobrado por um "eu cinestésico[9]".

8) Logo que sossega "a dança diante do espelho", a criança também pára de contorná-lo para tentar ir se encontrar consigo própria. É a idade em que o emprego do "Eu" [*Je*] se estabelece em seu discurso. Mas, paradoxalmente, uma quantidade de crianças continua a contornar o espelho, quando percebe não mais sua imagem, mas a de outra pessoa.

> Aos vinte e seis meses, nota R. Zazzo, nenhuma das crianças observadas contorna mais o espelho.

Ora, aos trinta meses, 25 % das crianças o contornam ainda para procurar lá a sua mãe, enquanto que 75 % delas se voltam para ela. Além disso, esse comportamento é muito resistente, muito estável no decorrer do tempo. Enquanto que o "contornar para si" desapareceu em todas as crianças de dois anos e meio, o "contornar para outrem" persiste em 20 % das crianças de cinco anos. Quando sua mãe se dirige a elas, por detrás, oferecendo um punhado de balas, não só elas não se voltam, como ainda vão procurar as balas por detrás do espelho[10].

Enfim, o "voltar-se para a mãe não é mais precoce do que o voltar para o pisca-pisca"; os dois acontecem, na maioria das crianças, três a sete meses após o êxito na prova da mancha, que se dá, lembremos, entre dezoito meses e dois anos[11].

R. Zazzo também estudou as reações da criança diante de sua própria imagem em vídeo. Sabemos que se trata de uma imagem anti-especular, dito de outra maneira, que inclui uma inversão em relação à imagem especular. Utilizando o artifício técnico do diferido, quer dizer, introduzindo um lapso de uma dezena de segundos entre o movimento da criança e sua reprodução na tela, R. Zazzo observa que as crianças de cinco anos hesitam ainda em se reconhecer. É somente após os seis anos que a imagem especular é novamente assumida[12].

---

9 *Ibid.*, pp. 204-206.
10 *Ibid.*, pp. 206-208, 210.
11 *Ibid.*, pp. 195, 208.
12 *Ibid.*, pp. 201-202.

R. Zazzo mantém-se muito prudente no que se refere à interpretação teórica de suas próprias observações. "A teoria virá no final", ele escreve, "se todavia eu for capaz disso". Entretanto, em relação a esse conjunto de fatos muito complexo, ele propõe um certo número de conclusões em que já se pode ler talvez mais do que um esboço de teoria.

1) Nota-se, ressalta R. Zazzo,

> uma diferença de pelo menos dezoito meses entre o *reconhecimento* de outrem (6 a sete meses) e a *identificação* de si (24 meses). Nada de se espantar, pois que para outrem trata-se realmente de um reconhecimento.

Efetivamente, no caso de outrem, "a experiência perceptiva é a mesma (excetuando-se a inversão especular que, aliás, passa despercebida)". Pelo contrário, no caso de si, os dois modos, real e especular, da experiência visual são muito diferentes[13].

2) Conseqüentemente,

> a identificação de si não surge em uma súbita iluminação, que se traduziria, como acharam certos autores (R. Zazzo se refere aqui a Lacan), na eclosão do júbilo. A identificação, a apropriação da imagem especular se dá sem dúvida através de um longo processo, com meios provavelmente múltiplos e tonalidades afetivas contraditórias[14].

3) Os fatos parecem contradizer a hipótese do caráter simultâneo e coextensivo da "gênese do eu e do outro, sobre a qual se repete até se fartar já há um século que ela se conclui segundo um mesmo processo de diferenciação[15]".

4) De maneira bem paradoxal, observam-se

> duas ordens inversas de reciprocidade: se o reconhecimento de outrem é muito *mais precoce* (6 meses) que a identificação de si (2 anos), o contornar

[13] *Ibid.*, pp. 207, 212. Em uma outra passagem, R. Zazzo sugere um espaço de 12 a 18 meses; de fato, as crianças se reconhecem num período cuja dimensão de variação se situa entre 18 e 26 meses.

[14] *Ibid.*, p. 199.

[15] *Ibid.*, p. 211.

para outrem (ainda, bem após os trinta meses) é muito *mais tardio* que o contornar para si próprio. É interessante marcar que estamos às voltas com dois tipos muito diferentes de fenômenos[16].

Para a imagem de si, parece que a criança chega a "quebrar o encanto graças ao contrapoder de suas sensibilidades protopáticas, tendo seu próprio corpo como referência. Mas nada assim acontece para a imagem de outrem". Nesse último caso, "a virtualização do espaço especular" permanece por muito tempo inacabada, "apesar da construção já adiantada de um espaço das representações". A imagem especular é ao mesmo tempo real e irreal, apresentação e representação. E a criança

> fica por bastante tempo ainda fascinada, cativada pela realidade da imagem. Tudo acontece como se o espelho fosse ao mesmo tempo espelho e vidro[17].

5) A gênese da experiência especular está associada a um fenômeno mais extenso, no caso a gênese do espaço representativo.

> A auto-identificação de todos os *duplos visuais* (reflexo, sombra, foto) implica a existência de um *duplo mental*,

cuja raiz é a função simbólica. Entretanto, como campo da função simbólica em seu conjunto,

> o espaço das representações é mais difícil de construir que a representação de si e a representação de outrem[18].

[16] *Ibid.*, p. 208.
[17] *Ibid.*, pp. 209, 212-213.
[18] *Ibid.*, p. 213.

Capítulo XVII

Reconhecimento de si e identificação especular

Os importantes resultados de R. Zazzo redundariam em uma refutação inapelável das concepções lacanianas relativas ao estádio do espelho? Examinando-se mais atentamente, isso talvez não seja absolutamente correto. É possível até que eles possam contribuir para explicá-las melhor, desde que sejam introduzidas algumas arrumações. Enfim, trata-se de duas perspectivas orientadas por diferentes tipos de preocupações e que por essa razão dificilmente são comparáveis. Entretanto, a diferença não implica por si própria o antagonismo. Cada uma dessas abordagens poderia ser justificada em relação a um campo de fatos e de problemas específicos. Mas, ao invés disso, tentemos situá-las uma em relação à outra.

1) Não é exaustivo sugerir que Lacan fixa o "estádio do espelho lá pelos seis meses[1]"; ele prefere situá-lo entre seis e dezoito meses e até mesmo dois anos, ou até dois anos e meio, o que é algo completamente diferente (lembremos que ele evoca a idade de três anos a respeito da estruturação definitiva do eu).

Ora, acontece que esse período é o mesmo que R. Zazzo extrai dos fatos balizado por dois comportamentos de uma importância capital: o

---

[1] R. Zazzo, *Où en est la psychologie de l'enfant?*, Paris, Denoël-Gontrier, 1983, p. 191.

reconhecimento jubilatório de outrem por volta dos seis meses e, aos dois anos, a identificação explícita de si, acompanhada em muitos casos pela formulação do nome.

2) "O filhote humano", escreve Lacan, "numa idade em que, por curto espaço de tempo, mas ainda assim por algum tempo, é superado em inteligência instrumental pelo chimpanzé, já reconhece entretanto como tal sua imagem no espelho [...] Esse acontecimento pode se produzir, sabemos disso desde Baldwin, a partir da idade de seis meses, e sua repetição freqüentemente deteve nossa meditação diante do espetáculo cativante de um bebê diante do espelho[2]".

Certo que essa formulação lacaniana, sem levar em consideração o lapso a respeito de Darwin, pode ser talvez um pouco arriscada atualmente, tendo-se em mente os resultados expostos acima.

Notemos, entretanto, que ela é excepcional em meio ao conjunto relativamente abundante de textos sobre o estádio do espelho. É a *única vez* em que Lacan evoca a noção psicológica de um reconhecimento de si. Em todo os outros lugares, ele recorre ao conceito de identificação, reservando-se explicar que é

> no sentido pleno que a análise atribui a esse termo, isto é, a transformação produzida no sujeito quando ele assume uma imagem[3].

3.1) Dentro da perspectiva psicanalítica, o termo identificação refere-se a um processo cujo mecanismo e cuja função são na realidade bem diferentes dos que estão implicados pela ação de identificar no sentido simplesmente transitivo.

Nesse sentido transitivo, o ato de identificar define um processo cognitivo que consiste em reconhecer um objeto ou uma pessoa, seja numericamente em sua singularidade, seja pela sua natureza, como um exemplar assimilável a uma classe. Essas duas operações de reconhecimento do singular

---

2 J. Lacan, "Le stade...", *in Écrits,* Paris, Le Seuil, 1966, p. 93.

3 *Ibid.*, p. 94. Aliás, Lacan escreve que a criança reconhece *a sua* imagem e não que ela se reconhece, o que talvez não seja exatamente a mesma coisa.

e da assimilação genérica apresentam interferências. De longe, reconheci Pierre e o assimilei a um indivíduo do sexo masculino.

Na sua significação mais geral, e sem prejulgar a respeito de suas exclusivas variedades, o conceito psicanalítico de identificação exprime a ação de um verbo que inclui dois complementos de objeto, dos quais um ou o outro, de acordo com a direção do processo, é representado por um pronome reflexivo. O sujeito se identifica *com o outro*, ou então identifica *o outro consigo próprio*.

A doutrina freudiana da identificação concede um privilégio especial aos mecanismos da incorporação e da introjeção. É a razão pela qual Freud não distinguiu claramente esses dois vetores opostos dos processos de identificação, mesmo que a sua direção projetiva seja por vezes pressentida por ele.

A diferença entre os dois pólos do mecanismo de identificação se elabora progressivamente em meio às concepções de Scheler, Ferenczi e Melanie Klein, cujas convergências e complementaridades foram discernidas por Lagache em um notável texto de 1954.

Scheler[4] faz a distinção de duas formas de identificação, uma heteropática (em que o sujeito está sob o domínio do outro) e a outra idiopática (em que o outro está sob o domínio do sujeito).

Ferenczi[5], sem se interessar especialmente pelo problema da identificação, faz, entretanto, distinção entre duas formas de comportamento, as autoplásticas, em que o organismo é modificado, e as aloplásticas, em que a modificação se aplica ao meio.

Melanie Klein[6] refere-se à complementaridade das duas formas, introjetiva e projetiva, da identificação.

---

[4] M. Scheler, *Nature et formes de la sympathie* (1928), Paris, Payot, 1950.

[5] S. Ferenczi, Phénomènes de matérialisation hystérique" (1919), *Œuvres complètes (1919-1926) Psychanalyse III*, Paris, Payot, 1974, pp. 53-66; "Confusion de langue entre les adultes et l'enfant, le langage de la tendresse et de la passion" (1932), *Œuvres complètes (1927-1933) Psychanalyse IV*, Paris, Payot, 1982, pp. 125-138. Ver aqui, pp. 284, 293.

[6] M. Klein, "Le complexe d'Œdipe éclairé par les angoisses précoces" (1945), *Essais de psychanalyse*, Paris, Payot, 1978, pp. 370-424; "Notes sur quelques mécanismes schizoïdes" (1946), *Développements de la psychanalyse* (1952), Paris, PUF, 1966, pp. 274-300; "Quelques conclusions théoriques au sujet de la vie émotionnelle des bébés" (1952), *op. cit.*, pp. 187-222; *Envie et gratitude et autres essais* (1957), Paris, Gallimard, 1968.

Finalmente Lagache[7] unifica essas três correntes: ele distingue entre uma forma de identificação introjetiva-autoplástica, heteropática, e uma outra forma chamada de projetiva-aloplástica, idiopática.

Wallon, por seu lado, introduziu em 1956 a diferenciação entre as duas formas, centrípeta e centrífuga, de identificação. De fato, a distinção entre as duas dimensões, introjetiva e projetiva, da identificação acha-se já de certa maneira formulada por ele desde 1941, em seguida em 1942, quer dizer, alguns anos antes que Melanie Klein junte explicitamente essas duas formas em um mecanismo bipolar. Wallon até utiliza esses dois vetores de forma espontânea desde 1934.

Nesse círculo de preocupações, Wallon também se empenhou em analisar certas formas em duplo espelho da identificação no seio do par eu-outro. Disso resultará, definitivamente, um modelo genético das formas cruzadas da identificação pessoal e social do qual se pode dizer com certeza que representa uma psicologia generalizada da função especular. Pode-se pesquisar mais detalhes a respeito no que já publicamos sobre isso[8].

3.2) A doutrina freudiana das identificações secundárias e regressivas representa, apesar das dificuldades e da lentidão de sua elaboração (1900-1923), um corpo teórico bem localizado já há bastante tempo: identificações melancólica, histérica, homossexual, edipiana. Essas várias formas contêm, de acordo com mecanismos específicos, o motivo em comum do abandono de uma escolha de objeto[9]. De qualquer maneira, são essas formas secundárias do processo de identificação que mobilizam, no pensamento freudiano, o mecanismo fundamental da incorporação-introjeção (1915), cuja predominância se impõe progressivamente a partir do mito canibal de *Totem e tabu*[10] e da análise do *Homem dos lobos*[11].

Além disso, Freud se esforçou, desde o início de sua obra, para localizar um "duplo modo de laço", no caso um outro "tipo de laço afetivo"

---

[7] D. Lagache, "Quelques aspects de l'identification", *in Œuvres complètes*, t. 3, 1954, pp. 202-213.

[8] A simpatia é introjetiva, o transitivismo é projetivo. Ver É. Jalley e L. Maury, "Une dialectique entre la structure et l'histoire", *H. Wallon...*, *op. cit.*, pp. 189-243.

[9] A situação é um pouco mais complicada para as identificações edipianas.

[10] S. Freud, *Totem et tabou* (1913), Paris, Payot, 1947.

[11] *Id.*, "L'homme aux loups" (1918), *Cinq psychanalyses*, Paris, PUF, 1954.

além do laço objetal. Essa tentativa culmina, em 1920, com a descrição da identificação primária, representada como uma forma primitiva de laço social, desprovida de qualidade libidinal, mesmo que suscetível de admitir o implante de uma eventual relação de objeto. Freud descreve, além disso, outras formas primitivas de identificação dentre as quais algumas são articuladas a um componente libidinal de acordo com mecanismos específicos e diferentes; dessa maneira, por exemplo, a identificação por contágio (*Infektion*) e a identificação por laço de massa (*Massenbindung*), descritas as duas no mesmo texto que a identificação primária: *Psicologia das massas e análise do ego*[12].

Ora, é óbvio que o modelo de identificação-incorporação que a descrição clínica das identificações secundárias impõe convém mal à descrição das formas primitivas da identificação, na medida em que as modalidades do laço social implicam uma dupla dimensão centrípeta-centrífuga, introjetiva-projetiva, autoplástica-aloplástica. Essa dificuldade teórica maior explode nos dois célebres textos sobre a identificação primária[13], cuja economia interna é trabalhada por um sistema da tensões que tem poucos outros equivalentes na obra de Freud. De fato, os respectivos conteúdos desses dois textos são, em mais de um ponto, incompatíveis.

Acontece que, na bibliografia do artigo sobre *A família*, Lacan menciona exatamente *Psicologia das massas e análise do ego*[14], mas não o *O ego e o id*[15], em que está o segundo texto sobre a identificação primária. Em compensação, ali consta *Além do princípio de prazer*[16], em que está, como sabemos, a pequena nota sobre a imagem em espelho anexada à descrição do jogo do carretel.

3.3) É plausível pensar que o empreendimento teórico de Lacan no artigo sobre *A família* foi motivado, em grande parte, pela constatação das

---

[12] Observemos que existe desde 1890 uma teoria da expressão das emoções (*Ausdruck der Gemütsbewegung*), relacionada à noção de estado de desamparo (*Hilflosigkeit*: "Esquisse d'une psychologie scientifique" (1895), *La naissance...*, *op. cit.*).

[13] S. Freud, "Psychologie des foules et analyse du moi", (1921), *Essais de psychanalyse*, Paris, Payot, 1981, pp. 167-174; "Le moi et le ça" (1923), *ibid.*, pp. 240-252.

[14] *Id.*, "Psychologie des foules et analyse du moi", *Essais...*, *op. cit.*, pp. 117-217.

[15] *Id.*, "Le moi et le ça", *Essais...*, *op. cit.*, pp. 219-275.

[16] *Id.*, "Au-delà du principe de plaisir" (1920), *Essais...*, *op. cit.*, pp. 41-115.

dificuldades teóricas que pesam no pensamento freudiano a respeito do conceito de identificação primária. A concepção geral do texto exprime isso de maneira muito clara, já que a descrição do complexo de Édipo segue a dos complexos de desmame e de intrusão. Ora, esses dois complexos pré-edipianos são descritos como mobilizando as formas mais arcaicas do laço social; o primeiro, o objeto materno, o segundo, o rival fraterno.

A respeito disso, o próprio Lacan diz claramente que o estádio do espelho é proposto por ele como um novo modelo cuja função é remediar as incertezas que marcam a doutrina freudiana das formas primitivas da identificação como outro tipo de laço afetivo:

> A identificação afetiva é uma função psíquica cuja originalidade a psicanálise estabeleceu, especialmente no complexo de Édipo [...]. Mas o emprego desse termo no estágio que estudamos permanece mal definido na doutrina; tentamos suprir isso com uma teoria dessa identificação cujo momento genético designamos pelo termo estádio do espelho [...] É especialmente na situação fraterna primitiva que a agressividade é demonstrada como secundária à identificação. A doutrina freudiana se mantém incerta a respeito[17].

O estádio do espelho representa o modelo primitivo, o protótipo de qualquer relação com o *alter ego*, quer dizer, com o outro assim como comigo mesmo.

Não se poderia falar, a essa altura do desenvolvimento, da "identificação de si", no sentido em que Zazzo a entende, uma identificação pessoal, eventualmente significada pela denominação por meio de um nome.

Além disso, é perfeitamente claro que Lacan é consciente da diferença de patamar genético entre esses dois registros de comportamentos.

No artigo sobre *A família*, Lacan acentua bem o caráter fusional, sincrético, ao mesmo tempo formador e alienante, dos primeiros comportamentos especulares. Em um contexto por sinal muito walloniano, ele

---

[17] J. Lacan, *Les complexes...*, *op. cit.*, pp. 41, 39. Freud fala da identificação com o pai como marcada por "um interesse específico" ("Psychologie..." (1921), *op. cit.*, p. 167) e por "ambivalência" ("Le moi..." (1923), *op. cit.*, p. 244).

descreve a identificação com a imagem do *alter ego* como um fenômeno de ordem diversa e por princípio anterior à identificação da pessoa própria.

> Mesmo que a imagem do semelhante não desempenhe nada além de seu papel primário, limitado à função de expressividade, ela desencadeia, no sujeito, emoções e posturas similares [...]. Mas, ao mesmo tempo que sofre essa sugestão emocional ou motora, o sujeito não se diferencia da própria imagem [...] Mas, antes que o eu afirme sua identidade, ele se confunde com essa imagem que o forma, mas o aliena primordialmente[18].

E Lacan persiste insistindo no fato que nessa época "a identificação pessoal ainda vacila". Tal inacabamento é explicável, se é verdade que após um ano, como ainda admite Lacan, o reconhecimento do corpo próprio é um processo ainda em desenvolvimento. Vimos também que Lacan invocava a esse respeito a falta de coordenação dos três modos de sensibilidade apontados por Sherrington e Wallon[19].

Lacan também não sugere que o reconhecimento explícito de outrem preceda, na experiência especular, a identificação de si mesmo. De fato, o caráter ilusório da "imago do duplo" comporta a inconsistência do outro tanto quanto a do eu. Esse "outro especular" para o qual a imagem reenvia o sujeito é indiferentemente o outro como eu e o eu como outro.

> O mundo característico dessa fase é então um mundo narcísico [...] esse mundo [...] não contém nenhum outrem.

O que ele contém é o esboço de um eu estruturalmente aparelhado com o esboço de um outro[20].

Se é verdade que esse laço primário com a imagem do semelhante comporta uma dimensão cognitiva, trata-se, diz Lacan, "da mais arcaica das organizações do conhecimento humano[21]". Como tal, essa relação cognitiva

---

[18] *Ibid.*, p. 45. Reconhece-se Wallon no vocabulário: expressividade, emoções e posturas.

[19] *Ibid.*, pp. 28, 45.

[20] *Ibid.*, pp. 44-45.

[21] *Id.*, "Propos...", *op. cit.*, p. 185.

se insere no quadro de um complexo, estrutura que inclui como elemento fundamental

> essa entidade paradoxal: uma representação inconsciente, designada pelo nome de imago[22].

3.4) O desenvolvimento original de Lacan não o impede em hipótese alguma de encontrar, de maneira bastante fiel, o fio das profundas, mesmo que inacabadas, intenções de Freud relativas à identificação primária. Esta é definida em 1920-1923, de maneira igualmente paradoxal, como

> uma identificação direta, imediata, mais precoce que qualquer investimento de objeto[23],

e igualmente como um processo que "aspira a tornar o eu próprio semelhante ao outro tomado como 'modelo'[24]". Em *A interpretação dos sonhos*, Freud descreve pela primeira vez a identificação como forma primária do laço social em termos de "uma comunidade (*Gemeinsamkeit*) que persiste no inconsciente", isso em um contexto em que são evocadas, além disso, as noções de "simpatia", de "contágio mental" e de "compaixão"[25].

Entretanto, o risco do modelo freudiano da identificação imediata consiste em interpretá-la como uma experiência do tipo fusional, e até anobjetal, acentuando exclusivamente a noção de narcisismo às custas da de modelo (*Modell*)[26]. O comportamento especular representa um tipo primordial de experiência que inclui "a relação da díade" e que conecta o sujeito a uma imagem marcada pela oscilação entre si e o outro, pela fusão entre o singular e o genérico. O sujeito se identifica com uma imagem, que o

---

[22] *Id.*, "Les complexes...", *op. cit.*, p. 24.

[23] S. Freud, "Le moi et le ça", *op. cit.*, pp. 243-244.

[24] *Id.*, "Psychologie collective...", *op. cit.*, pp. 169.

[25] *Id.*, *L'interprétation...*, *op. cit.*, pp. 136-137; G. W., II-III, pp. 156-157.

[26] O que o próprio Freud se recusou a fazer, deixando este cuidado a cargo de seus discípulos, Spitz por exemplo, e até Winnicott, entre outros. Para Freud, o narcisismo não é só um estado fusional; o sujeito nele se refere ao objeto-corpo. No mesmo espírito, Lacan fala de uma "intrusão narcísica", na suposição de um objeto narcísico cujo pedestal é uma imagem externa.

reflete, ao mesmo tempo que ao outro. Esse tipo de relação é aquele mesmo que o trabalho dos etólogos (Lorenz, Tinbergen entre outros) descreveram como regulado pela imagem do parceiro, na medida em que funciona ao mesmo tempo como sinal e como logro, como marca do real e da ilusão. Já aí, nota Lacan, "os sujeitos viventes animais são sensíveis à imagem de seu tipo[27]", imagem em que os prende

> a captura na forma, a captura no jogo, a tomada na miragem da vida[28].

No registro da exibição e da fecundação*, a eficácia da metodologia do logro, das "*Gestalten* cativantes", evidencia o caráter ilusório, para o sujeito animal, disso "em direção a que ele vai se dirigir como em direção a seu parceiro[29]". Nessa imagem típica da espécie, se lêem e se misturam o duplo reflexo do sujeito vivente e de seu opositor.

Mesma dinâmica configuradora da ilusão nos comportamentos acoplados em bebês de colo: eles põem em jogo, numa alternância de reflexos, a captação pela imago da forma humana:

> cada parceiro confunde a parte do outro com a sua e se identifica com ela[30].

Entretanto, essa identificação funciona, pelo viés de uma imagem perceptiva, de acordo com um movimento duplo. Por um lado, "o sujeito se identifica em seu sentimento de Si com a imagem do outro[31]". Reciprocamente, a identificação do sujeito com sua própria imagem se funda em um "sentimento do outro". Em outras palavras, ligadas em uma mesma

---

[27] J. Lacan, *Le moi...*, *op. cit.*, p. 371.

[28] *Ibid.*, p. 110.

* Inadaptável jogo de palavras: *parade* – exibição; *pariade* – tempo de acasalamento (dos pássaros). (NT)

[29] *Ibid.*, p. 266.

[30] J. Lacan, "Les complexes...", *op. cit.*, p. 38.

[31] *Id.*, "Propos...", *op. cit.*, p. 181. Ver também "L'agressivité...", *op. cit.*, p. 113. Então, identificação ao mesmo tempo introjetiva (o sujeito se identifica com o outro) e projetiva (o sujeito identifica o outro a si).

Gestalt perceptiva, a imagem própria e a imagem de outrem se fundem, se contrariam, se anulam e se afinam em uma relação de tipo ao mesmo tempo sincrético e bipolar.

Quanto à experiência especular propriamente dita, Lacan nela vê a ativação de um processo em que se compõem e se opõem, se formam e se deformam o *ego* e o *alter*, segundo uma espécie de oscilação que comporta, para o sujeito, "uma tensão absolutamente original"[32]. Diante do espelho, "o sujeito" escreve Lacan "se identifica primordialmente com a *Gestalt* visual de seu próprio corpo". Entretanto, "a imagem do corpo próprio", pelo menos nessa fase primária da experiência, também é, por causa de uma "certa similitude objetiva", a imagem do semelhante, do outro, então. De fato, "a imago do outro, escreve ainda Lacan, está ligada à estrutura do corpo próprio". Todavia, esse fator de similitude só pode desempenhar seu papel na colusão do *ego* e do *alter* sob a pressão de um outro fator, neste caso a exterioridade da imagem. Da imagem de seu corpo, o filhote humano

> só percebe a unidade do lado de fora, e de uma maneira antecipada. Pelo fato dessa relação dupla que ele tem consigo mesmo, é sempre ao redor da sombra errante de seu próprio eu que se estruturarão todos os objetos de seu mundo. [...] É nessa percepção que a todo instante é evocada para o homem sua unidade ideal, que nunca é alcançada como tal e lhe escapa a todo instante[33].

É nessa fenda inscrita no coração da unidade do eu que vem se inserir, discretamente, a imagem do outro. Definitivamente, a imagem em espelho é para ser concebida como a experiência primordial do "duplo psíquico", duplo ele mesmo desdobrado, no qual interferem a ilusão de um eu e a miragem de um outro.

A identificação especular, "espetacular[34]", cujo conceito Lacan produz a partir de uma reinterpretação geral do modelo freudiano da identificação

---

[32] J. Lacan, *Le moi...*, *op. cit.*, pp. 198-199, 375.

[33] *Id.*, *Le moi...*, *op. cit.*, p. 198. Ver também: *Les complexes...*, *op. cit.*, pp. 38-45; "Le stade...", *op. cit.*, p. 98; "L'agressivité...", *ibid.*, p. 113; "Propos...", *op. cit.*, pp. 181, 185; "Variantes...", *op. cit.*, pp. 344-345; "D'une question...", *op. cit.*, p. 568.

[34] Id., "Les complexes...", *op. cit.*, p. 46.

primária, é um processo que se situa nessa fronteira, indecisa entre o dentro e o fora, em que o sujeito se confunde com uma imagem[35], que todavia ocupa um espaço outro que o de seu corpo próprio.

Nessas condições, concebe-se o interesse que Lacan encontrou, na perspectiva de uma re-elaboração do pensamento freudiano, nas descrições wallonianas, cujo traço comum consiste precisamente em uma relação de pré-diferenciação, de distância variável de acordo com o grau de desenvolvimento, entre o *ego* e o *alter ego*: comportamentos acoplados da exibição e do despotismo, ciúme e simpatia, transitivismo, até o ponto de voltar a ligar explicitamente, aquém do comportamento, os fatos de mimetismo característicos das sociedades animais.

3.5) Sabe-se que Lacan utilizou os dados fornecidos por Wallon sem os atribuir, na maior parte das vezes, à sua verdadeira fonte. Ora, acontece que Lagache, por seu lado, mencionou por diversas vezes não apenas a convergência de certas descrições wallonianas com o conceito psicanalítico de identificação como ainda sua riqueza na perspectiva de um aprofundamento teórico dele. Nós nos referiremos a três textos.

O primeiro texto, chamado *Nota sobre a linguagem e a pessoa* (1938), manifesta o conhecimento perfeito que Lagache – que também foi um dos colaboradores da *Encyclopédie française* – teve, bem cedo, da obra de Wallon e de sua conexão com o tema psicanalítico fundamental da identificação. Lagache comenta de maneira pessoal os dados e idéias de Wallon com base em referências precisas sobre a obra de 1934.

> A psicogênese, escreve ele, vai de um estágio de indiferenciação entre o mim, o ti e o lhe para um estágio de diferenciação no qual o mim, o ti e o lhe são manejados corretamente[36]. Entre esses dois estágios extremos se situa um estágio intermediário de pré-diferenciação em que o mim, o ti e o lhe são diferenciados, mas não são manipulados de uma maneira específica. É no final do segundo ano que a criança entra nesse estágio intermediário. Ela se designa por seu nome, fala de si própria na terceira pessoa[37] [...] Não

[35] Sua própria imagem no espelho, ou a imagem perceptiva de um parceiro nas relações acopladas.

[36] *Cf.* H. Wallon, *Les origines du caractère chez l'enfant...* (1934), *op. cit.*, p. 275. Referência mencionada por Lagache.

[37] *Cf. Ibid.*, p. 277.

tem, então, sobre ela própria, um ponto de vista diferente do dos outros, ela é como uma coisa. É o período do "ela". Ele é seguido pelo período do "ti". A partir dos primeiros meses do terceiro ano, se anuncia a distinção correlativa do mim e do ti. Entretanto, o uso do ti precede num sentido o do mim, que corresponde a uma tomada de consciência nítida do ponto de vista próprio. Para chegar a esse estágio, a criança parece passar por uma fase em que fala consigo própria como lhe falam: são sobretudo advertências, ordens e proibições das quais a criança passa a ser a autora e que transmite ao *alter*, representado por uma boneca, uma parte de seu corpo, por ela mesma (ver especialmente os fatos citados por Wallon, 1934, 276-277. Existe ali, na criança normal, uma "forma ecolálica da palavra" de discernimento muito mais fácil em certos anormais. A interpretação mais bonita é a de Wallon. Ele sustenta a idéia de que a forma patológica da linguagem se deve a que, como conseqüência de seu retardo, o sujeito não consegue ter sobre si mesmo um ponto de vista próprio diferente do ponto de vista de outra pessoa...). Tudo acontece como se, para tomar consciência de seu ponto de vista, a criança tivesse que desempenhar o papel do adulto, fonte original da advertência, da ordem ou da proibição e identificar consigo própria o terceiro ou a parte de si própria para quem ela transmite as palavras do adulto (esse mecanismo, tão patente nos fatos mencionados por Wallon[38], é, em suas linhas gerais, aquele que os psicanalistas assinalam para a formação do supereu [...] o papel da identificação com outrem na formação da personalidade...)[39].

No segundo texto, *Alguns aspectos da identificação* (1954), Lagache reagrupa o conjunto dos fatos wallonianos que Lacan, por sua parte, mobilizou anteriormente em benefício de sua concepção da identificação

[38] *Cf.* H. Wallon, *Les origines du caractère chez l'enfant...* (1934), *op. cit.*, pp. 276-277. Referência mencionada por Lagache.

[39] D. Lagache, "Note sur le langage et la personne" (1938), *Œuvres complètes*, 6 vol., Paris, PUF, 1977-1984, t. 1, pp. 205-213. Lagache aqui insiste especialmente no papel dos monólogos dialogados em relação com os jogos de alternância durante o terceiro ano. Esse tema é retomado por Spitz sob uma outra forma: a criança diz "não" a si própria ou à sua boneca, reproduzindo a interdição paterna. Ver também: "Quelques aspects de l'identification" (1954), *ibid.*, t. 3, pp. 203-213; "La psychanalyse et la structure de la personnalité" (1961), *ibid.*, t. 4, pp. 191-237.

especular. Entretanto, Lagache, por sua parte, subsume estes sob o conceito de "dupla identificação", sobre o qual veremos mais adiante que ele designa, na sua concepção, um fenômeno mais tardio que a identificação especular propriamente dita e que tem relação com a noção de identificação pessoal, de "identificação de si", no sentido transitivo, invocado justamente pelas experiências de Zazzo. Lagache escreve o que se segue:

> Os trabalhos, já antigos, de Wallon mostraram quanto, ao longo do segundo e do terceiro anos, a distinção do *ego* e do *socius* era imperfeita e se prestava, assim, a confusões identificatórias. Em primeiro lugar, é da estrutura da situação que o sujeito recebe seu papel e sua identidade temporária – por exemplo, ser aquele que exibe ou o que contempla[40]. Depois a polarização em um dos pólos da situação se duplica com a participação contrastante no outro pólo – por exemplo, no ciúme[41], no qual a frustração sentida se acompanha da necessidade daquele que é gratificado. Durante muito tempo, a própria identidade do sujeito ou de um *socius* pode mudar quando a estrutura do grupo se modifica, por exemplo pelo nascimento de um irmão caçula[42]. A capacidade de verbalização explícita torna mais manifesta a mobilidade das identificações; os diálogos do sujeito consigo próprio[43] transpõem visivelmente para o interior da personalidade a dualidade da relação com o *socius*. Tais fatos são extremamente importantes para nossa maneira de compreender a identificação. O que é interiorizado não é a imagem de um *socius*, é a experiência de uma relação interpessoal. Esse desdobramento da interioridade provém da interiorização de uma relação a dois, em outros termos, de uma dupla identificação[44].

[40] Sociabilidade sincrética: H. Wallon, *Les origines du caractère chez l'enfant...*, *op. cit.*, pp. 249-256, 252-253.

[41] Sincretismo diferenciado, *Les origines du caractère chez l'enfant...*, *op. cit.*, pp. 256-260.

[42] Estágio das personalidades intercambiáveis, *Les origines du caractère chez l'enfant...*, *op. cit.*, pp. 278-284, 281.

[43] Sincretismo diferenciado; *ibid.*, pp. 261-277, 276; monólogos dialogados.

[44] D. Lagache, "Quelques aspects de l'identification" (1954), *Œuvres complètes*, *op. cit.*, t. 3, p. 205; ver também: "Note...", *ibid.*, t. 1, p. 211; "La psychanalyse et la structure de la personnalité" (1961), t. 4, p. 202. Essa noção de "*socius* ou *outro*" é utilizada por Wallon em 1946, 1947, 1956. Por sinal, ele a refere a Janet. O duplo conceito lacaniano de outro-Outro poderia historicamente se associar a essa dupla fonte, mas talvez também a Hegel, sendo que essas três derivações não são incompatíveis.

Por outro lado, Lagache propõe, de maneira absolutamente natural, articular o conjunto dos fatos wallonianos que menciona "em continuidade com as projeções e introjeções primárias que foram efetivamente descritas logo no segundo semestre do primeiro ano", aparentemente por Melanie Klein e seus discípulos[45]. Por fim, lembremos, os dois primeiros fatos citados, o par contemplação-exibição e o ciúme, fazem parte, segundo Wallon, do segundo semestre do desenvolvimento.

Para terminar, o terceiro texto de Lagache, *A psicanálise e a estrutura da personalidade* (1961), retoma o esquema walloniano da fusão-diferenciação esboçado no texto de 1938 numa linguagem que lembra de maneira curiosa as grandes categorias da lógica hegeliana. A psicogênese, ele escreve, principia por um período de participação simbiótica em que o "ser em si da existência pré-natal" se prolonga no "ser por outrem", característico dos primórdios da existência individual, estrutura da qual se separará oportunamente o "ser-para-si das experiências conscientes". Indiquemos a esse respeito que Wallon diferenciou três níveis de uma "simbiose sucessivamente nutritiva, emotiva, iniciativa". Durante bastante tempo, prossegue Lagache, as partes do corpo podem ser tratadas como objetos. Inicia-se então o período da identificação pessoal propriamente dita: no decorrer do segundo e do terceiro anos, os monólogos dialogados, depois os comportamentos de personalidades intercambiáveis, operam "a conjunção entre o ser-por-outrem e o ser-para-si". A identidade pessoal, em relação à diferenciação do *ego* e do *alter ego*, do "ser-para-si" e do "ser-para-outrem", do "ser-para-outrem" a partir do "ser-para-si", só vai se estabilizar lá pela idade de três anos[46].

3.6) Mesmo que pareça nos ter afastado do eixo principal de nossa pesquisa, essa digressão pelas idéias de Lagache sobre Wallon nos fornece,

---

[45] D. Lagache, "Quelques...", *op. cit.*, t. 3, p. 205.

[46] D. Lagache, *La psychanalyse et la structure de la personnalité* (1961), *ibid.*, t. 4, pp. 201-202; ver também H. Wallon, *La vie...* (1938), *op. cit.*, p. 282. Correspondências aproximadas com o texto de 1938: ser-por-outrem: ele; ser-para-si : tu; ser-para-outrem: eu. Enfim, segundo Wallon, simbiose nutritiva: vida fetal e estágio impulsivo (até 0,3), simbiose emotiva (0,3-1 ano), simbiose imitativa (2º ano). Notaremos também, para efeitos de registro, que é a esse texto que responderá o texto de Lacan intitulado "Remarque sur le rapport de Daniel Lagache: 'Psychanalyse et structure de la personnalité'", *op. cit.* Os dois foram publicados no mesmo volume da revista *La psychanalyse* (1961, 6).

em realidade, os dados teóricos que nos permitirão articular o conceito psicanalítico de identificação intransitiva, sobretudo sob a forma da identificação primária-especular[47], com o conceito de identificação de si, em sua acepção transitiva à qual se referem exclusivamente as pesquisas conduzidas por Zazzo em um quadro de inspiração walloniana.

Vai ficar claro, a partir do momento em que conseguirmos explicar essa articulação, que Lacan e Zazzo não tratam, de forma nenhuma, da mesma coisa, mesmo que suas respectivas elaborações possam comportar uma validade completa, cada uma em sua perspectiva própria.

Entretanto, é indispensável, para marcar esta articulação, apresentar em linhas gerais o modelo muito original da gênese dos processos de identificação que Wallon elaborou. De fato, esse modelo parece ter coordenado as variedades intransitivas e transitivas dos processos de identificação, dispondo essas diferentes variedades ao longo de um eixo genético, cujo interesse para a psicologia assim como para a psicanálise as propostas anteriores de Lagache nos parecem ter captado bem.

O modelo walloniano relativo à gênese das formas primitivas da identificação integra dois mecanismos fundamentais. Paralelamente ao mecanismo duplo de introjeção-projeção, cujo papel já assinalamos, existe um outro, de estrutura diferente e que, por sinal, funciona sempre de maneira entrelaçada com o anterior em todas as descrições de Wallon. Ele encadeia um processo de "participação contrastante", de união-desfusão, de confusão-diferenciação que opera no par sujeito-outro. Esse processo faz seu movimento entre duas formas de identificação: uma de natureza fusional, simbiótica, unitiva e participativa; a outra de natureza dual, solidária, distintiva e correlativa.

A primeira forma, de natureza intransitiva, se refere à mais primitiva das etapas do desenvolvimento, que cobre mais ou menos o primeiro ano

[47] Lembremos que a identificação intransitiva comporta duas formas: introjetiva (identificar-se com o outro) e projetiva (identificar o outro consigo próprio). A identificação no sentido transitivo diz respeito ou ao objeto ou ao sujeito. Em um artigo sobre "Le problème de l'identification chez Freud" (1968), *L'inconscient*, 7, Donnet e Pinel sublinham o interesse especial que comportaria, para a doutrina psicanalítica da identificação, o relacionamento dos dois aspectos intransitivo e transitivo desse processo (*Ibid.*, p. 7, 20). Segundo eles, o próprio Freud teria percebido a importância desse problema ao descrever em especial uma forma transitiva de identificação característica do trabalho do sonho.

e que Wallon chama de estágios impulsivo (00-0,3) e emocional (0,3-1 ano). É uma fase marcada pela "indiferenciação[48]", ou ainda pelo "confusionismo[49]". No decorrer do segundo ano e até do terceiro ano, ocupado pelo estágio sensório-motor, esse mecanismo de "bipartição" elabora formas cada vez mais diferenciadas de "participação", de "consciência com duplo domicílio[50]". É o período que Lagache[51] qualificou com o termo "pré-diferenciação". Enfim, os comportamentos bipolares desse período (cap. 12) elaboram, no período que conduz à crise de 3 anos, a segunda forma de identificação, a qual se realiza como estrutura da "identificação dupla[52]", da "identificação diferencial[53]", do par das identificações, em que cada uma é ao mesmo tempo transitiva e reflexiva: identificar a si mesmo pelo fato de identificar a outrem. É esse terceiro período que Lagache marcou como o da "diferenciação".

Por outro lado, esse mecanismo de desdobramento-refenda oferece um apoio, ao mesmo tempo contemporâneo e ulterior, para o duplo mecanismo de introjeção-projeção, o qual produz formas intransitivas, centrípetas e centrífugas de identificação[54].

Aliás, o processo de identificação, em sua acepção transitiva, se relaciona tanto com o objeto cognitivo, em um sentido não reflexivo, como com o sujeito pessoal, em um sentido propriamente reflexivo. Eu me identifico pessoalmente na condição de pessoa; eu identifico tal objeto em sua singularidade e/ou como exemplar de uma classe genérica[55].

Ora, se é verdade, como implica o modelo walloniano exposto acima, que a identificação transitiva do sujeito é um processo genético e funcionalmente ligado à identificação intransitiva com o outro, também acontece que a identificação transitivo-cognitiva do objeto mantém uma

---

48 D. Lagache, "Note..." (1938), *op. cit.*

49 H. Wallon, "Niveaux et fluctuations du moi" (1956), *Enfance, op. cit.*

50 *Ibid.*

51 D. Lagache, "Note...", *op. cit.*

52 *Id.*, "Note...", *op. cit.*

53 Expressão de Lagache também num texto de 1962 sobre Wallon.

54 H. Wallon, "Niveaux et fluctuations du moi" (1956), *Enfance, op. cit.*

55 Ressaltemos que Wallon desenvolve e coordena sob a forma desse modelo as sugestões que ele provavelmente descobriu sob a pena de Freud, especialmente em "Pulsões...", *op. cit.*, pp. 26-39.

relação com o processo de identificação intransitiva com o outro. Dito de outra maneira, a identificação cognitiva do objeto é posta a funcionar, mediatizada pela identificação introjetiva de si com o outro e projetiva do outro com o si. Ora, esse ponto é precisamente ressaltado por Lacan no artigo sobre *A família*:

> O eu e o outro, ele escreve, constituem as fundações imaginárias do objeto [...] o sujeito não tem uma relação dual com um objeto que está diante dele, é com respeito a um outro sujeito que suas relações com esse objeto tomam seu sentido e ao mesmo tempo o seu valor[56].

Dessa maneira, por exemplo, é porque me identifico com um concorrente e o identifico comigo que eu identifico, no sentido de reconhecer, o objeto de meu desejo como o mesmo que o de seu próprio desejo.

No que se refere à identificação transitiva e reflexiva, vimos que o próprio Lacan isola perfeitamente a sua noção no mesmo artigo sobre *A família*, quando ele ressalta que no âmbito do estádio do espelho, em que se cristaliza a identificação com a imagem do duplo, "a identificação pessoal ainda vacila". Além disso, o desenvolvimento precedente relativo ao modelo walloniano das formas primitivas da identificação nos permitiu discernir bem o nível dos comportamentos definido pela noção de "identificação de si", sobre a qual vimos que se constitui como pivô conceitual das pesquisas de Zazzo. A identificação de si, no sentido do reconhecimento de si, da consciência da identidade pessoal, é um comportamento evoluído, de tipo "secundário", que pressupõe um certo grau de maturidade da função simbólica. Seu aparecimento tardio, no curso do terceiro ano, é, por sinal, seguido de perto, como mostram as experiências de Zazzo, pelo enunciado do nome.

4) Parece-nos que o trabalho de Zazzo relativo à "psicologia do espelho" se produz em uma perspectiva orientada principalmente para a análise genética dos mecanismos cognitivos. Com exceção de certos aspectos, que serão abordados mais adiante, essa perspectiva prolonga e desenvolve a problemática walloniana da gênese da consciência de si.

---

[56] J. Lacan, *Le moi...*, *op. cit.*, pp. 297, 371.

Na primeira fase de suas pesquisas (1972-1978), Zazzo utilizou uma metodologia estritamente experimental de um tipo e de um uso clássicos no domínio da psicologia genética. Em conformidade com os princípios gerais da análise experimental, essa metodologia consiste em variar as situações de maneira a dissociar as respectivas ações de diversos fatores (variáveis independentes) sobre os comportamentos do sujeito (variáveis dependentes).

Diversos dispositivos são instituídos, cada um tendo em vista fornecer resposta a uma pergunta precisa. Assim ocorre com a prova espelho-vidro: a que idade a criança distingue sua imagem no espelho da percepção de seu gêmeo através de um vidro? Ou ainda a prova da mancha: a que idade a criança deixa de querer limpar a mancha "no" espelho (movimento dirigido à imagem MDI) para tentar apagá-la em seu próprio nariz (movimento dirigido ao objeto, MDO)? Ou ainda a prova pisca-pisca-gaiola de mãe: a que idade a criança deixa de procurar a fonte da imagem diante dela, chegando a contornar o espelho, para finalmente se voltar para ela?

Apreende-se logo o óbvio interesse dessas questões e dos dispositivos em que elas se realizam em relação à análise genética dos comportamentos cognitivos. Sob esse ponto de vista, a heterogeneidade dos mecanismos postos em jogo pela diversidade dessas questões surge de maneira convincente nos longos espaços temporais que separam suas respectivas soluções: 12 meses para a situação espelho-vidro, 2 anos mais ou menos para a situação mancha, freqüentemente mais de 3 anos e às vezes mais de 5 anos para as situações "gaiola de mãe" e até "mãe oferecendo as balas".

Cada dispositivo é coordenado em relação a um tipo específico de problema e tende à operacionalização de uma variável precisa, de um mecanismo bem definido. Esse termo técnico designa atualmente, dentro do quadro da metodologia experimental, a adaptação de conceitos, idéias, hipóteses às condições concretas e às operações elementares que permitirão observá-las e pô-las à prova.

Dessa maneira, a *prova espelho-vidro* se destina a discernir a diferença entre as reações à imagem de si e aquelas à imagem do gêmeo, perfeitamente semelhante à primeira, com a única exceção do movimento. Assim, fica isolado o papel do movimento próprio na construção da imagem de si. Diferentemente do movimento alheio, a percepção do movimento próprio no espelho é acompanhada por um componente proprioceptivo, de uma vivência cinestésica específica. Essa intuição de uma unidade dinâmica entre o movimento visualmente percebido e o mesmo movimento percebido de maneira subjetiva constitui a base sobre a qual se constrói o espaço do corpo próprio. Essa é justamente a razão pela qual é interessante, do ponto de vista do estudo genético dos mecanismos, dissociar esses dois componentes.

A *prova da mancha* permite a diferenciação entre o movimento dirigido para a imagem especular (MDI) e o movimento dirigido para o objeto, quer dizer, para o corpo próprio (MDO). Essa prova, vencida por todas as crianças antes daquela do pisca-pisca, ressalta o adiantamento da construção do espaço corporal em relação ao espaço circundante.

A *prova do pisca-pisca* e a do *estímulo-mãe*, situados por detrás da criança, permitem testar em que medida o espaço especular ainda é real, ou, ao contrário, já virtualizado para a criança.

Esses *três níveis de problemas* buscam evidenciar o mecanismo paulatino de formação de um certo conjunto de estratos, de sub-estruturas perceptivas e cognitivas, na medida em que são requeridas para o reconhecimento especular da identidade corporal. De maneira mais geral, é o problema da construção dos diversos *planos do espaço, corporal, exteroceptivo e representativo,* que parece comandar o conjunto do dispositivo experimental. A prova do pisca-pisca, curiosamente acoplada à do estímulo-mãe apresentado à distância, o confirmam claramente. Por outro lado, esse problema da construção do espaço é colocado pelo autor em relação com o do *desenvolvimento da função semiótica.* Testemunham a favor disso a referência à enunciação efetiva do nome como critério decisivo do reconhecimento de si e também o interesse concedido à transformação gradual do além do espelho em um espaço virtual e simbólico.

Aliás, as visões de Zazzo parecem ter evoluído, em seu texto de 1981, em relação aos dados correspondentes apresentados em um filme de 1973 ("Através do espelho (a gênese da imagem de si no espelho)").

O filme não mostra observações relativas às crianças de 6-7 meses: júbilo frente à imagem especular de um familiar (etapa 1 acima). Os sujeitos mais jovens têm 10-11 meses.

Logo antes da apresentação do primeiro sujeito, o autor comenta verbalmente:

A partir do instante em que a criança é capaz de perceber sua imagem no espelho, ela reage por apelos, beijos e, sobretudo, sorrisos, o que chamamos de reação social. *Tudo acontece como se a criança acreditasse estar vendo uma outra criança*[57].

As imagens do primeiro sujeito apresentado, Sandra, 10 meses, são notáveis. A criança ri, sacode a cabeça, mexe o tronco inteiro.

Estaríamos nós muito longe, aqui, do que Lacan qualificou como "desperdício jubilatório de energia" diante da imagem especular[58]?

No texto de 1981, Zazzo evoca os beijos, os jogos de boca (etapa 2 acima), mas não menciona mais o aspecto muito reativo, muito tônico representado pelos apelos, pelos sorrisos.

Por outro lado, ele apresenta, em 1981, os "jogos de mãos" como sendo posteriores (11-12 meses) aos jogos de boca, enquanto que, no filme, eles são citados como mais ou menos contemporâneos.

Os jogos de mãos e de rosto aparecem mais ou menos ao mesmo tempo que as reações sociais, mas se prolongam por mais tempo. *São atividades lúdicas através das quais se constrói a representação de si*[59].

Assim, dois processos nos são apresentados no filme como sendo contemporâneos: por um lado, a percepção especular de si assimilada à de um outro e, por outro lado, uma atividade na qual se constitui o embrião de uma representação de si.

Estaríamos nós aqui, ainda, muito longe – levando-se em consideração as diferenças de perspectivas e de vocabulário – da descrição lacaniana do "outro especular" como imagem do semelhante em que, apesar da "identificação pessoal ainda vacilar [...] o Eu se precipita em uma forma primordial"[60]?

---

57 R. Zazzo, "À travers le miroir, une étude sur la découverte de soi chez l'enfant" (1973), *Laboratoire de psychobiologie de l'enfant (EPHE). Film, J. P. Dalle, SFRS.* O texto de 1981 se encontra na obra *Où en est la psychologie de l'enfant?*, Paris, Denoël-Gontrier, 1983.

58 J. Lacan, *Les complexes...*, *op. cit.*, p. 43.

59 R. Zazzo, "À travers...", *op. cit.*

60 J. Lacan, *Le stade*, *op. cit.*, p. 94.

Não se poderia evitar essa impressão, colocando fé nas imagens e no comentário de que a criança de 11 meses, sem se reconhecer ainda nessa imagem insólita, já busca ludicamente por si mesma nessa imagem do outro. Parece-nos que, no essencial, a concepção lacaniana não propõe outra coisa; a não ser que se abandone a formulação, que só tem uma ocorrência na obra lacaniana, de um "reconhecimento" de si (ou da imagem?) na idade de 6-8 meses em uma intuição iluminativa.

O autor prossegue nesses termos:

> Sabine, 11 meses. A mão separada do espelho se desdobra; espanto: a criança compara a imagem da mão à sua própria mão. Experimenta todas as suas percepções táteis, visuais, motoras, cuja fonte ainda é desconhecida. Pelo *jogo de suas mãos*, partes visíveis de seu corpo, se inicia a junção entre a experiência que ela tem de seus próprios movimentos e a imagem dada pelo espelho [...]. Nessa idade, *os jogos de espelho ainda se dirigem para a imagem ilusória de outrem* [...] *Jogos de rosto ainda mais ambíguos.* O rosto, que, ao contrário da mão, não é um objeto, não é visível diretamente, não se desdobra, a não ser quando deixa no espelho a marca dos lábios[61].

Nós nos permitiremos também marcar que essa bela observação e seu comentário não contradizem em nada o que Lacan descreveu como "*ludismo de reconhecimento*", no contexto dos comportamentos de júbilo.

Um outro aspecto nos parece particularmente importante. No artigo de 1981, Zazzo não trata do papel da percepção simultânea de outrem no reconhecimento especular. O reconhecimento de outrem e a identificação de si são estudados, por razões de ordem ao mesmo tempo teórica e metodológica, a título de comportamentos diferentes. Dessa maneira, nas experiências da mancha e do pisca-pisca, a criança é colocada sozinha diante do espelho para que se analise, em um estado de variável isolada, apenas o processo da identificação de si. Entretanto, na situação natural mais comum, a criança é levada no colo de um adulto, na maioria das vezes a sua mãe. Resulta disso um provável efeito de facilitação exercido pelo reconhecimento de

[61] R. Zazzo, "À travers...", *op. cit.*

outrem sobre a identificação de si. Ora, o filme de 1973 evoca claramente essa circunstância essencial. "A imagem de si, comenta o autor, se forma à imagem de outrem por imitação e diálogo". E um pouco mais adiante:

> Graciane, primeiro no colo de sua psicóloga, se observa atentamente, depois, deixada sozinha, toca seu próprio nariz. É provável que o contato com outra pessoa reconhecida já há bastante tempo no espelho favoreça o reconhecimento de si por contigüidade [...] A atividade motora do rosto, comer, por exemplo, também abaixa, parece, o limiar de reconhecimento.

Assim, mesmo que seus trabalhos se liguem originalmente à problemática walloniana da formação da consciência de si, Zazzo guarda distância dessa problemática, esforçando-se em tratar à parte os comportamentos relacionados, por um lado, à imagem de si e, por outro lado, à imagem do adulto familiar. Esse preconceito epistemológico surge no dispositivo experimental, sem relação com nenhuma situação natural e com uma aparência bastante cômica, de uma gaiola de mãe colocada vários metros atrás da criança. Os resultados de Zazzo, que concluem separando os processos da consciência de si e da consciência de outrem, se afastam definitivamente do modelo walloniano da identificação diferencial e correlata de si e de outrem. Mas podemos nos perguntar se esses resultados não seriam devidos, em grande parte, a uma metodologia artificial que isola o sujeito, o mais possível, de qualquer contato direto e natural com o parceiro.

Consideremos um último ponto. Apesar dessa divergência com Wallon, Zazzo concorda com ele sobre o fato de que o reconhecimento especular do adulto familiar é um comportamento muito precoce e muito específico. Esse ponto é confirmado por outros trabalhos, sobretudo pelos de Boulanger-Balleyguier, que, em outros aspectos, chegam a resultados notavelmente diferentes dos de Zazzo.

Ora, não nos parece que Lacan tenha abordado esse aspecto com muita clareza. Mesmo que na origem tenha se inspirado nas visões de Wallon[62],

---

[62] Fica claro que Wallon concede uma grande importância, mas não exclusiva, às reações relativas ao contemporâneo: contemplação – exibição, etc. A menção do adulto é ali também pregnante.

Lacan, definitivamente, descreve o comportamento especular dentro do quadro privilegiado da rivalidade fraterna, da relação narcisístico-agressiva em relação ao contemporâneo. Essa perspectiva, em que se discerne de maneira evidente a transferência do mito hegelo-kojeviano da dialética do senhor e do escravo, resulta na ocultação, nos célebres textos sobre o "estádio do espelho", dos comportamentos relativos à imagem parental. Se é verdade que a presença do entorno é mencionada várias vezes por Lacan, especialmente também "a troca de olhares" e o voltar-se da criança para o adulto, persiste o fato de que o tema da imago do semelhante permanece fundamentalmente centrado, no período fundador do pensamento lacaniano, pelo do *alter ego* fraterno como um "modelo arcaico do eu"[63].

[63] É só nos textos posteriores ao período hegeliano (1953) que o objeto da identificação primário-especular será deslocado do objeto fraterno para o objeto materno como "eu ideal". *Cf.* J. Lacan, "Le stade..." (1949), *Écrits*, *op. cit.*, "De nos antécédents", (1966), *op. cit.*

Capítulo XVIII

As outras pesquisas recentes sobre a imagem especular

Pareceu-nos desejável expor em separado os trabalhos de Zazzo, em razão do fato de ele mesmo, por vezes, tê-los explicitamente apresentado na perspectiva de um questionamento, até de uma invalidação das visões de Lacan sobre o estádio do espelho.

Diversidade das abordagens

Entretanto, muitos outros trabalhos foram dedicados, ao longo dos últimos quarenta anos, ao problema da imagem especular, dos quais não se trata – dentro do escopo deste trabalho – de fazer o levantamento do enorme inventário. Entretanto, é importante para nós marcar seus resultados principais assim como seus aspectos epistemológicos essenciais, na medida em que nos parecem suscetíveis de apresentar, no próprio plano dos fatos, convergências imprevistas com a corrente psicanalítica.

De maneira bem curiosa, veremos que certos experimentadores chegam, claro que involuntariamente e numa linguagem totalmente diferente, a observações que, parece-nos, estão bem longe de invalidar a descrição do estádio do espelho proposta, já fazem sessenta anos, por Lacan. Trata-se em especial, mas não unicamente, do processo qualificado como "reconhecimento esquematizante".

O conjunto dessas pesquisas relativas às reações às imagens em espelho apresenta um certo número de características essenciais.

A primeira consiste na grande variedade de comportamentos que foram estudados não somente na criança normal, mas também na criança com retardo, assim como no adulto normal e patológico. Enfim, no campo da etologia animal, numerosas observações de um grande interesse vieram enriquecer os poucos fatos que, na época, pareceram a Lacan dignos de menção. Após se entrincheirar por muito tempo apenas no registro da análise familiar[1], a análise dos comportamentos especulares passou progressivamente a implicar o conjunto dos setores da psicologia: animal, genética, geral e funcional, clínica e patológica.

Uma segunda característica diz respeito à variedade das técnicas e dos métodos em relação com a progressiva extensão dos setores de objetos, que acabamos de abordar. Paralelamente à imagem em espelho propriamente dita, as pesquisas se voltaram para outros arrimos da função especular, especialmente a imagem televisual (em difusão direta ou diferida[2]), mas também a imagem fotográfica[3]. Essas duas últimas categorias de imagens não apresentam o fenômeno de simetria invertida característica da imagem em espelho. Além disso, se a imagem televisual reproduz, "imita", sob forma de correspondências gestuais, a atividade motora do sujeito, não é o caso da imagem fotográfica, cuja percepção gera um problema de decodificação mais difícil que o da imagem especular propriamente dita.

Utilizou-se muitas vezes a técnica do espelho deformante, da qual existem versões sofisticadas com graus e setores de deformação reguláveis. Essa técnica permite abordar o interessante problema da tolerância no gradiente de distorção da imagem em espelho, ponto sobre o qual voltaremos mais tarde.

Uma terceira característica diz respeito, em contraste com essa abundância de procedimentos metodológicos, à incerteza, preocupante no plano epistemológico, relativa à denominação e à definição do tipo de processo

[1] Darwin, 1877; Preyer, 1882; Guillaume, 1925; Piaget, 1946; Zazzo, 1948.

[2] Utilizada por Zazzo mais a título de contraprova, mas também como tema central por outros pesquisadores.

[3] Em data ainda bastante recente: Papousek e Papousek, 1974; Zazzo, 1977.

em causa nessa verdadeira caça de Pan. Com efeito, a problemática do reconhecimento especular de si próprio surge por si só como muito ambígua e para especificá-la são encontradas formulações muito diversas, em que, de imediato, perfilam-se outras tantas interpretações: percepção de si, imagem de si, sentimento de si, representação de si, noção de si, conceito de si, identidade de si e, é claro, consciência de si. Essa proliferação descontrolada de fórmulas em que o vocabulário da psicologia se mistura imprudentemente com o da filosofia nos parece revelar que o tema da imagem em espelho expõe os problemas mais fundamentais da psicologia. Também é possível que a psicologia, nessa ocasião, crie para a epistemologia e a filosofia problemas parcialmente novos, sobretudo o dos graus e níveis de desenvolvimento da consciência de si[4].

Certos pesquisadores, mas ainda raros, ressaltam a relação desse fenômeno do reconhecimento especular com a consciência do corpo próprio e dos dois com a progressiva organização da personalidade pelos processos de identificação[5]. A maior parte aborda o problema do reconhecimento de si exclusivamente no âmbito da psicologia cognitiva, cortando-o de suas ramificações no conceito clínico e psicanalítico de identificação.

Todos os tipos possíveis de preconceitos de caráter epistemológico atravancam o campo das pesquisas relativas ao problema do reconhecimento especular.

Alguns pesquisadores seguem uma espécie de empirismo metodológico espontâneo: pretendem se manter à margem de qualquer modelo teórico para se interessar unicamente pela coleta de observações[6]. Outros, ao contrário, adotam o quadro opressivo de um modelo apriorístico, por exemplo a descrição piagetiana dos estágios da psicogênese, e prevêem reações à imagem especular suscetíveis de concordar com ela[7]. É claro que uma

[4] P. Mounoud e A. Vinter, *La reconnaissance de son image chez l'enfant et chez l'animal,* Paris, Delachaux et Niestlé, 1981, p. 8. O filósofo inglês Bacon chamava de caça de Pan à coleta de várias observações fora de qualquer teoria preconcebida.

[5] V. Shentoub e col. (1954) e J. Postel (1967), *in* J. Corraze, *Image spéculaire du corps. Choix de textes présentés,* Toulouse, Privat, 1980.

[6] Segundo sua própria confissão, é o caso de Zazzo.

[7] Berthendal e Fischer 1980, *in* P. Mounoud e A. Vinter, *La reconnaissance de son image..., op. cit.,* p. 157.

abordagem desse gênero se expõe a uma certa forma de limitação no próprio plano do leque dos observáveis. Entre os pesquisadores dessa tendência, alguns conseguem, por via de uma verdadeira petição de princípio, achar milagrosamente em suas conclusões o modelo piagetiano, tão constrangedora quanto possa parecer a sua aplicação ao conjunto das observações[8].

Um outro tipo de preconceito diz respeito à própria aparência do processo de formação do reconhecimento especular.

Alguns o vêem emergir com uma forma específica de comportamentos que representaria, em relação a esta, um tipo de Rubicão[9]. Mas, entre eles, alguns situam esse acontecimento em uma época muito precoce[10], outros, em uma bem mais tardia[11]. Um dos primeiros psicólogos a se interessar pelo comportamento especular, Guillaume[12] estimava que sua filha se tivesse reconhecido no espelho com a idade de 11 meses e 18 dias. Em oposição a essa perspectiva – retomada por Dixon –, Zazzo[13] denuncia em termos vigorosos a "tendência a diminuir a idade do reconhecimento de si". O problema que surge aqui é o da diversidade dos critérios de reconhecimento de si em autores que, por outro lado, estão freqüentemente de acordo em vários aspectos sobre a natureza material dos fatos. De qualquer maneira, a maioria desses pesquisadores (Dixon, Amsterdam) põe em série os fatos observados em função de um modelo de estágios, compatíveis para eles com o seu esquema do Rubicão.

Todavia, outros autores se opõem a essa primeira corrente. Eles acham que o reconhecimento especular não surge no momento de uma forma especial de comportamento, pois que seria um processo estendido de maneira contínua no tempo e do qual existem formas muito precoces, por exemplo, já aos 9 meses. Entre eles, alguns admitem um modelo de períodos, baseado

---

[8] P. Mounoud e A. Vinter, *La reconnaissance de son image...*, *op. cit.*, pp. 198-201; e, de certos pontos de vista, também: J. Postel (1967), *in* J. Corraze, *Image...*, *op. cit.*, pp. 260-261.

[9] Dixon 1957; Gallup 1970; Amsterdam 1972; Berthendal e Fischer 1978; Zazzo 1980, *in* P. Mounoud e A. Vinter, *op. cit.*, pp. 17, 77, 155.

[10] Dixon (1957), *in* P. Mounoud e A. Vinter, *op. cit.*, p. 17.

[11] R. Zazzo (1980), *in* P. Mounoud e A. Vinter, *op. cit.*, p. 77.

[12] P. Guillaume, *L'imitation chez l'enfant*, Paris, Alcan, 1925, reed. PUF, 1968.

[13] R. Zazzo, "La genèse de conscience de soi (la reconnaissance de soi dans l'image du miroir)", *in* R. Angelergues e col., *Psychologie de la connaissance de soi*, Simpósio da APSLF, Paris, PUF, 1975.

especialmente no de Piaget[14]. Mas alguns outros manifestam sua oposição aos partidários do Rubicão, concebendo uma forma de continuidade que chega até a excluir a própria noção de estágio de desenvolvimento[15].

Essas divergências entre partidários do Rubicão relativas à datação do critério, assim como entre estes e os que escolheram a longa marcha, formam um contexto epistemológico denso, mas rico. Essa situação leva a postular tipos de reconhecimento distintos que formam os diversos degraus de uma série genética. Assim, Mounoud e Vinter introduzem a hipótese de

> vários tipos de reconhecimento de si e de outrem com todos os intermediários imagináveis entre um reconhecimento *singular* ou individual e um reconhecimento *esquematizante*[16].

Essas duas espécies fundamentais de processos corresponderiam respectivamente, indicam eles, ao segundo e ao primeiro organizador de Spitz[17]. Ora, é possível que o que esses autores entendam por reconhecimento esquematizante, em relação à *Gestalt-signal* spitzeano, tenha algo a ver, no plano da experiência especular, com a noção lacaniana de identificação primário-imaginária com a *Gestalt* do semelhante. É uma sugestão que nos parece merecer algum crédito, se quisermos considerar alguns dos fatos que vamos relatar agora.

Tentamos, apesar da relativa dificuldade de tal empenho, apresentar numa única descrição de conjunto as concepções respectivas de vários autores. Acontece de os autores identificarem o mesmo tipo de processo, mas situando-o em épocas bastante variáveis. Nesses casos, indicaremos a média etária, comum a todos os autores, enquadrando-a pelas datas mínima e máxima indicadas no corpo das observações. Além disso, tomaremos como eixo principal dessa apresentação o trabalho de Boulanger-Balleyguier sobre

---

[14] Berthendal e Fischer (1980); P. Mounoud e A. Vinter, *in La reconnaissance de son image*, *op. cit.*, p. 155.

[15] Lewis e Brooks-Gunn (1979). Também Bertenthal e Fischer, que insistem mais na continuidade em 1980 do que em 1978; P. Mounoud e A. Vinter, *in La reconnaissance...*, *op. cit.*, pp. 141, 156, 179.

[16] P. Mounoud e A. Vinter, *La reconnaissance...* (1981), *op. cit.*, p. 9

[17] O primeiro organizador de R. Spitz (0,3) consiste na reação-sorriso à *Gestalt* do rosto humano; o segundo (0,8), na angústia diante do estranho, indício da identificação singular do objeto materno.

as *Etapas do reconhecimento de si diante do espelho*[18]. Esse trabalho, de um caráter mais descritivo que teórico, é recomendável pela riqueza e complexidade dos fatos; alguns deles nos parecem ilustrar de maneira espantosa o conceito de reconhecimento esquematizante, proposto sem exemplo especial por Mounoud e Vinter. Também é interessante ressaltar que a autora adotou um método de caráter clínico, fundado na observação longitudinal das situações naturais no meio familiar.

A imagem de um outro

1) As primeiras reações da criança à imagem especular são extremamente precoces, pode-se observá-las a partir de 1 mês, desde que ela esteja deitada:

> a criança se agita, faz caretas, mostra a língua, emite ruídos, sorri, pára de chorar.

Sentada, a criança pode permanecer sem reação até a idade de 5 meses.

Trata-se, nesse patamar, de "movimentos dirigidos para o outro" (Gallup), de reações sociais, que têm um valor de comunicação. Essas reações à imagem própria assimilada à imagem de um parceiro se prolongam até 15 a 20 meses.

2) Além disso, até 9 meses, a criança prefere à imagem de seu próprio rosto a do familiar, da mãe, quando a percebe no espelho.

3) A exploração tátil do espelho começa aos 4 meses e se generaliza aos 6. A criança acaricia sua imagem, impinge ao espelho uma grande quantidade de tapinhas e arranhões. Ela também se interessa em variar os reflexos agitando o espelho. A partir de 8 meses, ela o vira para achar a imagem que lhe parece estar por detrás. Também tenta pegar a imagem no espelho, sobretudo após os 10 meses. Esses comportamentos de exploração associados à ilusão de profundidade se prolongam até um período compreendido entre os 14 e mais de 24 meses segundo os autores.

[18] Boulanger-Balleyguier (1964), *in* P. Mounoud e A. Vinter, *op. cit.*, p. 17.

Esse primeiro conjunto de comportamentos – reações sociais ao espelho (1 e 2) e exploração de um objeto situado por detrás – forma uma unidade natural muito persistente. Essas duas categorias de comportamentos, que têm em comum uma polaridade centrífuga, projetiva, desaparecem mais ou menos ao mesmo tempo, ao redor dos 23-24 meses.

Ao longo dos dois primeiros anos, no que se refere a reações à imagem especular, as sobreposições entre comportamentos surgidos em etapas diferentes são a regra[19].

A imagem de um outro-eu (alter / ego)

4) Paralelamente aos movimentos dirigidos à imagem (MDI), surgem os movimentos dirigidos ao objeto (MDO). A sua primeira forma é o voltar-se, primeiramente para a mãe, aos 6 meses, depois para a pessoa estranha, quando ela se aproxima, seja no espelho como também na tela de vídeo.

A criança pára de se voltar para um familiar aos 17 meses, pois a imagem lhe é então atribuída. Continua a se voltar para um estranho até os 23 meses[20].

5) Aos movimentos dirigidos ao objeto (MDO) pertencem as "respostas orientadas para si" (Gallup), para o corpo do sujeito "como se ele tentasse relacionar a imagem a si próprio" (Dixon).

Essas condutas poderiam surgir, segundo alguns, aos 3 meses (Amsterdam) e se prolongariam, sobrepondo-se às reações sociais (1 e 2) e ao comportamento de exploração MDI (3), até um período compreendido entre 18 e 24 meses, de acordo com os autores.

A criança começa, aos 7 meses, a observar os reflexos de sua mão, que agita diante do espelho. Essa observação da mão dura até os 15-17 meses. Por volta de 1 ano, as outras partes do corpo são incluídas no processo. A criança faz caretas intencionalmente.

Zazzo observa o início desses "jogos de mão" bem mais tarde, pelos 11-12 meses.

---

[19] J. Corraze, *Image...*, *op. cit.*, pp. 53-54, 56, 63, 65, 67, 95, 146-149, 154, 168, 172.

[20] *Ibid.*, pp. 62-63, 149-150, 175; P. Mounoud e A. Vinter, *La reconnaissance...*, *op. cit.*, pp. 134, 139.

O conjunto dessas atividades tende a estabelecer um sistema de "concordâncias entre o corpo próprio e a imagem" (Boulanger-Balleyguier), o que outros autores chamaram ainda de "correspondências sincronizadas", referindo sua origem às reações circulares dos primeiros meses, cujo mecanismo clássico foi descrito por Piaget e Wallon.

Ora, *Dixon*[21] acha que o estabelecimento dessas reações dirigidas ao corpo "começa a sugerir, *por volta de 1 ano*, um reconhecimento autêntico de si mesmo", cujos prenúncios lhe parecem dados aos 6-7 meses.

Outros autores, Stone e Church[22], arriscam a suposição do reconhecimento especular mais cedo ainda que Dixon, por volta dos 10 meses, mas sem invocar, ao que parece, um critério preciso[23].

6) Essas correspondências imitativas entre o corpo e a imagem se desenvolvem em exibições vaidosas em que se misturam ao mesmo tempo a admiração de si e o constrangimento, a timidez. Esse período foi chamado por Dixon de "estágio da palhaçada" e marca, segundo ele, o progresso do reconhecimento de si surgido na idade de 1 ano. Essa fase de palhaçada se estenderia numa faixa etária compreendida entre 1 e 2 anos, segundo o autor. Ela parece corresponder ao período que Boulanger-Balleyguier identificou após 1 ano como sendo fértil em "caretas" (ver 5). E provavelmente também ao fenômeno que Zazzo, por conta própria, denominou de "dança no espelho" e que ele faz estrear após 18 meses.

Lewis e Brooks-Gunn[24] evocam, a título de mecanismo de uma tal conduta, um "efeito cativante" associado ao levantamento de "inibições sociais" e que tem "necessidade de ser interrompido", ou seja, um movimento de expansão narcisística conectado a uma defesa contra tal movimento.

A respeito disso, se evocaria de bom grado os comportamentos de exibição, descritos em uma idade, é verdade, mais precoce (6 a 12 meses) por Charlotte Bühler e Wallon e cuja menção Lacan, como se sabe, retomou.

[21] Dixon, 1957, *in* P. Mounoud e A. Vinter, *op. cit.*, p. 17.

[22] L. Stone e J. Church (1968), *in* P. Mounoud e A. Vinter, *La reconnaissance...*, *op. cit.*, pp. 65, 74.

[23] J. Corraze, *Image...*, *op. cit.*, pp. 63-65, 67-67, 95, 132, 153, 156; P. Mounoud e A. Vinter, *La reconnaissance...*, *op. cit.*, pp. 12, 65, 124-125, 131, 134, 139-140, 166.

[24] M. Lewis e J. Brooks-Gunn (1979), *in* P. Mounoud e A. Vinter, *La reconnaissance...*, *op. cit.*, pp. 18, 111.

Também se pensaria na função de imponência, à qual se liga o esquema da exibição e que põe em jogo o sentimento da postura diante da imagem do semelhante. Por sinal, Wallon, lembremos, analisou a timidez em sua relação com as reações de imponência como "um medo relativo a seu próprio 'si' em relação aos outros". Em um registro próximo, se lembrará também as observações de Lacan relativas à fenomenologia do pudor. Enfim, não se poderia silenciar sobre as análises de Freud no que se refere ao pudor, e outras formações reativas, como "diques psíquicos" que fazem obstáculo aos excessos da pulsão, sobretudo a exibicionista[25].

7) O comportamento de evitação, situado por Zazzo entre 16-17 e 25 meses, foi identificado bem mais cedo, a partir do segundo semestre do primeiro ano, por certos autores (Dixon, Amsterdam, Schulman e Kaplowitz). Boulanger-Balleyguier acredita até mesmo tê-lo identificado aos 4 meses, reconhecendo sua persistência até 2 anos. Ela distingue ali várias etapas, às quais confere significações funcionais muito diferentes. De 4 a 8 meses, se trataria do medo do estranho, identificado por Spitz somente aos 8 meses. Dos 8 aos 15-16 meses, seria um medo devido ao desdobramento da mão, uma reação, então, à estranheza. Durante todo o curso do segundo ano, tratar-se-ia também de uma reação de oposição à demanda do adulto relativa à sua observação no espelho. Enfim, na última metade do segundo ano, a reação de evasão estaria relacionada à hesitação em qualificar a imagem especular de "bebê" ou pelo nome.

De fato, o comportamento de evitação desempenharia um papel funcional particularmente predominante, segundo Corraze, "ao final do primeiro ano e no início do segundo".

Pode-se diferenciar bem os comportamentos de tipo 6 dos de tipo 7, apesar do fato desagradável de que os autores utilizam bastante o termo timidez para qualificar ora uns, ora outros. Aparentemente, não se trataria do mesmo tipo de timidez.

---

[25] S. Freud, *Trois essais sur la théorie de la sexualité*, Paris, Gallimard, 1962, pp. 45, 89, 128; "Pulsions et destins des pulsions", *Métapsychologie*, Paris, Gallimard, 1967, p. 29; "Considérations actuelles sur la guerre et la mort" (1915), *Essais de psychanalyse*, Paris, Payot, 1981, p. 17; *Inhibition, symptôme et angoisse* (1926), Paris, PUF, 1965, pp. 35, 86.

Segundo Corraze, o comportamento de evitação, apesar de sua ocasional porém persistente relação com o medo do estranho, representaria "um fenômeno específico do espelho". A esse respeito, ele lembra as sugestivas propostas de Zazzo sobre o fato de que a imagem em espelho representa "uma percepção estranha", a percepção discordante de "um outro que não é como os outros[26]".

Provavelmente sem que seja essa a sua intenção, as formulações de Zazzo evocam, até mesmo no termo, as de Freud, que se refere ao *Unheimliche*, "a estranheza" relativa a qualquer percepção do duplo. Se, por outro lado, Zazzo entende significar que a percepção especular diz respeito a um outro-não-outro, ou então um outro-eu, então nos parece que a concepção lacaniana não pretende, no que tange ao essencial, outra coisa. O objeto narcisístico que o sujeito primitivo da experiência especular encontra nada mais é que "um eu que é à imagem do outro".

8) O conjunto dos registros de comportamentos analisados até aqui se deixa dividir em três correntes principais: I/ reações sociais (pontos 1 e 2 anteriores) e movimentos de exploração dirigidos à imagem (MDI: ponto 3): II/ comportamentos orientados para o objeto (MDO: pontos 4 e 5): retorno para o familiar (ponto 4), comportamentos orientados para o corpo próprio, correspondências imitativas corpo-imagem (ponto 5), as quais se prolongam na fase dita de "palhaçada" (ponto 6); III/ comportamento de evitação (ponto 7).

Ora, essas três correntes parecem convergir em um único conjunto comportamental cujos comportamentos sincrônicos se exprimem com uma nitidez especial no início do segundo ano. Amsterdam marcou essa situação ao descrever "uma organização mista apresentada pela criança de *12-14 meses*: um comportamento social (I), a observação de seus próprios movimentos (II) e a evitação do espelho (III)[27]".

Essa situação pareceu notável também para outros autores, sobretudo Bertenthal e Fischer[28], que situam, em concordância com Dixon, o reconhecimento de si no espelho com a articulação do primeiro e do segundo ano.

[26] J. Corraze, *Image...*, *op. cit.*, pp. 9, 72-80, 98, 154-155, 170-171.

[27] Amsterdam (1972), *in* P. Mounoud e A. Vinter, *La reconnaissance...*, *op. cit.*, pp. 139, 171.

[28] Berthendal e Fischer (1978), *in* P. Mounoud e A. Vinter, *La reconnaissance...*, *op. cit.*, p. 151.

Porém, enquanto Dixon percebe seu indício nos comportamentos orientados para o corpo próprio (ponto 5), Bertenthal e Fischer percebem seus testemunhos nos comportamentos de retorno para o objeto, animado ou não (ponto 4), e nos comportamentos de evitação do espelho (ponto 7)[29].

9) Esse período de 12 aos 14 meses pareceu notável para um outro autor, Boulanger-Balleyguier[30], por causa de uma outra forma de comportamento, desta vez de natureza verbal.

Nessa idade, algumas crianças já dão nome a seus pais: "papai", "mamãe", sobretudo a mãe. Entretanto e surpreendentemente, elas pronunciam essas palavras também diante de sua imagem. Muitas vezes, mesmo, elas fazem diante de sua própria imagem gestos que são reações habituais à vista de um familiar: estender os braços para serem pegas no colo, gestos de marionetes, tchau, etc.

A imagem de si

Essa ilusão do adulto familiar relativa à própria imagem desaparece por volta dos 15-17 meses, como parecem demonstrar as reações diferenciadas que surgem nessa época.

A partir dos 15 meses, a criança começa a reagir corretamente diante do espelho às questões: "cadê (nome dela)?", "cadê mamãe?". Em uma primeira fase, ela observa a imagem, mas, no início, mais freqüentemente a de sua mãe, quando ela é nomeada, do que a sua própria. Mais tarde, aos 16 meses, algumas crianças se voltam na ocasião da pergunta e até mesmo tocam a sua mãe.

Dos 17-18 aos 22 meses, a criança a quem perguntam, além de olhar a sua imagem, ou a da mãe, a aponta com o dedo. Finalmente, aos 22 meses, ela aponta para ela própria[31].

10) Entretanto, se considerarmos não mais somente a compreensão da linguagem, mas sua utilização espontânea, poderemos observar de vez em quando um fato notável.

---

29 *Ibid.*, p. 128.

30 Boulanger-Balleyguier (1964), *in* P. Mounoud e A. Vinter, *La reconnaissance...*, *op. cit.*, p. 17.

31 J. Corraze, *Image...*, *op. cit.*, pp. 76, 95, 157, 161-163, 177.

Se algumas crianças começam, por volta dos 12-14 meses, a espontaneamente dar nome à imagem da mãe no espelho, tal reação é muito mais freqüente a partir dos 17 meses. Ao mesmo tempo, algumas começam a dar nome à sua própria imagem utilizando-se do termo "bebê". Ora, é significativo que essa palavra funcione então como um nome geral, que ela não seja reservada ao sujeito próprio, designando o conjunto das crianças, até maiores, e o que lhes pertence, bonecas e até mesmo imagens de crianças.

Certas *crianças* começam, a partir dos 21 meses, a utilizar seu nome diante da imagem, mas essa reação é rara até os 2 anos. Também é nessa idade de 21 meses, ao mesmo tempo então da imagem própria, que são dados nomes às coisas, aos objetos inanimados, vistos no espelho. Quanto à imagem do sujeito, o nome pode, durante algum tempo, coexistir com o termo genérico "bebê".

Segundo Boulanger-Balleyguier, é nessa época em que a criança hesita diante da imagem entre a denominação "bebê" e o seu nome que a reação de evitação exprime, especificamente, a hesitação relativa à significação da imagem. Zazzo só identifica o comportamento de evitação nessa fase etária do final do segundo ano, mas não antes disso.

Entretanto, a ilusão de realidade característica da imagem, se ela some para a mãe por volta dos 17 meses, persiste claramente mais tarde para a criança: até 2 anos, segundo Boulanger-Balleyguier, as que, no caso, se qualificam ainda de "bebê" diante da imagem ainda passam a mão por trás do espelho, ou o viram, ou então o apertam contra o corpo, a menos que se voltem para procurar alguém a seu lado.

A atribuição e o uso do nome, em relação à nascente consciência de si, contribui, no curso do terceiro ano, para a identificação da imagem própria assim como para a liquidação da ilusão de realidade ligada ao objeto especular. A utilização dos pronomes pessoais, como se sabe, é ainda mais tardia do que a do nome. Eles surgem entre os 21 e 24 meses, mas sua aplicação correta não é observável antes dos três anos[32].

Zazzo, como se viu, também menciona o uso do nome, assim como a persistência da ilusão especular para a imagem própria, ao redor dos 2

[32] Gesell (1928); Wallon (1934); Ames (1952); Lewis e Brooks-Gunn (1979).

anos. Por outro lado, a persistência durável da ilusão especular para o objeto materno, de que ele trata, não concorda em absoluto com os dados de Boulanger-Balleyguier[33].

O fato notável sobre o comportamento "bebê" observado por Boulanger-Balleyguier em 1964 encontra, em nossa opinião, uma confirmação muito interessante nas indicações mais recentes de Lewis e Brooks-Gunn[34]. Esses autores se interessam particularmente pelo modo específico dos comportamentos especulares representados pela identificação da imagem fotográfica. Ora, são observados, nesse contexto experimental, comportamentos aparentemente muito homólogos a essa forma de identificação genérica colocada em jogo pelo comportamento "bebê".

A partir mais ou menos de 1 ano, e, às vezes, de 9 meses, as crianças se revelam capazes de distinguir sua própria fotografia entre as dos adultos e, freqüentemente, as de crianças do sexo oposto. Trata-se de uma diferenciação segundo a idade e o gênero, com base, dizem os autores, em uma "categoria", um "atributo". Essa diferenciação se traduz em termos de sorriso, de franzimento de sobrancelhas e de tempo de fixação da imagem. A criança prefere olhar para a sua fotografia do que para as de outras categorias. Todavia, ainda não a distingue pelas características faciais singulares. Ela a confunde com as de seus contemporâneos do mesmo sexo.

É a partir de 16-18 meses que a criança distingue sua fotografia de qualquer outra, espontaneamente ou então em resposta à pergunta sobre o seu nome. Dos 21 aos 24 meses, as crianças sorriem mais para sua própria fotografia. A sua denominação espontânea acontece no final do segundo ano. Esses números correspondem de maneira muito impressionante aos dados compilados por Boulanger-Balleyguier sobre a própria imagem especular[35].

O conjunto de fatos extremamente notáveis que acabou de ser exposto nos pontos 9 e 10 causa problemas de interpretação sobre os quais nos propomos voltar mais adiante nos pontos 13 e 14. Digamos somente,

[33] J. Corraze, *Image...*, *op. cit.*, pp. 81-83, 98, 163-168, 170-171, 177; P. Mounoud e A. Vinter, *La reconnaissance...*, *op. cit.*, pp. 116, 118, 131-132, 140.

[34] Lewis e Brooks-Gunn, (1979), *in* P. Mounoud e A. Vinter, *La reconnaissance...*, *op. cit.*, pp. 18, 111.

[35] P. Mounoud e A. Vinter, *La reconnaissance...*, *op. cit.*, pp. 113, 117-119, 129, 132.

por enquanto, que esses problemas nos parecem associados à sobreposição, durante todo o segundo ano, de dois tipos de comportamento especulares, uns MDI voltados para a imagem, os outros, MDO voltados para o si.

O primeiro estrato genético dos comportamentos orientados para o si nos surgiu primeiramente no plano das correspondências imitativas corpo-imagem, as quais se desenvolvem entre 7 e 15-17 meses (ponto 5).

Uma das formas exclusivas nas quais se realizam essas correspondências sincronizadas, essas comparações entre a imagem e o corpo, nos chegou na fase de palhaçada-timidez, que se desenvolve entre 1 e 2 anos segundo os autores (ponto 6).

Ainda nos resta a apresentação de mais duas formas desses comportamentos dirigidos para o si (pontos 11 e 12).

11) A forma mais bem conhecida e citada pelos autores é a reação à mancha, cujo contexto metodológico e cuja estrutura comportamental descrevemos no curso do tema anterior relativo aos resultados de Zazzo.

Acrescentemos aqui somente que o engenhoso método da mancha vermelha no rosto foi imaginado por Gallup[36] para o chimpanzé e retomada pouco após para a criança pequena por Amsterdam[37] e, em seguida, por Zazzo[38].

O êxito nessa prova da mancha se situa entre 13 e 24 meses segundo os autores. Todavia, já entre 9 e 12 meses, se acreditarmos em Lewis e Brooks-Gunn, as crianças seriam

> capazes de diferenciar as situações de espelho com ou sem marca vermelha, mesmo que não sejam capazes de tocar diretamente a marca vermelha na ponta de seus narizes[39].

Ora, de acordo com a indicação do próprio Gallup, que comentaremos depois, é o êxito na prova da mancha que Amsterdam propõe como critério explícito do reconhecimento de si entre 18 e 20 meses (42 %), e até mesmo 24 meses para a maioria dos casos (63 %).

---

[36] Gallup (1970), *in* J. Corraze, *Image...*, *op. cit.*, p. 102.

[37] Amsterdam (1972), *in* P. Mounoud e A. Vinter, *La reconnaissance...*, *op. cit.*, p. 151.

[38] R. Zazzo (1981), *in* P. Mounoud e A. Vinter, *La reconnaissance...*, *op. cit.*, p. 110.

[39] Lewis e Brooks-Gunn (1979), *in* P. Mounoud e A. Vinter, *La reconnaissance...*, *op. cit.*, pp. 18, 111.

Também é essa a atitude de Lewis e Brooks-Gunn, com a ressalva de que eles consideram o êxito na prova da mancha distribuído ao longo de um lapso um pouco maior, dos 15 aos 24 meses. Além disso, se observou que esses autores, hostis ao modelo do Rubicão e até mesmo à própria noção de estágio, admitem um desenvolvimento progressivo da consciência de si especular a partir da idade de 9 meses. Entretanto, eles acham que existe um aumento sensível do reconhecimento de si a partir dos 14-15 meses e mais ainda entre 18 e 21 meses, tanto que, aos 21 meses, explicam, "o reconhecimento de si está claramente estabelecido", sem que por outro lado pare de aumentar ainda depois disso[40].

Zazzo propôs, para o êxito na prova da mancha, períodos no início bastante tardios: 27 meses (1973) e até mesmo 30 meses (1975), depois mais precoces: 24 meses (1975), entre 18 e 24 meses (1981). Entretanto, esses diversos dados se mantêm coerentes, pois, para ele, a maior parte dos sujeitos vence a prova "nos primeiros meses do 3º ano". Além disso, parece que, segundo ele, a identificação de si só é plenamente garantida quando a criança, um pouco mais tarde, pronuncia seu nome diante da imagem[41].

12) A outra forma complexa dos comportamentos orientados para o si, que se desenvolve nesse período crucial do 4º semestre, consiste em um fato notável apontado por Lewis e Brooks-Gunn. Trata-se nada mais nada menos que do comportamento que consiste (*sic*) em "se ver desaparecer e reaparecer de um lado do espelho". Os autores o observam no mesmo período que o do êxito com a mancha e vêem nisso uma espécie de indício complementar do reconhecimento especular de si. Acrescentemos que, sem cultura aparente na área da literatura psicanalítica, eles atribuem a si próprios, com uma ingenuidade bastante especial, a paternidade dessa observação, por sinal, notável: "A nosso conhecimento, somos os únicos a

---

[40] J. Corraze, *Image...*, *op. cit.*, pp. 71, 96; P. Mounoud e A. Vinter, *La reconnaissance...*, pp. 124-125, 134-140, 166, 179; Lewis e Brooks (1975), 15-18 (25 %), 21-24 (75 %).

[41] Essa não é em absoluto a opinião de J. Corraze, para quem o "reconhecimento de si se estabelece em um nível de si pré-lingüístico, bem anterior à atribuição de seu nome à imagem", J. Corraze, *Image...*, *op. cit.*, pp. 79, 81, 96, 98; P. Mounoud e A. Vinter, *La reconnaissance...*, *op. cit.*, pp. 179; R. Zazzo, *Où en est la psychologie de l'enfant?*, Paris, Denoël-Gontrier, 1983, pp. 198-199. R. Zazzo observa a atribuição do nome à imagem especular aos 26 meses (1948).

ter observado esses últimos comportamentos que começam a surgir *dos 15 aos 18 meses* e se tornam dominantes *entre 20 e 24 meses*".

Lembremos simplesmente que Freud descreveu o mesmo comportamento, com a diferença de que a criança está de cócoras e não paralelamente ao espelho, na nota anexada ao texto sobre o *fort-da*. Coisa notável, Freud situa o comportamento em questão como sendo "ulterior" à idade de 1 ano e meio, que marca o início do jogo do carretel, cuja observação ele assinala ter empreendido até "1 ano mais tarde". É bastante notável ver Freud evocar esse conjunto de comportamentos não somente em benefício da compulsão de repetição, mas ainda como índice e fator de um progresso "de ordem cultural", dito de outra maneira, de um desenvolvimento da capacidade simbólica e representativa.

Por outro lado, é curioso que a passagem de Lacan, que descreve também esse aparecer-desaparecer no espelho, não evoque o vai-e-vem vertical sugerido pelo texto de Freud, mas o movimento lateral de que testemunha a observação dos autores em questão. A criança, atrapalhada em seu andador,

> interrompe sua atitude numa posição mais ou menos inclinada e resgata, para fixá-lo, um aspecto instantâneo da imagem[42].

Entretanto, é conveniente observar logo que a menção ao andador indica que se trata de uma criança que ainda não sabe andar, então é sensivelmente mais jovem.

Convergências com Lacan

Voltemos agora aos fatos bastante significativos relatados por Boulanger-Balleyguier, confirmados por Lewis e Brooks-Gunn e que expusemos nos pontos 9-10.

Convém, a título de fio condutor, lembrar a proposta de Amsterdam relativa ao desenvolvimento, na articulação do primeiro e do segundo anos,

[42] J. Lacan, "Le stade du miroir" (1949), *Écrits*, *op. cit.*, Paris, Le Seuil, 1966, p. 94.

de uma organização mista da experiência especular, caracterizada pela (a) coexistência de reações sociais com a imagem, pelas (b) correspondências imitativas imagem-corpo e finalmente pelo (c) comportamento de evitação.

Como Corraze ressalta, esse conjunto comportamental, cujas bases se conjugam e se solidificam no decorrer do segundo semestre, anexa, no curso do segundo ano, (d) os comportamentos de exibição (palhaçada e timidez), assim como (e) as reações à mancha[43].

As reações sociais à imagem especular (a) são, como tais, "movimentos orientados para o outro" (Gallup); são, então, comportamentos de polaridade centrífuga, projetiva, aloplástica. São elas que contribuem para manter a imagem dentro de seu papel de objeto externo, ou, se quisermos, para preservar a ilusão de realidade.

As correspondências imitativas (b), as exibições (d), as reações à mancha (e) são, pelo contrário, "respostas orientadas para o si" (Gallup); então, comportamentos de polaridade centrípeta, introjetiva, autoplástica. São elas que concorrem para transpor a imagem em um reflexo do objeto corporal; em suma, para reduzir a ilusão de realidade.

Ora, o segundo ano inteiro é marcado por fenômenos que aparecem como a resultante da sobreposição e do conflito dessas duas correntes de processos de polaridade inversa. Resulta disso um estatuto da experiência especular em que a delimitação entre o *ego* e o *alter* ainda não apareceu, em que o eu e o outro formam um campo de interferências, se resolvem em uma espécie de pulsação.

São esse processo de pulsações, esse antagonismo insistente entre os dois registros de polaridade próprios do campo especular que se cristalizam de maneira tão insólita nas reações de evitação. De fato, estas confrontam o sujeito na forma, nos diz Zazzo, de "um outro que não é como os outros", ou seja, a forma de um outro em que interfere a própria forma do eu.

Atendo-nos à própria estrutura dos fatos relatados anteriormente, parece que, se a criança é capaz, em uma certa medida, de comparar a imagem

---

[43] Ver. J. Corraze, *Image...*, *op. cit.*, pp. 73, 80; em que se trata de uma organização de 12-14 meses que integra os comportamentos a, b, c e de uma organização de 18-24 meses que integra os comportamentos c, d, e.

especular com seu próprio corpo, também indissociavelmente essa mesma imagem reenvia para um outro indivíduo.

Boulanger-Balleyguier exprime de maneira muito clara essa forma especial do processo de condensação que afeta a percepção especular. Vimos que a criança, com a idade de 12-14 meses, estando na capacidade de aplicar a palavra "mamãe" ao objeto materno, a emprega vez por outra para designar sua própria imagem.

> Apesar da semelhança observada com o correspondente tátil da imagem, as crianças, escreve o autor, reagem à sua imagem como à vista de uma pessoa familiar.

E mais isso, sobre o comportamento "bebê":

> Quando diz "bebê" diante de sua imagem, não parece então que a criança se reconheça no espelho, mas que esteja vendo uma criança e que ela se situa provavelmente como criança [...] Essa criança para quem a imagem de si reenvia é algumas vezes como uma outra criança [...] que a atrai porque ela sente uma certa comunidade com ela.

A sobreposição conflitual dos vetores centrífugo-centrípeto da experiência especular não se limita a esses efeitos de interferência propriamente ditos entre o eu-outro e o outro-mim. Ela também explica, de uma certa maneira, a persistência da ilusão de realidade própria da imagem enquanto que esta está, doravante, já reconhecida e corretamente atribuída a seu referente, quer se trate da própria mãe ou da criança. Mesmo referida a seu lugar de origem, a imagem nem por isso é reduzida ao estado de imponência. Daí uma possibilidade de ubiqüidade para seu objeto-fonte. Boulanger-Balleyguier escreve:

> Esse rosto é bem diferenciado dos outros [...] apesar disso, a criança procura seu duplo na parte de trás do espelho. O objeto ainda não é regido pelo princípio da identidade: o mesmo rosto pode aparecer em dois lugares diferentes.

Certamente, os resultados muito variados que mencionamos não poderiam ser retirados, sem cuidados preliminares, de seu campo de origem, a psicologia, para serem importados para o campo da psicanálise, cujos conceitos fundamentais, métodos de investigação e finalidade prática se inscrevem em uma perspectiva indiscutivelmente muito diferente. Ressaltemos, contudo, que o trabalho de Boulanger-Balleyguier, que representa para nosso propósito a referência principal, se situa, mais do que qualquer outro, em uma perspectiva de observação clínica da criança muito próxima da perspectiva psicanalítica. De fato, é inegável que os fatos mencionados acima (pontos 6, 7, 9, 10, 12) se caracterizam por uma estrutura de pré-diferenciação, marcada pelo recobrimento primário das formas perceptivas do eu e do outro. Por causa desse caráter essencial, eles sem dúvida devem ser imputados à conta dessa estrutura transitiva de que Lacan soube, com bastante coerência, colher vários exemplos na obra de Wallon.

Dentro da mesma perspectiva, os fatos em questão parecem ser de uma estrutura muito isomorfa às bem conhecidas formulações de Lacan sobre o registro da experiência *imaginária*. Quer se trate das reações de evitação, mas também de exibição diante do espelho, e também dos comportamentos verbais "mamãe" e "bebê", a estrutura básica que eles engendram é bem a "forma do semelhante", "a imagem do ser humano", "a imago do duplo", "a *Gestalt* do *alter ego*", fórmulas capitais que formam a estrutura dos textos clássicos de Lacan sobre o estádio do espelho.

Além de Boulanger-Balleyguier, cujo precioso relato continua sendo muito descritivo, os autores falam de bom grado do reconhecimento especular "implícito", "inconsciente" (Corraze), "esquematizante" (Mounoud e Vinter), em que a imagem comporta um papel sobredeterminado,

> suspenso entre o do estranho e o de nosso corpo[44].

[44] J. Corraze, *Image...*, *op. cit.*, pp .44-46, 53-54, 67-68, 73, 80, 95, 157, 165-166, 218. Essa resistência da ilusão especular posterior ao reconhecimento do objeto foi bem notada também por Wallon. Wallon e Lacan interpretam o desenvolvimento da imagem especular na criança pequena como uma variedade normal do fenômeno tradicionalmente qualificado em psiquiatria como autoscopia (Féré, 1891); P. Sollier, *Les phénomènes d'autoscopie,* Paris, Alcan (1903), mas não o interpretam da mesma maneira. Segundo Wallon, a criança pequena discerne na sua frente no espelho *seu* duplo visual, já para Lacan ela vê *a* forma do semelhante, em que interferem simultaneamente a imagem de si e a imagem do outro. A segunda interpretação de aproxima mais do que P. Sollier chamava de "autoscopia dessemelhante"; o duplo é um outro, embora o sujeito conserve o sentimento de que se trata mesmo dele. O fenômeno do *Horla,* descrito por

Ora, trata-se, aí ainda, de uma abordagem muito próxima desse processo de identificação auto-heteromórfica, em que toma forma o estádio do espelho e que se define fundamentalmente pela ilusão ao mesmo tempo perceptiva e afetiva de um corpo comum a mim e ao outro.

Além disso, a notável persistência da ilusão de realidade da imagem em espelho evoca, de maneira tão convincente quanto, as fórmulas de Lacan relativas "à inércia", "à captação espacial", "ao desconhecimento" característicos da dimensão especular-imaginária.

Convergências com Winnicott

Boulanger-Balleyguier confessa desenvolver seus trabalhos na perspectiva propriamente walloniana da psicogênese da consciência de si. Ora, como ela insiste,

> Wallon insistiu muito no fato de que a pessoa de outrem é inicialmente mais bem objetivada do que o corpo próprio [...] o eu é mais difícil de reconhecer que o outro [...] a criança é a última pessoa a se reconhecer[45].

Winnicott representa, na literatura psicanalítica, um dos autores que melhor ressaltou a importância dos caracteres particulares do laço de dependência do bebê de colo em relação ao objeto materno. Chegaram a acusá-lo de ter negligenciado, em várias ocasiões, o papel da outra figura parental no processo de "personalização" da criança.

Uma dessas idéias fundamentais de Winnicott é que a mãe tem normalmente uma capacidade suficientemente boa (good enough) para produzir para a criança *a ilusão* de que o seio é, a cada vez que a criança precisa dele, *criado* para ela, enquanto que ele é apenas achado, de maneira lógica, "bem na hora certa".

Guy de Maupassant e caracterizado pelo desconhecimento crítico total da imagem especular, é uma "autoscopia negativa".

[45] J. Corraze, *Image...*, *op. cit.*, pp. 142, 143, 177.

Ora, porque levou em conta essa dimensão de ilusão criativa, característica da experiência primitiva do filhote humano, Winnicott foi levado à idéia conexa de que o rosto materno representa o espaço organizador da própria experiência especular, como protótipo de qualquer forma de ilusão. Nesse sentido, como Winnicott escreve,

> o precursor do espelho é o rosto da mãe.

De fato, o primeiro objeto que o neném vê, fora o seio criado-achado, é o rosto materno. Então, "o que ele vê nele é ele mesmo". Isso se deve ao fato de que a troca dos olhares entre a mãe e a criança funciona como um "processo com direção dupla, um reflexo em espelho" em que a percepção se torna então "apercepção". A mãe olha o bebê e "*o que seu rosto exprime está em relação direta com o que ela vê* [...] a mãe reflete para o bebê seu 'si' próprio". Ora, essa função especular do rosto materno não é para ser entendida, segundo Winnicott, no sentido de uma metáfora, mas antes como um processo real que pré-condiciona a percepção da imagem no espelho como objeto material. Segundo Winnicott ainda:

> a criança vê o seu si em primeiro lugar no rosto da mãe, depois no espelho [...] se o rosto da mãe não responde, o espelho se transforma então em uma coisa que se pode olhar, mas no qual não há o que olhar[46].

Dados psicopatológicos

Mesmo que as opiniões de Winnicott datem de 1971, certas pesquisas francesas anteriores (1954, 1967) se empenharam em verificar, no plano da observação patológica, a hipótese de que a relação primária com o objeto materno condiciona o desenvolvimento normal da experiência especular.

Em um artigo sobre *O comportamento da criança com retardo diante do espelho,* Shentoub, Soulairac e Rustin postulam, referindo-se por sinal

---

[46] D. Winnicott, *Jeu et réalité, l'espace potentiel* (1971), Paris, Gallimard, 1975, pp. 21, 153, 155, 156, 161, 162.

explicitamente a Lacan, que o "meio familiar e sobretudo a mãe constituem o primeiro 'espelho'". A partir dali, os autores explicam, pelo fator fundamental de uma carência da relação com o objeto materno, os diversos distúrbios da imagem especular observados em um universo de crianças com retardo. Vários níveis são evidenciados: (a) ausência total de interesse pela imagem, (b) reações estereotipadas: auto-mutilação, masturbação, (c) esboço de relações com a imagem: recusa, medo, fuga, (d) um certo grau de identificação: brincadeiras e júbilo diante do espelho.

Os autores concluem que as crianças com retardo "não podem, em sua maioria, atingir o estádio do espelho, ou seja, da identificação no sentido psicanalítico do termo, tal como ele foi descrito por Lacan [...] porque elas não tiveram, no mais das vezes, um espelho parental conveniente[47]".

Logo voltaremos a essa muito interessante referência a Lacan.

Antes disso, mencionemos as pesquisas de Postel sobre *Os distúrbios do reconhecimento especular de si nas demências tardias*[48]. O autor se refere aos autores do trabalho mencionado acima, assim como, por sinal, a Lacan e Wallon. Segundo ele, adultos acometidos por demência orgânica, em formas senis ou pré-senis, apresentariam níveis de dissolução do reconhecimento especular que refletiriam regressivamente alguns traços dos estágios evolutivos desse processo. Entre os seis níveis que ele distingue, um deles evidenciaria, na sua opinião, a prevalência genética e funcional da identificação do personagem parental em relação à identificação especular de si.

Certos doentes observados não conseguem se reconhecer imediatamente no espelho, mas unicamente em um segundo tempo, por efeito de um "reconhecimento mediato". Eles comparam a imagem especular da pessoa que está a seu lado, e que eles reconhecem, com sua própria imagem. Conseguem então, através de uma espécie de inferência, e às vezes ao cabo de alguns minutos, reconhecer a eles mesmos[49].

---

[47] Shentoub, Soulairac e Rustin (1954), *in* J. Corraze, *Image..., op. cit.*, pp. 187-202.

[48] J. Postel, "Les troubles de la reconnaissance spéculaire de soi au cours des démences tardives" (1967), *in* J. Corraze, *Image..., op. cit.*, pp. 215-216.

[49] J. Corraze, *Image..., op. cit.*, pp. 250-253. É o fenômeno da defasagem sobre o qual voltaremos mais adiante a respeito de Winnicott. Ver também: J. Postel, *Contribution à l'étude des troubles de reconnaissance de l'image spéculaire de soi chez les personnes âgées: l'épreuve spéculaire dans les dé-*

O reconhecimento especular de si pareceria então implicar um elemento relacional estabelecido anteriormente. A imagem de outrem se revelaria ali como a função mediadora fundamentalmente necessária à auto-percepção. Em relação a isso, Postel cita a passagem em que Wallon descreve a criança com 24 semanas, que estende a mão para pegar a si própria no espelho, mesmo que há várias semanas já esteja se virando da imagem especular de seu pai para ele.

Essa concepção de uma prevalência genética e funcional da imagem parental sobre a percepção especular de si é claramente esboçada por Wallon, como sugere o trabalho de Boulanger-Balleyguier. Mas ela nos parece ter sido desenvolvida de maneira conseqüente e particularmente original nas formulações acima mencionadas de Winnicott. Isso não é nem um pouco espantoso, pois, sem que se possa presumir nenhuma relação histórica entre eles, os trabalhos de Wallon e Winnicott apresentam certos pontos de concordância interessantes.

Se voltarmos à proposta anterior de Shentoub e col., nos parece que a concepção segundo a qual o personagem materno representa a forma primordial da experiência do espelho é muito mais atribuível ao pensamento de Winnicott do que ao de Lacan. Nos textos clássicos sobre o estádio do espelho (1938, 1946, 1949), o objeto especular é mais lastreado pela predominância do rival fraterno, através da experiência transitiva, do que pela presença, negligentemente evocada, do objeto materno. Além disso, é bem esse caráter marginal da figura materna, ainda aparente em 1949, que servirá de pretexto a Winnicott para redigir seu artigo sobre o *Papel do espelho e da mãe.* Com efeito, ele diz no início do texto:

> O artigo de Jacques Lacan sobre o "Estádio do espelho" certamente me influenciou [...] Entretanto, Lacan não relaciona o espelho e o rosto da mãe da maneira como me proponho a fazer[50].

---

mences tardives (1962). Tese de doutorado de psicologia, Biblioteca CHS Sainte-Anne, nº 08-343; F. Birinjer e J. R. Anderson, "La reconnaissance de soi et d'autrui dans la maladie d'Alzheimer et au cours du vieillissement normal", *Psychol. Française*, 39.3, 1994, pp. 301-306.

[50] D. Winnicott, "Le rôle du miroir de la mère et de la famille dans le développement de l'enfant" (1967), *in Jeu et réalité...*, pp. 153-162.

O que se tira disso é que duas correções devem ser feitas à afirmação precedente. Em primeiro lugar, já no texto sobre *A família*, o complexo da intrusão, centrado pela imago do rival fraterno, surge precedido geneticamente por um estrato mais arcaico, o complexo do desmame, ocupado pela imago do seio materno, mesmo que por enquanto só o estrato superior se beneficie então de uma função identificatória. Na mesma linha de pensamento se situam dois textos em que Lacan avalia a percepção muito precoce do rosto humano, "já a partir dos primeiros dias (1938)[51]", "a partir do décimo dia (1948)", mesmo se a "captação pela imagem em que se desenha o primeiro momento da dialética das identificações[52]" caracteriza (unicamente) a partir do sexto mês o encontro da criança com sua imagem no espelho.

Em segundo lugar, a partir de 1959 acontece, ao que parece, uma modificação importante relativa à perspectiva inicial da doutrina lacaniana das identificações. A identificação imaginária é então relacionada ao eu ideal (*Ideal-ich*), essencialmente ligado à imagem materna, enquanto que a identificação simbólica é ordenada ao ideal do eu (Ich-ideal), cujo vetor é representado pela função paterna[53].

De qualquer maneira, parece bastante estranho ver Shentoub e col., no quadro de um artigo de ambição restrita, e datado de 1954, traduzir a doutrina de Lacan então em vigor numa versão que antecipa tanto os seus acréscimos ulteriores como as próprias concepções de Winnicott.

Primazia da imagem parental

Voltemos agora ao trabalho de Boulanger-Balleyguier para marcar nele o conjunto dos impressionantes fatos de observação que testemunham essa primazia genética e funcional, na experiência especular, da imagem materna em relação à imagem do corpo próprio. Fora isso, para evidenciar no plano

---

[51] J. Lacan, "Les complexes...", *op. cit.*

[52] *Id.*, "L'agressivité...", *op. cit.*, p. 112. Nesse último texto de 1948, J. Lacan aparentemente distingue entre a percepção do "rosto", muito precoce, e a percepção da "forma humana", que intervém no 6º mês e cristaliza o processo de identificação.

[53] Id., "D'une question préliminaire à tout traitement possible de la psychose", *Écrits*, *op. cit.*

dos fatos a idéia walloniana do caráter secundário da consciência de si em relação à percepção do outro, a autora se vale oportunamente do conceito piagetiano de "defasagem horizontal[54]".

Já havíamos mencionado mais acima um certo número dos fatos em questão no enunciado geral então feito das etapas da experiência especular. Nós os reagrupamos agora, a partir desse contexto, em relação a nosso propósito atual, acrescentando os que não tínhamos então levado em consideração.

Muito cedo, na idade de *6 meses*, a criança se volta para a sua mãe quando percebe a sua imagem no espelho. Esse voltar-se acontece mais tarde para o estranho, aos sete meses, mas ainda mais tarde para os objetos, entre 9 e 12 meses[55].

Zazzo não comenta esse voltar-se muito precoce para o objeto materno, ele diz unicamente que a *criança* reconhece a sua mãe no espelho na idade de 6 meses.

Ora é só mais de *18 meses mais tarde, entre 2 e 3 anos*, que *a criança reconhece sua própria imagem* como bem diferenciada de qualquer outra e passa a não considerá-la mais do que um reflexo de seu próprio corpo[56].

Até os 9 meses, quando percebe dois rostos no espelho, *a criança se interessa mais pela imagem de sua mãe* do que pela sua própria. Mas, até os 18 meses, ela *se interessa menos pela imagem do estranho* do que pela sua[57].

Em seguida, a criança compara a sua imagem com a de outro rosto. Essa comparação durará até os 23 meses para o rosto do estranho, mas até os 16-17 meses para o rosto de sua mãe, muito mais bem identificado. Pára também mais cedo de se voltar para ela quando vê a sua imagem[58].

A partir da idade de 11 meses, a imagem da mãe é muito pouco olhada, pois passa a ser muito familiar. A criança se concentra mais na sua própria

---

[54] Segundo J. Piaget, a *defasagem horizontal* diz respeito aos vários *conteúdos* de uma mesma estrutura lógica, como a substância, o peso e o volume para o grupo das operações físicas; a *defasagem vertical* refere-se à *forma* das estruturas, reelaboradas em um patamar superior pelo processo de abstração reflexiva. Ver J. Corraze, *Image..., op. cit.*, pp. 159, 175.

[55] J. Corraze, *Image..., op. cit.*, pp. 150, 152, 174-175.

[56] *Ibid.*, p. 177.

[57] *Ibid.*, p. 149.

[58] *Ibid.*, pp. 150, 158-159, 167, 175.

imagem ou na dos objetos. A partir dos *16 meses*, ela não procura mais nada atrás do espelho quando vê a imagem de sua mãe ou de uma pessoa familiar, mas ainda o faz quando vê a de um estranho. A imagem do familiar é doravante levada à sua realidade exterior. Até então, a pessoa do familiar era representada como dotada de um poder de ubiqüidade, como se pudesse existir simultaneamente em vários lugares, sobretudo no espelho[59].

Inversamente, se se trata de sua própria imagem, a metade das crianças procura ainda por trás do espelho com a idade de *2 anos*, ou seja: 8 meses mais tarde do que no caso da imagem materna. A imagem ainda tem uma realidade independente do próprio sujeito. Ela pode pertencer ao espelho assim como um desenho em uma cartolina, ou então ser pregada atrás; ou mesmo existe ao seu lado. A exploração detalhada do próprio rosto no espelho dura ainda no decorrer do 3º ano[60].

Entre 12 e 14 meses, algumas crianças começam a dizer "papai" ou "mamãe" diante da imagem deles, mas também, como já vimos, diante da própria imagem. Essa ilusão que as faz confundir a imagem de sua própria pessoa com a de um familiar pode durar até 15-17 meses[61].

Mas, a partir dessa época, enquanto que fazem um uso correto e *específico* de "papai" e "mamãe" diante do espelho, as crianças utilizam, lembremos, quando se trata de sua própria imagem, o termo *genérico* "bebê". Há aí uma defasagem bastante espetacular no plano da prática da linguagem. Se elas parecem, nessa altura, diferenciar a sua própria imagem da imagem da mãe, não parecem ainda, por outro lado, distinguir a sua imagem visual da imagem das outras crianças. Além disso, elas ainda espiam por trás do espelho para achar esse "bebê comum" a todas as crianças[62].

Quando se pergunta à criança diante do espelho "cadê (seu nome)?", "cadê mamãe?", algumas crianças, a partir dos 18 meses, apontam com o dedo a imagem de sua mãe, mas só a partir dos 22 meses é que mostram a sua própria, ou seja: uma defasagem de 6 meses[63].

[59] *Ibid.*, pp. 158-159, 175-176.
[60] *Ibid.*, pp. 159, 162, 166, 168, 170, 176.
[61] *Ibid.*, pp. 157, 159, 164, 175.
[62] *Ibid.*, p. 177.
[63] *Ibid.*, pp. 162-163.

É somente a partir dos 21 meses que algumas crianças – mas isso é raro até os 2 anos – começam a dizer o seu nome diante do espelho. Há então uma defasagem espetacular, no plano do uso espontâneo da linguagem, entre a utilização de "mamãe" e a do nome da criança, às vezes de quase 1 ano[64].

É também a partir dos 21 meses que algumas crianças dão nome às coisas vistas no espelho; após, então, a imagem de sua mãe e ao mesmo tempo que a sua própria[65].

Outras descrições

As exposições doutrinárias relativas ao estádio do espelho[66] distinguem três tempos no desenvolvimento da experiência especular, sem, por sinal, estarem de acordo sobre seu conteúdo. A exposição de Dor, que é a menos errônea, mesmo que flutue numa espécie de neblina filosófica, os descreve mais ou menos assim:

a) a imagem é para a criança inicialmente um ser real, um outro com o qual ela mesma se confunde;

b) em seguida, a criança seria levada a descobrir que o outro do espelho não é um ser real, mas uma imagem. Ela agora sabe diferenciar a imagem do outro da realidade do outro;

c) a criança entende enfim que o reflexo do espelho nada mais é que uma imagem, que é a dela.

De fato, esse esquema é vago, sobretudo porque não leva em consideração, no nível (b), o desenvolvimento diferencial da identificação especular do outro, sobretudo do objeto materno, e da identificação especular do sujeito. Isso posto, é verdade que a imagem do outro é reduzida ao estado de simples reflexo (aos 17 meses), bem antes da imagem do sujeito (após 2 anos).

Achamos que os fatos expostos acima enriquecem consideravelmente o quadro esquemático que acabamos de considerar, ao mesmo tempo que justificam sem reservas a idéia principal de Lacan, segundo a qual a experiência

---

64 *Ibid.*, pp. 165-167.

65 *Ibid.*, p. 167.

66 J. Dor, *Introduction à la lecture de Lacan, 1, L'inconscient structuré comme un langage*, Paris, Denoël, 1985.

especular põe em funcionamento um "fenômeno de Gestalt, a percepção, muito precoce na criança, da forma humana", de um objeto-corpo visual comum a mim e ao outro. As reservas, se devêssemos formulá-las, não seriam relativas a essa concepção fundamental, mas a algumas das exposições doutrinárias que ela originou[67].

Pode-se dizer, *grosso modo*, no que se refere a esse esquema, que as etapas *a, b* e *c* correspondem respectivamente ao primeiro, segundo e terceiro anos do desenvolvimento, ou seja, a seqüência de etapas seguinte cujos títulos deram um quadro para o desenvolvimento anterior: (a) a imagem do outro, (b) a imagem de um outro-eu, (c) a imagem de si. Entretanto, entende-se que os fenômenos do nível *b* são antecipados mais ou menos desde o meio do nível *a* e que os fenômenos do nível *a* se sobrepõem durante quase toda a duração do nível *b*.

Esse esquema, por sinal, é perfeitamente coerente com a proposta várias vezes adiantada por Lacan[68], segundo a qual a formação do eu se conclui no final do terceiro ano.

O fenômeno da defasagem, na experiência especular, entre a identificação do objeto materno e a do sujeito obriga a fazer justiça, paralelamente ao modelo lacaniano, à perspectiva específica de Winnicott. Aliás, essas duas concepções nada têm de incompatíveis. Examinamos detalhadamente um pouco mais acima as várias formas desses processos de defasagem, cuja média oscila dentro de um lapso temporal de 6 meses a 1 ano aproximadamente.

A identificação primordial com a imagem do semelhante que Lacan descreveu diz respeito aos níveis *a* e *b* acima. O nível *c* interessa ao processo de reconhecimento especular de si, que constituiu o ponto focal das pesquisas experimentais sobre a imagem em espelho cujos autores propuseram uma grande quantidade de critérios. Essas duas perspectivas não poderiam ser confundidas. Entretanto, ao seguir sua própria problemática, as pesquisas conduzidas no campo da psicologia evidenciaram processos diversos e com-

---

[67] J.-M. Palmier, *Lacan*, Paris, Éditions universitaires, 1969; A. Rifflet-Lemaire, *Jacques Lacan*, Bruxelles, Dessart, 1970.

[68] J. Lacan, *Les complexes...* (1938), *op. cit.*; "Le stade..." (1949), *op. cit.*

plexos que se oferecem por si próprios para enriquecer com um conteúdo mais concreto certas concepções metapsicológicas cuja exposição contém às vezes, em vários comentários, um caráter muito formal, para não dizer metafísico.

Naturalmente, o esquema geral que se extrai do confronto entre as diversas pesquisas dos psicólogos (pontos 1 a 14) comportam unicamente, no tocante aos diversos comportamentos que ele enquadra, um valor estatístico mediano relativo à sua datação. As diferenças individuais podem ser muito importantes, como ressaltam por sinal certos autores (Lewis e Brooks-Gunn 1979[69]).

Outras técnicas

Já ressaltamos a idéia de que a identificação imaginária com a *Gestalt* do semelhante, em relação à percepção precoce da forma humana, não deixava de estar relacionada com o que certos psicólogos qualificaram como reconhecimento esquematizante[70], do qual o comportamento "bebê", descrito por Boulanger-Balleyguier em 1969, nos pareceu ser uma das mais impressionantes ilustrações.

Ora, parece que a técnica do espelho deformante, que mencionamos brevemente mais acima, contribui com dados de um conteúdo diferente, mas que, apesar de tudo, convergem na mesma direção.

Essa técnica foi utilizada por diversos autores por 40 anos já, tanto com a criança como com o adulto, dentro do quadro normal assim como do patológico (Dixon 1957, Schulman e Kaplowitz 1977, Mounoud e Vinter 1981)[71]. O princípio consiste em agir através de um dispositivo regulável em um espelho curvo de maneira a provocar uma variação mais ou menos acentuada. Pede-se então aos sujeitos que regulem o espelho até

[69] *Cf.* P. Mounoud e A. Vinter, *La reconnaissance de son image...* (1981), *op. cit.*, pp. 241-243.

[70] *Ibid.*

[71] J. Corraze, *Image..., op. cit.*, p.16, menciona diversos outros autores cujas publicações se escalonam entre 1953 e 1969.

que suas imagens não lhes pareçam deformadas. Esse procedimento, que pode ser tecnicamente mais ou menos sofisticado, permite que se meça o grau de resistência do sujeito à distorção de sua imagem especular.

O importante resultado que decorre disso é que a imagem do corpo não enseja uma representação clara, ou pelo menos unificada. Os sujeitos admitem como aceitável uma ampla gama de imagens especulares submetidas a uma distorção. Entretanto, essa margem de distorção é muito variável, de acordo com os partes do corpo. As zonas que propiciam uma estimativa menos imprecisa são a cabeça e os ombros, as que são representadas de maneira mais dispersa são as da parte inferior do corpo, pés e pernas, mas sobretudo para os homens. O tronco propicia uma estimativa intermediária. Tudo acontece como se só o rosto provocasse um processo de reconhecimento específico e individualizado, enquanto que as partes afastadas do corpo provocariam um tipo de reconhecimento muito mais esquemático, pondo em jogo um tipo de *Gestalt* genérica do corpo. Esses resultados são, por sinal, confirmados por outros métodos. Se fotografamos sujeitos despidos, muitos não se reconhecem, sobretudo de costas, e menos ainda se a cabeça estiver ocultada.

Os esquizofrênicos manifestam uma imprecisão ainda maior do que os normais na apreciação de sua imagem especular[72].

Nas crianças, Mounoud e Vinter localizaram, das mais jovens até os adolescentes, vários níveis de representação da identidade corporal. As crianças de 4 a 5 anos não parecem ter uma imagem única e exata de seu corpo, mas as de 6 têm uma noção mais unificada. As de 7 a 9 anos aceitam de bom grado imagens especulares engordadas, como se sua representação do corpo correspondesse a uma "valorização de bochechas grandes pelos pais, sinal de boa saúde". Após os 9 anos, as crianças escolhem imagens menos deformadas[73].

---

[72] J. Corraze, *Image...*, *op. cit.*, pp. 14-19, 49-50, 108-125; P. Mounoud e A. Vinter, *La reconnaissance...*, *op. cit.*, pp. 67-70.

[73] P. Mounoud e A. Vinter, *ibid.*, pp. 193-196.

O animal e o homem

Lacan insistiu especialmente no fato de que a identificação imaginária, como produto da experiência especular e fator decisivo da formação do eu, é uma estrutura em que se realiza a conexão original entre o narcisismo e a agressividade.

Entretanto, mesmo se fundamentalmente se refere à "estrutura formal" do eu humano, a função formativa da identificação com a imagem do semelhante reenvia por baixo, segundo Lacan, "para a biologia".

Já no texto sobre *A família*, "a percepção da forma do semelhante" é apresentada como uma função do "ser vivo"; seu grau elementar é constituído pela "imitação ao sinal" [...] no animal de tropa" e suas "estruturas ecopráxicas manifestam sua riqueza infinita no macaco e no homem".

Mencionamos anteriormente as referências feitas por Lacan, em 1950, aos trabalhos de Harrisson e de Chauvin.

Lacan também menciona, mais de uma vez, o que a psicologia da época sabe dos comportamentos do chimpanzé.

Ele assinala o fato de que a criança, assim como o símio, se entrega, diante da imagem especular, a

> tentativas de apreensão manual [...] jogos que só predominam, no homem, durante um certo tempo, no final do primeiro ano, idade chamada por Bühler de "idade do chimpanzé", porque o homem passa ali por um nível equivalente de inteligência instrumental[74].

Essas tentativas de preensão ao final do primeiro ano, regularmente passadas sob silêncio nos comentários, correspondem, já vimos, a fatos bastante exatos hoje ainda: elas se estendem dos 4 meses, mais ou menos, até os 14, 24 meses.

Da mesma maneira, Lacan compara, no "estádio do espelho", a "mímica iluminativa" da criança diante do espelho com a da "experiência Ah[75]",

[74] J. Lacan, *Les complexes...*, *op. cit.*, p. 42.

[75] *Id.*, "Les stade", *op. cit.*, p. 93.

na qual Köhler via o testemunho do ato de inteligência no chimpanzé, mas, paradoxalmente, destaca, em um texto mais ou menos contemporâneo, "A agressividade em psicanálise" (1948), o contraste entre essa manifestação da criança e a indiferença do chimpanzé, como por sinal de todos os animais, diante da imagem especular[76]. Veremos logo que essa última afirmação caducou em relação aos dados recentes, o que não impede que eles confiram, por outro lado, um destaque especial a algumas das visões de Lacan.

O estudo das reações especulares da criança humana precedeu historicamente o do comportamento animal nas mesmas condições. A maioria das pesquisas nessa área é relativamente mais recente, mesmo que também existam observações já bem antigas[77].

Espécies muito diferentes, mas sobretudo peixes, pássaros e símios foram confrontados à imagem em espelho.

Nesses animais de uma organização tão diferente, parece que a imagem especular age como um estímulo supranormal que aumenta a atividade geral do organismo. Lacan, por seu lado, insistiu nos efeitos de logro associados à estrutura de simetria característica da imagem especular. Mas Gallup, por sua vez, observou, com uma extrema perspicácia, que a velocidade da imagem especular parece duplicada no espelho, pelo menos em projeção perpendicular, ou então lateral, em relação à velocidade do movimento real. Disso resulta que os movimentos de aproximação e de recuo da imagem devem parecer particularmente vivos para o animal[78].

As respostas dos animais inferiores à imagem em espelho são de caráter social e dirigidas, como por sinal no bebê de colo, para "o outro", quer dizer, para a configuração perceptiva do parceiro da espécie. Entretanto, essas respostas, que parecem estar relacionadas com a defesa territorial, comportam um caráter agressivo particularmente acentuado, sobretudo em certos peixes e certos pássaros.

Dessa maneira, os pintassilgos e toutinegras de inverno atacam ocasionalmente seus próprios reflexos no pára-brisas de automóveis estacionados, às vezes até as raias do esgotamento físico[79].

[76] *Id.*, "L'agressivité...", *op. cit.*, p. 112.

[77] Boutan (1913); Yerkes (1927), *in* P. Mounoud e A. Vinter, *La reconnaissance...*, *op. cit.*, pp. 72, 75.

[78] Gallup (1980), *in* P. Mounoud e A. Vinter, *La reconnaissance...*, *op. cit.*, pp. 47, 57, 60-61, 75.

[79] *Cf.* Smythe (1962), *in* P. Mounoud e A. Vinter, *La reconnaissance...*, *op. cit.*, p. 74.

O carapau macho e o peixe-de-briga siamês adotam atitudes ameaçadoras diante de sua imagem no espelho. As focas se entregam a tentativas de agressão.

Os símios, inferiores e superiores, oferecem observações do mesmo tipo: os résus, os macacos, o gibão, o orangotango, mais raramente o gorila tratam a imagem especular de maneira agressiva, pelo menos no primeiro contato[80]

Inquestionavelmente, a situação especular é correlata, para um certo número de animais, ao que se pode qualificar, para utilizar termos colhidos no próprio Lacan, de "uma *gestalt* adequada à agressão"[81].

Ora, acontece também que essas manifestações de uma agressividade liminar e fundamental cedem progressivamente o seu lugar a comportamentos de um caráter mais calculado, em que se pode diferenciar várias formas. Quanto a isso, um fator parece essencial: a imagem especular se comporta como um congênere que imitaria imediata e rigorosamente os comportamentos do sujeito. Essa situação pode inicialmente contribuir para reforçar a estimulação das reações agressivas (a1), mas também pode contribuir para produzir efeitos de sentido inverso, suscetíveis até de anulá-los. Podemos discernir quatro tipos: os efeitos sociais positivos, entre os quais os efeitos de facilitação social propriamente ditos (a2), a habituação (b), as reações de exploração (c), em todo caso, nas espécies mais evoluídas e dotadas de uma mão, os efeitos de sedação e de fascínio narcísico (d).

O efeito de facilitação social (a2) é notadamente observado nas situações de alimentação diante do espelho. Segundo alguns observadores, os pintinhos ficam cada vez mais agressivos, até 4 semanas, diante de sua imagem especular, muito mais do que na presença de um congênere[82]. Entretanto, se os alimentamos, eles se sentem particularmente estimulados a ciscar pela sua imagem refletida[83].

A habituação à imagem especular leva rapidamente alguns animais ao desinteresse. Isso acontece com o leão-marinho, inicialmente muito agressi-

80 P. Mounoud e A. Vinter, *La reconnaissance...*, *op. cit.*, pp. 49-50, 65; J. Corraze, *Image...*, *op. cit.*, p. 59.

81 J. Lacan, "L'agressivité...", *op. cit.*, p. 105.

82 Gallup e col. (1972), *in* J. Corraze, *Image...*, *op. cit.*, p. 103.

83 Tolman (1965), *in* J. Corraze, *Image...*, *op. cit.*, pp. 58, 93n, 171; P. Mounoud e A. Vinter, *La reconnaissance...*, *op. cit.*, pp. 59, 65.

vo, também com o gato e o cão, assim como com os símios, até mesmo com o chimpanzé, que apresenta um interesse muito menor após alguns dias[84].

Em muitos casos ainda (d), a imagem especular, ao invés de aumentar o nível de excitação do organismo, provoca um efeito completamente oposto de amansamento, de sedação. Consegue-se tranqüilizar certas espécies de pássaros, durante os primeiros tempos de seu cativeiro, colocando um espelho dentro da gaiola[85]. Até mesmo, em muitas espécies, se desenvolve progressivamente um comportamento preferencial em relação à imagem especular, às custas dos comportamentos sociais naturais. Dessa maneira, o peixe-de-briga siamês, cuja agressividade liminar é muito acentuada, parece em pouco tempo "fixado" por sua própria imagem. Quando lhe é dada a escolha entre a imagem e um congênere real, ele passa três vezes mais tempo diante da primeira do que do segundo. Essas reações também foram observadas em outros peixes[86], em várias espécies de pássaros[87], mas também em símios superiores, de que falaremos mais tarde.

Em casos como esses, o animal investiria, se podemos dizê-lo, a forma especular do organismo como uma espécie de "objeto de apego". A imagem refletida no espelho funcionaria então, enfatiza Corraze, como "uma isca para o narcisismo". Esse autor fala até mesmo, a respeito disso, em "uma espécie de fascínio [...] sobretudo entre os jovens [...] de uma armadilha narcísica original e elementar". No limite, essa forma de captação provocaria "a negligência em relação aos congêneres", um efeito que, "longe de ser estranho às respostas sociais, seria na realidade sua expressão quase patológica, sua exacerbação[88]".

No chimpanzé, as reações agressivas primeiramente desencadeadas pela imagem especular podem ser substituídas por comportamentos sociais positivos (a2) bastante comparáveis aos que se observa na criança muito

---

[84] Gallup (1968), *in* J. Corraze, *Image...*, *op. cit.*, pp. 55-56, 59.

[85] Andrews (1966), *in* P. Mounoud e A. Vinter, *La reconnaissance...*, *op. cit.*, p. 103.

[86] Gallup e Hess (1971), *in* J. Corraze, *Image...*, *op. cit.*, p.102.

[87] Gallup e Capper (1970), *ibid.*

[88] J. Corraze, *Image...*, *op. cit.*, pp. 33, 43-44, 57-60; P. Mounoud e A. Vinter, *La reconnaissance...*, *op. cit.*, p. 60.

nova: acariciar, beijar a imagem[89]. Lembremos que esses comportamentos sociais da criança diante do espelho se escalonam entre 1 e 15-20 meses[90].

No chimpanzé ainda, mas também no orangotango, as reações agressivas podem igualmente ceder o passo a reações de exploração (c), que seu caráter "instrumental", associado à ilusão da profundidade, convida a diferenciar das anteriores, mesmo se lhes estão associadas. Os chimpanzés, em particular, mas também determinados símios inferiores passam a mão por trás do espelho. Alguns gatos também passam a pata por trás do espelho ao mesmo tempo que se contemplam (Boulanger-Balleyguier). De vez em quando, os cães também exploram a imagem especular. Lembremos que na criança esses comportamentos exploratórios se prolongam de 4 até 14-24 meses aproximadamente.

Como forma especial das reações de exploração, observa-se nos chimpanzés um comportamento muito análogo ao da criança mais ou menos no final do primeiro ano: eles sacodem o espelho e fazem variar seus reflexos atentamente[91].

Por sinal, observamos às vezes, nos chimpanzés, uma alternância entre as motivações primárias de agressão (a1) e os comportamentos mais evoluídos de aproximação social e exploratório (a2 e c) (Gallup 1968[92]).

Enfim, as reações agressivas podem se deixar reabsorver (d), particularmente no orangotango e no gorila, por uma espécie de fascínio, "uma intensa curiosidade pelos poderes de reflexão do espelho[93]". Os orangotangos, mas também os gorilas inicialmente menos agressivos, se tomam de afetos pelo espelho, resistem ativamente e ficam emocionalmente perturbados quando se tenta tirá-lo deles[94].

Pode-se ver que não se trata em absoluto de indiferença pela imagem, como Lacan falou em 1948.

---

[89] Yerkes e Hall (1962), *in* J. Corraze, *Image..., op. cit.*, pp. 92 nota 129 e 103 nº 65.

[90] J. Corraze, *Image..., op. cit.*, pp. 52, 92, 103.

[91] W. Köhler, *L'intelligence des singes supérieurs* (1971), Paris, Alcan, 1927 ("Zur Psychologie der Schimpanzer" (1921), *in* J. Corraze, *Image..., op. cit.*, p. 103.

[92] Gallup (1968), *in* J. Corraze, *Image..., op. cit.*, pp. 52-54, 63; P. Mounoud e A. Vinter, *La reconnaissance..., op. cit.*, p. 52.

[93] Gallup (1980), *in* P. Mounoud e A. Vinter, *La reconnaissance..., op. cit.*, pp. 47-75.

[94] J. Corraze, *Image..., op. cit.*, pp. 58, 59; P. Mounoud e A. Vinter, *La reconnaissance..., op. cit.*, pp. 51-52.

No plano dos símios inferiores, pode-se assinalar o comportamento típico do macaco-esquilo, que parece manter simultaneamente os efeitos de facilitação social descritos acima e um mecanismo de captação narcísica. Esse animal entra em um estado espetacular de ereção diante de sua imagem refletida no espelho. Trata-se de uma reação social habitual na ocasião de cenas de saudação ou de combate. Entretanto, a ereção é freqüentemente muito mais acentuada diante do espelho do que na presença de um congênere real (Ploog e Mac Lean 1963[95]).

Sem considerar o estatuto das reações sociais positivas (b) e das reações sensório-motoras de exploração (c), os fatos analisados acima nos antropóides revelam a articulação, e como que a derivação, de uma forma de captação narcísica (d) em relação a uma camada primitiva de comportamentos agressivos (a1); fazem parte do repertório das reações sociais naturais. Ora, paradoxalmente, esse registro narcísico parece representar ao mesmo tempo a exacerbação supranormal de tais reações dirigidas para o outro e sua inversão de polaridade em um regime de comportamentos mais evoluídos dirigidos para o si[96].

Como já foi assinalado por diversas vezes, Gallup em 1970 imaginou experimentar em chimpanzés o célebre procedimento da mancha, que mais tarde Amsterdam, Lewis e Brooks-Gunn, além de Zazzo, adotaram para aplicá-lo à criança.

Primeiramente, durante dois ou três dias, confronta-se animais com a presença do espelho. Inicialmente, eles só apresentam reações sociais típicas, quer dizer, movimentos dirigidos para o parceiro específico, para a imagem (MDI). Depois, se desenvolvem progressivamente "os comportamentos dirigidos 'ao si'" (MDO), ao mesmo tempo que os comportamentos sociais diminuem em proporção inversa. Os chimpanzés, em particular, se penteiam (*grooming*), controlando a localização das áreas inacessíveis à vista. Enfim, quando se lhes aplica, sob anestesia, uma mancha na crista das sobrancelhas

[95] Ploog e Mac Lean (1963), *in* J. Corraze, *Image...*, *op. cit.*, pp. 52, 59; P. Mounoud e A. Vinter, *La reconnaissance...*, *op. cit.*, p. 52.

[96] Em perspectivas muito diferentes, Ferenczi (1919, 1932), Melanie Klein (1946), Wallon (1956), Lagache (1954) e Gallup (1970) dividem a mesma opinião ao distinguir duas orientações fundamentais dos comportamentos.

e em uma orelha, os símios tocam as marcas, depois cheiram e examinam seus dedos, finalmente se examinam longamente.

Todavia, alguns chimpanzés que não foram acostumados durante alguns dias a se olhar no espelho só reagem à prova da mancha através de comportamentos sociais. Ainda por cima, por mais que se tente submeter macacos, résus e até gibões a essa prova, só se obtêm resultados negativos. Em compensação, os orangotangos reagem tão bem quanto os chimpanzés sob condições adequadas[97].

Gallup conclui, de maneira muito audaciosa, que o chimpanzé é capaz de "referir-se ao si através da imagem", que seu comportamento atesta "uma concepção de si em uma forma sub-humana[98]".

Esse nível dos "comportamentos dirigidos para o si" (MDO) se desenvolve, como já vimos, na criança humana entre 3 e 18-24 meses.

Além disso, Köhler (1921) já reparava que os chimpanzés tinham a mania de se olhar em todas as superfícies refletivas, inclusive poças d'água, e que eles produziam um número infinito de caretas. É um comportamento muito parecido que se instala na criança a partir de um ano, quando ela entra no "estágio da palhaçada[99]".

Uma forma geneticamente mais primitiva dos comportamentos MDO é representada pelo voltar-se da criança para a mãe, para o estranho, para os objetos, mais ou menos a partir dos 6 meses. Ora, o macaco, situado em um plano inferior ao dos antropóides, é capaz de se voltar do espelho para os objetos (Tinklepaugh, 1928[100]).

Pouco após sua notável experiência, Gallup pôde constatar que os chimpanzés colocados em isolamento não somente não manifestam comportamentos sociais diante do espelho como nunca são capazes de respostas dirigidas para si[101]. Parece então incontestável, se isso ainda precisasse de provas, que a interação social representa a condição genética e funcional do

[97] Lethmate e Dücker (1973), *in* J. Corraze, *Image...*, *op. cit.*, p. 104.

[98] Gallup (1970), *in* J. Corraze, *Image...*, *op. cit.*, pp. 64-68, 70, 131-137; P. Mounoud e A. Vinter, *La reconnaissance...*, *op. cit.*, pp. 64-65.

[99] J. Corraze, *Image...*, *op. cit.*, pp. 64-65.

[100] Tinklepaugh (1928), *in* P. Mounoud e A. Vinter, *La reconnaissance...*, *op. cit.*, p. 64.

[101] Gallup (1971), *in* P. Mounoud e A. Vinter, *La reconnaissance...*, *op. cit.*, p. 17.

afloramento do *self*. Entretanto, e estranhamente, esses chimpanzés não-socializados passam mais tempo do que seus congêneres normais diante do espelho, como se eles estivessem sob um efeito de fascínio incapaz de ser traduzido em noção, mesmo que rudimentar, de si.

Outros pesquisadores demonstraram que a progressiva socialização desses chimpanzés inicialmente isolados aumentava o tempo que eles empregavam observando os outros e diminuía aquele destinado a simplesmente olhar o espelho (Hill e col. 1970[102]).

Tudo acontece como se o registro do fascínio especular nesses animais próximos ao ser humano funcionasse paradoxalmente ao mesmo tempo como o esboço de uma forma do si e de seu soçobrar. Um fator essencial para que essa *Urbild* do si se cristalize parece ser representado pelos comportamentos autoplásticos dirigidos para o corpo, eles mesmos produzidos por um laço social primário.

Notemos finalmente que Gallup também observou que a experiência especular não representa para o organismo animal unicamente uma situação artificial montada em laboratório, que ela encontra também sua origem, sobretudo no caso dos pássaros, mas também para os símios, nos "espelhos naturais", ou seja, as superfícies de água[103].

Definitivamente, o conjunto dos fatos apresentados pelas pesquisas etológicas, já desde uns quarenta anos, permite que se perceba uma rede de relações entre três fatores fundamentais próprios da experiência especular. Com efeito, esta institui uma dimensão de identificação perceptiva em que interferem uma forma primordial de agressividade, os complexos efeitos do fascínio dual e a formação de uma matriz rudimentar do si. Parece-nos que essa encruzilhada conceitual foi identificada sensivelmente mais cedo, por sua própria conta, pelo encaminhamento de Lacan, e que os fatos posteriores, que se pode com muita propriedade referir a ele, interessam aos desenvolvimentos do pensamento psicanalítico.

[102] Hill e col. (1970), *in* J. Corraze, *Image...*, *op. cit.*, pp. 11, 60, 69-70.

[103] Gallup (1980), *in* P. Mounoud e A. Vinter, *La reconnaissance...*, *op. cit.*, pp. 48-49.

Outros temas freudianos

Capítulo XIX

A imaturidade e a rematuração em Freud

Freud inaugurou, mas não desenvolveu completamente, um certo número de temas cuja importância teórica pareceu por muito tempo marginal em relação à via principal que representa a metapsicologia das pulsões. Esses temas são correntemente invocados hoje em dia na literatura psicanalítica. Mas não parece que tenham sido objeto de investigações muito cuidadosas por parte dos comentadores no próprio plano dos textos de Freud.

Assinalamos mais acima que havia, além da célebre identificação primária dos textos de 1921 e de 1923, uma quantidade não negligenciável de outras formas primitivas dos processos de identificação. Mas outros temas também fazem parte desse pano de fundo da doutrina – sem que, para tanto, bem pelo contrário, eles sejam de importância teórica inferior. Nesses bastidores, eles representam talvez os acordes, as harmônicas fundamentais em que são construídas as formais mais sonoras da partitura.

O *Vocabulário* de Laplanche e Pontalis, apesar de dedicar um artigo de tamanho médio à noção de *estado de desamparo*, não estuda, em compensação, em si mesma, a de *prematuração*. No que se refere à primeira, é uma noção cuja freqüência ultrapassa de muito os dois principais textos aos quais se refere correntemente (1895, 1926). Em compensação, o conceito de prematuração é de ocorrência relativamente mais rara na obra de Freud.

O conceito de estado de desamparo mantém, no pensamento freudiano, uma relação essencial como o da prematuração, pelo viés, entretanto, de sua articulação em comum com a noção de *imaturidade-inacabamento.*

Essas noções fundamentais estão estreitamente ligadas ao percurso de Lacan, assim como ao de Wallon, mas de maneira desigual.

O conceito de prematuração é de uma importância absolutamente central no pensamento de Lacan, enquanto que as outras noções mencionadas são subordinadas a ele. Com efeito, no texto de 1938 sobre os *Complexos familiares*, o primeiro termo representa, em relação a estas, a ocorrência lingüística incontestavelmente mais freqüente. No pensamento de Freud, esse conceito de prematuração mantém uma relação particular com o estatuto de desenvolvimento das pulsões sexuais.

O percurso de Wallon, também ele muito informado sobre o texto freudiano, está centrado no conjunto acima e, segundo seu vocabulário próprio, do qual trataremos mais adiante, nas noções de desamparo, de imaturidade, de inacabamento neonatal. Estas nos parecem conter, no pensamento freudiano, uma relação mais marcada com a transformação das pulsões de autoconservação ou pulsões do eu.

Em compensação, o termo prematuração, se está presente nos textos de Wallon, ali surgiu tardiamente[1]. Parece óbvio, como será visto, que Wallon o tenha colhido diretamente em Lacan[2], que assim teria devolvido a este os juros de seus próprios empréstimos. Há ali um troca-troca histórico bastante singular entre os dois autores, de que veremos mais adiante um outro notável exemplo com a noção de *outro.*

Muito cedo no desenvolvimento de seus pensamentos, bem antes de haver teorizado o tema da sexualidade infantil (1900-1905), Freud se interessou em descrever a situação de indigência particular do filhote humano (1895, 1900). Essas considerações, associadas além disso a uma teoria da expressividade emocional (1890, 1895, 1900), de que falaremos um pouco mais adiante, se organizam ao redor do conceito fundamental de "estado de desamparo" (*Hilflosigkeit* e o correspondente adjetivo: *hiflos*[3]).

---

[1] H. Wallon, *L'évolution psychologique de l'enfant*, Paris, A. Colin, 1941, reed. 1974.

[2] J. Lacan, *Les complexes familiaux dans la formation de l'individu* (1938), Paris, Navarin, Le Seuil, 1984.

[3] Em alemão corrente, abandono, desamparo, impotência (*Hilflosigkeit*); acha-se também, mas muito mais raramente, *Hilfbedürfigkeit*: indigência, despojamento.

Esse conceito, surgido logo nas primeiras formulações do pensamento freudiano, constitui a partir daí uma de suas referências mais duráveis, contendo, aliás, um certo número de tempos fortes, de etapas repartidas por intervalos bastante regulares ao longo de toda a obra de Freud (de 1895 a 1932)[4].

Essa noção de *estado de desamparo* representa um eixo em torno do qual se ordenam vários conceitos conexos que têm como função detalhar e escalonar suas implicações fundamentais.

Nesse sentido, o conceito mais marcante e algumas vezes associado ao primeiro sob a forma de parônimo é o de *dependência* (*Abhängigkeit, Unselbständigkeit*)[5]. O estado de desamparo é também, no caso, descrito como uma situação de *fraqueza* (*Schwäche, schwach*)[6], de *impotência* (*Ohnmacht, ohnmächtig*)[7].

Os termos precedentes representam conceitos derivados daquele referente ao estado de desamparo, cuja significação fundamental eles explicam.

Um segundo conceito *maior* está articulado ao de estado de desamparo, embora não deva lhe ser assimilado em razão da especificidade de seu conteúdo próprio. Trata-se do conceito de *imaturidade* (*Unreife*)[8], de inacabamento (*Unfertigkeit, unfertig*)[9].

De fato, a noção de imaturidade-inacabamento (*Unreife, Unfertigkeit*) deve ser ao mesmo tempo aproximada, mas diferenciada, da noção conexa de precocidade-prematuração (*Frühreife, Voreiligkeit* e os adjetivos *frühzeitig, früheif*, "precoce, prematuro", *vorzeitig* "prematuro, antecipado" e até "précoce", em francês no texto)[10].

---

[4] Como nos referimos, neste capítulo, a um conjunto bastante amplo de textos, preferimos designá-los pelo seu ano de publicação a designá-los pelo seu título. As referências completas estão na bibliografia. *Cf.* S. Freud, *1895*, 1900, 1905, 1909, 1911, 1912, *1915*, 1961-1917, 1919, 1921, *1923*, 1926a, *1926b*, 1927, 1930, *1932*.

[5] *Cf.* Bibliografia, S. Freud (1923a), (1926b), (1930), (1932), (1938a).

[6] *Cf. Id.* (1923a), (1926a), (1938a).

[7] *Cf. Id.* (1921), (1926a), (1926b), (1927).

[8] *Cf. Id.* (1896a), (1896c), (1916-1917), (1926b).

[9] *Cf. Id.* (1926b), (1938, pp. 75-76)

[10] *Cf. Id.* (1896a), (1896b), (1896d), (1905a), (1905b), (1908), (1909a), (1919a), (1926a), (1926b), (1938a).

Nos três textos de 1896, Freud ressalta o caráter por natureza "précoce" (em francês no texto de 1896b, *frühzeitig* em outro lugar), antecipado, prematuro (*vorzeitig, in der Zeit vor der sexuelle Reife*) da experiência sexual. Explica então a etiologia da histeria pela dupla condição de um "incidente provocador de caráter sexual", mas ocorrido "antes da maturidade sexual".

Essa experiência prematura permanecerá por muito tempo sem efeito, antes de se converter, "só-depois", em lembrança traumática recalcada, sob a influência da excitação sexual surgida na ocasião da puberdade e que age, então, de maneira anacrônica, em equilíbrio instável no tempo, por procuração do acontecimento defunto.

> Em razão do retardo, escreve Freud, da maturidade púbere em relação às funções psíquicas [...] Os traumas infantis agem só-depois como experiências novas, mas de maneira inconsciente[11].

Essa noção de só-depois (*nachträglich*) surgiu no ano anterior (1895), no *Projeto para uma psicologia científica*. Se é verdade que essa noção implica discretamente, pela própria razão do tipo de articulação temporal e do modo de ação que ela designa, as noções de imaturidade e de precocidade, deve-se reconhecer, entretanto, que estas ainda não estão explicitamente formuladas no *Projeto*. De fato, elas aparecem pela primeira vez expressas em termos precisos nos três textos de 1896 (*Unreife*: 1896c; "précoce": 1896b; *frühzeitig, vorzeitig*: 1896d). Não deixa de ser verdade que o processo do "só-depois" representa por si mesmo o processo de construção retroativa – pode-se dizer retomada por ocasião? – próprio de um sujeito imaturo, mesmo que capaz, e ali está o paradoxo de uma experiência precoce e de uma acumulação sem falha dos vestígios de uma tal experiência[12].

Nos textos ulteriores, a noção de precocidade-prematuração (*Frühreife*: 1905a, 1905b, 1908: *Voreiligkeit*: 1919a), ao mesmo tempo que mantém

---

[11] S. Freud, "Nouvelles remarques sur les psychonévroses de défense" (1896), *in Névrose, psychose et perversion*, Paris, PUF, 1973, p. 65, nº 2.

[12] *Id.* (1896a, p. 130), (1895b, p. 366), (1896b, p. 55), (1896c, p. 65), (1896d, pp. 94-95); "Lettres à Fliess", nº 52 de 6 de dezembro de 1896 e nº 66 de 7 de julho de 1897, *in La naissance de la psychanalyse*, Paris, PUF, 1956, pp. 156-157, 188; G .W. I., pp. 384, 417, 438-439.

um caráter essencialmente clínico, adquire uma significação desenvolvimentista ampliada em relação ao contexto de experiência pontual própria do mecanismo do "só-depois". Em *Dora*, Freud refere ao "mito de Édipo" o caráter precoce (*frühzeitig*) da "atração sexual entre pais e filhos". Todavia, essa precocidade sexual é mais intensa "nas pessoas predispostas à neurose por sua constituição, nas crianças precoces (*frühreifen*) e ávidas por afeto". Disso resulta, "desde a infância ou somente na puberdade, algo comparável a uma atração sexual [...] que [...] toma conta da libido". Os fatores determinantes a esse respeito são representados pelo

> surgimento precoce de verdadeiras sensações genitais, espontâneas ou provocadas pela sedução e pela masturbação[13],

também pelo papel de uma,

> mãe [...] neurótica, insatisfeita com seu marido [...] hiperprotetora e hiperansiosa[14].

A precocidade sexual na criança pequena está relacionada com a crueldade[15], mas também com a precocidade intelectual. Ela caracteriza "as crianças mais bem dotadas", marca "a infância de muitos 'grandes' homens[16]". Provoca o aparecimento de "traços primários de perversão" e contribui dessa maneira para "a etiologia das neuroses". De fato, essas disposições à perversão podem, após um recalque preliminar, predispor às neuroses. Mas também podem sofrer outros destinos – formações reativas, sublimação, ou perversões caracterizadas: fetichismo, inversão. Entretanto, a precocidade sexual não poderia ser "por si só (não mais que qualquer outro fator) causa suficiente do processo mórbido [...] nem por isso se disse tudo a respeito".

A precocidade sexual se revela em particular por uma alteração do regime normalmente bifásico do desenvolvimento libidinal. Com efeito,

---

[13] S. Freud, "Fragment d'une analyse d'hystérie: Dora" (1905a).

[14] *Id.*, "La morale sexuelle 'civilisée'..." (1908).

[15] *Id.*, *Trois essais sur la théorie de la sexualité* (1905b).

[16] *Id.* (1905b), (1909a), (1926a).

"Ela se manifesta por uma interrupção, uma abreviação ou uma supressão do período de latência infantil".

Parece que Freud considerava a precocidade sexual, por relação ao complexo equilíbrio formado pelas "séries complementares" de seu modelo etiopatogênico, como ligada ao componente constitucional de uma primeira série causal, considerada como predisposição por fixação; tal série compreende os dois fatores subordinados definidos, por um lado, pela "constituição sexual" e, por outro, pelas "experiências acidentais da infância", ou seja, a história infantil[17]. Lembremos que, na mente de Freud, o papel dessa predisposição por fixação da libido deve se ver completada, para que se organize a série definitiva dos fatores etiológicos da neurose, pela ação das "experiências traumáticas ulteriores"; então, de um trauma subseqüente que desencadeia um processo de regressão ao ponto de fixação anterior.

Além disso, é importante distinguir, nas formulações de Freud, a precocidade-prematuração, por um lado, como um fator clínico diferencial e, por outro, como um fator de desenvolvimento geral. É absolutamente evidente essa última acepção que Freud adota, em *Dora*, quando evoca a precocidade sexual como uma dimensão normal do desenvolvimento humano, ilustrada pelo "mito de Édipo". Ao contrário, a precocidade do "componente sádico" como "disposição à neurose obsessiva" representa um fator diferencial mais situado no plano da tipologia clínica do que no do modelo geral de desenvolvimento[18].

Por outro lado, o par imaturidade-prematuração (*Unreife, Frühreife*) manifesta sua presença latente, na falta de termos exatos, na muito difícil nota 43 dos *Três ensaios*, acrescentada em 1920 e da qual teremos que tratar mais adiante, em que se fala da heterocronia das fases do desenvolvimento sexual no plano biológico e psicológico. Com efeito, ressalta Freud,

> o instante da formação anatômica e o do desenvolvimento psíquico não devem coincidir exatamente,

[17] *Id.* (1905b, pp. 157-159), (1916-1917, pp. 326-332, 340-341).
[18] S. Freud, "Un enfant est battu" (1919a).

pelo menos na primeira das duas fases que cada um desses tipos de desenvolvimento inclui. Mas expliquemos melhor.

Segundo uma observação de Bayer, relatada por Freud, "o órgão sexual interno (útero) no recém-nascido é, geralmente, mais volumoso que o de crianças mais velhas". Aconteceria então uma involução que terminaria algumas semanas após o nascimento, pelo menos no que se refere a essa parte do aparelho genital.

Baseando-se nisso, Freud desenvolve a idéia segundo a qual

> o *primeiro ponto culminante* do desenvolvimento dos órgãos sexuais se dá no início da vida embrionária, enquanto que a primeira eclosão da vida sexual da criança surge entre o terceiro e quarto anos[19].

Somente a segunda e última fase do desenvolvimento – no caso, a puberdade – seriam comuns às duas séries de processos, anatômicos por um lado, psicológicos por outro. Dessa maneira, o desenvolvimento da sexualidade infantil se revelaria como uma fase intermediária, sem correspondência com uma fase concomitante no plano anatômico.

Tão singulares quanto nos possam parecer hoje em dia essas especulações relativas à discordância entre as respectivas etapas da biogênese e da psicogênese da função sexual, pelo menos elas têm o mérito de nos sugerir de que maneira se apresenta para Freud o problema conjunto do caráter ao mesmo tempo imaturo e prematuro do funcionamento pulsional. Formulado em termos diferentes, esse problema é, em realidade, o mesmo que o que foi mencionado mais acima relativo ao mecanismo do "só-depois". Trata-se da defasagem, melhor dizendo, das várias espécies de defasagens que podem ser observadas na formação do psiquismo humano, seja entre sucessivas fases de desenvolvimento de uma mesma função, seja entre etapas

19 *Id.*, *Trois essais*... (1905b, pp. 177-178); a nota, datada de 1920, aplica-se à p. 69, datada de 1905 ("a criança traz, ao seu nascimento, germens de movimentos sexuais que, durante algum tempo, evoluem, depois sofrem uma repressão progressiva"). No que se refere ao desenvolvimento anterior, ver S. Freud (1905a, p. 40), (1905b, pp. 89, 159-160); "La morale sexuelle 'civilisée' et la maladie des temps modernes" (1908, p. 44), (1909a, p. 195), (1919a, pp. 221-222, 227, 231), (1926a, p. 137).

pertencentes a séries funcionais diversas. Entretanto, se tornarmos mais claras essas noções de defasagem intrafuncional – interna à pulsão sexual – e interfuncional – entre as duas categorias de pulsões –, é importante não misturar, como fizemos até agora, as noções de imaturidade (*Unreife*) e de prematuração (*Frühreife, Voreiligkeit*).

No filhote humano, a organização própria às funções de relação, como base das pulsões de autoconservação, se caracteriza pela imaturidade, pelo inacabamento. É a esse tipo de organização que se associa a motilidade autoplástica[20]. O caráter tônico-centrípeto[21] peculiar a essa motricidade primitiva traduz, no ser humano, a ausência inicial de montagens pulsionais, de estereótipos motores prontos para funcionar e coaptados ao objeto. Dessa maneira, na criança pequena, os automatismos de caráter aloplástico, instalados ulteriormente pela aprendizagem, surgem *tarde demais*, em defasagem relativamente às exigências iniciais da sobrevivência. Ora, essa debilidade fisiológica primitiva, essa forma de imperfeição fundamental, de deiscência nativa peculiar às funções de relação, representa o ponto de apelo biológico para um modo propriamente humano de desenvolvimento. Sobretudo, como Laplanche ressalta, é no terreno dessa organização inacabada das funções vitais no humano jovem que se introduz, como produto marginal, floração precoce, a sexualidade[22]. É nesse ser *imaturo* que surge, de modo *prematuro*, a sexualidade.

Se a organização biológica associada às pulsões de autoconservação é imatura, a pulsão sexual não o é menos. Entretanto, o caráter funcional dessa imaturidade não é exatamente o mesmo nos dois casos. No primeiro caso, trata-se de imaturidade simplesmente conotada pelo atraso, pelo déficit,

---

[20] Parece-nos cômodo nos referirmos aqui à diferenciação proposta por Ferenczi (1919, 1932) – e anteriormente evocada – entre duas formas de comportamento, autoplásticas e aloplásticas, diferenciação retomada pelo próprio Freud em "La perte de la réalité dans la névrose et la psychose" (1924), *in Névrose, psychose et perversion*, Paris, PUF, 1973, pp. 299-303.

[21] Esse aspecto tônico-centrípeto corresponde à noção de "descarga motora interna" de natureza "secretória, vaso-reguladora", de natureza interoceptiva, então (visceral, vegetativa, protopática, orgânica, afetiva) e integrada pela atividade tônico-interofectiva, que vários textos de Freud comentam (1890, pp. 5-7), (1895b, pp. 336, 376), (1900, pp. 481, 495), (1911b, pp. 137-1389), (1915b, p. 85), (1916-1917, p. 373).

[22] J. Laplanche, *Vie et mort em psychanalyse,* Paris, Flammarion, 1970, pp. 45, 53, 84, 214.

pela insuficiência. Por outro lado, pode-se dizer da pulsão sexual que ela é imatura, mas, ao mesmo tempo, muito precoce, ou seja, pré-amadurecida, o que introduz as noções de adiantamento, de antecipação, diferentemente da simples conotação de defeito, de incompletude.

Enquanto que a sexualidade biológica, genital, ocorre *tarde demais*, a sexualidade infantil surge *cedo demais*. Com efeito, esta realiza uma antecipação, uma *mímesis* quase acabada da sexualidade adulta, mas entregue à extinção no próprio movimento pelo qual ela descobre o objeto real, "aloerótico[23]". Esse caráter precoce da sexualidade infantil, em conexão com o caráter tardio da sexualidade biológica, destina o ritmo geral do desenvolvimento sexual a esse tipo de ação em dois tempos que Freud precisamente descreveu logo nas suas primeiras formulações segundo o esquema do "só-depois". O ritmo temporal característico da atividade da pulsão sexual é o mesmo pelo qual se constitui o sujeito, um ritmo em que se adéquam bem ou mal o passado e o futuro, a antecipação e a retroação. Com efeito, todas as manifestações da sexualidade humana são marcadas por "esse jogo complexo e sempre repetido, no seio de uma sucessão temporal feita de atos falhos, de 'cedo demais' e 'tarde demais'"[24].

A escansão especial de que se alimenta essa "dialética do cedo demais ou do tarde demais" se complica ainda um pouco mais, se olharmos de mais perto a articulação temporal da pulsão sexual com as pulsões de autoconservação.

Com efeito, se a sexualidade infantil se desenvolve cedo demais, de maneira precoce demais, com um tempo de antecedência sobre a organização ulterior da sexualidade genital, ela emerge, em compensação, e como se fora em contraste, com um tipo de atraso em relação à sua base biológica, ou seja, a infra-estrutura das necessidades vitais, das funções de autoconservação, na qual ela se baseia e onde se origina. Pode-se dizer que a pulsão sexual apresenta uma espécie de imaturidade diferencial, defasada em relação à imaturidade inicial das pulsões do eu. Uma tal defasagem exprime de fato,

[23] S. Freud, "Lettre à Fliess", nº 125, de 9-12-1899, *in La naissance de la psychanalyse*, Paris, PUF, 1956, p. 270.

[24] J. Laplanche, *Vie et mort em psychanalyse*, *op. cit.*, pp. 76-77.

no plano do processo de desenvolvimento, o grau de independência mais marcado da pulsão sexual em relação ao princípio de realidade, sua adesividade particular a um funcionamento regido unicamente pelo princípio de prazer, isso por causa da natureza fantasmática de seu objeto. Entretanto, a posição de Freud a esse respeito fica ambígua. Em *Formulações sobre os dois princípios do funcionamento mental* (1911), Freud efetivamente atribui "a predisposição psíquica à neurose" ao fato de que "a educação da pulsão sexual sofre um atraso" em relação à "via que leva a ter em conta a realidade"[25].

Entretanto, Freud parece apoiar, em *Esboço de psicanálise* (1938), a hipótese inversa, segundo a qual não é mais o atraso, mas, ao contrário, o adiantamento do registro sexual em relação ao da autoconservação que constituiria um fator patógeno essencial:

> o fato de que o desenvolvimento do eu, ele escreve, se deixa distanciar em relação ao desenvolvimento libidinal é, a nossos olhos, a causa essencial das neuroses.

Da mesma maneira, a pulsão sexual aparece sempre como um tempo "segundo", em razão do processo de "apoio" em relação ao registro da autoconservação; entretanto, uma vez surgido o tempo "auto-" ou "*selbst*" que ela constitui, este pareceria incluir a propriedade de infiltrar, reabsorver e se distanciar de sua primitiva base de apoio[26].

Dessa maneira, a noção de imaturidade cria o problema dos vários mecanismos de defasagem que operam na psicogênese, trate-se do ritmo do desenvolvimento próprio da pulsão sexual considerada em si mesma, ou então da heterocronia relativa aos ritmos de desenvolvimento das duas categorias de pulsões. De fato, essa noção de defasagem temporal parece estar relacionada, de maneira geral, ao conjunto dos fenômenos de desen-

---

[25] S. Freud "Formulations sur les deux principes du cour des évènements psychiques" (1911), *in Résultats, idées, problèmes, I*, Paris, PUF, 1984, p. 140. Essa hipótese é retomada na *Introduction à la psychanalyse* (1916-1917): a "regressão do ego", como fator etiológico das neuroses, é aqui relacionada com o fato de que "as pulsões sexuais, que no início não necessitam de objeto [...] são mais difíceis de educar, levando uma existência parasitária [...] suscetíveis de encontrar uma satisfação auto-erótica [...] elas escapam à influência educadora da necessidade real", Paris, Payot, 1962, pp. 333-336.

[26] S. Freud, *Abrégé de psychanalyse* (1938), Paris, PUF, 1951, p. 76. Tomamos emprestado a J. Laplanche (*Vie..., op. cit.*, p. 190 e *passim*) essa noção de tempo "auto-" ou *selbst*, que ele usa para designar o processo constitutivo do auto-erotismo ao mesmo tempo que o da subjetividade.

volvimento. Nós a encontramos, em um contexto muito diferente, nas concepções de Piaget relativas aos vários tipos de defasagem característicos do desenvolvimento cognitivo. No caso da defasagem horizontal, em especial, estamos às voltas com um certo tipo de formação antecipada, de imaturidade pode-se dizer, característica de um funcionamento. Segundo Piaget, a estrutura cognitiva recentemente surgida se revela ainda inapta, imprópria para tratar qualquer tipo de conteúdos, aos quais, entretanto, sua forma a destina. Em Wallon, igualmente, a noção de defasagem acha aplicações específicas: fenômenos de antecipação e de persistência de que resultam sobreposições interfuncionais da afetividade e da inteligência. Seria interessante situar melhor as variáveis desse conceito de defasagem nos vários sistemas de interpretação relativos à psicogênese.

Se nos for permitida, para esclarecer um pouco mais, uma metáfora colhida na arte do jardineiro, eis aqui, aproximadamente, como se poderia representar as relações entre a imaturidade e a prematuração. Afinal, são precisamente tais imagens que o vocabulário alemão (*Unreife-Frühreife*) conota.

A imaturidade designa, no que tange ao problema que estamos tratando, o estado de um fruto ainda verde, que prosseguirá seu desenvolvimento regularmente e que alcançará seu termo relativamente cedo.

A prematuração designa, em relação ao estado anterior, o estado de um outro fruto cujo desenvolvimento se inicia em um tempo "segundo" (apoio) em relação ao primeiro, que, em seguida, sob a influência de fatores climáticos especiais, amadurece rápido demais, antes da estação, e cujo processo de amadurecimento se interrompe então em um certo tempo para ser retomado eventualmente muito mais tarde, com a condição de que as bicadas dadas pelos pássaros, como supõe Ferenczi[27], não o tenham feito entrementes apodrecer no pé.

Aliás, talvez fosse mais fácil figurar pela representação cinematográfica esses dois tipos de desenvolvimento simultaneamente conjuntos e disjuntos, de velocidade e de ritmo temporal diferentes.

---

[27] S. Ferenczi, "Confusion de la langue entre les adultes et l'enfant" (1932), *Œuvres complètes*, vol. IV, Paris, 1982, Payot, p. 133.

Levamos em consideração, no desenvolvimento anterior, o par nocional imaturidade-prematuração a título de conceito maior associado àquele do estado de desamparo. Abordamos agora o estudo dessa função fundamental no pensamento freudiano.

Capítulo XX

O estado de desamparo segundo Freud

O termo *Hilflosigkeit* aparece pela primeira vez em 1895, em dois textos. A primeira menção, de natureza descritiva, se situa no contexto clínico específico de um caso de histeria, o da "Srta. Elizabeth V. R.[1]". Nós a deixaremos de lado para nos interessar pela segunda, que consta de uma célebre passagem do *Projeto para uma psicologia científica*:

> A experiência demonstra que a primeira via a ser seguida é a que leva a uma modificação interna (expressão das emoções, gritos, inervações vasculares) (*inneren Veränderung, Ausdruck der Gemütsbewegung, Schreien, Gefässinnervation*). Mas [...] nenhuma descarga desse tipo faz a tensão abaixar porque novas excitações endógenas continuam, apesar de tudo, a afluir [...] A excitação só pode ser suprimida por uma intervenção capaz de interromper momentaneamente a liberação das quantidades (de excitação) através do corpo. Essa espécie de intervenção exige que se produza uma certa modificação no exterior (por exemplo, fornecimento de alimento, proximidade do objeto sexual), uma modificação que, como "ação específica", só pode se dar por determinados meios. O organismo humano, em seus estágios precoces, é incapaz de provocar essa reação

[1] S. Freud e J. Breuer, *Études sur l'hystérie* (1895), Paris, PUF, 1978, p. 120.

> específica (aloplástica), que só pode ser realizada com uma ajuda externa e no instante em que a atenção de uma pessoa bem a par se concentre no estado da criança. Esta a avisou, por uma descarga na via das mudanças internas (pelos gritos da criança, por exemplo). A via de descarga adquire, dessa maneira, uma função secundária de uma extrema importância: a da *compreensão mútua* (*Verständigung*). O estado de desamparo original (*die anfängliche Hilflosigkeit*) do ser humano se torna dessa maneira *a fonte primária de todos os motivos morais* [...] A inervação da linguagem é originariamente [...] uma parte da via que desemboca nas *modificações internas*, único meio de escoamento quando a ação específica não é ainda conhecida [...] Ela deve atrair a atenção de uma pessoa que preste socorro (que geralmente é o objeto desejado[2]) para as necessidades e o estado de desamparo da criança. Por esse meio, que vai se integrar na ação específica, a compreensão mútua se encontra garantida[3].

Esse notável texto anuncia implicitamente vários dos principais pares conceituais próprios dos desenvolvimentos ulteriores do pensamento freudiano.

Em primeiro lugar, a distinção entre processo primário e processo secundário se anuncia claramente nesta aqui proposta entre uma "primeira via", por onde se encaminha a descarga e, a "função secundária" justamente, de que se acha investida, no fim das contas, essa via primária.

Além disso, a diferenciação entre as pulsões de autoconservação e as pulsões sexuais se perfila com clareza na diferenciação entre duas categorias de objetos: o objeto-alimento e o objeto sexual.

Mas o que espanta, em relação às futuras evoluções do percurso freudiano, é essa original concepção da "expressão emocional", segundo a

---

2 A mãe, como objeto de desejo, quer dizer, objeto libidinal, sob a forma do seio. Esse parêntesis é uma trilha aberta na direção do complexo de Édipo, descoberto em outubro de 1897. As poucas palavras que ele encerra marcam, na própria proximidade do contexto, o afastamento de Freud em relação a Wallon.

3 S. Freud, "Esquisse d'une psychologie scientifique", *La naissance de la psychanalyse*, Paris, PUF, 1956, pp. 336, 376; *Ibid.*, all. (1950), pp. 402, 445. Tivemos que corrigir aqui e ali a tradução de A. Berman, inconstante e por vexes pouco confiável. Assim, ele traduz *Gefässinnervation* como "inervações musculares" ao invés de "vasculares"!

qual a descarga motora, sem ação direta sobre o objeto e desperdiçada em manifestações vegetativas, ganha, pela mediação do *socius*, uma função de sinal, um valor de comunicação.

Esse texto faz parte de uma linha de pensamento bastante pouco comentada, mesmo que rica em balizas, por onde Freud se esforça em elaborar a noção de um regime de afetividade próprio das pulsões de autoconservação e do laço social como "outra" forma de laço, diferente do laço propriamente objetal[4]. Essa linha de pensamento foi retomada e elaborada trinta anos mais tarde pela psicologia de Wallon: a emoção é ali representada como uma espécie de pré-linguagem, elaborada a partir da desordem vegetativa e funcionando como vetor dos significantes primários do objeto-valor.

Tanto em Freud como em Wallon, a expressão emocional é elaborada como uma função essencialmente coordenada com a demanda do objeto da necessidade. É essa função que assegura a passagem do processo autoplástico, centralizado no feedback víscero-postural, ao processo aloplástico, canalizado para o objeto desejado, mas pelo viés de um processo de comunicação com "a pessoa bem a par", o terceiro "que preste socorro"[5].

É em *Inibição, sintoma e angústia* que o conceito de estado de desamparo recebe sua elaboração teórica definitiva.

Em primeiro lugar, Freud distingue duas formas do estado de desamparo, em relação a duas formas de "perigo" (*Gefahr*) às quais se acha exposto inicialmente o filhote humano.

A forma mais primitiva é qualificada por Freud como desamparo "biológico", "material", "motor": ela corresponde ao "perigo real", ou seja, de origem externa e de orientação centrípeta[6]. Com efeito, o bebê de colo humano é jogado no mundo "mais inacabado" (*unfertiger*) que os outros

---

[4] *Cf.* S. Freud, "Traitement psychique (Traitement d'âme)" (1890), *in Résultats, idées, problèmes, 1*, Paris, PUF, 1984; *L'interprétation des rêves* (1900), Paris, PUF, 1900, reed. 1971; *Le mot d'esprit et ses rapports avec l'inconscient* (1905), Paris, Gallimard, 1930, 1969; "Formulations sur les deux principes du cours des évènements psychiques" (1911), *in Résultats, idées, problèmes, 1, op. cit.*; *Inhibition, symptôme et angoisse* (1926), Paris, PUF, 1965; *Malaise dans la civilisation* (1930), Paris, PUF, 1971.

[5] Tão insólito quanto isso possa parecer ao leitor de nossas atuais elaborações, é de um Freud muito próximo a Wallon que se trata nessa série de textos.

[6] S. Freud, *Inhibition...*, *op. cit.*, pp. 62, 95-96, 98.

animais: "A influência do mundo exterior real se acha reforçada por isso [...] os perigos do mundo exterior tomam uma importância maior[7] [...]". O estado neonatal como tal exclui ainda, pelo menos nesse nível liminar, qualquer elaboração psíquica propriamente dita:

> O pequeno ser que acabou de nascer, escreve Freud em outro lugar, é uma coisinha pobre e impotente (*ohnmächtiges Ding*) em relação ao mundo exterior todo-poderoso e repleto de ações destruidoras[8].

Diante de uma situação como essa, o organismo constrói para si uma película periférica protetora, que Freud, em várias ocasiões, qualificou como pára-excitações e que nada mais é que a estrutura primitiva do eu, como órgão de percepção. "A diferenciação entre o eu e o isso, explica Freud, é adquirida precocemente[9]", em relação direta com o estado de inacabamento neonatal e a vulnerabilidade que disso resulta para o organismo em relação ao excitante exterior. Entretanto, esse órgão novo se torna sensível a uma nova categoria de excitações oriundas não mais do mundo exterior, mas do próprio interior do organismo. Além disso, esse eu é também ele caracterizado, segundo Freud, pelo seu estado de fraqueza, de imaturidade, de inacabamento (*Schwäche, Unreife, Unfertigkeit*[10]). É nesse plano que o "desamparo motor" se desenvolve, se elabora em "desamparo psíquico": este corresponde ao "primeiro despertar do eu" e à sua imaturidade, a qual o torna ainda impotente (*ohnmächtig*) diante desse novo perigo, de origem interna: "o perigo pulsional[11]". Esse plano de comportamento mais evoluído deve ser bem diferenciado do precedente.

---

7 *Ibid.*, p. 82.

8 *Id.*, 'Psychanalyse et médecine", (1926), *in Ma vie et la psychanalyse*, Paris, Gallimard, 1974, p. 120; G. W., XIV, p. 229; ver também *Malaise...*, *op. cit.*, p. 39.

9 *Id.*, *Inhibition...*, *op. cit.*, p. 82.

10 S. Freud, "Le moi et le ça" (1923), *in Essais de psychanalyse*, Paris, Payot, 1981, p. 263; G. W., XIII, p. 277; "Psychanalyse et médecine", *op. cit.*, p. 172; G. W., XIV, p. 275; *Inhibition...*, *op. cit.*, p. 66; G. W., XIV, p. 172; *Abrégé de psychanalyse*, Paris, PUF (1938) 1951, pp. 75-76; G. W., XIII, pp. 130-131.

11 *Id.*, *Inhibition...*, *op. cit.*, pp. 70, 71 95, 96, 98; *Nouvelles conférences d'introduction à la psychanalyse* (1933), Paris, Gallimard, 1984, p. 120.

O pequeno ser da primeiríssima infância, escreve Freud, não está efetivamente equipado para dominar psiquicamente as grandes quantidades de excitação que lhe chegam do exterior ou do interior[12].

Em várias passagens, Freud descreve em termos muito fisiológicos, por vezes bem próximos de certas descrições de Wallon, o estado do recém-nascido ainda incapaz de dominar por si próprio o duplo afluxo das excitações externas e das tensões internas:

> A excitação provocada pela necessidade interna procura uma saída na mobilidade que se pode chamar de "modificação interna" (*innere Veränderung*) [os processos de natureza secretória e vaso-reguladora] ou "expressão de uma mudança de humor" (*Ausdruck der Gemütsbewegung*). A criança que tem fome chorará desesperadamente ou então se agitará. Mas a situação não muda[13] [...]
> O crescimento da tensão da necessidade, diante da qual ela é impotente [exige ser liquidada], a descarga orientada para os músculos da respiração e da fonação serve agora para chamar a mãe da mesma maneira que antes serviu para desencadear a atividade dos pulmões e dessa maneira eliminar as secreções internas[14].

As duas formas do estado de desamparo, o desamparo motor e o desamparo psíquico, são qualificadas por Freud como "trauma", "situação traumática" e são acompanhadas uma e outra pela "reação de angústia", como "situação vivida" de um perigo específico[15].

Entretanto, a situação traumática e a reação de angústia correspondente serão progressivamente objeto de uma elaboração psíquica. Quanto a isso, Freud distingue a situação traumática real do que ele denomina de situação de perigo (*Gefahrsituation*), que é sua antecipação mental. A angústia primária também sofre um tratamento psíquico específico:

---

[12] *Id.*, *Inhibition...*, *op. cit.*, p. 72.

[13] *Id.*, *Interprétation...*, (1900), *op. cit.*, p. 481. Colocado entre parêntesis por nós. Por sinal, *Gemütsbewegung* (G. W., II, pp. 111, 571) pode ser trazido melhor aqui por emoção.

[14] *Id.*, *Inhibition...*, *op. cit.*, pp. 61-62.

[15] *Ibid.*, pp. 62, 95-96; G. W., XIV, pp. 199-200.

a situação de perigo, escreve Freud, é a situação de desamparo reconhecida, relembrada, esperada. A angústia, reação originária ao desamparo no trauma, é reproduzida em seguida na situação de perigo como sinal de alarme (*Hilfssignal*)[16].

A imaturidade do eu, origem do desamparo psíquico, implica a intervenção de um terceiro que possa proteger contra as formas externas e internas de perigo e que é valorizado, em decorrência disso, como objeto de amor.

> Dessa maneira, a mãe, que satisfaz a fome, se torna o primeiro objeto de amor [...] a primeira proteção contra todos os perigos [...] a primeira proteção contra a angústia. A mãe é logo substituída nesse papel pelo pai, mais forte, e esse papel permanece entregue ao pai durante todo o curso da infância[17].

Essa intervenção do objeto de amor protetor permite que se ultrapasse o desamparo psíquico resultante do perigo pulsional, mas ao preço de acomodar esse desamparo sob uma nova forma que Freud chama de estado de *dependência* infantil (*Abhängigkeit, Unselbständigkeit*). Postas de lado as formas iniciais do desamparo (motora e psíquica), esse período de dependência cobre, diz Freud, os "primeiros anos da infância", ou seja, de fato, o conjunto do desenvolvimento pré-edipiano. A este corresponde, segundo ele, uma terceira forma de perigo e de angústia anexada: o perigo da perda do objeto (ou do amor)[18].

Para caracterizar a primeira infância em seu conjunto, estado neonatal propriamente dito inclusive, Freud utiliza de vez em quando a expressão geminada – *estado de desamparo e de dependência* –, a qual só é redundante na

---

[16] *Ibid.*, p. 96. Ressaltado por nós. Essa concepção do afeto-sinal desenvolvida em 1926 também é bastante próxima do Wallon de 1925 e 1943.

[17] *Id.*, *L'avenir d'une illusion* (1927), Paris, PUF, 1971, p. 33; ver também *Totem e tabou* (1913), Paris, Payot, 1965, p. 99.

[18] *Id.*, *Inhibition...*, *op. cit.*, p. 66; *Nouvelles...*, *op. cit.*, p. 122; G. W., XV, p. 95, *Objekt-(Liebes-) verlust.*

aparência e cujos termos têm, como já demonstramos, um significado bastante preciso[19]. Existem outras ocorrências dessas formulações duplas, cuja acepção global em relação a seus dois componentes é sempre perfeitamente definida; dessa maneira: "fraqueza e desamparo", "fraqueza e dependência"[20].

Em *O futuro de uma ilusão*, Freud caracterizou o estado de dependência infantil como "desamparo" [...] diante de nossos pais", aparentemente uma terceira acepção a ser distinguida das duas formas "motora" e "psíquica". Com efeito, Freud explica:

> Tínhamos razões para temê-los, sobretudo nosso pai, mesmo que ao mesmo tempo estivéssemos certos de sua proteção contra os perigos [...] A relação com o pai é afetada por uma ambivalência especial. O próprio pai constituía um perigo, talvez em virtude da relação primitiva com a mãe. Dessa maneira, ele inspira tanto temor quanto nostalgia e admiração[21].

Aliás, Freud observou bem cedo, a partir de 1895, esse caráter de sedução temível, peculiar à instância protetora:

> o primeiro objeto de satisfação e, em seguida, o primeiro objeto hostil, ao mesmo tempo que é a única potência que presta socorro. Por isso o homem aprende a conhecer sobre o outro humano[22].

Em seguida às três categorias anteriores de perigo e de angústia que lhes correspondem, existem ainda duas outras. O perigo de castração corresponde à fase fálica e a angústia frente ao supereu, ao período de latência[23].

Entretanto, apesar de seu modo genético de aparecimento, esses estratos sucessivos podem subsistir e se manifestar de maneira sincrônica no próprio seio da organização madura:

---

[19] S. Freud, "Le moi...", *op. cit.*, p. 247; *Inhibition...*, *op. cit.*, p. 82.

[20] *Id.*, "Le moi...", *op. cit.*, p. 263; "L'avenir...", *op. cit.*, p. 31; nível 1, desamparo motor; nível 2, desamparo psíquico, fraqueza do eu; nível 3, dependência. As traduções francesas são, geralmente, muito vagas.

[21] *Id.*, "L'avenir...", *op. cit.*, pp. 24, 33.

[22] *Id.*, "Esquisse...", *op. cit.*, p. 348, citado por J. Laplanche, *Vie et mort en psychanalyse*, Paris, Flammarion, 1970, p. 111.

[23] *Id.*, *Inhibition...*, *op. cit.*, p. 66; *Nouvelles...*, *op. cit.*, p. 122.

> Todas essas situações de perigo, escreve Freud, e todas essas condições que determinam a angústia podem persistir lado a lado e incitar o eu a reagir pela angústia até em períodos posteriores às épocas adequadas, em que várias delas podem entrar em ação simultaneamente[24].

Mais ainda, pode-se dizer que essas camadas sucessivas da situação vivida de angústia acabam por encontrar seu motivo estrutural na formação de uma instância específica da personalidade, o supereu. Com efeito, em *O ego e o id*, Freud apresenta o nascimento do supereu como "o resultado de dois fatores da maior importância: um de natureza biológica, o outro de natureza histórica". O primeiro consiste precisamente "no longo estado de desamparo e de dependência infantis do ser humano", o segundo, no complexo de Édipo e seu recalque, em relação com a "instauração bifásica" do desenvolvimento libidinal. No mesmo texto, algumas páginas mais adiante, ele afirma que o supereu é "o memorial da fraqueza e da dependência antigas do eu" e que é a esse título que ele "perpetua seu domínio, mesmo no eu amadurecido (*reife Ich*)"[25].

Certas ocasiões específicas também, no registro normal do funcionamento psíquico, provocam a reativação, a revivência do estado de desamparo infantil. Assim, por vezes, "os estados oníricos", que podem aparecer no próprio curso da atividade de vigília, comportam o *Hilflosigkeit*, para o qual Freud, por sinal, sugere um parentesco afetivo com o *Unheimliche*, o sentimento de inquietante estranheza[26]. Entretanto, em uma outra tonalidade afetiva, o "cômico da situação" repousa em sua maior parte em circunstâncias constrangedoras, que nos fazem reviver "o estado de desamparo infantil [...] o domínio ainda incompleto da criança sobre suas funções corporais"[27].

Um dos problemas abordados em *Inibição, sintoma e angústia*, em articulação com os temas anteriores, é o "privilégio (*sic*) de uma disposição particular à neurose", característica da espécie humana em relação aos outros animais. Segundo Freud, uma tal predisposição dependeria de três tipos de fatores: biológico, filogenético, psicológico. Ora,

---

[24] *Id.*, *Inhibition...*, *op. cit.*, pp. 66-67.

[25] S. Freud, "Le moi...", *op. cit.*, pp. 247, 263; G. W., XIII, p. 277.

[26] *Id.*, "L'inquiétante...", *op. cit.*, p. 188; G. W., XII, p. 249.

[27] *Id.*, *Le mot d'esprit...*, *op. cit.*, p. 351; G. W., VI, p. 258.

> o fator biológico é, precisamente, o estado de desamparo e de dependência muito prolongado do filhote humano [...] esse fator biológico está na origem das primeiras situações de perigo e cria a necessidade de ser amado, que não mais abandonará o ser humano.

O fator filogenético, que por sinal diria respeito à "mais direta das etiologias das neuroses", consiste no desenvolvimento bifásico da vida sexual, esse fator cujo papel em comum com o do fator biológico na gênese do supereu acabamos de mencionar acima.

> É notável, Freud escreve a esse respeito, que o contato precoce (*früh*) que o eu trava com as exigências da sexualidade exerce sobre ele a mesma influência que o contato prematuro (*vorzeitig*) com o mundo exterior.

Em relação ao terceiro fator, ou fator psicológico, ele se referiria "à imperfeição do aparelho psíquico", que implica, por sua própria estrutura, a diferenciação de várias instâncias em conflito quanto a duas fontes diferentes de perigo, uns oriundos "da realidade", outros "pulsionais interiores"[28].

A contribuição do fator de desamparo e de dependência para a formação do supereu implica, por isso, a dupla afirmação da origem arcaica e da insistência imutável desse fator.

> A criança, ao crescer, vê que está fadada a ser uma criança para sempre [...] esse desamparo dura a vida inteira [...] não poderia haver remédio para o desamparo, para a sensação de abandono (*Rat-und Hilflosigkeit*) da espécie humana[29].

O desamparo do adulto prolonga o desamparo da infância, o do indivíduo tanto como o do gênero humano[30]. Em relação a isso, o "protótipo infantil" (*Vorbild*) e o "protótipo filogenético" reenviam um ao

---

[28] S. Freud, *Id., Inhibition, op. cit.*, pp. 82-84; G. W., XIV, pp. 186-187.

[29] *Id., L'avenir..., op. cit.*, pp. 25, 33, 43; G. W., XIV, pp. 339, 343.

[30] *Ibid.*, pp. 26, 32.

outro numa espécie de círculo metafórico cuja própria dinâmica colhe seu princípio da referência em uma figura exemplar, a do "primitivo", como vestígio sobrevivente do passado da civilização. De fato, se o primitivo se comporta ainda como criança, em troca a criança faz reviver o primitivo, e é essa segunda metáfora que serve de modelo à anterior: a "pré-história pessoal" como ressurgente da pré-história filogenética e, ao mesmo tempo, como intermediária de suas marcas vestigiais no homem moderno[31].

Desamparo original e mal-estar da civilização

Os motivos do desamparo humano comportam vários planos que fazem eco aos do desamparo infantil anteriormente diferenciados. Ao desamparo motor inicial da criança corresponde o do homem "diante das temíveis forças da natureza" por causa de sua própria ignorância e de sua "pequenez no conjunto do universo[32]". Um dos aspectos inevitáveis desse desamparo material é a "caducidade de nosso próprio corpo[33]".

Para garantir seu domínio sobre ela, o homem em primeiro lugar trata de humanizar a natureza, de povoá-la de "seres semelhantes aos seres humanos". Entretanto, ele "não faz forças naturais de simples homens [...] ele lhes dá os caracteres do pai [...] um pai desta vez mais potente [...] ele faz deuses". Ele pode então "dispor de recursos contra esses super-homens violentos [...] tentar conjurá-los, amansá-los, corrompê-los" e até mesmo subtrair um pouco de seu poder. Assim,

> a religião deve sua origem ao estado de desamparo infantil [...] aos desejos e às necessidades infantis ainda subsistentes na idade adulta.

Parece que aqui é feita alusão às duas formas primitivas, psíquica e motora, do *Hilflosigkeit*, na medida em que podem persistir no adulto.

---

31 *Ibid.*, pp. 25, 31; G. W., XIV, pp. 339, 344. A respeito desse problema da "herança arcaica" e do raciocínio analógico, reenviamos à nossa obra: *Wallon lecteur de Freud...*, *op. cit.*, pp. 71-117.

32 S. Freud, *L'avenir...*, *op. cit.*, pp. 29-30, 70.

33 *Id.*, *Malaise...*, *op. cit.*, p. 32.

Ora, a relação ambivalente para com os deuses, que a religião institui, tem ela própria como "protótipo infantil" o desamparo em relação aos pais, que mostramos mais acima que vem coroar, sob a forma de dependência associada à necessidade de "proteção pelo amor", os dois estratos iniciais, motor e psíquico, do estado de desamparo[34].

Em razão do animismo, da animação da natureza por deuses que é possível curvar, "o domínio psíquico prepara o domínio físico". Entretanto, os deuses abandonam pouco a pouco a natureza a seu próprio movimento. Sua potência ali se mostra econômica e submetida ao destino. A moralidade passa a ser seu domínio: eles se preocupam então, bem ou mal, com a tarefa de "proteger dos defeitos da civilização e dos danos que ela causa [...] corrigir as imperfeições da cultura, imperfeições dolorosamente sentidas[35]". Com efeito, uma das causas do desamparo humano também é

> o sofrimento de origem social [...] a insuficiência das medidas destinadas a regular as relações dos homens entre si, seja no seio da família, do Estado ou da sociedade[36].

O que acontece é que os pais se apagam e até mesmo os deuses morrem, enquanto que mesmo assim sobrevive esse fator crucial do desamparo humano, a dependência do homem em relação ao homem, "sua dependência absoluta de outrem", a qual se exprime em muitos adultos como "angústia social",

> a grande sociedade humana tomará o lugar do pai ou dos dois pais[37].

Mas abandonemos o plano da psicologia coletiva para tentar delimitar melhor as implicações especificamente psicogenéticas do estado neonatal.

---

[34] *Id.*, *L'avenir...*, *op. cit.*, pp. 23-25, 32-33, 43; G. W., XIV, 352, *das Bedürfnis nach Schutz durch Liebe*; *Nouvelles...*, *op. cit.*, p. 224.

[35] S. Freud, *L'avenir...*, *op. cit.*, pp. 25-26, 29-30.

[36] S. Freud, *Malaise...*, *op. cit.*, p. 32. Esse fator teria por protótipos infantis, se porventura se deva persistir no paralelo anterior, os dois últimos níveis (4 e 5, então) do desenvolvimento do desamparo.

[37] *Ibid.*, p. 81.

Estas são de duas categorias, aparentemente contraditórias, sendo bem claro que se trata de uma contradição que se pode com justiça qualificar como dialética. Com efeito, o estado de desamparo representa a condição psicobiológica que destina o desenvolvimento libidinal à interiorização subjetiva ao mesmo tempo que à dimensão intersubjetiva. Laplanche exprime em seus termos essenciais uma situação dessa ordem ao escrever:

> Tudo vem do exterior na teoria freudiana, pode-se argumentar, mas ao mesmo tempo toda a eficácia vem de dentro, um interior isolado e enquistado[38].

O desamparo e o auto-erotismo

Iniciemos pelo lado "interior do fenômeno", o qual em nada difere do processo que Laplanche definiu como a "inflexão [*rebroussement*]" característica do auto-erotismo. Com efeito, a incapacidade motora peculiar ao estado neonatal, pelo fato de impedir à criança a via de acesso direto ao objeto, a entrega unicamente à mobilidade autoplástica. Ora, um dos aspectos, mas não é o único, desse funcionamento autoplástico é precisamente constituído pela atividade auto-erótica.

O outro aspecto da atividade autoplástica peculiar ao estado de desamparo é representado pelo registro da expressão emocional: o *Ausdruck der Gemütsbewegung* que se exprime pelos gritos e pela agitação da criança. Freud, como vimos, identificou muito bem, em várias ocasiões (1895, 1900, 1911b, 1926b, 1930), esse aspecto do comportamento infantil[39].

Freud estabeleceu a estreita relação entre o estado de desamparo e o auto-erotismo em dois textos de uma extrema importância (1905b, 1915a). Nos *Três ensaios*, o auto-erotismo é apresentado como a instauração de um certo tipo de autonomia pessoal, mesmo sem controle motor exercido sobre o objeto de satisfação.

---

[38] J. Laplanche, *Vie...*, *op. cit.*, p. 75.

[39] É esse aspecto do pensamento freudiano, centrado no laço primário social como fator da autoconservação, que a descrição walloniana do comportamento neonatal desenvolveu especificamente, em detrimento, é verdade, da dimensão auto-erótica.

A criança, escreve Freud, não usa mais, para a sucção, um objeto exterior ao seu próprio corpo, prefere uma parte de sua epiderme mais acessível, pois assim se torna independente do mundo exterior que ela ainda não pode dominar[40].

O aspecto motor do desamparo está aqui claramente relacionado com a constituição do tempo "auto-" ou "*selbst*", com a formação do sujeito como base de uma pulsão sexual desviada e tornada independente da necessidade propriamente vital. Freud formula, muito próximo do texto em questão, duas formulações de uma importância capital. Em primeiro lugar, ele escreve, a respeito da própria atividade de sucção:

> No início (*anfangs*), a satisfação da zona erógena foi estreitamente associada ao aplacamento da fome.

E um pouco mais adiante:

> Mas, em pouco tempo (*nun*), a necessidade de repetir a satisfação sexual se dissociará da necessidade de nutrição[41].

O *Vocabulário da psicanálise* comenta essas duas formulações, articuladas complementarmente por Freud, discernindo dois "tempos" na elaboração primordial da pulsão sexual a partir do processo de apoio. Em primeiro lugar, os autores ressaltam insistentemente o fato de que a sexualidade humana inclui um modo especial de funcionamento que a diferencia por princípio dos mecanismos instintivos de tipo animal. Com efeito, a pulsão sexual não se estabelece imediatamente como uma função especificada por um objeto-valor que estimula um "mecanismo inato de acionamento" (o IRM, *innate releasing mechanism*, do etólogo Tinbergen); surgiu, pelo contrário, como efeito paralelo, produto marginal, fruto enxertado de um conjunto de funções vitais, não sexuais nelas mesmas. Em seguida, sobre

---

40 S. Freud, *Trois essais sur la théorie de la sexualité* (1905), Paris, Gallimard, p. 75.

41 *Ibid.*, p. 75.

essa base, é introduzida a idéia de que o mecanismo de apoio é em realidade um processo duplo, bífido, que produz a satisfação libidinal como uma espécie de *redundância* e também de *desvio* em relação a qualquer satisfação propriamente funcional. Dessa maneira, a pulsão sexual

> encontra sua satisfação em uma atividade ao mesmo tempo marcada pela função vital que lhe serviu de apoio e defasada, profundamente pervertida, em relação a ela[42].
>
> Em um *primeiro tempo*, só se poderia identificá-la como ganho de prazer concedido à margem do cumprimento da função (prazer experimentado na sucção, além da saciação da fome). É em um segundo tempo que esse prazer marginal será buscado por si mesmo, fora de qualquer necessidade de alimentação, fora de qualquer prazer funcional, sem objeto exterior e de maneira puramente local, no plano de uma zona erógena[43].

O apoio funciona então como um mecanismo de conjunção-disjunção, um duplo processo de tomada de apoio e de desligamento, de expansão e de desvio, instituindo o sujeito libidinal de acordo com duas vertentes, dois "momentos" ao mesmo tempo articulados e disjuntos.

O primeiro tempo é o da ingestão alimentar propriamente dita, à qual se associa a dimensão "alo-erótica[44]" da experiência de sedução, *latu sensu*. O segundo tempo institui o recuo auto-erótico, o movimento de retorno para si próprio, em que se constituem como tais a sexualidade humana assim como a própria interioridade do sujeito.

Ora, é claro que esses dois tempos mantêm uma relação sensivelmente diferente com o levantamento, a suspensão do estado de desamparo. De fato, a atividade auto-erótica introduz um processo pelo qual a anulação do estado de desamparo, obtida anteriormente pela satisfação real, se prolonga por um lapso de tempo, isso em um movimento que forma um laço em que se organiza o espaço interno do sujeito, enquanto que surge o sexual como tal, desta vez separado da presença do objeto real e, poderíamos dizer,

[42] J. Laplanche e J.-B. Pontalis, *Vocabulaire de la psychanalyse*, Paris, PUF, 1967, p. 55.
[43] *Ibid.*, p. 445.
[44] S. Freud, "Lettre nº 125 de 9.12.1899", *La naissance...* (1956), *op. cit.*, p. 270.

envolvido no "segundo" tempo. Usemos uma metáfora aproximativa: o tipo de farpa que apareceu no "primeiro" tempo se incrustou "logo" (*nun*) numa forma de lasca. A suspensão do estado de desamparo, primeiramente vivida na experiência de satisfação, se elabora agora de maneira ativa, precisamente em autogozo, em satisfação sobre fundo de ausência. Não há nenhuma necessidade aqui de um terceiro, já que a atividade autônoma do sujeito basta para prorrogar a suspensão do estado de desamparo, pelo menos por ora e na medida em que a urgência da autoconservação não atinja novamente um determinado patamar.

Os textos relativos à passagem do desamparo motor ao desamparo psíquico (1926b, 1933a) e que descrevem um eu fraco, inacabado, que se cristaliza na intersecção do perigo externo com o perigo interno, constroem o sujeito, a mônada subjetiva, por uma outra via, centrada mais pela problemática da autoconservação do que pela da pulsão sexual. Daí a presença vazia, no desamparo psíquico, de um terceiro protetor por onde este se elabora em estado de dependência. Nessa via de pensamento, trata-se, em nossa opinião, mais de prazer-satisfação do que prazer-gozo, mais da "fome" do que do "amor"[45].

A segunda passagem relativa à paradoxal conexão entre o estado de desamparo e a satisfação auto-erótica é constituída por uma nota de *Pulsões e destino das pulsões*. É necessário que a citemos quase que por inteiro haja vista a dificuldade de leitura que provoca sua formulação bastante enigmática:

> Uma parte das pulsões sexuais está [...] apta para essa satisfação auto-erótica e se presta então a ser portadora do desenvolvimento [...] que se produz sob o domínio do princípio de prazer. Quanto àquelas das pulsões sexuais, que exigem logo um objeto[46] e quanto às necessidades das pulsões do eu, que nunca podem ser satisfeitas de maneira auto-erótica, elas nada mais fazem que perturbar esse estado e preparar a progressão

[45] Essa distinção entre duas formas de prazer, pelo menos nesses termos, é proposta por J. Laplanche e J.-B. Pontalis, *Vie...*, *op. cit.*, p. 78; ver também J. Laplanche e J.-B. Pontalis, *Vocabulaire...*, *op. cit.*, pp. 314-315. O par de conceitos fome-amor é colhido por Freud em Schiller para caracterizar a distinção entre as pulsões de autoconservação e a pulsão sexual.

[46] O sadomasoquismo, o voyeurismo-exibicionismo.

(*Fortschritt*). De fato, o estado original narcísico só poderia conhecer esse desenvolvimento (*Entwicklung*) se cada ser individual fosse submetido a um período de *desamparo* e de *cuidados* durante os quais suas necessidades prementes seriam satisfeitas pela intervenção do exterior e assim protegidas de qualquer desenvolvimento[47].

Segundo Strachey[48], esse texto significaria que o processo da passagem do eu-realidade original para o eu-realidade definitivo só seria efetuado através de uma transição direta, em virtude exatamente dos cuidados que os pais dispensam à criança em desamparo. Essa situação de assistência conferiria às pulsões de autoconservação um desenvolvimento espontâneo e autônomo, aquele, por exemplo, adequado aos animais que Spitz denomina de nidícolas[49], e tornaria possível um desvio, uma "diversão" pela etapa intermediária de um eu-prazer.

Em outras palavras, e se entendemos direito, a criança teria o lazer do "amor", sob a forma inicial do auto-erotismo, porque a ajuda dos pais trazida ao seu desamparo dispensa seu organismo de providenciar meios, criar procedimentos adaptativos que lhe permitam prover pessoalmente as necessidades da "fome". Em relação a isso, o texto opõe de maneira notável o "desenvolvimento" próprio ao *sujeito* auto-erótico–narcísico e os "progressos" que marcam as pulsões do eu.

Em sua formulação elíptica, essa nota de 1915 nos parece conter uma intuição extremamente profunda relativa à natureza do tipo tipicamente humano de desenvolvimento. O sujeito só conseguiria fechar seu circuito no tempo "auto-" à margem da função vital, recuando em relação à apropriação direta do real objeto de satisfação, fora da norma biológica, em suspenso com relação à meta adaptativa imediata. Sublinhemos, de passagem, que se trata ali de uma concepção totalmente oposta, em matéria de psicogênese,

---

[47] S. Freud, "Pulsions et destins des pulsions" (1915), *in Métapsychologie, Essais de psychanalyse, op. cit.*, p. 37.

[48] J. Strachey, *in* S. Freud, "Considérations...", *op. cit.*, S. E., XIV, p. 135.

[49] R. A. Spitz, *De la naissance...*, *op. cit.*, p. 44. Essa aproximação é nossa, mas nos parece apropriada para esclarecer as considerações meio obscuras de Strachey.

às visões de um Piaget, que constrói o sujeito a partir da simples relação bipolar do organismo com o objeto-valor.

O desamparo e a experiência de sedução

Todavia, se o sujeito freudiano se constitui, em um sentido, de dentro, afastado do objeto real, em um outro sentido também tudo lhe chega do exterior. Após a face "interna", consideremos por sua vez essa face "externa" da psicogênese. Com efeito, a imaturidade neonatal destina o filhote humano ao desenvolvimento libidinal, mas por duas vias diferentes: se uma delas, como acabamos de ver, é a do auto-erotismo, a outra é a via da intersubjetividade, da relação inter-humana.

O problema que abordamos agora não é outro que o da sedução, mas entendida no sentido amplo.

Ao descrever anteriormente o mecanismo do "só-depois" sob a forma de um processo que constitui a experiência sexual em dois tempos – o tempo do incidente sexual precoce e sem efeito imediato e o tempo da ativação retrospectiva do trauma –, não mencionamos o ator principal, o protagonista, implicado pelo primeiro tempo: o personagem do sedutor.

Sabe-se que Freud, entre 1985 e 1987, inicialmente atribuiu o papel determinante na etiologia das psiconeuroses à lembrança das cenas reais de sedução, cujo caráter fantasmático pouco a pouco foi levado a reconhecer na maioria dos casos. Entretanto, mesmo que abandonada em sua forma estrita, eventual, como principal fator etiológico, a noção de sedução nunca desapareceu completamente da obra ulterior de Freud.

Por um lado, o esquema da sedução, como modelo de uma causalidade psíquica em dois tempos, de duplo efeito, se encarna nas formas teóricas novas, como por exemplo na fórmula da equação etiológica[50], mas

[50] Essa fórmula se refere às "séries complementares" que dão conta, para Freud, da etiologia das neuroses. Estas formam uma dicotomia dupla de fatores encaixados. Ver S. Freud, *Introduction...*, *op. cit.*, p. 341.

também na descrição do recalque como processo em dois níveis, originário e secundário[51].

Por outro lado, a ocorrência da sedução como fator etiológico ocasional nunca foi depois completamente ignorada por Freud. Esse papel da "sedução que faz da criança um objeto sexual prematuro" ainda é mencionado nos *Três ensaios* e até arrolado no *Esboço de psicanálise* como "influências apesar de tudo bastante freqüentes" no desenvolvimento libidinal[52].

Finalmente, e é esse o ponto que vai nos reter principalmente, Freud chegou, já em 1905, pouco após o abandono da forma inicial da teoria da sedução, a descrever o laço materno no curso da fase pré-edipiana como uma verdadeira sedução sexual exercida pela mãe em relação à criança, sobretudo à filha. É até mesmo uma experiência como essa, difusa e durável, sob a forma comum da higiene corporal, que daria aos fantasmas ulteriores de sedução seu verdadeiro solo:

> A pessoa encarregada dos cuidados (geralmente a mãe) manifesta à criança sentimentos oriundos de sua própria vida sexual, beija-a, nina-a, considera-a sem dúvida nenhuma como o substituto de um objeto sexual completo[53]. Na história pré-edipiana da filhinha, se encontra também esse fantasma de sedução, mas é então a mãe que é a sedutora. Aqui o fantasma bordeja a realidade, pois foi realmente a mãe que provocou, até despertou talvez as primeiras sensações genitais voluptuosas, e isso ao ministrar às crianças os cuidados corporais necessários[54].

De fato, toda criança é objeto de uma relação de sedução, por onde se instala nela, mas dessa vez vinda do exterior, não mais produzida no tempo "auto-", a experiência precoce, sempre prematura, da satisfação sexual.

É então baseada na imaturidade, no inacabamento neonatal das funções de autoconservação, que se ergue, em um tempo derivado, a pulsão sexual como funcionamento precoce, prematuro. Entretanto, a imaturidade

---

[51] S. Freud, "Le refoulement" (1915), *Métapsychologie*, Paris, Gallimard, 1974.

[52] S. Freud, *Trois essais...*, *op. cit.*, pp. 85, 151; *Abrégé...*, *op. cit.*, p. 57.

[53] *Id.*, *Trois essais...*, *op. cit.*, p. 133.

[54] *Id.*, *Nouvelles...*, *op. cit.*, p. 165.

(*Unreife*) característica da pulsão de autoconservação é da ordem do atraso, do tarde demais, enquanto que a prematuração da pulsão sexual é da ordem do adiantado, do cedo demais (*frühzeitig*). Mas esse tempo de adiantamento não redunda necessariamente no amadurecimento da função genital: ele se desgasta no caminho, engolido pelo período de latência. Por outro lado, e contraditoriamente, Freud, vimos, apresenta o desenvolvimento sexual ao mesmo tempo como estando em atraso e como adiantado em relação ao das funções de autoconservação. Enfim, é aí que estamos, a prematuração da sexualidade infantil se apresenta sob um aspecto duplo: um interno, auto-erótico; o outro externo, alo-erótico, pelo menos no sentido em que o Eros é introduzido no sujeito a partir do outro ao invés de ser simplesmente produzido no tempo "auto-". Acabamos de tentar retomar por alto, antes de prosseguir, o conjunto dos grandes paradoxos do pensamento freudiano relativos ao tema da prematuração.

Mas voltemos ao que chamamos de via externa. As zonas erógenas, sugere Laplanche, são lugares privilegiados, pontos de ruptura no envoltório corporal, que focalizam os fantasmas maternos e, em geral, os fantasmas parentais. São

> os pontos, ele escreve, pelo quais *se introduz na criança esse corpo estranho interno* que é, falando claramente, *a excitação sexual*[55].

É a partir da imaturidade característica da organização neonatal que a sexualidade adulta solicita a criança, se implanta nela por irrupção, pela intrusão de um meio de significantes e de fantasmas, cuja experiência por uma organização psíquica "em atraso" só pode ser vivida no modo do "cedo demais". A sexualidade é sempre prematura como relação inter-humana, pois é introduzida na criança a partir do universo do adulto.

As duas origens, externa e interna, da sexualidade infantil

Os dois "tempos" diferenciados mais acima, que estruturam o mecanismo do apoio, correspondem então, de fato, às duas vias principais, interna e

[55] J. Laplanche, *Vie...*, *op. cit.*, pp. 43, 81, 84.

externa, que canalizam a constituição da experiência sexual precoce. A via interna auto-erótica utilizaria especialmente o mecanismo da alucinação primitiva, da reativação da experiência de satisfação. Em compensação, a via externa alo-erótica implicaria os mecanismos acoplados da introjeção e da projeção, cujo jogo é tal como Freud descreve, por exemplo, na formação do eu-prazer purificado, em um estágio primitivo em que o funcionamento psíquico ainda está alheio ao princípio de realidade[56]. Entre essas duas vias, abertas por seus respectivos mecanismos, parece que a segunda tem uma prioridade pelo menos genética e funcional sobre a primeira. Sem evocar, por outro lado, explicitamente os mecanismos em questão, Laplanche fala dos cuidados maternos como de um "*primeiro modelo*" ao qual a criança se refere:

> esses cuidados, ele escreve, ao se polarizar em certas regiões corporais, contribuem para *defini-las* como zonas erógenas, zonas de troca que chamam e provocam a excitação para em seguida reproduzi-la de maneira autônoma, por estimulação *interna*[57].

De fato, o afastamento genético entre essas duas vias, tão estreito quanto possa ser no plano temporal, se exprime, como acabou de ser dito, pela diferença e pela articulação simultâneas entre "primeiro" e o "segundo" tempos do apoio.

Na realidade, a independência auto-erótica em que se acha como que recalcado, mantido à distância, o desamparo original da criança é uma situação cujos efeitos são precários, efêmeros, estreitamente limitados no tempo. Mesmo que o período seja curto, eles não agüentam, como teria dito Hegel, a paciência do negativo. Da satisfação alucinatória com que a atividade auto-erótica se acompanha, há espaço para supor que ela surja a partir de um patamar mínimo de insatisfação, mas que desapareça também a partir de um patamar mais elevado de insatisfação[58]. Sob a pressão da

---

[56] S. Freud – para a primeira "via": "Esquisse..." (1895), *op. cit.*, p. 338; *L'interprétation...* (1900), *op. cit.*, p. 481; "Formulations..." (1911), *op. cit.*, pp. 137-139; *Totem...* (1913), *op. cit.*, p. 99; "Ma vie et la psychanalyse" (1925), *Ma vie et la psychanalyse, op. cit.*, p. 176; – para a segunda "via": "Pulsions et destins des pulsions" (1915), *Métapsychologie, op. cit.*, pp. 37-39.

[57] J. Laplanche, *Vie..., op. cit.*, pp. 77.

[58] *Ibid.*, pp. 122.

"fome", deve-se renunciar ao "amor", mesmo que auto-erótico, e voltar ao real, que aí se manifesta por gritos e agitação. Aliás, o todo-poder narcísico que se confere às vezes a "Sua Majestade o Bebê" talvez não seja nada mais que um mito, a projeção idealizada pelos pais de

> seu narcisismo que acabou de renascer
> uma compulsão a atribuir à criança todas as perfeições[59].

Só que, tão instáveis como possam ser o ritmo de emergência e a duração, o tempo "auto-" permanece, do ponto de vista estrutural, aquele em que o sujeito, como apoio da pulsão sexual, tenta enfeixar sua própria interioridade.

Se é verdade que o estado de desamparo infantil inclui, para a construção do sujeito, dois registros de conseqüências – por um lado, o recuo, a inflexão auto-erótica, e, por outro, o enxerto, o implante de uma sexualidade alógena –, então o conjunto do desenvolvimento libidinal aparece regido por um tipo especial de pulsação, um processo duplo de recentração e de excentração. Dessa maneira, o sujeito libidinal se forma segundo uma estrutura fechada-aberta, cuja gênese se efetua em um fenômeno de palpitação em que interferem duas séries de mecanismos. Ora, a conjunção dos mecanismos do tempo "auto-" com aqueles do tempo complementar "alos" permitiria avaliar melhor a estrutura aparentemente paradoxal do fantasma, a respeito da qual Laplanche utilizou a expressão "corpo estranho interno". Ao mesmo tempo que faz parte da própria matéria do sujeito libidinal, o fantasma ataca o sujeito do interior, provocando nele a excitação sexual, um perigo do qual é impossível escapar pela fuga motora. A realidade psíquica característica do fantasma age como um verdadeiro trauma, apesar de interiorizado:

> formou-se, Laplanche ressalta ainda, uma espécie de *externo-interno*, "uma espinha na carne", ou, se poderia dizer, uma verdadeira espinha na casca do eu[60].

---

[59] S. Freud, "Pour introduire le narcissisme", *in La vie sexuelle,* Paris, PUF, 1956, p. 96; ver também, J. Laplanche, *Vie...*, *op. cit.*, p. 134.

[60] J. Laplanche, *Vie...*, *op. cit.*, pp. 74, 75, 179.

De qualquer maneira, é em relação à imaturidade, ao inacabamento preliminar e fundamental das funções de relação, dos "órgãos" da autoconservação, que surge a pulsão sexual como uma pulsão em si mesma prematura. A sexualidade infantil não se desenvolve, Laplanche enfatiza ainda, a partir do florescimento, mas, ao invés disso, antes baseada na insuficiência das funções vitais, das normas da autoconservação. Assim, a ordem vital é, de um lado ao outro e ao mesmo tempo, "*infestada*, mas também apoiada" pela ordem sexual[61]". Entretanto, a prematuração própria do desenvolvimento da pulsão sexual é caracterizada por um fator especial, um lapso temporal interno desse desenvolvimento, o intervalo entre o "primeiro" tempo, o tempo "alo-", o do enxerto prematuro, a irrupção do mundo adulto na organização infantil, e o "segundo" tempo, o tempo "auto-", o da reprodução precoce da experiência de satisfação, dessa experiência vinda primeiramente do outro. Se a pulsão sexual emerge como uma forma adiantada sobre o fundo da necessidade vital como organização marcada pelo atraso, é verdade que o tempo "alo-", o da intrusão sexual primeiramente provocado pela experiência de satisfação, inclui também um ganho de adiantamento em relação ao tempo "auto-", o da reprodução dessa experiência unicamente pela excitação da zona erógena. É essa heterocronia, essa defasagem de princípio entre a experiência sexual propriamente dita e sua retomada pelo sujeito, ou seja, entre as duas fontes, alógena e autógena, da pulsão sexual, que entrega o desenvolvimento libidinal ao jogo das diversas modalidades dessa "dialética do cedo demais ou do tarde demais", de que já se falou.

Nos *Estudos sobre a histeria*[62], Freud busca a etiologia das psiconeuroses no intervalo entre o tempo infantil, o da experiência de sedução inicialmente sem efeito, e o tempo da puberdade, o do recalque ligado à ativação da excitação sexual. Esse esquema de uma causalidade psíquica em dois tempos permanecerá o das "séries complementares" da famosa equação etiológica. É essa forma de estruturação dissociada que entrega os fenômenos sexuais ao só-depois, à retroatividade, a um modo de existência "póstumo". É

[61] *Ibid.*, p. 84. Essa proposta se situaria, na nossa opinião, na linhagem de Freud relativa ao avanço (1938a), e não mais ao atraso (1911b, 1916-1917), do registro sexual sobre aquele da autoconservação, como fator patógeno.

[62] S. Freud e J. Breuer, *Études sur l'hystérie* (1895), Paris, PUF, 1978.

verdade que essa fratura do tempo, essa falha característica da experiência sexual se deixa prefigurar, desde o período primitivo do desenvolvimento, no desnivelamento entre o tempo da experiência alógena e o de sua retomada autógena, na palpitação característica da estrutura aberta-fechada do sujeito libidinal. Entretanto, por causa de um fecundo paradoxo, é no quadro geral do "auto-erotismo" que Freud descreve a conexão entre os dois tempos "alo-" e "auto-", a do *primeiro* tempo específica à experiência do objeto erógeno (a sucção do leite quente), tempo do princípio, logo seguido pelo *segundo* tempo, da repetição *in absentia* (chupetar)[63]. De fato, se o primeiro tempo inclui a prioridade genética, funcional, o segundo tempo se beneficia da prioridade estrutural, constituinte.

O curto-circuito patógeno que pode acontecer entre o tempo "alo-" e o tempo "auto-", entre as duas séries temporais, aquela própria da implantação da sexualidade adulta no mundo da infância e aquela própria do desenvolvimento espontâneo da sexualidade infantil, foi descrito de uma maneira especial por Ferenczi[64], em seu artigo já mencionado a respeito do regime duplo, autoplástico e aloplástico, dos comportamentos. Transpondo em termos renovados o antigo tema freudiano da sedução, Ferenczi descreve esse processo patógeno como a resultante do conflito entre duas "linguagens", "a linguagem da paixão" própria do universo adulto, e a "linguagem da ternura", própria do mundo infantil. A criança, "ainda imatura e inocente, no instante do enxerto prematuro das formas do amor passional" só pode reagir de uma maneira autoplástica e mimética, por identificação com o agressor, sobretudo pela forma da "introjeção do sentimento de culpa do adulto". Ferenczi comenta em termos muito penetrantes, em relação ao tema duplo tema da imaturidade e da prematuração, os resultados dessa "confusão" das línguas:

> Estamos então autorizados a falar, para contrapô-lo à regressão que nos é familiar, de *progressão traumática* (patológica) ou de *prematuração* (patológica). Pode-se comparar isso ao rápido amadurecimento dos frutos

[63] S. Freud, *Trois essais...*, *op. cit.*, pp. 75, 72: *anfangs... nun*, G. W., V, 82.

[64] S. Ferenczi, "Confusion de langue entre les adultes et l'enfant; le langage de la tendresse et de la passion" (1932), *Œuvres complètes (1927-1933), Psychanalyse IV*, Paris, Payot, 1982, pp. 125-138.

bicados por um pássaro e à maturação rápida dos frutos bichados. Um choque pode causar o amadurecimento repentino de uma parte do sujeito, não somente no plano emocional como também *intelectual.*

No tocante a isso, Ferenczi chega a desenvolver o fantasma do "bebê sábio", que pode se instalar na posição do psiquiatra em relação a "um adulto que tenha perdido todo o controle de si próprio"[65].

O "primeiro" e o "segundo" tempos da experiência sexual precoce resultam, a título de conseqüências complementares, da *estrutura* própria do estado de desamparo. Mas, pelo ponto de vista *funcional* também, é a experiência da falta, vivida pela criança como desamparo, que realiza a articulação entre os dois tempos. Por um lado, a experiência da falta leva, a partir de um certo grau de insatisfação, ao recuo auto-erótico. Mas, por outro lado, a partir de um limiar de intensidade mais elevado, ela reconduz também para a experiência de satisfação efetiva, pelo viés da expressão emocional, de apelo ao outro. A experiência vivida da falta é, dessa maneira, o elo funcional que restabelece sem parar o laço na alternância das duas modalidades, *in praesentia* e *in absentia*, da satisfação libidinal.

O estado de desamparo é, então, a origem, no próprio seio do autoerotismo, das duas formas, alo-erótica e propriamente auto-erótica, do laço libidinal, em relação às duas vertentes do objeto, um deles real, o "leite quente", o outro, irreal, "o que o substitui", o fantasma do seio materno, surgido apenas da excitação da zona erógena[66]. Dessa maneira, o estado de desamparo representa a dupla raiz do processo de interiorização e da relação inter-humana, a origem da subjetividade assim como do laço social.

O estado de desamparo e o laço de identificação

1) É importante, entretanto, assinalar que o laço social não se reduz unicamente ao laço libidinal, ao investimento objetal, cuja forma primitiva é a

[65] S. Ferenczi, "Confusion de langue..." *op. cit.*, p. 133; ver também J. Laplanche e J.-B. Pontalis, *Vocabulaire...*, *op. cit.*, p. 439.

[66] S. Freud, Trois essais..., *op. cit.*, p. 75; *Totem...*, *op. cit.*, p. 99.

"satisfação sexual[67]" desencadeada pela presença-ausência do seio materno. Em particular, Freud assinala, em *Psicologia das massas e análise do ego*:

> gostaríamos de saber se esse tipo de investimento de objeto, tal como o conhecemos pela via sexual, representa o único tipo de laço afetivo com uma outra pessoa ou se nos é necessário levar em consideração outros mecanismos semelhantes. De fato, nós nos inteiramos pela psicanálise de que ainda existem outros mecanismos de ligação afetiva, chamados de *identificações*, processos insuficientemente conhecidos e de difícil descrição[68].

Efetivamente, outra pessoa não intervém, na vida psíquica do filhote humano, apenas no papel de satisfação, mas igualmente com outras funções, "como modelo, apoio e adversário[69]".

Freud muito cedo entendeu essa relação entre o *Hilflosigkeit* e um outro tipo de laço mais extenso, digamos ampliado, em relação ao laço estritamente libidinal (1905b, 1909). Nos *Três ensaios*, ele liga ao estado de desamparo inicial da criança a formação, ao longo do período de latência, de "sentimentos ternos" para com "outras pessoas que a ajudam", "que satisfazem suas necessidades". Esses sentimentos ternos se estabelecem "em continuação" com o "amor sexual", que constitui seu "modelo", mas nem por isso se reduzem a tanto, pois se formam em um período em que precisamente o desenvolvimento libidinal é interrompido[70]. Esse tema da conexão entre o estado de desamparo e um contexto social mais amplo que o da exclusiva relação triangular é retomado, na verdade implicitamente, nas *Cinco lições sobre a psicanálise*, em que Freud escreve que, por causa do *Hilflosigkeit*, "a criança se vira antes para aqueles que cuidam dela", mesmo que eles sumam logo por trás dos pais[71].

---

[67] *Ibid.*, p. 75.

[68] S. Freud, "Psychologie des foules et analyse du moi" (1921), *Essais de psychanalyse*, p. 166.

[69] *Ibid.*, p. 123.

[70] S. Freud, *Trois essais...*, *op. cit.*, p. 133.

[71] *Id.*, "Cinq leçons sur la psychanalyse" (1909), em seguida a *Psychologie des foules et analyse du moi* Paris, Payot, 1950, p. 166 (p. 55 na reedição em volume separado, Payot, 1978); G. W., VIII, 49, *Hilfsbedürftigkeit.* Trata-se aparentemente de pessoas como babás, arrumadeiras, domésticas.

Com efeito, como dissemos anteriormente, a preocupação de evidenciar "um duplo modo de laço", "dois tipos de laço", é para ser associada, bem antes do ensaio de 1921 e dos textos que se acabou de comentar, à primeira fase de elaboração do pensamento freudiano (1888-1905). Duas correntes, por sinal não destituídas de interferências recíprocas, nos parecem inegavelmente marcar esse período fundador. Uma delas, predominante, deve-se insistir nisso, leva às noções capitais que se organizam nos *Três ensaios* ao redor do conceito de sexualidade infantil, sobretudo a noção de auto-erotismo. A outra corrente, balizada pelas noções de expressão emocional, estado de desamparo neonatal e de identificação[72], compreenderá ulteriormente um destino duplo: por um lado, a doutrina das identificações secundárias, por outro lado, uma série de marcos, de pontos de apoio em que se esboça uma teoria das formas primitivas da identificação como espécies do laço social primário. Essa teoria, discernível como um canteiro de obras ao longo de toda a obra de Freud[73], ficou inacabada.

De qualquer maneira, o tema do estado de desamparo, surgido em leve defasagem histórica (1895) em relação ao do *Ausdruck der Gemütsbewegung* (1890), anexa a si então este. Esse tema híbrido surge, de fato, nesse período do desenvolvimento freudiano, como o esboço descritivo, a localização de uma forma primitiva, de caráter auto- e aloplástico, do laço social. Em relação a isso, ele bordeja na mesma época (1900) o tema da identificação, elaborado como um mecanismo que institui um modo primário de relação com o outro, um protótipo inconsciente de comunidade

[72] *Id.*, "Traitement..." (1890), *op. cit.*, pp. 5-7; *La naissance...* (1956), *op. cit.*, pp. 170, 175, 178, 185, 270; *L'interprétation...* (1900), *op. cit.*, pp. 136-137, 276-279, 311, 367, 375, 391.

[73] *Id.*, referências anteriores e, além delas, "Pour introduire..." (1914), *op. cit.*, p. 98; "Pulsions..." (1915), *op. cit.*, pp. 26-33; "L'homme..." (1918), *op. cit.*, pp. 340-341; "Psychologie..." (1921), *op. cit.*, pp. 167-171, 174; "Le moi" (1923), *op. cit.*, pp. 240-244; "Une névrose démoniaque au XVIIIᵉ siècle" (1923), *Essais de psychanalyse appliquée*, *op. cit.*, pp. 206, 208, 212; *Nouvelles...* (1933), *op. cit.*, pp. 88, 160, 162-163, 179; "Résultats...", *op. cit.*, p. 287. A identificação primária (1918, 1921, 1923a) não é a única espécie dessa forma primária do laço social; citemos as identificações perversas sadomasoquistas e escoptofílicas (1915a), a identificação de massa (*Massenbindung*, 1921), a identificação da criança com o seio materno (1938b). Existem ainda algumas outras formas. Essas variedades do laço social devem ser diferenciadas, em natureza, daquela representada pelo investimento objetal primitivo, cuja qualidade é originária e intrinsecamente pulsional. É verdade que algumas dessas variedades podem ser embreadas, de acordo com mecanismos por sinal variados, por um fator libidinal.

(*Gemeinsamkeit*[74]). Mais exatamente, essa corrente de pensamento elabora a noção de um regime expressivo-social da afetividade (*Gefühlsbindung, Gemeingefühl*[75]) como mecanismo e contexto dessa função primitiva do laço. O conjunto desse campo temático mantém, na nossa opinião, relações com o tema ulterior das pulsões de autoconservação (1910), na medida em que essa função primária do laço pode ser considerada como um pedestal e até, definitivamente, como a base última do processo de apoio. Sob outro ângulo, essa linha teórica prossegue ulteriormente na concepção, insistente em vários textos das *Novas conferências* (1933a), do processo de identificação definido como "apego" (*Bindung*) pelos quais Freud anuncia os conceitos mais recentes sobre o mecanismo qualificado pelo mesmo nome (*apego*) por autores que trabalham em áreas tão diversas como a etologia animal (Harlow 1958) e a pediatria (Bowlby 1958, 1969[76]). Não seria o caso tampouco de justificar aqui totalmente essas formulações, que apresentamos somente como pontos de referência. Vamos nos limitar a ressaltar somente que uma descrição coerente do mecanismo de identificação surgiu na obra de Freud vários anos antes que fossem nela descritos, no quadro teórico da sexualidade infantil, os conceitos de pulsão e de auto-erotismo.

2) Se considerarmos o problema da constituição primitiva do sujeito, as duas correntes de pensamento, que se acabou de examinar, confrontam Freud com a necessidade, no período de 1895-1905, de descrever três formas primordiais da experiência. As duas primeiras dizem respeito ao regime libidinal, a terceira ao regime não-libidinal, ou seja, identificatório, dos "processos afetivos". Se nos utilizarmos, para fazer surgir comodamente seus vetores complementares, a terminologia de Ferenczi e de Wallon, poderemos descrever da seguinte maneira esse três tipos de estados psíquicos, de funcionamentos ligados à instauração primária do sujeito[77]. São eles:

---

[74] S. Freud, *L'interprétation*...(1900), *op. cit.*, pp. 136-137; G. W., II-III, pp. 155-156.

[75] S. Freud, "Psychologie..." (1921), *op. cit.*, pp. 152, 190; G. W., XIII, 100, 137; "Sur quelques mécanismes névrotiques dans la jalousie, la paranoïa, l'homosexualité" (1922), *Névrose, psychose et perversion,* Paris, PUF, 1973, p. 280; G. W., XIII, p. 206; *Malaise*... (1930), *op. cit.*, pp. 6-7, 16; G. W., XIV, pp. 422, 430; "Pourquoi la guerre?" (1933), *Résultats, idées, problèmes, 2, op. cit.*, pp. 206, 208, 212; G. W., XVI, pp. 16, 19, 23.

[76] O psicanalista e pediatra Bowlby é o primeiro a utilizar esse termo apego [*attachement*].

[77] Lembremos que a distinção entre comportamentos autoplásticos, centrados em si, e aloplásticos,

a) a sedução, experiência de caráter alo-erótico centrípeto que qualificaremos como intersubjetividade libidinal primitiva. Trata-se da forma original do "investimento de objeto", em que Laplanche e Pontalis descobrem, por indicação do próprio Freud, *anfangs*, o *primeiro tempo* do processo de apoio.

b) o auto-erotismo, comportamento de tipo centrípeto-autoplástico que de bom grado chamaremos de solipsismo libidinal. Trata-se, lembremos, do *segundo tempo* (*nun*), especificado acima, no mecanismo de apoio.

c) as formas do "outro tipo de laço", sobretudo a expressão emocional no estado de desamparo neonatal, comportamento de tipo ao mesmo tempo auto-afetivo centrípeto e alo-afetivo centrífugo, de fato auto-aloplástico, e cujo registro designaremos como intersubjetividade não-libidinal.

Essa repetição ternária faz surgir a noção fundamental, para a exegese histórica do pensamento freudiano, de uma dualidade da relação com o outro, de uma dupla fonte da intersubjetividade: com a dupla dimensão, auto-erótica e alo-erótica, da experiência libidinal, que não é desconhecida por nenhum intérprete, é conveniente ajustar a dupla dimensão libidinal e não-libidinal da relação inter-humana.

Tão rebarbativo quanto possa parecer, à primeira abordagem, o vocabulário que utilizamos aqui nos parece apresentar pelo menos a vantagem da precisão em um tecido de relações cujo estudo é reconhecido como árduo. Ele permite, especialmente, insistamos nisso, diferenciar, no princípio da psicogênese, três tipos de processos centrípetos, ou seja, centrados no sujeito, no si: a / aquele de que resulta um efeito libidinal de que o outro é a fonte (alo-erótico); b / o que produz um efeito libidinal em que a atividade do próprio sujeito é a origem e se fecha neste (autoplástico); c / aquele, de caráter expressivo e ligado ao registro da autoconservação, pelo qual o próprio sujeito afeta a si próprio (auto-afetivo), ao mesmo tempo que afeta o outro

centrados no objeto, devida a Ferenczi (1919, 1932), recorta no plano formal aquela, proposta por Wallon, entre duas formas, centrípeta e centrífuga, de identificação (1956a). Como já foi ressaltado, se encontra também esse par conceitual, sob formas e conceitos muito diversos, em Melanie Klein (1946), Lagache (1954) e até Gallup (1970). Lembremos também que M. Scheler (1932) diferencia as duas formas, heteropática (centrípeta) e idiopática (centrífuga), dos processos de identificação.

"*good enough*", o socius que pode socorrer (processo alo-afetivo centrífugo) pelo feliz acaso de um efeito de sinalização.

Em paralelo a esse processo alo-afetivo centrífugo, simultâneo ao aspecto auto-afetivo da expressão emocional, é conveniente diferenciar um outro tipo de processo, também de caráter centrífugo-aloplástico, mas desta vez alo-erótico, na medida em que se trata de uma atividade libidinal dirigida para o outro. Além disso, trata-se de um outro pólo, mas aloplástico e não mais somente centrípeto, da intersubjetividade libidinal (*a*). Essa última forma de processo (*d*) refere-se não mais à dimensão primário-passiva da sedução, mas àquela, secundário-ativa, da "descoberta do objeto" (*Objektfindung*)[78], da relação objetal constituída. Mas, na fase primitiva da psicogênese pela qual nós nos interessamos aqui e cujo regime libidinal é marcado pelo auto-erotismo, essa quarta dimensão não deve intervir.

3) Ressaltamos mais acima a conexão funcional entre, por um lado, o estado de desamparo e, por outro lado, a atividade auto-erótica e também a experiência da sedução. O desamparo, resultante da falta do objeto-valor, é posto em suspenso, a partir de um determinado limiar de excitação, pela atividade auto-erótica. Entretanto, esta oscila novamente, para além de um limiar de excitação mais elevado, na renovada experiência da falta, que mobiliza então, pelo intermédio de sinais expressivo-emocionais, a assistência do terceiro que socorre. Em realidade, o laço funcional entre o estado de desamparo e uma ou outra forma de experiência não é a mesma nos dois casos. Com efeito, no início a atividade auto-erótica-narcísica surge em uma relação temporal em articulação contínua com a experiência da falta. Ela representa sua elaboração e, da mesma maneira, leva-a para um regime de atividade marcado por um domínio melhor da excitação. Além disso, o desamparo renovado e até mesmo aumentado pelo fracasso a curto termo da atividade auto-erótica não conseguiria reconduzir pela sua própria dinâmica interna ao retorno da experiência de sedução. A relação entre os dois estados é contingente, não é condicionada unicamente pela atividade do sujeito, pois passa pela mediação de um parceiro "bem a par", de um outro querer "suficientemente bom". Não se trata, então, como no

[78] S. Freud, *Trois essais...*, *op. cit.*, p. 132; G. W., V, p. 123.

primeiro caso, de um laço em que a atividade do sujeito se exprime numa forma de expansão contínua.

Aliás, é significativo que o próprio Freud, nos dois textos citados acima, de 1905 e 1915, tenha enfatizado exclusivamente a relação que aparentemente lhe parece privilegiada, a que se estabelece imediatamente entre o estado de desamparo e o registro auto-erótico-narcísico.

Ora, esse laço funcional estreito entre as duas formas de processo parece encontrar uma justificativa no plano estrutural, no denominador comum de uma atividade cujo ponto de origem é o "si", o "eu-próprio" e até o "próprio corpo" (*Selbst, das eigene Ich, sein eigener Körper*)[79].

De fato, Freud descreve o estado de desamparo como uma situação que provoca imediatamente a criança a entrar em atividade: são os gritos, a agitação, a descarga vegetativa e postural[80], comportamentos cujo dinamismo tem como motivo "a fome" (*Hunger*) e por isso se inscreve no registro da autoconservação. O paradoxo desse tipo de comportamento consiste em sua dupla transmissão, ao mesmo tempo centrípeto-autoplástica e centrífugo-aloplástica[81]: eles são efetivamente descritos por Freud como ocasionando uma "descarga motora interna" (*innere Abfuhr*), de caráter vegetativo (*sekretorische*), canalizada unicamente no espaço do corpo próprio, e, ao mesmo tempo como capazes de exercer uma sinalização externa (*Zeichen*) no parceiro que oferece socorro, no "outro humano" (*Nebenmensch*[82]).

Ora, por esse componente "auto-", ainda que sua qualidade não seja por si própria pulsional, mas postural-emocional, o estado de desamparo

[79] S. Freud, "Le Président Schreber" (1911), *Cinq psychanalyses,* Paris, PUF, 1954, p. 203; G. W., VIII, p. 297; *Totem...* (1913), *op. cit.*, p. 104; G. W., IX, p. 109.

[80] Esse duplo aspecto, vegetativo e postural, ressaltado por numerosos textos de Freud, é vezes demais negligenciado pelos intérpretes: "Traitement..." (1890), *op. cit.*, pp. 5-7; "Esquisse..." (1895), *op. cit.*, pp. 336, 376; *L'interprétation...* (1900), *op. cit.*, pp. 481, 495; *Trois essais...* (1905), *op. cit.*, pp. 100-101, 113-114, 120-125; *Le mot...* (1905), pp. 294-298; "Formulations..." (1911b), *op. cit.*, pp. 137-138; "L'inconscient..." (1915), *Métapsychologie, op. cit.*, p. 85; *Introduction...* (1916-1917), *op. cit.*, p. 373; "Psychologie..." (1921), *op. cit.*, p. 174; *Inhibition...* (1926), *op. cit.*, pp. 61-62; *Malaise...* (1930), *op. cit.*, p. 9.

[81] Esse aspecto duplo, auto-plástico e aloplástico, será integrado em Wallon pela noção de atividade proprioplástica.

[82] S. Freud, "Traitement..." (1890), *op. cit.*, p. 5; "Esquisse..." (1895), *op. cit.*, pp. 336, 348, 376; *L'interprétation...* (1900), *op. cit.*, pp. 481, 495; "L'inconscient..." (1915), *op. cit.*, p. 85; G. W., V, p. 294; X, pp. 287-280.

apresenta com certeza uma estrutura aparentada com a atividade auto-erótica. Por sinal, é essa estrutura comum de uma atividade em seu princípio dirigida para o si que explica o laço de continuidade funcional ressaltado por Freud entre o *Hilflosigkeit* e o auto-erotismo. Claro, considerando-se a diferença de natureza entre um estado e o outro, sua tonalidade afetiva respectiva inclui a oposição do desprazer com o prazer, enquanto que os efeitos expressivos sobre o outro humano, que são a marca do primeiro, se acham postos em suspenso no segundo em benefício da ação erógena exercida sobre o corpo próprio. Entretanto, Freud sugere, em alguns lugares, um duplo componente, alucinatório e víscero-vegetativo, como raiz orgânica comum aos dois estados. Às vezes se tem a impressão de que o desamparo e o auto-erotismo representam as duas vertentes de tensão-relaxamento, de dependência-autonomia características da meta primitiva do objeto-valor.

Claro, é concebível que o modelo psicogenético do estado de desamparo, o primeiro a ter sido moldado por Freud, possa de alguma maneira revelar-se apto para integrar as formas primitivas da experiência cujo caráter em comum é ter o componente "auto-", quer dizer, a dinâmica própria do sujeito, como fonte (formas *b* e *c* acima).

Entretanto, mesmo assim, a dupla dimensão auto-aloplástica do *Hilflosigkeit* comporta, além do componente dirigido para si, um componente complementar dirigido para o outro. Essas duas dimensões de fato antagônicas parecem ter sido, por certo período, ao mesmo tempo necessárias e compatíveis para Freud para descrever, na gênese primitiva do sujeito, o duplo processo de estruturação da intra-subjetividade em correlação com a da intersubjetividade.

4) Em realidade, a descoberta, fundamental para a metapsicologia das pulsões, da noção de auto-erotismo parece ter provocado no percurso de Freud uma certa dificuldade em continuar a exploração simultânea desse registro expressivo-social da afetividade, cujas primeiras formulações teóricas haviam revelado um esquema já tão preciso. A partir de 1905, o tema do *Hilflosigkeit* parece estar em regressão como modelo de referência, se bem que posteriormente apareça por várias vezes nos escritos de Freud.

Além disso, no que se refere ao processo de estruturação da intersubjetividade na psicologia, Freud, na mesma época (1905), parece ter – pelo menos em relação ao ponto anterior – acentuado o caráter centrípeto-introjetivo próprio do fato da sedução pelo objeto materno. Os dois movimentos complementares, centrípeto-autoplástico e centrífugo-aloplástico, característicos do modelo do *Hilflosigkeit*, cedem então lugar a um outro tipo de polaridade: o caráter centrípeto-ativo do auto-erotismo é equilibrado pelo caráter centrípeto-passivo da sedução, da intrusão de uma sexualidade alógena na organização prematura. O pólo auto-erótico parece ter como função, nesse modelo novo da organização neonatal, a retomada ativa, no "segundo tempo", da dimensão passiva própria do pólo alo-erótico, ou seja, da sedução, como conteúdo do "primeiro tempo" da experiência libidinal. Freud descreve dessa maneira, em 1931, o segundo modelo do funcionamento psíquico primordial de fato inaugurado já em 1905, pelos *Três ensaios*:

> As primeiras experiências sexuais ou coloridas sexualmente que a criança tem com sua mãe são naturalmente de natureza passiva [...] Uma parte da libido da criança permanece fixada nessas experiências, uma outra procura transformar essas experiências em atividade[83].

Em relação a essa reorganização dos modelos de leitura e de interpretação, surgida em 1905, a imagem fundamental da incorporação aparece um pouco mais tarde, tendo em vista a consideração desse deslocamento das polaridade conceituais[84].

5) O modelo do *Hilflosigkeit*, apesar do sistema de transmissões complementares que o compõem, não é de um caráter "completo" no sentido de que o ponto de origem de seus trajetos centrípeto e centrífugo sejam atribuídos ao sujeito próprio. Essa estrutura centrada no si, autocêntrica, não o torna capaz de dar conta das relações de caráter centrípeto cujo trajeto tem sua origem no outro. Esse modelo é, com toda a certeza, inoperante para dar conta da dimensão própria da experiência de sedução.

De maneira inversa, a fundamental metáfora da incorporação, ela-

---

[83] S. Freud. "Sur la sexualité féminine" (1931), *La vie sexuelle*, *op. cit.*, p. 149.

[84] *Id.*, S. Freud, *Trois essais...* (1905), *op. cit.*, p. 95; G. W., V, p. 98, *Einverleibung*.

borada no quadro da sociogênese mítica de *Totem e tabu* (1913), parece paradoxalmente deficiente para descrever a estrutura do laço social primário como laço afetivo-expressivo que excede o laço afetivo-libidinal. Já em *Totem e tabu*, Freud está por sinal perfeitamente consciente da forma de complementaridade antagônica pela qual se estabelece a relação dessa modalidade do laço social:

> A necessidade sexual é impotente para unir os homens como o fazem as exigências da autoconservação (*Selbsterhaltung*)[85].

Por outro lado, existe uma variação mais bem conhecida desse tema: trata-se da antinomia, que Freud assinalou em vários textos, entre a satisfação sexual e a energia requerida pelo trabalho da civilização.

Com certeza, o laço libidinal, mesmo que seja originariamente auto-erótico, é fundamentalmente um laço social, mas a recíproca não é verdadeira: o laço social excede o laço libidinal. Essa margem de excesso é discernida, na psicogênese primordial, no estado originário das formações psíquicas, pelo processo-modelo da identificação primária e por aqueles qualificáveis como formas primitivas da identificação. Ora, a "segunda" corrente do pensamento do período 1888-1905, cuja localização propusemos, parece ter sido orientada pelo projeto da descrição, além do laço libidinal propriamente dito, de uma outra forma primitiva de laço, de natureza identificatória e de estrutura auto-aloplástica. Em relação a isso, o modelo do *Hilflosigkeit*, relacionando-o por sinal a outros temas anexos que marcam essa corrente, sobretudo o tema da expressão emocional, parece ter sido particularmente apropriado para a análise desse outro tipo de laço[86].

6) Nada impedia, no plano teórico, a coexistência, no percurso freudiano, da linha de pensamento marcada pelo tema do *Hilflosigkeit* com aquela inaugurada em 1912-1913 pela imagem nova da incorporação

---

[85] Palavra que o tradutor S. Jankélévitch transformou no lapso "conversação", nunca corrigido desde então; S. Freud, *Totem*... (1913), *op. cit.*, p. 88; G. W., V, p. 91.

[86] O tema da sedução também é um tema do pensamento freudiano muito antigo, mas pertencente a uma outra linhagem de pensamento, a que desemboca na tematização da sexualidade infantil e que, a partir de 1905, relega a "segunda linha" ainda mais para os bastidores.

totêmica[87]. De qualquer maneira, é a prevalência atribuída a esse novo modelo às custas do primeiro que representa a origem incontestável das notórias dificuldades encontradas por Freud na elaboração de uma doutrina conseqüente das formas essenciais do laço identificatório como espécie do laço social primário.

Já descrevemos as principais etapas da corrente que vai de Ferenczi[88] a Wallon[89], passando por Melanie Klein[90] e que se esforçou em coordenar as duas dimensões, introjetiva e projetiva, próprias dos processos de identificação. Pode-se acrescentar que Lacan, assim como Melanie Klein, se viu diante da necessidade de ter que superar essa dificuldade maior deixada como herança a seus sucessores pelo fundador da psicanálise. Em relação a isso, o estádio do espelho age incontestavelmente como um dispositivo conceitual destinado a levar em consideração os dois vetores introjeção-projeção característicos da estrutura das formas primitivas do laço identificatório.

Poder-se-ia objetar que o modelo do *Hilflosigkeit* não é tão distante e até que é bastante próximo do tema da sedução como forma de experiência centrípeto-passiva ligada à intrusão da "outra" sexualidade. Esse modelo, com efeito, é associado ao conceito conexo de *dependência* (*Abhängigkeit*), no qual Freud reconhece uma forma especial de desamparo, ligada à angústia da perda do objeto (nível 3). Ora, é necessário lembrar que essa noção de dependência é de introdução muito tardia no texto freudiano (1923) e que ela parece então ter como função, em uma certa medida, acomodar o tema primitivo do *Hilflosigkeit* (1895) ao tema mais recente da sedução pelo objeto materno (1905). Daí, às vezes, essas trabalhosas expressões acopladas de que tratamos mais acima: "estado de desamparo e de dependência", etc.

7) Lembremos agora, antes de abordar a etapa seguinte de nossa análise, os dados essenciais resultantes dos desenvolvimentos precedentes.

---

87 *Totem e tabu* fala somente do "ato de absorção", como meio de "identificação" (*im Akte des Verzehrens die Identifizierung*), *op. cit.*, p. 163; G. W., IX, p. 172.

88 S. Ferenczi, "Phénomènes de matérialisation hystérique" (1919), *op. cit.*; "Confusion de langue..." (1932), *op. cit.*

89 H. Wallon, *L'évolution psychologique de l'enfant*, Paris, A. Colin, (1941), reed. 1974, *De l'acte à la pensée* (1942), Paris, Flammarion; "Niveaux et fluctuations du moi" (1956), *op. cit.*, *Enfance*.

90 M. Klein, "Notes sur quelques mécanismes schizoïdes" (1946), *op. cit.*

No texto freudiano, podem-se distinguir, relativos à noção de prematuração hoje bastante difundida na literatura, dois conceitos diferentes, apesar de complementares.

O primeiro é o de imaturidade, de inacabamento (*Unreife, Unfertigkeit*) das funções de autoconservação no estado de desamparo (*Hilflosigkeit*).

O segundo refere-se ao caráter de precocidade, de prematuração (*Frühreife, Voreiligkeit*) do desenvolvimento da pulsão sexual por apoio em relação às pulsões de autoconservação.

Essas duas formas de desenvolvimento apresentam características em parte opostas. O inacabamento neonatal próprio às pulsões do eu exprime o *atraso* de seu desenvolvimento relativamente à urgência da "fome" (*Hunger*). É baseada nessa organização inacabada, e pelo viés do processo de apoio, que se desenvolve precocemente a sexualidade infantil. Ora, esta surge como uma organização *adiantada*, uma antecipação da sexualidade genital sem futuro imediato.

A articulação desses dois tipos de processos introduz no ritmo do desenvolvimento um princípio duplo de defasagem, ao mesmo tempo interfuncional – entre pulsões do eu e pulsão sexual – e intrafuncional: no seio da própria pulsão sexual entre sua fase inicial e sua fase última de organização.

Essas considerações relativas aos diversos tipos de defasagem temporal, de heterocronias, nunca deram lugar a enunciados sistemáticos da parte de Freud. Elas são encontradas em estado de breves traçados, de observações incidentes ao longo de toda a sua obra. Entretanto, sua importância não deixa de ser decisiva com relação à interpretação de outros conceitos de ocorrência mais notória. Sobretudo, dão uma chave indispensável para a compreensão dos fatores fundamentais do conflito intrapsíquico.

O conceito de estado de desamparo representa um modelo da organização neonatal ao qual se associa, como corolário direto, o par funcional imaturidade-prematuração. Além disso, o estado de desamparo faz parte de um conjunto conceitual que prefigura, na fase de elaboração do pensamento freudiano, o esboço de uma doutrina das formas primitivas da identificação, representada, em paralelo ao laço objetal, como o outro mecanismo do laço social primário. Esse conjunto conceitual reúne, além do tema organizador do *Hilflosigkeit,* os temas anexos da expressão postural-emocional, das funções vitais de autoconservação (1910), da relação não-libidinal de "apego" (*Bindung,* 1933) e, finalmente, do sentimento social (*Gefühlsbindung, Gemeingefühl,* 1921, 1933b).

8) a presença-ausência do modelo do *Hilflosigkeit* nas fases média e terminal (1905-1920, 1920-1939) da carreira de Freud assim como o inacabamento de uma doutrina conseqüente do laço primário identificatório parecem ter exercido um efeito de pressão muito importante nos principais herdeiros do pensamento freudiano. Não somente Melanie Klein, como já lembramos a respeito da evolução histórica do par introjeção-projeção, mas também, com outras conotações, Spitz e Winnicott. Os dois, com efeito, se referem explicitamente ao modelo do desamparo-dependência, assim como, por sinal, a seu corolário temático, o conceito de emoção. Esse último conceito é igualmente muito valorizado, como mencionamos em outro lugar, por Melanie Klein e Bion.

Entretanto, sem nunca ter reivindicado o pensamento psicanalítico, o psicólogo Henri Wallon também reconheceu sua importância. Em relação a isso, é incontestável que o tema freudiano do *Hilflosigkeit* tenha exercido sobre o desenvolvimento de sua obra uma influência muito importante. Wallon insiste especialmente na imaturidade funcional característica do regime da autoconservação na fase neonatal. Em contrapartida, o tema da prematuração propriamente dito intervém de maneira bastante tardia em sua obra.

Quanto a Lacan, ele parece ter sido o primeiro a ter reconhecido, no texto freudiano, as duas acepções complementares da imaturidade e da prematuração. Mas, como é bastante lógico na perspectiva da clínica psicanalítica, ele destacou a prematuração própria do desenvolvimento específico da pulsão sexual.

Capítulo XXI

O estado de desamparo e a prematuração segundo Freud

Wallon

Em *A criança turbulenta*, Wallon evoca o papel funcional da emoção, "em todos os casos em que há inaptidão, seja constitucional, seja ocasional, para relações relacionadas com o meio". Um pouco após essa passagem que prefigura o surgimento ulterior do tema precisamente walloniano da "imperícia", Wallon descreve de maneira muito sugestiva a cólera do recém-nascido, segundo ele a emoção mais arcaica e a primeira a aparecer na ontogênese:

> A cólera, em certos casos, tem bem o sentido de uma ação que busca se exercer em outrem e por outrem. São assim os acessos de raiva que o recém-nascido usa para ser tomado nos braços da mãe, seus gritos de fome que mudam para gritos irritados, se ele sente uma presença perto dele ou a vizinhança do seio[1].

Esses textos lembram, de certas perspectivas, a passagem bem conhecida da *Interpretação dos sonhos*:

[1] H. Wallon, *L'enfant turbulent* (1925), Paris, Alcan, reed. PUF, 1984, pp. 66, 68.

> A primeira estrutura deste aparelho foi a de um aparelho reflexo [...] A criança com fome gritará desesperadamente ou então se agitará [...] depois de uma intervenção exterior adquire-se a experiência da satisfação[2].

Evidentemente falta ali, vai-se concordar, a satisfação alucinatória de desejo. Vai-se notar a insistência no aspecto ativo, tônico do comportamento infantil, o fato também de que a emoção é fundamentalmente um comportamento social, orientado por uma finalidade de autoconservação (a fome), mas também ampliado para uma forma de intencionalidade mais rica do que a simples relação com o objeto-valor: uma presença, o seio.

O tema freudiano do estado de necessidade ressurge, de maneira muito mais clara, mesmo que transposta em um vocabulário particular, nas *Origens do caráter na criança*:

> Antes de um ano, o comportamento da criança apresenta dois traços particularmente impressionantes. É, por um lado, a total imperícia de suas relações com o exterior, sua impotência em efetuar por si própria qualquer um desses atos que são os mais necessários a seu bem-estar e à sua subsistência, a indispensável necessidade que ela tem de outra pessoa para cada uma de suas necessidades. E é, por outro lado, o desenvolvimento e o amadurecimento muito precoce de suas manifestações afetivas que são o acompanhamento exclusivo de todas as suas veleidades[3].

Em outro lugar, Wallon fala do "período preliminar de total imperícia" (1934), de "imperícia pessoal" (1938), de imperícia total e prolongada da infância" (1942), de "dependência total" (1941).

Os termos wallonianos "impotência" e "dependência" evocam diretamente certas palavras do vocabulário freudiano (*Ohnmacht*: 1921, etc. *Abhängigkeit*: 1923, etc).

---

[2] S. Freud, *L'interprétation des rêves* (1900), Paris, PUF, 1971, pp. 480-481.

[3] H. Wallon, *Les origines du caractère chez l'enfant. Les préludes du sentiment de personnalité*, Paris, Boivin, 1934, reed. PUF, pp. 144-160; *L'évolution psychologique de l'enfant*, Paris, A. Colin, 1974, p. 143.

Vai-se observar no texto precedente, de 1934, o surgimento do tema da imaturidade-prematuração, pelo menos sob uma de suas variantes: o desenvolvimento da afetividade precede o das outras funções.

Esse tema da imaturidade funcional, conjugado por sinal intimamente com o da imperícia, surge em uma outra passagem de 1934, em que Wallon relata "a desproporção, na criança nova, entre a penúria de suas reações e a intensidade da excitação, o aparecimento fácil da hipertonia e das crises hipertônicas[4]". Aqui a imperfeição do equipamento motor é relacionada com a prevalência inicial da função tônico-postural sobre as outras funções de relação.

Segundo Wallon, a psicogênese é marcada pela preponderância inicial da expressividade afetiva: esta exprime uma forma primitiva, hipertônica de motricidade, que resulta do primado dos registros interoproprioceptivos da sensibilidade, cujas manifestações precedem a conclusão da organização sensório-motora como fator da autonomia corporal e pessoal. De qualquer maneira, esse tema traz, na perspectiva peculiar a Wallon, a noção de defasagem interfuncional, do desenvolvimento heterocrônico entre funções, tal como a faz surgir, no próprio nível dos textos de Freud, a análise dessa "dialética do cedo demais e do tarde demais" segundo os termos de Laplanche. De fato, não foi provado, mas também não afastado, que tenha sido sob a influência da leitura de Freud que Wallon tenha sido levado a desenvolver esse tipo de considerações.

Sabe-se que Lacan leu a obra de 1934. Ora, os vestígios dessa leitura, em relação ao tema exato que evocamos, são perceptíveis em vários lugares do texto sobre *A família*, em que o "inacabamento especial do sistema nervoso" é descrito justamente como um fenômeno de defasagem marcado pela prevalência inicial das sensibilidades interoproprioceptivas[5].

Esse tema walloniano também é reencontrado, em sua perspectiva peculiar, em Spitz, que por sinal se referiu explicitamente à influência de

---

4 H. Wallon, *Les origines du caractère chez l'enfant...*, *op. cit.*, p. 115. Wallon também diz que a criança, inicialmente "destituída de iniciativa", reage a "impressões de incompletude", *ibid.*, pp. 20-241, 243-244, 248.

5 J. Lacan, *Les complexes familiaux dans la formation de l'individu* (1938), Paris, reed. Navarin, 1984, pp. 30-31, 43, 93.

Wallon em suas próprias concepções psicanalíticas. Esse autor descreve, na fase neonatal, "uma organização cinestésica" que ele relaciona de fato ao tipo de funcionamento nervoso primitivo descrito por Wallon e que propõe até assemelhar ao "inconsciente". Também, bem à maneira de Wallon, Spitz insiste na importância da expressão emocional e na prevalência genética das "percepções afetivas sobre qualquer outra função" no decorrer da psicogênese.

Por fim, em várias ocasiões, Spitz relaciona explicitamente o papel fundamental da "expressão emocional" na organização infantil com o tema freudiano do *Hilflosigkeit.* A expressão emocional é inicialmente, por parte da criança,

> um processo de descarga [...] difuso e não específico, como umas sacudidelas, uns gritos, uns choros [...] uma expressão de seu estado interno [...] compreendida por sua mãe como um chamado de socorro [...] Esse ciclo, que continuará a se repetir, é [...] o início da comunicação e das relações objetais[6].

É interessante ressaltar, no universo conceitual de Spitz, essa coexistência de motivos wallonianos com o tema freudiano do estado de desamparo.

Ainda na obra de 1934, Wallon destaca a idéia de que a organização nervosa da criança de colo está então "sem nenhuma abertura para o espaço exterior", formulação que poderia quase parecer uma citação de Freud, que descreve a "descarga motora interna" dos processos afetivos como "sem relação com o mundo exterior"[7].

As observações anteriores dão alguma idéia da complexidade das relações entre Wallon e Freud, por um lado, Wallon e os herdeiros de Freud, por outro

---

[6] R. A. Spitz, "Les premières relations objectales" (1954), *Revue française de psychanalyse,* pp. 489, 492, 501-511, 513, 517, 528, 562; *Le non et le oui. La genèse de la communication humaine* (1957), Paris, PUF, 1962, pp. 2-3, 20, 25; *De la naissance à la parole* (1965), Paris, PUF, 1968, pp. 28, 34-35, 56, 97-98, 260.

[7] H. Wallon, *Les origines du caractère chez l'enfant..., op. cit.,* p. 47; S. Freud, "L'inconscient" (1915), *Métapsychologie,* Paris, Gallimard, 1967, p. 85; G. W., X, p. 278, "*ohne Beziehung zur Aussenwelt*".

lado. Acontece que Wallon colhe no pensamento freudiano alguns elementos que ele transforma ao assimilá-los à sua problemática própria, para restituí-los assim transformados a autores que, por sinal, atribuem a si próprios a ortodoxia freudiana. Acabamos de dar um exemplo dessa situação a respeito de Spitz. Podemos nos perguntar também se esse esquema especial de filiação histórica não é aplicável à questão da imagem em espelho: haveria ali um trajeto duplo de Freud a Wallon e Lacan e também um outro, de Wallon a Lacan.

Parece-nos que as descrições que Wallon dá em 1934 sobre o estado neonatal são, para a época, de um conteúdo relacional extremamente rico:

> Desprovido de iniciativa [...] o recém-nascido [...] inicialmente não reage às coisas e até mesmo às outras crianças. Ele só é sensível à presença dos adultos [...] sua diferença de atitude nos braços de sua mãe, de seu pai ou de sua babá, aos 16 dias, não são uma conseqüência da existência, na época, de percepção visual, algo inconcebível [...] Suas manifestações variáveis de calma ou de excitação parecem estar relacionadas com a proximidade dos seios, seu calor ou seu odor, com a maneira de ser levado, com outros componentes ainda de sua atmosfera sensitiva que podem nos escapar[8].

Em *A vida mental* (1938), Wallon insiste vigorosamente na dupla conseqüência da imperícia neonatal em relação ao desenvolvimento da função de comunicação e da capacidade social. Ele também ressalta as implicações filogenéticas de tal fator.

Durante todo esse período de imperícia pessoal, a criança não deixa de ter necessidades nem desejos. É através das pessoas que estão ao seu redor que ela consegue satisfazê-los. Sua primeira atividade eficaz só pode ser a de colocá-las em ação e é inevitável que todas as suas possibilidades psíquicas do momento sejam orientadas nesse sentido. Então, é pelas relações de sociabilidade que necessariamente se abre sua vida. Elas ultrapassam de longe as relações com o mundo físico, contrariamente ao que se observa em quase toda a cadeia animal. Essa virada deve ter modificado profundamente o plano do comportamento humano[9].

---

[8] H. Wallon, *Les origines du caractère chez l'enfant...*, *op. cit.*, pp. 241-243.

[9] *Id.*, *La vie mentale* (1938), Paris, Éditions sociales, 1982, pp. 203-204.

Vai-se notar, além da reiterada insistência sobre o caráter ativo do estado de imperícia, a diferenciação bastante perturbadora entre "necessidade" e "desejo", a mesma que surge na célebre passagem da *Interpretação dos sonhos* (*Bedürfnis / Wunsch*), ao lado, por sinal, de temas que designam a emoção (*Ausdruck der Gemütsbewegung, Regung*) como comportamento orientado para a demanda (*durch fremde Hilfeleistung*)[10]. Sabe-se que essa diferença será retomada por Lacan, a partir, é muito provável, da leitura desse preciso texto. Lembremos igualmente que Wallon em 1927 tinha elaborado, para o *Journal de psychologie*, um relatório da "Ciência dos sonhos", cuja tradução feita por Meyerson foi publicada em 1926.

O conceito de "prematuração" surge explicitamente em *A evolução psicológica da criança* em estreita relação com o tema da imperícia. Wallon elabora inicialmente, em uma perspectiva filogenética, o papel da imperícia no desenvolvimento das funções psíquicas:

> A criança permanece por um tempo muito mais longo desarmada diante das necessidades mais elementares da vida, e as ocasiões de aprendizagem que ela deve encontrar no meio externo adquirem então uma importância decisiva. Assim, há uma relação inversa entre a riqueza do equipamento e o acabamento de suas partes. Quanto maior for o número das possibilidades, maior sua indeterminação. Maior também a indeterminação e maior a margem dos progressos. Uma função que não precisa procurar sua fórmula também não consegue se adaptar a circunstâncias diversas.
>
> O fato de que ao nascer um ser seja impotente para sobreviver por conta própria, por uma questão de falta de maturidade suficiente de seus órgãos, foi assemelhada a um caso de prematuração. Não há exemplo mais impressionante do que o do canguru [...] a prematuração é normal em várias espécies de mamíferos. Sua precocidade parece aumentar à medida que aumenta o nível evolutivo da espécie. Ela atinge com folga seu nível mais elevado no homem e é acompanhada por uma reviravolta na ordem

---

[10] S. Freud, *L'interprétation...* (1900), *op. cit.*, p. 481; G. W., II-III, pp. 570-571. O texto francês deve ser retraduzido para que apareça o conceito de emoção, meio de ação "por intervenção exterior".

dos meios postos ao seu alcance, que prepara a orientação absolutamente nova de sua existência[11].

Nesse texto de 1941, de vastas perspectivas, o conceito de prematuração articula em um único conjunto os temas anteriores da prevalência inicial da expressão afetiva e da sociabilidade como traço característico da espécie humana. De fato, em decorrência de seu desenvolvimento prematuro, insiste mais adiante o autor,

> as funções de expressão precedem de longe (na criança) as da realização. Como prelúdio à linguagem propriamente dita, são elas que, primeiras, põem sua marca no homem, animal essencialmente social[12].

Esse tema só surge explicitamente em *uma única passagem* e num período muito avançado da obra de Wallon, com toda a certeza sob a influência das observações de Lacan em 1938. Por outro lado, o mesmo conceito apresenta um número muito importante de ocorrências nos textos de Lacan, sobretudo de 1938 a 1960. A palavra aparece pela primeira vez, e com uma freqüência bem maior do que em qualquer texto ulterior, no artigo sobre *A família*: consta ali dez vezes, inclusive três vezes o adjetivo "prematuro". Esse termo parece ser, escrito por Lacan, um neologismo, pois, ao que saibamos pelo menos, ele não consta em nenhum dicionário conhecido da língua francesa da época. A primeira ocorrência do termo em *A família* se refere a um dos subtítulos em caracteres maiúsculos que foram retirados, e isso é uma pena, na nova edição de 1984[13].

Wallon é, aparentemente, o único autor na psicologia de língua francesa da época e até mesmo o único psicólogo ao pé da letra a desenvolver

[11] H. Wallon, *L'évolution...* (1941), *op. cit.*, p. 42.

[12] *Ibid.*, p. 43.

[13] Um outro desses subtítulos suprimidos refere-se ao *Estádio do espelho*, quer dizer, uma das duas ocorrências da expressão no texto de 1938. Prematuração é de uso clássico na área pediátrica. Lagache também o utiliza em um sentido mais geral de prematuração característica da espécie humana, "La psychologie et les sciences humaines" (1960), *Œuvres complètes* (1932-1964), 6 vol., Paris, PUF, 1977-1984, t. 4, p. 179; "La conception de l'homme dans l'expérience psychanalytique" (1962a), *ibid.*, p. 286; "Pouvoir et personne" (1962b), *ibid.*, pp. 289-299; "La théorie des relations parents-enfants" (1962c), *ibid.*, p. 313.

esse tema da prematuração assim como os temas conexos, analisados mais acima, organizados por ele. Entretanto, Georges Lapassade, em sua obra *A entrada na vida*[14], percebeu alguns antecedentes desse tema da prematuração, além de Bolk[15], autor renomado, de quem falaremos mais adiante, também na obra do psicólogo Preyer[16], que Wallon leu, assim como em muitos autores até o século XVIII[17].

Em realidade, as conotações teóricas conectadas ao tema da prematuração diferem muito em Wallon e Lacan, certamente em função da distância que separa a área da psicanálise daquela da psicologia do desenvolvimento e que se marca, no plano das práticas, na distância entre a arte da interpretação clínica e o objetivo de aplicações pedagógicas.

Wallon vê no estado de imperícia ocasionado pelo inacabamento neonatal um fator positivo de desenvolvimento, como fonte da sociabilidade e da educabilidade caracteristicamente humanos. Quanto a Lacan, ele o considera como o princípio de efeitos mais complexos, mais contraditórios e talvez menos uniformemente saudáveis na formação do sujeito humano.

Do ato ao pensamento retoma, no essencial, o conteúdo do texto de 1938, mas referindo-o à concepção walloniana dos estágios do desenvolvimento infantil:

> O início do ser humano pelo estágio afetivo ou emocional[18], que por sinal responde tão bem à imperícia total e prolongada de sua infância, orienta suas primeiras intuições para outrem e alça nele, ao primeiro plano, a *sociabilidade*. O estágio que se segue[19], ao contrário, orienta para o mundo físico[20].

Enfim, a reflexão de Wallon sobre o tema da imperícia neonatal parece se mobilizar, bem ao final de sua carreira, em um verdadeiro arquipélago

---

[14] G. Lapassade, *L'entrée dans la vie*, 1963.

[15] L. Bolk, "La genèse de l'homme" (1926), *in Arguments*, 18, 2, 1960, pp. 3-13.

[16] G. Preyer, *Die Seele des Kindes* (1882), Trad. Varigny, *L'âme des enfants*, Paris, Alcan, 1887.

[17] A respeito dos antecedentes do conceito de prematuração, se citará Buffon (*Histoire naturelle*, 1749, p. 140), Rousseau (*L'Émile*, 1762, p. 69), o americano John Fiske (*La destinée de l'homme*, 1884), E. von Hartmann (*Philosophie de l'inconscient*, 1869), ele mesmo citado por Preyer, este também lido tanto por S. Freud (1905, ed. 1915) como por H. Wallon.

[18] De 00 a 0,9-1 ano.

[19] De 0,9-1 aos 3 anos.

[20] H. Wallon, *De l'acte à la pensée* (1942), Paris, Flammarion.

de textos cuja densidade de conteúdo é tão notável quanto sua variedade, segundo um ou outro dos aspectos descritivos[21]. É conveniente ler esses textos ficando-se atento às ressonâncias manifestas, de que eles são o eco, em relação aos principais temas desenvolvidos por Freud na série dos textos 1890, 1895, 1900, 1926b. Entretanto, os avanços da neuropsicologia e da observação comportamental da criança pequena concedem a Wallon descrições muito mais circunstanciadas. Além disso tudo, nessa trama fundamental dos temas freudianos, Wallon introduz noções que lhe são exclusivas e que conduzem à noção moderna de apego, mesmo que esta tenha sido também prevista por Freud.

Optamos por organizar a apresentação desses importantes textos em um único corpo de considerações, disposto segundo a ordem racional das noções. A cada etapa, inserimos em notas um breve comentário relativo às principais noções expostas em cada texto.

Iniciaremos pela descrição que Wallon faz, em 1956, do período fetal. Esta é, para a época, espantosamente precisa, mesmo que depois se tenha enriquecido mais ainda: a sucção do polegar em fetos de primatas foi identificada recentemente.

> A primeira etapa do desenvolvimento é a da vida intra-uterina. Ela coincide com uma fase de anabolismo mais ou menos total. No entanto, ela não deixa de proporcionar, a partir do quarto mês de gravidez, reações motoras que podem corresponder a reações internas ou mesmo externas[22] através da mãe. Isso já é um gasto funcional, por menor que seja. Entretanto, o organismo materno é provedor, menos no caso de deficiência patológica, de todas as necessidades do feto e deve até mesmo ultrapassar o sentimento da necessidade. Esse é um caso de parasitismo radical, ou melhor, de total dependência biológica. As reações motoras do feto são reflexos de postura como será possível observar ainda no recém-nascido e sobretudo no prematuro, mas que rapidamente perdem sua autonomia e se integram

[21] H. Wallon, "Le rôle de l'autre dans la conscience du moi" (1946), *Enfance, op. cit.*; "L'étude psychologique et sociologique de l'enfant" (1947), *ibid.*; "Les étapes de la sociabilité chez l'enfant" (1952), *ibid.*; "Les étapes de la personnalité chez l'enfant" (1956), *ibid.*

[22] Polaridade constante em Wallon.

logo em comportamentos motores menos elementares. Trata-se de reações globais em que determinadas atitudes do tronco e dos membros correspondem às diversas orientações da cabeça e a seus deslocamentos no espaço, ou ainda às variadas flexões do pescoço[23].

Talvez seja exagerado dizer, como Piaget me condenou por tê-lo feito, que a criança é a partir desse momento um ser social. Mas a diferença essencial está entre o negativismo ou a indiferença do esquizofrênico em relação às pessoas e a união como que vital da criança pequena com o seu entorno[24]. Por seus meios de subsistência, por todas as suas necessidades[25], é de seu ambiente humano que ela depende. E essa situação tem efetivamente conseqüências imediatas que determinam a orientação de seu desenvolvimento psíquico[26].

Essa moldagem do eu pelo meio, da consciência individual pelo ambiente coletivo [...] é a conseqüência das prolongadas inaptidões às quais o filho do homem é condenado pela extrema lentidão de seu desenvolvimento, lentidão por sinal tornada possível pela instituição de uma sociedade organizada e que presta socorro[27].

Na espécie humana, o período em que o filhote não pode se bastar por si próprio não é de algumas horas, alguns dias ou algumas semanas, mas de longos anos. E nos primeiros meses de sua vida é de completa imperícia[28].

Longe de ser um sistema fechado[29], a criança está inicialmente sem coesão própria e entregue sem o menor controle às influências mais fortuitas. O recém-nascido só tem em seu comportamento reações descontínuas,

---

[23] Reflexos labirínticos e cervicais de Magnus e Klejn. H. Wallon, "Les étapes de la personnalité chez l'enfant" (1956), *op. cit.*

[24] Wallon situa a sua posição, de maneira muito nuançada, em relação à concepção piagetiana do egocentrismo inicial assimilado, por inspiração de E. Bleuler, ao autismo dos esquizofrênicos; J. Piaget, "Les trois systèmes de pensée chez l'enfant" (1928), e H. Wallon, "L'autisme du malade et l'égocentrisme enfantin" (1928), *L. Maury, Piaget et l'enfant*, Paris, PUF, 1984, pp. 37-38, 42-43. A série atual de textos de Wallon é recortada e organizada por nós.

[25] S. Freud, *L'interprétation des rêves* (1900), *op. cit.* (*Bedürfnis* diferenciado de *Wunsch*).

[26] H. Wallon, "L'étude psychologique et sociologique de l'enfant" (1947), *op. cit.*

[27] H. Wallon, "Le rôle de l'autre dans la conscience du moi " (1946), *op. cit.*; S. Freud, "*Esquisse...*" (1895), *op. cit.* (*hilfsbereit*); L. Bolk, "La genèse de l'homme" (1926), *Arguments*, 18, 2, 1960, p. 8. Idéia formulada especificamente por Bolk em 1926, mas cujos antecedentes podem ser identificados em Buffon (1749) e também em Preyer (1882).

[28] H. Wallon, "L'étude psychologique et sociologique de l'enfant" (1947), *op. cit.*

[29] Contra Piaget.

esporádicas[30] e sem outro resultado além das vias então disponíveis, seja das tensões de origem orgânica, seja aquelas provocadas por excitações exteriores[31].

No recém-nascido, se alternam o sono, com relaxamento muscular mais ou menos generalizado, e a agitação clônica ou tônica, freqüentemente acompanhada por gritos. Esta responde a necessidades ou mal-estares fisiológicos: necessidades alimentares e necessidades posturais (ser trocado de posição, levado no colo ou ninado), mal-estar causado pelo frio, pela umidade, pelas roupas[32].

Existe ali uma série completa de operações pelas quais a criança permanece sob a íntima dependência de sua mãe... Tudo, nas primeiras impressões e reações dessa época, tudo se agrupa em torno das necessidades que a criança experimenta, necessidades essas que só sua mãe pode satisfazer[33].

Para suas necessidades de oxigênio, a criança só depende de si mesma. Seu primeiro reflexo respiratório é associado à sua entrada no mundo de ar. Para todo o resto, ela exige a assistência de seu entorno, particularmente de sua mãe. Mas, ao contrário de sua vida fetal, a satisfação de suas necessidades não é mais automática. Ela pode ficar em atraso com elas. Então travará conhecimento com os sofrimentos da espera ou da privação que se traduzirão exteriormente por espasmos, crispações e gritos. Nesse estágio, seus gestos têm algo de explosivo; eles não são orientados e se parecem mais com crises motoras do que com movimentos coordenados. Não passam de simples descargas musculares[34], que habitualmente envolvem o tronco e que são tão sincopadas e vagas nos membros superiores como precipitadas

[30] Corpo despedaçado.

[31] H. Wallon, "Le rôle de l'autre dans la conscience du moi " (1946), *op. cit.* Essa polaridade walloniana recobre de maneira absolutamente clara a distinção freudiana (1926b) entre um desamparo psíquico e um desamparo motor.

[32] H. Wallon, "Niveaux et fluctuations du moi" (1956), *op. cit.* Wallon amplia o registro freudiano das pulsões de autoconservação, além da função alimentar, para outras formas de necessidades como fatores diretos do laço social primário, do apego.

[33] H. Wallon, "Les étapes de la sociabilité chez l'enfant" (1952), *op. cit., Enfance, op. cit.*

[34] S. Freud, "Cris, décharge motrice interne de nature sécrétoire et vasodilatatrice" (1980, 1895b, 1900, 1911b, 1915c, 1926b, 1930).

e automáticas nos inferiores, sendo as pernas animadas por um movimento de pedalagem e os pés parecendo querer tirar faíscas um do outro. É um estágio de *impulsividade motora*[35].

As gesticulações não podem lhe ser de nenhuma utilidade prática[36]. Elas nem mesmo conseguiriam fazê-la modificar uma posição incômoda ou perigosa. Uma assistência permanente lhe é indispensável. É um ser para quem todas as reações precisam ser completadas, compensadas, interpretadas. Incapaz de fazer qualquer coisa por si só, ela é manipulada por outrem, e é nesses movimentos alheios que suas primeiras atitudes tomarão forma[37].

Ao longo desse primeiro período, que corresponde mais ou menos aos três primeiros meses, a criança concentra então todas as suas reações nos cuidados que tem de obter de sua mãe. E essa necessidade, que é resultado de sua própria inaptidão para saciar sozinha as exigências mais essenciais de sua vida, determina em sua evolução uma orientação que é fundamental para a explicação do que se tornou a humanidade[38].

Antes de poder lhe ser diretamente úteis, seus gestos provocarão em seu entorno as intervenções úteis ou desejáveis. Gestos esses relacionados sobretudo com seus estados de bem-estar, de mal-estar ou de necessidade, gestos que dizem respeito aos sistemas espontâneos das reações afetivas, ao domínio emocional[39].

Os únicos atos úteis que a criança pode fazer então é, através de seus gritos, suas atitudes, suas gesticulações, chamar sua mãe a seu socorro. Então os primeiros gestos que são úteis à criança não são gestos que lhe permitirão se

---

[35] H. Wallon, "Les étapes de la personnalité chez l'enfant" (1956b), *op. cit.* O objeto materno é concebido como uma pessoa que presta socorro, unicamente na perspectiva das funções de autoconservação, por sinal em concordância com uma boa quantidade de textos freudianos (1895b, 1900, 1826b, 1930).

[36] Evocação do texto freudiano de 1900. Esse estado de "incompletude", de inacabamento (*Unfertigkeit* 1923), na medida em que chama um "complemento de si tomado em outrem" (1956b), especificamente em uma modelagem, em uma modelação das primeiras atitudes, é um traço característico de Wallon.

[37] H. Wallon, "Le rôle de l'autre dans la conscience du moi" (1946), *op. cit.*, p. 89.

[38] *Id.*, "Les étapes de la sociabilité chez l'enfant" (1952), *op. cit.*

[39] *Id.*, "Le rôle de l'autre dans la conscience du moi" (1946), *op. cit.*

apropriar dos objetos do mundo exterior, ou evitá-los, são gestos voltados para as pessoas, são gestos de expressão[40].

Todas as suas atividades, todas as suas aptidões são polarizadas para seus meios de socorro, quer dizer, para as pessoas. Entre a criança e elas devem ser estabelecidos sistemas de previsão e de acordo mútuo. As primeiras relações utilitárias da criança não são suas relações com o mundo físico, que, quando aparecem, começam por ser apenas lúdicas; são relações humanas, relações de compreensão, cujos instrumentos necessários são os meios de expressão e é por isso que a criança, se não é sem dúvida um membro consciente da sociedade, não deixa de ser um ser primitiva e totalmente orientado para a sociedade[41].

Sob a influência desse campo emocional, muito rápido se estabelecerão algumas conexões entre as manifestações espontâneas e as reações úteis provocadas no seu entorno. Através de um mecanismo análogo ao dos reflexos condicionados, se organizará uma associação, por exemplo, entre as convulsões da cólera e a chupeta ou o passeio no colo da mamãe[42].

Após a sensibilidade postural, outras, como a auditiva e em seguida a visual, se tornam capazes de entrar em associações condicionais.

Mas em pouco tempo se superpõem a essas ligações elementares outros agrupamentos. Os que se devem à intervenção de certas pessoas e, em primeiro lugar, da mãe, provedora de todas as necessidades, formarão conjuntos evocadores de sua presença.

A partir do segundo ou do terceiro mês, acontece de a criança chorar quando alguém que cuidava ou até mesmo só estava perto dela se afasta. Ao que parece, essa partida a descompleta, como se a criança compusesse uma coisa única com o ambiente. Desde então seus laços com ele vão se consolidar e se diversificar com uma rapidez ainda maior, pois que ela depende mais exclusivamente de outrem para a satisfação de suas necessidades. É para exprimi-las que se dirigem seus gestos e seus gritos e para suscitar em seu entorno reações correspondentes. Dessa maneira se opera uma fusão dela

[40] *Id.*, "Les étapes de la sociabilité chez l'enfant" (1952), *op. cit.*
[41] *Id.*, "L'étude psychologique et sociologique de l'enfant" (1947), *op. cit.*
[42] H. Wallon, "Le rôle de l'autre dans la conscience du moi" (1946), *op. cit.*

com seus próximos através de uma espécie de consonância afetiva que lembra o caráter comunicativo das emoções[43].
A simples associação fisiológica é em pouco tempo duplicada com uma outra que a faz passar ao plano da expressão, da compreensão, das relações individuais. O efeito obtido torna cada vez mais intencional a manifestação emotiva. Ela se transforma em um meio com resultados mais ou menos seguros. E é esse um novo campo que se abre à atenção, à nascente sagacidade da criança. Quais são os signos[44] de um provável êxito? Muito depressa eles se localizam na pessoa de quem se espera o serviço. Seus gestos, sua atitude, sua fisionomia, sua voz também entram no domínio da expressão[45], que é, assim, de ação dupla, eferente quando traduz os desejos da criança, aferente pela disposição que esses desejos encontram ou provocam em outra pessoa[46].
O que prepara o estágio seguinte, o da impulsividade motora, é o caráter expressivo que tomam as reações condicionais. Os gritos da criança, como são freqüentemente acalmados pela mamadeira, se tornam o sinal do desejo alimentar. Como a atitude da mãe pode ser de anuência ou de recusa, a criança elabora entre a mãe e ela um sistema de compreensão mútua por gestos, atitudes ou mímicas, cuja base é nitidamente afetiva. No estado de total imperícia em relação às coisas em que a criança se acha, as relações desse gênero com outrem são o único meio de que ela dispõe para alcançar as satisfações mais essenciais de sua existência. Elas passam para o primeiro plano de sua vida psíquica. Já com a idade de seis meses, ela consegue expor um longo repertório de matizes emocionais: cólera, dor, tristeza, alegria. Já há muito tempo que ela responde por um sorriso ao da mãe... é uma verdadeira simbiose afetiva após a simbiose orgânica da vida fetal[47].

Observemos aqui rapidamente que Wallon desenvolve uma concepção da expressão afetiva, da afetividade expressiva, como fator do laço social pri-

---

43 *Id.*, "Niveaux et fluctuations du moi" (1956), *op. cit.*
44 S. Freud, *Zeichen.*
45 *Id., Ausdruck.*
46 H. Wallon, "Le rôle de l'autre dans la conscience du moi" (1946), *op. cit.*
47 H. Wallon, "Les étapes de la personnalité chez l'enfant" (1956), *op. cit.*

mário, em uma perspectiva centrada pela finalidade de autoconservação.

A dupla polaridade aferente-eferente desse processo arcaico de comunicação representa o espaço de inserção do mecanismo bipolar de introjeção e de projeção tal como Wallon por sinal o descreveu no artigo de 1956b.

Essa finalidade da expressão emocional (*Ausdruck der Gemütsbewegung*) em relação ao registro da autoconservação foi desenvolvida por Freud em diversos textos, cujas indicações a concepção walloniana nada mais faz que retomar e desenvolver.

Nas tradição dos textos famosos de 1895 e 1900, *Inibição, sintoma e angústia* (1926) desenvolve algumas considerações raramente comentadas sobre a finalidade positiva (*Zweckmässigkeit*), na situação originária de desamparo, do estado afetivo da angústia, como "inervação" primeiramente "imprópria" (*Innervation, unzweckmässig*), canalizada depois como sinal de angústia (*Hilfssignal*[48]). Mas não é o caso aqui de desenvolver todas as implicações desse tema freudiano de um regime da afetividade primordial diferente daquele representado pelo regime auto-erótico da pulsão.

Enfim, Wallon, nesses textos do período 1946-1956, descreve com uma grande nitidez as conseqüências positivas da imperícia neonatal em relação à formação do laço inter-humano na escala do grupo familiar e, mais amplamente, social. O estado de imperícia conduz ao desenvolvimento da expressão emocional, na condição de forma de "pré-língua" e mecanismo de coesão social:

> Os laços da criança com o meio não são de raciocínio ou de intuição lógica, mas de participação nas situações em que se encontra ou poderia ser implicada e em tudo o que pode motivá-las. De alguma maneira ela se confunde com elas. Insisti muitas vezes na importância que tomam, já nos primeiros meses, suas reações emocionais e as de seu meio. Por ela se estabelece uma espécie de comunhão afetiva que precede, na criança como sem dúvida na história da humanidade, as relações ideológicas. O papel das emoções é sem dúvida o de ser um sistema de expressão

[48] S. Freud, *Inhibition symptôme et angoisse* (1926), Paris, PUF, 1965, pp. 52, 62, 96; G. W., XIV, pp. 164-165, 168, 200.

> anterior à linguagem articulada: aquele que seria necessário para encadear, por meio de uma espécie de contágio, poderosas reações coletivas. Elas foram cultivadas como tais pelos ritos dos povos primitivos e permanecem atualmente o meio de provocar reações gregárias. Determinando nos que elas conquistam impulsos convergentes ou complementares, elas os fundem em uma única massa sensitiva e atuante. Por elas, o indivíduo pertence a seu meio antes de se pertencer a si mesmo. No plano psicológico, é um tipo de comunidade primitiva. É essa, sem dúvida, a primeira fase pela qual passa a consciência da criança[49].

Wallon descreve a imperícia neonatal como uma forma de palpitação, de oscilação entre dois estados opostos, de *fusão* e de *incompletude*, que tende, de maneira dinâmica, à sua própria anulação, por exercer uma pressão sobre o desenvolvimento da participação afetiva, da comunicação pré-lógica, da coesão intersubjetiva.

Esses textos do período 1946-1956 descrevem o estado de dependência inicial do filhote humano segundo uma grande riqueza de aspectos, no conjunto de seus componentes biológicos, relacionais e afetivos. O laço inter-humano primário e a forma arcaica de comunicação que ele supõe são concebidos como "meios de socorro", orientados para a satisfação funcional das "necessidades". Entretanto, fato curioso, essa série de textos, não mais que a anterior, de 1942, não recupera o conceito lacaniano de prematuração, introduzido no texto de 1941. Excetuada a menção dos casos de prematuração no sentido pediátrico. Tudo acontece como se Wallon sentisse, com uma intuição muito exata, que o conceito de prematuração, tal como Lacan o utilizou em 1938, se relaciona essencialmente com o estatuto da pulsão sexual, que é claro que não é o objetivo central de sua própria psicologia. Esta, em compensação, é orientada, no que diz respeito pelo menos ao desenvolvimento neonatal, pela análise das funções do eu e de sua finalidade em relação à autoconservação. É a razão pela qual,

---

[49] H. Wallon, "L'étude psychologique et sociologique de l'enfant" (1947), *op. cit.*, pp. 307-307. Sobre o conjunto do desenvolvimento anterior, ver H. Wallon, "Le rôle de l'autre dans la conscience du moi" (1946), *op. cit.*, pp. 281-282; "Les étapes de la sociabilité chez l'enfant" (1952), *ibid.*, pp. 87-89; "Les étapes de la personnalité chez l'enfant" (1956), *ibid.*, pp. 74-75.

pode-se dizer, Wallon privilegia no tema freudiano do *Hilflosigkeit*, que ele retoma a seu encargo, a noção de imaturidade (*Unreife*) ao invés da de prematuração (*Frühreife*). Nesse estrito ponto de vista, os textos de 1942 e 1947 operariam uma espécie de recuo em relação ao de 1941, em que Wallon se arrisca a introduzir a noção capital adaptada três anos antes por Lacan para o uso francês. Com efeito, a palavra prematuração parece ser, em 1938, sob a pena de Lacan, um neologismo, pois não existe nessa época em nenhum dicionário conhecido da língua francesa, enquanto que a palavra prematuridade já está identificada no sentido específico que lhe confere a ginecologia no início do século XX.

Assim, como se acabou de ver nas páginas anteriores, a obra de Wallon dá ao conceito de estado de desamparo, que retoma como herança, prolongamentos de um grande interesse. Para medir toda a sua riqueza, seria conveniente entrar no estudo detalhado das visões de Wallon relativas à emoção e também à identificação. Efetivamente, esses dois conceitos comportam uma relação essencial com o duplo tema da autoconservação e da formação do eu, ao qual se ajusta intimamente o conceito fundamental da imperícia.

Entretanto, uma análise tal nos desviaria demais de nosso eixo principal de investigação. No tocante à emoção, reenviamos aos enunciados bastante numerosos que foram elaborados desde os anos sessenta. No que se refere à identificação, planejamos, fora as observações que lhe dedicamos mais acima, voltar a esse assunto em um trabalho futuro.

Entretanto, antes de abordar as concepções de Lacan propriamente ditas relativas à prematuração, é necessário mencionar os prolongamentos do tema do *Hilflosigkeit* em alguns dos principais herdeiros do pensamento freudiano: Melanie Klein, Winnicott, Bion e Spitz.

Melanie Klein

Melanie Klein retoma em Freud, ao mesmo tempo que as naturaliza em língua inglesa, as noções do estado de desamparo (*Hilflosigkeit* 1895: *helplessness* 1932) de dependência (*Abhängigkeit* 1923: *dependence* 1927), de um eu infantil fraco (*Schwäche* 1923: *feeble, weak* 1928), imaturo (*Unreife* 1896: *immature* 1944), pouco desenvolvido (*unfertig* 1926b: *undeveloped* 1928, 1930).

É espantoso ver o gênio jovem de Melanie Klein retomar em Freud, quase que imediatamente (salvo talvez o tema, já antigo, do *Hilflosigkeit*) após a sua invenção, mesmo que se tratasse então de uma só ocorrência, conceitos de uma importância teórica capital para o desenvolvimento de suas próprias concepções clínicas. Sob certos pontos de vista, pode-se até afirmar que o sistema de Melanie Klein se constituiu de maneira a desenvolver até as últimas conseqüências essa rede de noções fundamentais.

A obra de Melanie Klein (1927-1963) teve uma grande importância histórica não somente pelo destino especial em língua inglesa dos conceitos em questão, mas ainda pela tradução do conjunto da obra freudiana na *Standard edition* (1953-1966). Na primeira parte de sua carreira, até 1932, Melanie Klein escreve com mais prazer em alemão do que em inglês (11 artigos em 17). *A psicanálise das crianças*[50] é a última obra, com exceção de um artigo de 1937, que escreveu em alemão. Ela utiliza, em sua aplicação de origem, os termos freudianos *Hilflosigkeit, Abhängigkeit, schwach*, que a tradução inglesa dessa obra por Strachey (1932) consignou pelos equivalentes citados mais acima: *helplessness, dependence, weak*[51]. Posteriormente, entre 1932 e 1963, são esses os termos que Melanie Klein utilizará em sua escrita, e além disso as palavras *immature* e *premature*. Ora, são os mesmos termos, de ocorrência regular e freqüente nos seus textos, que Strachey ainda retomará e cujo uso endossará na ocasião da publicação da edição inglesa de Freud a partir de 1953.

Essas questões eruditas não são completamente destituídas de importância para o leitor francês de Melanie Klein. Com efeito, se os temas freudianos originais encontraram na escrita inglesa de Klein equivalentes de uma grande constância e de um padrão teórico perfeitamente claro, não é o caso das traduções francesas. Com efeito, elas são instáveis ao ponto de chegar a dissolver, apagar, até mesmo a quase foracluir o conteúdo metapsicológico

---

[50] M. Klein, *La psychanalyse des enfants*, Paris, PUF, 1978.

[51] Observemos, para registro, a tradução do alemão *Affekt*, na mesma obra, pelo inglês *emotion* e a utilização cada vez mais freqüente dessa palavra na obra de Melanie Klein.

dos conceitos em questão. Que se julgue, por exemplo, pela forma francesa do inglês *helplessness*, para o qual achamos a seguinte seqüência: *estado de dependência, sem recurso e sem defesa, desamparo, impotência fundamental*.

Melanie Klein retoma em Freud o essencial de suas visões relativas ao *Hilflosigkeit*, mas entretecendo na trama dessa referência ortodoxa variações em que surge a evidência de sua assinatura pessoal.

O estado de desamparo confronta um eu fraco, ainda pouco desenvolvido, imaturo, com perigos externos e internos. Esses últimos se devem, por um lado, "aos violentos empuxos do isso" e, por outro, às "ameaças de um supereu cruel". Esse eu imaturo é assediado pelo surgimento das tendências edipianas e requerido pela tarefa de dominar a angústia. É só através de um "*poderoso* recalque" que esse eu ainda *fraco* pode se defender da violência das pulsões e das ameaças do supereu.

Essa imaturidade do eu se deve ao estado de "dependência biológica" da criança, tanto em relação aos pais como aos "objetos externos". Ela também explica o caráter completamente inconsciente dos fantasmas que dominam então a cena psíquica. Essa situação de dependência finalmente explica o apego (*attachment* 1937) da criança aos pais. Essa noção de *attachment* é a transposição, por Melanie Klein, da noção freudiana de "apego pré-edipiano" (*präödipale Mutterbindung* 1933, *pre-Œdipus attachment to the mother*: S. E. 1964), mais de vinte anos antes de sua retomada por Bowlby[52], acontecimento que por vezes foi mostrado, de maneira no mínimo abusiva, como uma refutação sem apelo da psicanálise, a ruína do "castelo de cartas de Freud e suas profecias[53]".

Em certos casos clínicos, pode-se supor o surgimento dos "afetos genitais" logo ao nascer. Essa "genitalização prematura" (*premature genitalization*) é associada a um desenvolvimento também prematuro do eu (*premature ego-development*), que não impedirá, bem pelo contrário, a inibição de seu desenvolvimento ulterior. Com efeito, essa forma de organização inclui por si própria o caráter prematuro e exagerado da defesa, assim como da culpabilidade (*premature and over-strong defense, premature onset of guilt*). Disso

[52] J. Bowlby, "The nature of child's tie to his mother", *Int. J. of Psycho. an.*, 1958, pp. 350-373.
[53] Proposta de R. Zazzo, *in* D. Anzieu e col., *L'attachement*, Neuchâtel, Delachaux et Niestlé, 1974, p. 48.

resulta o crescimento da angústia persecutória e das tendências esquizóides, cujo resultado pode ser a paranóia ou a esquizofrenia.

A dependência da criança em relação aos pais pode se transformar em ressentimento, em raiva e em "inveja" (*envy*). Essa inveja, dirigida "para o seio de sua mãe, para sua criatividade", se exprime normalmente pelo "desejo de inverter a situação, de reduzir os pais ao estado de desamparo infantil" (*make the parents helpless and infantile*). Essa idéia surge como a versão kleiniana do tema tipicamente freudiano da onipotência narcísica.

No adulto, a dependência (*dependence*) em relação à pessoa amada é sentida como se fosse humilhante porque reanima o estado de desamparo infantil (*helplessness*[54]).

Winnicott, Bion, Spitz

Winnicott, formado por Melanie Klein, embora o caráter específico de seu percurso nunca o tenha feito ser reconhecido por ela como um verdadeiro kleiniano, utiliza exclusivamente o termo inglês *dependence*, que os tradutores franceses, como se deve fazer, traduziram como "dependência". Com toda a certeza, é à freqüentação da obra de Melanie Klein que Winnicott deve essa noção, mesmo que não saibamos se Winnicott sabia ler o alemão (*Abhängigkeit*). Os textos em que Winnicott se utiliza desse termo *dependence* se alinham entre 1952 e 1964[55], ou seja, especificamente 5 textos em 11 antes de 1959, data de publicação do primeiro volume da *Standard*

---

[54] M. Klein, *Essais de psychanalyse* (1948), Paris, Payot, 1968, pp. 195, 230-231, 264, 272, 297, 411; *La psychanalyse des enfants* (1932), *op. cit.*, pp. 147, 165, 191, 243, 256; *Développements de la Psychanalyse* (1952), Paris, PUF, 1966, pp. 261, 270; *Envie et gratitude et autres essais* (1957-1963), Paris, Gallimard (1968), pp. 38-39, 72, 76, 193, 196; *L'amour et la haine* (1937), Paris, Payot, 1968, pp. 18, 100; *The writings of Melanie Klein*, 4 vol., Londres, Hogarth Press, 1975, I, pp. 155, 187-188, 220, 227, 248, 318, 327, 407; II, pp. 133, 165, 176, 232, 244; III, pp. 31, 39, 195-196, 223, 278, 280; *Die Psychoanalyse des Kindes* (1932), Wien, IPV, *op. cit.*, p. 143; S. Freud, *Nouvelles conférences d'introduction à la psychanalyse* (1933), Paris, PUF, 1984, pp. 160, 162-163, 179; G. W., XV, pp. 69, 127-129, 143-144; S. E., XXII, pp. 63, 119, 121, 134.

[55] D. Winnicott, *De la pédiatrie à la psychanalyse* (1958), Paris, Payot, pp. 99, 101, 136, 137, 140, 156, 160, 173, 192, 193, 240, 242, 256; *Processus de maturation chez l'enfant* (1965), Paris, Payot, 1978, pp. 17, 43-54, 59, 68, 95-98, 102, 105, 108, 110, 116-117, 121.

edition (XX), em que pela primeira vez consta o termo inglês *dependence*. Essa palavra reaparece em seguida nos tomos XIX e XXI (1961), depois nos tomos XXII e XXIII (1964). Parece então que Winnicott, assim como Melanie Klein, de uma certa maneira fixou e naturalizou os conceitos da psicanálise em língua inglesa com uma certa margem de antecipação em relação à edição oficial de Freud nessa língua.

Bion, o grande discípulo de Melanie Klein, lhe retoma[56], para generalizar sua aplicação ao registro da experiência psicótica, as noções de imaturidade e de prematuração (*immature / premature*). De fato, a experiência psicótica pressupõe, em um paradoxo essencial, uma "psique imatura" ao mesmo tempo que "o desenvolvimento precoce da consciência". Disso resulta "uma formação precipitada e prematura de relações de objeto, no primeiro plano das quais figura a transferência, cuja pequenez contrasta singularmente com a tenacidade empreendida pelo paciente para mantê-las. Essa prematuridade, essa pequenez são patognomônicas e derivam do terror de uma aniquilação pelas pulsões de morte. O esquizofrênico está às voltas com um conflito, nunca resolvido, entre as pulsões de vida e as pulsões de morte[57]".

Spitz fala da "impotência do recém-nascido" em *A gênese das primeiras relações objetais*[58], texto redigido e publicado em língua francesa. Ele dá essa palavra como o equivalente do alemão *Hilflosigkeit* – que por sinal diz que é de difícil tradução – na sua ocorrência *princeps* na célebre passagem do *Esboço*[59], que ele cita primeiro no original, antes de dar a primeira tradução francesa explícita até essa época:

> Essa via de descarga adquire conseqüentemente a função secundária extremamente importante da comunicação; a impotência, a incapacidade do ser humano no princípio (*die anfängliche Hilflosigkeit des Menschen*) é a fonte primária de todos os fundamentos da moral[60].

---

[56] W. Bion, *Réflexion faite* (1967), Paris, PUF, 1983.

[57] *Id.*, pp. 44, 52, 122, 131.

[58] R. A. Spitz, "Les premières relations objectales" (1954), *Revue française de psychanalyse*, 18, 1954.

[59] S. Freud, "Esquisse d'une psychologie scientifique" (1985b), *op. cit.*

[60] R. A. Spitz, "Les premières..." (1954), *op. cit.*, pp. 501-502; S. Freud, *La naissance...*, *op. cit.*, p. 402. Parêntesis e texto alemão nossos.

Spitz menciona a retomada da noção de *Hilflosigkeit* na longa e difícil nota de *Pulsões e destinos das pulsões*[61]. Ele insiste na importância desse conceito no pensamento freudiano e no fato de que as suas próprias pesquisas sobre os recém-nascidos deram "provas convincentes de sua justeza[62]". Ele também menciona a interpretação que o editor do texto alemão do *Esboço*, Ernst Kris, faz da citada passagem: Freud teria afirmado "o lugar da relação objetal no ponto de transição entre o princípio de prazer e o princípio de realidade". De fato, essa leitura aparece como um comentário da forma original de articulação que se produz, na passagem de 1895 em questão, entre os momentos "secundário" e "primário".

Segundo Spitz, "a impotência" do recém-nascido refere-se

> ao período mais plástico do desenvolvimento humano, a natureza transicional e por aí a vulnerabilidade do desenvolvimento durante os dois primeiros anos; enfim, a ausência de uma organização solidamente estabelecida do Eu.

Spitz ainda evoca "a impotência do recém-nascido" em *Do nascimento à palavra*[63]. Pensamos – mas não conseguimos providenciar o original inglês (*The first year of life*) – que ele utiliza a palavra *helplessness*, ou seja, o correspondente inglês consignado por Strachey na *Standard edition* (1953-1966) do alemão *Hilflosigkeit*[64].

O isomorfismo dos modelos de leitura

Vamos agora à apresentação de correspondências mais precisas entre os autores que acabamos de citar a respeito do tema freudiano do *Hilflosigkeit* e de seu cortejo de conceitos conexos. Nos modelos psicogenéticos que seus escritos propõem, esses autores se interessam sobretudo (Wallon), ou

61 S. Freud, "Pulsions et destins des pulsions" (1915), *Métapsychologie*, *op. cit.*, p. 37.
62 R. A. Spitz, "Les premières..." (1954), *op. cit.*, p. 502.
63 R. A. Spitz, "De la naissance..." (1965), *op. cit.*, Paris, PUF, 1968.
64 *Ibid.*, p. 81.

exclusivamente (Melanie Klein, Winnicott, Spitz), pelo desenvolvimento neonatal que cobre o primeiro ano (Klein, Winnicott), e mesmo até os 15-18 meses (Spitz). Ora, acontece que dentro desse mesmo período os autores em questão identificam em comum, aparentemente sem nunca se terem acordado a respeito, alguns pontos nodais, alguns sinais de pontuação cuja seqüência chega, apesar das diferenças de conteúdo, a um corte temporal bastante homólogo. Essas concordâncias entre esses autores, relativas à segmentação do campo da experiência, nunca, ao que saibamos, foram tratadas na literatura. Com efeito, elas nos parecem de um grande interesse, na medida em que o acordo sobre o corte dos fenômenos, dentro de um campo científico, exprime a compatibilidade das hipóteses de leitura desses diversos pesquisadores, mesmo se os modelos explicativos que se atribuem não coincidem exatamente. Outros psicogeneticistas, caso de Piaget, por exemplo, adotam um corte temporal do conteúdo psíquico totalmente diferente. Essa situação parece indicar que o conteúdo de experiência ao qual se aplicam suas hipóteses de leitura e seus modelos é de uma natureza específica e compreende uma diferença de qualidade.

O problema dos critérios de delimitação dos estágios da psicogênese e da coincidência dos vários sistemas de estágios propostos pelos autores foi um debate na moda entre os psicólogos por volta de 1955. Três simpósios organizados em Genebra, em 1953 e 1956, pela *Oms*, e em 1955, pela *Association de psychologie de langue française*, chegaram à pouco encorajadora conclusão de um verdadeiro "caos de nossos estágios atuais" (*dixit* Piaget). Osterrieh, um dos estimáveis e infortunados relatores do congresso de 1955, após análise de "dezoito sistemas de estágios europeus e americanos", foi levado a "registrar" um total de sessenta e um períodos cronológicos diferentes e constatar que cada idade entre 0 e 24 anos pode ser considerada como marcando o início ou o final de um estágio! Todavia, Osterrieh também formulou que o "máximo de concordância para esses diversos períodos refere-se ao período de 0 a 1 ano, que consta como estágio bem diferenciado em 7 dos 18 sistemas consultados". Além disso, e para complicar mais as coisas, de maneira absolutamente contraditória com a única constatação positiva, o autor propunha um meio termo cujos estágios se espalhariam até 1 mês, depois 9 meses, depois 15 meses, depois 2 anos e 1/2, depois 6 anos, depois 9 anos; arquitetura eclética de um mérito trabalhoso que Piaget se permitiria um pouco mais tarde, durante a discussão, qualificar como "meio água com açúcar", na medida em que, se presume, ele não concordava nem com seu próprio corte, que finalmente seria o tema privilegiado do simpósio do ano seguinte (1956)[65].

Não foi proposta nenhuma análise mais profunda de convergências mais exatas entre autores no que se refere aos marcos de alcance mais limitados dentro desse período do primeiro ano.

Durante o *Congresso internacional de psicologia infantil*, ocorrido em Paris em 1979, Widlöcher faz uma comunicação sobre Wallon e Freud ao final da qual declarou que "a confrontação entre os estágios de desenvolvimento", tal como se desenvolveu na ocasião dos congressos de 1953 a 1956, era parte de uma "discussão doravante ultrapassada"[66].

Uma tal afirmação nos parece paradoxal na medida em que tanto aos psicólogos quanto aos psicanalistas parecem ter escapado até agora das correspondências, no entanto óbvias, no que tange ao corte temporal, entre Freud e Wallon, por um lado, mas também, por outro lado, entre Wallon e os principais representantes do pensamento psicanalítico: Melanie Klein, Spitz e Winnicott.

Somente a segunda série de correspondências mencionadas aqui interessa diretamente nosso objetivo atual, na medida em que trata do primeiro ano da psicogênese, implicada mais particularmente pelo tema do estado de desamparo e seus conceitos conexos. Em compensação, as correspondências entre Freud e Wallon se estendem ao campo inteiro da psicogênese, do nascimento até adolescência. Seu espaço ultrapassa então, em muito, aquele, bem menor, da fase neonatal do desenvolvimento. Entretanto, haja vista sua evidência e também em razão do pouco de atenção que lhe foi concedido até hoje, parece-nos indispensável mencioná-las sumariamente a fim de melhor enquadrar a análise das convergências compreendidas na dimensão menos extensa do primeiro ano.

---

[65] P. Osterrieh e col., *Le problème des stades em psychologie de l'enfant. Symposium de l'APSLF,* Paris, PUF, 1956, pp. 52, 56; R. Zazzo, *Conduite et conscience*, Paris e Neuchâtel, Delachaux et Niestlé, 1962, 1, pp. 287-313.

[66] D. Widlöcher, "H. Wallon, e S. Freud", *Enfance,* 1979, 5, p. 343.

Em primeiro lugar, existe uma importante convergência entre Wallon e a doutrina psicanalítica clássica[67] (Freud 1905b, ed. 1915, 1923) relativa à delimitação temporal, isomorfa nas duas perspectivas, das etapas do desenvolvimento da criança. Do nascimento até o início da adolescência, mais ou menos doze anos, a psicogênese conteria também, tanto para Wallon como para a teoria psicanalítica, quatro fases, quatro estágios, articulados por três transições críticas, três momentos nodais: a idade de um ano, em que se esboça a conquista da autonomia motora: a idade de três anos, em que se origina a progressiva conquista da autonomia pessoal; a idade de cinco-seis anos, que abre um período de assimilação das normas sociais e dos conhecimentos escolares.

Até a idade de um ano, o estágio impulsivo e emocional (Wallon) corresponde à fase oral (Freud); de um aos três anos, o estágio sensório-motor corresponde à fase sádico-anal; dos três aos seis anos, o estágio do personalismo corresponde aproximadamente à fase fálica; de seis até o início da adolescência, o estágio categorial corresponde ao período de latência.

No que se refere ao primeiro ano, até mesmo correspondências mais detalhadas no que se refere a uma subdivisão em duas etapas por volta dos seis meses podem ser consideradas. Wallon considera, no interior da unidade híbrida qualificada como estágio impulsivo e emocional (de 0 a 1 ano), um primeiro subestágio de impulsividade motora (de 00 a 0,3 ano), ao qual sucede, para alcançar o seu apogeu pelo meio do ano (*0,6 ano*), um subestágio emocional propriamente dito, cujo termo se situa, de maneira variável de acordo com os relatos, às vezes com um ano, às vezes também 9 meses (de 0,3 até 0,9-1 ano). Essa fronteira crítica introduz uma reviravolta

[67] Qualificamos dessa maneira a doutrina dos estágios psicanalíticos tal como é exposta nas apresentações tradicionais e bem conhecidas do publico, por exemplo, a de D. Lagache, *La psychanalyse,* Paris, PUF, coleção "Que sais-je?", nº 660, 1955, pp. 29-31. Lagache situa o estágio sádico-anal entre 1 e 3 anos, Laplanche e Pontalis entre 2 e 4 anos; Lagache finalmente situa o estágio fálico entre 3 e 5 anos. De fato, a data de 5 a 6 anos que Wallon dá para o subperíodo de imitação dos papéis, no estágio do personalismo, corresponde ao período de identificação consecutiva ao recalque do complexo de Édipo (ver H. Wallon, *La vie..., op. cit.*, p. 43). No que se refere à data variável de término do estágio emocional indicado por Wallon (de 0,9 a 1 ano), que vai ser abordado um pouco mais adiante, não se trata de incerteza ou até mesmo inconseqüência de sua parte. Essa situação se deve à concepção muito flexível que Wallon tem dos estágios da psicogênese, que implica sobreposições e uma margem de flutuações em relação às do meio social.

provocada pela preponderância funcional das sensibilidades exteroceptivas sobre o registro interoproprioceptivo.

Além desse primeiro período impulsivo e emocional, Wallon imagina um estágio sensório-motor (de 1 a 3 anos), mas ele próprio articulado em dois subperíodos, dos quais o segundo, estágio projetivo, se inicia por volta dos 18 meses para terminar por volta dos 3 anos. Essa referência ao modo de corte ulterior ao primeiro ano é necessária, como veremos, para desenvolver a análise das correspondências entre Wallon por um lado, Spitz e Mahler por outro[68].

Baseando-se nas observações precedentes, as datas de 3 meses, 6 meses, 8-9 meses, 1 ano, 18 meses parecem constituir os pontos nodais da psicogênese infantil.

Isso posto, no que se refere ao primeiro ano, além da concordância temporal global evocada acima entre o estágio impulsivo e emocional e a fase oral, correspondências mais detalhadas podem ser imaginadas – tendo como fundo uma tal grade de corte – entre a descrição walloniana da psicogênese e as dos principais representantes da psicanálise: Abraham e Winnicott, obviamente, Melanie Klein, Spitz e até mesmo Margaret Mahler, se entrarmos em uma análise ainda mais detalhada, mas não menos significativa.

Em primeiro lugar, a fase oral (Freud 1915) foi subdividida por Abraham (1924) em duas fases secundárias: estágio precoce de sucção pré-ambivalente ou estágio auto-erótico até as cercanias do sexto mês; estágio sádico-oral, em que surge a atividade de mordedura e que ocupa o segundo semestre[69].

Winnicott, como já foi dito, retoma no vocabulário freudo-kleiniano exclusivamente o termo "dependência". De fato, ele o aplica de maneira absolutamente isomorfa ao corte proposto por Abraham e cujo ponto de

---

[68] H. Wallon, "Les stades..." (1947), *op. cit.*, pp. 142, 143; Tran-Thong, *Stades et concept de stade de développement de l'enfant dans la psychologie contemporaine*, Paris, Vrin, 1971, pp. 150-153, 161-163.

[69] S. Freud, *Trois essais sur la théorie de la sexualité* (1905), Paris, Gallimard, 1962, p. 95 (acréscimo de 1923); J. Laplanche e J.-B. Pontalis, *Vocabulaire de la psychanalyse*, Paris, PUF, (1967), pp. 44, 458; Tran-Thong, *Stades...*, *op. cit.*; V. N. Smirnoff, *La psychanalyse de l'enfant* (1966), Paris, PUF, 1966, 1992.

articulação, lá pelos 6 meses, corresponde por sinal ao apogeu do estágio emocional na descrição de Wallon. Efetivamente, Winnicott divide o "desenvolvimento afetivo primário" em um estado de "dependência absoluta", cobrindo mais ou menos o primeiro semestre, e um estágio de "dependência relativa", de 6 a 12 meses mais ou menos[70].

De maneira muito interessante, a seqüência (0,3; 0,6; 0,9) situada pela análise em estágios de Wallon se acha quase que exatamente na concepção de Spitz.

Com efeito, Spitz considera um primeiro estágio ("anobjetal") até o aparecimento do primeiro organizador, a reação-sorriso, por volta dos 3 meses, depois um segundo estágio chamado de "objeto precursor" até o surgimento, por volta dos 8 meses, do segundo organizador, quer dizer, a angústia face ao estranho. Entretanto, deve se observar que a idade de *6 meses* já marca para Spitz a emergência de uma "síntese" das pulsões. Enfim, um terceiro estágio ("objetal") se estende dos oito até os quinze meses, época em que aparece o último organizador do desenvolvimento, "o signo semântico *não*".

Os três estágios discernidos por Spitz distribuem de maneira igual as fases da formação do eu em relação ao desenvolvimento dos processos de identificação. As visões de Spitz a respeito da identificação são colhidas, em parte, em Berta Bornstein e Margaret Mahler.

Segundo Spitz, o estágio anobjetal (de 00 a 0,3 ano) corresponde ao aparecimento, desde o nascimento, de uma "entidade física distinta". Esse seria o estágio da "identificação primária".

O estágio pré-objetal (de 0,3 a 0,8 ano) é marcado pela formação de uma "entidade psicológica distinta", sob a forma de um "Eu-corpo", quer dizer, da "consciência de um não-Eu [*Je*]". Pelo ponto de vista dos processos de identificação, é um estágio de transição marcado pelo processo de "individuação primária".

Finalmente, o estágio objetal (de 0,8 a 1,3 anos) é ocupado pelas "identificações secundárias". Inicia (0,8 ano) com o surgimento de uma

---

[70] Sobre detalhes das concepções de D. Winnicott, se consultará o prefácio de J.-B. Pontalis (1971), *in* Winnicott, *Jeu...*, *op. cit.*, pp. VII-XV, também o de M. Khan (1971), *in* D. Winnicott, *La consultation thérapeutique et l'enfant*, Paris, Gallimard, 1971, pp. IX-XLIV; G. Bléandonu, *L'école de Mélanie Klein*, Paris, Le Centurion, 1985, pp. 293-295.

"consciência do Eu [*Je*]", quer dizer, de um "Eu" que funciona como "organização timoneira". É o estágio das "identificações secundárias". Ele se cumpre, aos 15 meses, pelo surgimento do "si" como "entidade social distinta".

Dos 15 aos 18 meses, continua a diferenciação do Si, pelo intermédio do "processo de intracomunicação". A idade de *18* meses é recolhida em Mahler por Spitz, que a integra, *grosso modo*, no prolongamento de seu terceiro estágio (de 8 aos 15 meses). É também o início do sexto estágio de Piaget, marcado pelo acabamento do objeto idêntico e permanente. Aliás, Spitz se refere explicitamente a Piaget ao mesmo tempo que a Mahler. Segundo Spitz, essa idade de 18 meses estabeleceria uma "relativa independência, veria a instalação do "processo de individuação-separação", descrito por Mahler (1957, 1960)[71]. Voltaremos um pouco mais adiante às correspondências entre Mahler e Piaget.

As visões de Spitz relativas ao desenvolvimento em estágios dos processos de identificação apresentam analogias muito sugestivas com as concepções de Wallon. Isso nada tem de espantoso por causa do conhecimento que Spitz tem da obra de Wallon. Embora esse problema das identificações precoces tenha uma relação essencial com o tema do desamparo original, que nos interessa aqui, não podemos mais nos demorar neste ponto no quadro do presente trabalho.

Parece, por vários indícios, que Wallon teve conhecimento das idéias desenvolvidas pela escola de Melanie Klein[72]. De outro ponto de vista,

---

[71] R. A. Spitz, *Le non et le oui. La genèse de la communication humaine* (1957), Paris, PUF, 1962, pp. 31-37, 40-41, 43, 45, 70, 74-77, 90-93, 96-100, 102; *L'embryogenèse du moi. Une théorie du champ pour la psychanalyse* (1959), Bruxelas, Complexe, 1979, pp. 16-19, 95-96; *De la naissance...* (1965), *op. cit.*, pp. 34-35, 47-48, 54, 78-79, 84, 86, 90-91, 134-135, 138-143, 177-178, 203. Para uma abordagem mais detalhada das concepções de Spitz, pode-se consultar V. N. Smirnoff, *La psychanalyse de l'enfant*, Paris, PUF, 1966.

[72] Assinalemos a referência de Wallon a Suzan Isaacs, discípula de M. Klein, a respeito dos jogos escatológicos (*L'évolution...* (1941), *op. cit.*, pp. 71-72) e também a evocação de um curioso fantasma de mãe devoradora a respeito do caráter ambivalente e canibal da imitação (*De l'acte...* (1942), *op. cit.*, pp. 161-162. A diferenciação de duas formas, centrípeta-centrífuga, de identificação (Wallon 1956a) é para ser aproximada da diferenciação kleiniana entre duas formas, introjetiva-projetiva, desse mesmo processo ("Note sur quelques mécanismes schizoïdes" (1946), *in* M. Klein e col., *Développements de la psychanalyse*, *op. cit.*), tendo a passagem histórica podi-

há, nos seus escritos, um certo número de passagens que não deixam de evocar idéias de Wallon das quais ela, por sinal, parece nunca ter sido informada[73].

Certamente que a descrição que Melanie Klein faz da experiência neonatal é, por seu espírito e seu conteúdo, em princípio pouco concordante, para não dizer desprovida de qualquer relação com a que Wallon faz: frustração, vontade destrutiva em relação ao seio, fantasmas de ataques sádicos ao corpo materno, culpa, luta incerta das pulsões de vida e da pulsão de morte, emaranhamento das modalidades persecutória e depressiva da angústia, sentimento de perda, necessidade compulsiva de reparação. Wallon, ao contrário, insiste nos fatores de comunicação expressiva e de ajuste comportamental que emaranham a imperícia infantil com o círculo tutelar das pessoas próximas. Entretanto, parece-nos que essas descrições se situam em níveis diferentes de preocupação teórica e de abordagem sem que para tal sejam incompatíveis. Melanie Klein explora, na perspectiva típica da psicanálise, o território do fantasma. Wallon se preocupa, como psicólogo da realidade concreta, em descrever o tecido social da psicogênese. Por esse ponto de vista, por vezes se notou que Melanie Klein tende a dissolver o corpo da vida social nas particularidades das relações interpessoais[74], um obstáculo por sinal ao qual se expõe uma perspectiva cujo objeto privilegiado é o fantasma. Entretanto, é não menos verdadeiro que a embreagem da dependência neonatal no meio providencial, tal como Wallon considera, só inclui o registro de experiências completivas e gratificantes. É importante destacar, em relação a isso, na tipologia walloniana das emoções do recém-nascido, o equilíbrio no mínimo desigual das emoções negativas

do se efetuar pela própria distinção de Lagache ("Quelques aspects de l'identification", *Œuvres complètes, op. cit.*, 1954) entre identificação autoplástica e aloplástica. Entretanto, esse conceito já está presente em outras formulações desde *L'évolution*... (1941) na obra de Wallon.

[73] Já foi mencionado o desenvolvimento crescente, com o tempo, do interesse de Melanie Klein pela noção de emoção. Mencionamos também a importância reconhecida por ela, em relação ao "apego emocional", do papel da "experiência cinestésica", quer dizer, do fator que Wallon por sua parte qualificou como função postural. M. Klein e H. Wallon também pressentiram, ambos, a noção moderna de apego. Ver M. Klein, *Développements*... (1952), *op. cit.*, pp. 218-219, 229; D. Anzieu e col., *L'attachement* (1974), *op. cit.*, p. 47.

[74] G. Bléandonu, *L'école*..., *op. cit.*, p. 327.

(cólera, angústia, medo, timidez) em relação às emoções positivas (prazer e felicidade)[75].

Entretanto, apesar de uma inegável discordância quanto ao conteúdo descritivo e às hipóteses interpretativas, um fato é bastante impressionante: trata-se da concordância quase prefeita entre as concepções de Melanie Klein e de Wallon das grades de corte temporal. A seqüência kleiniana das posições esquizo-paranóicas (de 00 a 0,3-0,4 ano) cobre exatamente a seqüência walloniana dos estágios impulsivo e emocional. Além disso, Melanie Klein situa a formação do "complexo de Édipo sexuado e diferenciado" no topo da posição depressiva (0,6 anos). Ora, acontece que essa situação corresponde ao período que Wallon descreve como o apogeu dos comportamentos emocionais[76].

Assim, o corte kleiniano, em decorrência dessa concordância com o modelo temporal de Wallon, mostra também confluir, no essencial, com a seqüência walloniana dos momentos cruciais (0,3; 0,6; 0,9; 1 ano) que vêm recobrir, de maneira parcial, todavia homóloga, as próprias grades de articulação do real psicológico que Spitz (0,3; 0,6; 0,8) e Winnicott (0,6; 1 ano) usam.

Assinalemos também a concordância do tipo de corte introduzido por Margareth Mahler com essa série comum. A aproximação parece bastante satisfatória, com um importante detalhe de diferença: Mahler aceita uma fase normal de autismo (de 00 até 0,1 mais ou menos), que antecede uma fase simbiótica (de 0,1 até 0,5-0,6), ela própria seguida por um período em que se prepara o que ela chama de "o processo de individuação-separação" (de 0,6 até 1,6 anos) e que corresponde, como já vimos, ao estágio da "identificação secundária" na própria concepção de Spitz[77].

Existem certas homologias entre o corte de Mahler e o de Piaget. O processo de individuação-separação é situado por Mahler em 1,6, ou seja,

---

[75] H. Wallon, *La vie...* (1938), *op. cit.*, pp. 209-213.

[76] M. Klein, *Développements...* (1952), *op. cit.*, pp. 221, 265, 275, 289; *Envie...* (1957-1963), *op. cit.*, pp. 40, 105, 107; J. M. Petot, *Mélanie Klein, le moi et le bon objet, 1932-1960,* Paris, Dunod, 1982, pp. 34, 78, 79, 83, 85.

[77] R. A. Spitz, *De la naissance...* (1965), *op. cit.*, pp. 76, 178, 203, 227; P. Luzès, "Vers une nouvelle théorie psychanalytique des émotions", *Revue française de psychanalyse,* 49, nº 1, 1985, pp. 338, 341, 348.

em sincronia com a data indicada por Piaget (estágio 6) pelo surgimento do objeto idêntico e permanente. Também é, lembremos, o início do estágio projetivo de Wallon (de 1,6 até 3 anos) dentro do estágio sensório-motor (de 1 a 3 anos). Além disso, a fase de autismo normal de Mahler corresponde, é claro, ao estágio dos exercícios reflexos de Piaget (de 00 até 0,1). A respeito disso, é conveniente, apesar da indiscutível diferença de perspectivas e de conteúdo, atentar à questão a seguir. Piaget descreve esses exercícios reflexos como dominados por um princípio de assimilação reprodutora, de repetição circular e inicialmente fechado em si, forma de funcionamento egocêntrico, a respeito do qual justamente ele invocou, em um primeiro período (1920-1930), o "autismo" de Bleuler[78].

Como o desenvolvimento precedente permitiu que se constatasse, o tema freudiano do *Hilflosigkeit* ensejou variações muito ricas nos principais representantes do pensamento psicanalítico: Spitz, Melanie Klein, Winnicott e Bion. Apesar de sua diversidade, essas variações comportam a propriedade de uma organização temporal isomorfa, discernida satisfatoriamente pelo modelo de sucessão dos principais marcos dos estágios, tal como Wallon descreve. Esse denominador comum de homologias se deve em parte à descendência histórica dessas várias descrições relativamente ao mesmo tema de base freudiano. Além disso, essa derivação comum se complica, em certos casos, por influências históricas mais locais e mais definidas: de Wallon em Spitz, de Melanie Klein em Winnicott e em Bion. Entretanto, seria insuficiente associar esse complexo conjunto de convergências exclusivamente ao mecanismo de filiações históricas de grau mais ou menos longínquo. Convém igualmente se observar ali, de maneira mais geral, o efeito reflexo, no plano do processo de leitura da experiência, da estrutura interna do real, das articulações essenciais da "mesma coisa[79]". De fato, esses autores têm um objetivo científico comum, a investigação do desenvolvimento afetivo do período neonatal sobre a base de uma prática parcialmente comum, trate-se de pediatria (Wallon, Winnicott), ou da psicanálise, seja ela infantil (Melanie Klein, Winnicott) ou a das regressões psicóticas (Winnicott, Bion).

[78] Tran-Thong, *Stades...* (1965), *op. cit.*, pp. 27-28, 52, 299; A. Danset, *Éléments de psychologie génétique*, Paris, A. Colin-Bourrelier, 1983, pp. 106-107; L. Maury, *Piaget...*, *op. cit.*, p. 450.

[79] E. Husserl, *zu Sache selbst*; essa fórmula representa, segundo o seu autor, a palavra de ordem programática de sua própria concepção da fenomenologia.

Capítulo XXII

A prematuração segundo Lacan

Com alguns anos de defasagem em relação a Melanie Klein (1927-1932) e a Wallon (1934-1941), Lacan situou clara e pessoalmente o seu percurso (1938) dentro da grande linhagem do tema do *Hilflosigkeit*. De fato, ele utiliza inequivocamente, no artigo sobre *A família*, as formulações "impotência *vital*", insuficiência vital", "congênita", que aparecem como a transposição direta do *Hilflosigkeit* freudiano, até mesmo, pois tudo é possível, da "*biologische*" *Hilflosigkeit* de Klein (1932), cuja obra, intitulada em alemão, consta da bibliografia do artigo[1].

No próprio corpo do texto de Freud, os termos que enunciam os conceitos de desamparo, de dependência, de fraqueza, impotência, imaturidade do regime das funções de autoconservação estão muito mais representados do que as formulações relativas à prematuração da pulsão sexual[2]. Também é esse o caso em Melanie Klein[3]. No que se refere a Wallon, o conceito de prema-

---

[1] J. Lacan, *Les complexes familiaux dans la formation de l'individu* (1938), Paris, reed. Navarin, 1984, pp. 31, 33, 42, 43, 45, 46, 60, 94; M. Klein, *Die Psychoanalyse des Kindes*, Viena, IPV, 1932, *La psychanalyse des enfants*, Paris, PUF, 1978, p. 143; inglês, *helplessness*, *The writings of Melanie Klein*, 4 vol., Londres, Hogarth Press, 1975, t. 2, p. 133.

[2] Aproximadamente 35 ocorrências contra 11.

[3] Ocorrências: *Helplessness* (6), *dependence* (5), *feeble, weak* (3), *undeveloped* (2), *immature* (1), *attachment* (1), *premature* (5).

turação propriamente dito também figura subrepresentado e até mesmo de ocorrência ainda mais marginal em relação ao tema maior da "imperícia"[4].

Ora, mesmo que ligado também ao organizador temático que é o *Hilflosigkeit*, o trabalho teórico de Lacan apresenta a originalidade, em relação a seus predecessores, de conferir uma prevalência maior ao tema da prematuração propriamente dito em relação a qualquer outra noção conexa. O fato é particularmente claro desde o artigo sobre *A família*[5].

A concepção peculiar do estado de impotência neonatal que Lacan elabora abrange influências de natureza diversa, especialmente a do naturalista holandês Bolk, mas também a da filosofia hegeliana, transmitida pelo ensino de Kojève.

Trataremos um pouco mais adiante de Bolk. No que se refere à interpretação de Hegel por Kojève, que inspirou muito Lacan, é bom lembrar que ela confere uma importância especial ao célebre texto da *Fenomenologia do espírito*[6] relativo à dialética do senhor e do escravo[7]. Segundo essa passagem, famosa na história do pensamento ocidental, a luta de puro prestígio, que visa o reconhecimento e implica o risco da vida, constituiria o momento fundador da relação humana, a emergência do homem em relação à natureza animal.

Segundo Lacan,

> a impotência característica dessa prematuração do nascimento, cuja especificidade no desenvolvimento anatômico do homem os naturalistas reconhecem, é o fato no qual se apreende essa deiscência da harmonia natural exigida por Hegel por ser a doença fecunda, a falha afortunada da vida, pela qual o homem, ao se diferenciar de sua essência, descobre a sua existência. Com efeito, não há outra realidade além desse toque da morte cuja marca ele recebe no nascimento, por trás do novo prestígio que a função imaginária adquire no homem[8].

---

[4] *Ibid.*, imperícia (5), impotência (92), dependência (1), prematuração (3).

[5] Ocorrências: prematuração (10), insuficiência (3), impotência (1), deficiência (1), incompletude (1).

[6] G. W. F. Hegel, *Phénoménologie de l'esprit* (1807), Paris, Aubier, (trad. Hyppolite, 1941; trad. Lefebvre, 1991); *Phänomenologie des Geistes*, ed. Lasson, XI, Leipzig, Meiner, 1937.

[7] E. Roudinesco, "J. Lacan, Lecteur de Wallon et Kojève", *Libération*, 2.01.1984, p. 32.

[8] J. Lacan, "Variantes de la cure-type" (1955), *in Écrits*, Paris, Le Seuil, 1966, p. 345.

Com certeza, a influência de Wallon (1934, 1938) é perceptível a vários títulos nas visões de Lacan sobre a prematuração. Dessa maneira, quando ele evoca "a incompletude e o 'atraso' do desenvolvimento do sistema nervoso central durante os seis primeiros meses", reconhece-se com facilidade o tema walloniano da precocidade das sensibilidades interoproprioceptivas em relação às sensibilidades exteroceptivas, cujo amadurecimento ocupa exatamente, segundo Wallon, o segundo semestre. Por outro lado, sempre descrito por Wallon, o aperfeiçoamento, a partir de seis meses, das sensibilidades exteroceptivas e, especialmente, da percepção visual institui, em relação ao desenvolvimento motor ainda imaturo, o estado de "prematuração perceptiva" que Lacan considera como a condição neurofisiológica essencial do estádio do espelho[9].

As concepções de Wallon relativas à sociabilidade precoce da criança também são perceptíveis nas proposições de Lacan sobre a "psicologia da dependência", característica da criança, e sobretudo

> o fato de que essa dependência é mantida por um universo de linguagem, justamente na medida em que, por e através dele, as necessidades se diversificaram e desdobraram [...] a tal ponto que essas necessidades passaram para o registro do desejo[10].

Numa formulação como essa, é bastante claro que a mutação da necessidade em desejo constitui-se em tema precisamente freudiano, mesmo que a noção de diversificação social das necessidades se refira implicitamente a Marx.

Sob outro aspecto, a noção de dependência, em conjunção temática com a da "impotência própria da prematuração", representa um motivo complexo que se refere implicitamente a Freud (*Abhängigkeit, Hilflosigkeit, Frühreife-Voreiligkeit*), enquanto Lacan, no que se refere aos dois últimos conceitos, empreende um desvio, provoca uma desatenção ao reenviar o leitor a Hegel. Lembremos também que os termos "impotência (1934)",

---

[9] J. Lacan, "Propos sur la causalité psychique" (1950), *in Écrits, op. cit.*, p. 186.
[10] J. Lacan, "Subversion du sujet" (1960), *in Écrits, op. cit.*, p. 812.

"dependência (1941)" e "prematuração (1934-1941)" também foram utilizados por Wallon. De fato, a circulação dos temas teóricos entre Wallon e Lacan se dá, em graus diversos, de maneira mais ou menos lateral em relação às duas referências essenciais que representam, para cada um deles, Hegel e Freud. Esse tecido de relações históricas, com circulação lateral de temas sobre o fundo de antecedentes implícitos, provoca delicados problemas de interpretação aos quais retornaremos em nosso capítulo de conclusão. Em todo caso, são influências muito variadas que se condensam e se conjugam, como se acabou de tentar fazer entrever logo, no texto de Lacan que acabamos de mencionar.

Como foi dito mais acima[11], Lacan vê na prematuração específica do nascimento uma discordância do desenvolvimento neurológico de que resulta o estádio do espelho, na medida em que ali se realiza a antecipação exclusivamente pelo modo perceptivo de uma entidade corporal ainda imatura no plano motor. Dessa maneira, a impotência primitiva do ser humano constitui a raiz da relação imaginária, como princípio duplo da relação de identificação e da função de desconhecimento. A mola propulsora desse jogo de efeitos contrariados se deve ao fato de que a experiência especular, assim como seus equivalentes, por exemplo a percepção do rosto materno[12], nos entregam "nosso eu – fora de nós, na forma humana[13]", ou seja, nossa própria forma na forma do outro.

Lacan segue a sugestão de Wallon ao conceber o estado de dependência neonatal como uma das características marcantes dos ancestrais próximos do homem, do *phylum* "hominídeo", comportando em especial a conseqüência de um "retardo da coordenação nervosa[14]". Mas, ao mesmo tempo, e há aí um paradoxo, ele associa a experiência imaginária que decorre disso ao registro mais arcaico, ou seja, pré-hominidiano, do comportamento animal (insetos, pássaros). Em realidade, parece que não se pode pensar o imaginário em sua função ao mesmo tempo formadora e captadora, unificante e alienante, a não ser através do logro, o qual não poderia ser simplesmente

[11] Ver Cap. 2

[12] D. Winnicott, *Jeu et réalité, l'espace potentiel*, Paris, Gallimard, 1975, pp. 153-162.

[13] J. Lacan, *Les écrits techniques*... (1953-1954), *op. cit.*, p. 160.

[14] *Id.*,"De nos antécédents", *in Écrits*, *op. cit.*, p. 69.

confundido com o ilusório. Efetivamente, é conceder ao imaginário "sua função de real o fundá-lo no biológico: ou seja, no IRM (*innate releasing mechanism)*, efeito inato da *imago*, manifesto em todas as formas da exibição[15]". Entretanto, a prematuração, característica mais ou menos ausente das espécies inferiores relativamente à linhagem hominiana, ali introduz, ao interferir com a função arcaica do logro, efeitos de cumulação e de transposição específicos. É que a autonomia do sujeito está ligada, na espécie humana, a um grau particularmente ampliado da dependência do jovem:

> O filhote humano é, como o animalzinho durante um certo tempo, coaptado a esse companheirismo materno [...] Mas ele o é muito mais que um outro por causa do atraso de seu desenvolvimento[16].

A prematuração específica do nascimento institui para o ser humano "uma deficiência biológica positiva", "uma falha especial", "um déficit original", "uma hiância" que não podem ser completados e permanecem constitutivos da estrutura do sujeito. O caráter específico de uma tal deficiência se deve ao fato de que a prematuração representa, segundo Lacan, "o fundo específico do desmame no homem". O desmame, no sentido estrito – ablactação –, nada mais faz que reavivar um outro ligado a

> uma imago mais obscura e de maior amplitude vital: aquele que, ao nascimento, separa a criança da matriz, separação prematura de onde se origina um mal-estar que nenhum cuidado materno pode compensar.

> Lacan vê [nesse]

> mal-estar do desmame humano a origem do desejo da morte, o masoquismo primário.

> Entretanto,

> o sujeito assume através de seus primeiros atos de jogo a reprodução desse próprio mal-estar e, assim, o sublima e o supera[17].

[15] *Id.*, "D'un syllabaire...", *op. cit.*, p. 723.
[16] Id., *Les écrits techniques...*, *op. cit.*, p. 235.
[17] J. Lacan, *Les complexes...*, *op. cit.*, pp. 31, 40-42; *Les écrits...*, *op. cit.*, pp. 171, 311.

O somatório de efeitos que resultam desse déficit estruturador se manifesta ao mesmo tempo pela unificação e pela divisão, pela junção e pela ruptura, pela formação do eu e pela excentração do sujeito, ou seja, pelo surgimento da consciência humana como que acoplada e separada de um inconsciente.

Essa falha em que o sujeito se unifica e se aliena em um eu, ao mesmo tempo em que se distancia e se realiza em um inconsciente, inclui, é claro, paralelamente a efeitos sociais positivos (os exclusivamente destacados pelo psicólogo Wallon), todos os tipos de efeitos perversos, aqueles justamente em que a psicanálise se interessa. Esses efeitos reproduzem a estrutura de defasagem própria ao contexto da prematuração específica do nascimento e a suas conseqüências nos processos de antecipação que marcam a formação da imagem.

Em primeiro lugar, essa imagem do eu unificado e alienado na forma humana representa o objeto em que se cristaliza "a libido primitiva [...] relativa à prematuração". Ora, a libido pré-genital é o ponto sensível, o ponto de miragem entre Eros e Tânatos, entre o amor e a raiva", entre o narcisismo e a agressividade[18].

A "prematuração[19]" do sistema nervoso parece então ter como corolário, senão por conseqüência material direta, a prematuração da libido, sendo que essa situação parece acarretar a inversão da libido em destrudo e a colusão destas em sua própria imagem do duplo. E Lacan refere aqui os conceitos freudianos de narcisismo e de agressividade ainda e sempre ao modelo hegeliano, mais exatamente ao esquema da dialética do senhor e do escravo:

> Essa prematuração do nascimento não foi inventada pelos psicanalistas [...] o homem atingiu o acabamento de sua libido antes de encontrar o seu objeto. É ali que se introduz essa falha especial que se perpetua nele na relação com um outro infinitamente mais mortal para ele do que para qualquer outro animal. Essa imagem do mestre, que é para ele o que ele

---

[18] *Id.*, *Les écrits techniques...*, *op. cit.*, p. 204.

[19] Formulação que corresponde à *Unfertigkeit* do texto freudiano.

> vê da imagem especular, se confunde nele com a imagem da morte. O homem pode estar na presença do mestre absoluto. Na origem, ele está, tenha isso lhe sido ensinado ou não, na medida em que está submetido a essa imagem[20].

Em relação à libido pré-genital, "a libido segunda é de uma outra natureza". Entretanto, seu objeto, por não ser mais a própria imagem do sujeito, fica marcado com o selo da prematuridade.

> A primeira emergência do objeto genital não é menos prematura do que tudo o que se pode observar no desenvolvimento infantil, e ela fracassa[21].

Lacan se encontra aqui, e transpõe em termos inéditos, com as considerações de Freud sobre o desenvolvimento bifásico da libido. Sabe-se que Freud referia a origem de um tal tipo de desenvolvimento a uma crise, um fator acidental que teria afetado o próprio processo da antropogênese[22].

Já destacamos várias vezes a distinção que o pensamento freudiano faz entre as noções de imaturidade e de prematuração, respectivamente coordenadas com as funções de autoconservação e da pulsão sexual. Ora, Lacan, no texto de 1938, parece estar discernindo muito bem, sob o manto do termo prematuração, duas formas diferentes: uma precisamente própria à "pulsão sexual", a outra referente às funções corporais propriamente ditas e qualificada como "impotência vital total", "insuficiência congênita das funções vitais". Essa distinção aparece muito claramente, em nossa opinião, nas seguintes linhas:

> As tensões psíquicas decorrentes dos meses de prematuração [...] parecem traduzir uma dupla ruptura vital: ruptura dessa adaptação imediata ao meio que define o mundo animal por sua conaturalidade; ruptura dessa

---

20 J. Lacan, *Les écrits techniques...*, *op. cit.*, pp. 171-172.

21 *Ibid.*, p. 203.

22 S. Freud, *Trois essais sur la théorie de la sexualité* (1905), Paris, Gallimard, 1962, p. 150; *Inhibition, symptôme et angoisse*, Paris, PUF, 1965, pp. 82-83; *Abrégé de psychanalyse* (1938), Paris, PUF, 1951, pp. 13, 54-57, 59, 61, 76, 84.

unidade de funcionamento do vivente que sujeita, no animal, a percepção à pulsão[23].

Sob outro aspecto, Lacan, fiel a Freud ainda nesse ponto, também relaciona a formação do supereu e seu tipo de funcionamento, característicos da espécie humana, aos efeitos de defasagem provocados pela prematuração. Esta, já foi visto, na medida em que introduz à relação imaginária, tem como resultante a formação do eu. Ora, essa imagem que é o eu oferece a si própria uma imagem:

> Pelo simples fato de que é imagem, o eu é eu ideal [...] em relação à prematuração vital.

Ora, essa formação nova, cujo desenvolvimento parece "contemporâneo, até mesmo anterior ao surgimento do eu", insiste na inércia, acentua ainda a pregnância característica da imago pelo fato de garantir "a persistência imaginária dos bons e dos maus objetos primordiais[24]".

Enfim, a ênfase com que Lacan sublinha "a miséria fisiológica dos primeiros meses" representa ainda uma forma especial de variação, mas desprovida de qualquer ambigüidade, sobre "o estado de desamparo" da organização neonatal[25].

Para Freud, o estado de desamparo infantil comporta várias conseqüências: a imaturidade motora e psíquica, a diferenciação precoce do eu, o desenvolvimento prematuro da libido e a valorização do objeto libidinal, a organização polissistêmica do aparelho psíquico, enfim, um estado de dependência prolongado durante toda a infância. Essas conseqüências formam uma constelação original de fatores de que resulta uma fragilidade *sui generis* do psiquismo humano, "o privilégio de uma especial disposição à neurose[26]".

---

[23] J. Lacan, *Les complexes...*, *op. cit.*, pp. 43, 31, 33, 41, 50, 94.

[24] *Id.*, "Fonctions de la psychanalyse em criminologie..." (1951), *op. cit.*, p. 136; *Les écrits techniques...*, *op. cit.*, p. 311.

[25] *Id.*, "Fonctions de la psychanalyse em criminologie...", *Écrits*, *op. cit.*, p. 136.

[26] S. Freud, *Inhibition...*, *op. cit.*, p. 79.

É bem a essa linha específica de pensamento iniciada por Freud que parecem se associar as concepções de Lacan relativas ao laço entre a prematuração específica do nascimento e a emergência do eu, como princípio da relação imaginária, na medida em que ela comporta uma falha especial, em que institui uma lacuna característica da estrutura do sujeito[27].

[27] Aliás, *Inhibition, symptôme et angoisse* é uma das referências maiores da bibliografia do artigo sobre *La famille*, Encyclopédie française, t. 8, 8.B, 18, reproduzida por E. Roudinesco, *Jacques Lacan...* (1993), op. cit., pp. 686-687.

Capítulo XXIII

A teoria de Bolk

Em *Formulações sobre a causalidade psíquica* (1946), Lacan evoca "a prematuração do nascimento no homem" referindo-se à hipótese do fetalismo formulada por Bolk. Laplanche e Pontalis, no *Vocabulário da psicanálise*, no artigo "Estádio do espelho", retomaram em uma nota a menção a esse autor[1].

Louis Bolk é um naturalista holandês (1866-1930), conhecido sobretudo por uma conferência sobre *O problema da antropogênese* (*Das Problem der Menschwerdung*), proferida e publicada em Iena em 1926. Efetivamente, se acha ali sugerido o conceito de prematuração, mas sem que a palavra seja formulada e, além disso, dentro de um conjunto mais amplo de considerações, das quais algumas podem parecer discutíveis aos pré-historiadores de hoje. Esse texto foi republicado em 1960, na revista *Arguments*, com uma apresentação de Georges Lapassade[2].

Bolk expõe a constatação de que o feto dos símios apresenta um aspecto mais próximo do ser humano do que o adulto. Segundo ele, o de-

---

[1] J. Lacan, "Propos sur la causalité psychique" (1950), *in Écrits*, Paris, Seuil, 1966, p. 186; J. Laplanche e J.-B. Pontalis, *Vocabulaire de la psychanalyse*, Paris, PUF, 1967, p. 150.

[2] L. Bolk, "La genèse de l'homme" (1926), *Arguments*, 18, 2, 1960, pp. 1-13.

senvolvimento do ser humano seria "conservativo", enquanto que o do símio seria "propulsivo". Ou seja, o desenvolvimento do homem reteria caracteres correspondentes a um estágio apenas transitório do desenvolvimento dos símios. Contrariamente a isso, os símios levariam seu desenvolvimento até uma fase final que falta no humano. Daí a fórmula que celebrizou Bolk:

> O homem é, do ponto de vista corporal, um feto de primata que alcançou a maturidade sexual[3].

Esse processo de fetalização seria devido a uma redução geral do ritmo do desenvolvimento ligado a influências inibidoras de origem endócrina. Daí, por exemplo, o aparecimento de caracteres como a ausência de pilosidade, a perda de pigmento, etc.

De maneira algo contraditória, Bolk considera essas influências inibitórias do "endocrinon" como um fator de desenvolvimento interior ao organismo e até mesmo independente, ele afirma, da seleção natural, mas, sob outro aspecto, as considera também como a possível conseqüência de uma modificação geral do metabolismo, provocada pela passagem para um regime onívoro[4].

Essa inibição geral do desenvolvimento inclui "a lentidão do curso da vida humana", tendo como corolários o surgimento tardio da consciência, a dependência prolongada em relação aos cuidados parentais e o acesso tardio à autonomia. É aqui, notemos, que surge a sugestão do conceito de prematuração do nascimento, que não se deve confundir com a própria noção de fetalização[5]. Além disso, Bolk vê nesse prolongamento da infância o fundamento biológico da família e da vida social.

Esse mecanismo do atraso evolutivo se observa em outras espécies, sobretudo nos batráquios neotênicos, que são larvas sexualmente amadurecidas. Nessas espécies,

[3] *Ibid.*, p. 5.

[4] *Ibid.*, pp. 5, 12.

[5] Com efeito, esta contém um significado biofisiológico muito marcado nas formulações de L. Bolk, ao passo que a noção freudiana de prematuração comporta uma significação essencialmente psicológica e funcional.

o *germen* termina o seu desenvolvimento por inteiro, o *soma* só percorre uma parte do caminho inicial de seu desenvolvimento[6].

A hipótese de um tipo de processo evolutivo conduzindo à neotenia foi sugerido por Darwin, que escreveu em *A origem das espécies*:

> Sabe-se atualmente que alguns animais são aptos a se reproduzir em uma idade muito precoce, antes mesmo de ter adquirido seu caráter adulto completo; se essa faculdade adquirisse em uma espécie um desenvolvimento considerável, é provável que o estado adulto desse animais se perderia mais cedo ou mais tarde[7].

É possível que essa doutrina de Darwin tenha sido conhecida tanto por Freud como por Bolk. Sabe-se que Freud conhecia bem a obra de Darwin e a observação em questão poderia muito bem ser uma das fontes teóricas de suas visões relativas tanto à prematuração quanto à sexualidade infantil.

No humano, a situação é mais complicada. Os ritmos de desenvolvimento comportam, em vários casos, fases de interrupção. Assim é para o crescimento dentário, que, diferentemente do que acontece com os símios, contém duas fases de interrupção: uma dos dois aos seis anos, a outra dos oito aos quatorze anos. Ora, esse processo também afeta, no ser humano, a diferença dos ritmos de desenvolvimento do *germen* e do *soma* enquanto característico da organização neotênica. O *germen*, mesmo que tenha um desenvolvimento antecipado em relação ao do *soma*, "em razão do atraso do desenvolvimento geral, só começa a funcionar cada vez mais tarde". Assim,

> o *germa* feminino está pronto para funcionar quando a menininha atinge seu quarto ou quinto ano. Produz-se então uma fase de repouso no desenvolvimento. O *germa* não deve funcionar porque o soma ainda não tem forças para suportar a concepção... O organismo humano se comporta de maneira a que, com um término de desenvolvimento aos dezoito anos,

[6] L. Bolk, "La genèse de l'homme", *op. cit.*, p. 10.

[7] C. Darwin, *L'origine des espèces* (1959), Paris, Maspero, 1980, cap. 6.

a possibilidade de maturidade sexual já esteja concluída aos cinco anos e a maturidade sexual se realize normalmente pelo décimo primeiro ano.

Segundo Bolk, essa idade de cinco anos, que conclui a primeira fase do amadurecimento sexual, nos sinalizaria provavelmente "a idade na qual nossos ancestrais atingiam a maturidade sexual[8]".

De maneira muito interessante, as idéias de Bolk aparecem, por um lado, como transpondo, no plano de considerações biológicas, *dois temas* que Freud já tinha desenvolvido anteriormente no terreno da psicanálise.

No que tange ao *primeiro*, é bastante claro que a dupla noção de atraso de crescimento do *soma* em relação à relativa precocidade de desenvolvimento do *germen* apresenta uma relação com o tema freudiano da imaturidade-inacabamento das funções de autoconservação em relação à precocidade-prematuração da sexualidade infantil.

Essa oposição-correlação entre os dois conceitos, de atraso e de adiantamento, de imaturidade e de prematuração, como características de duas categorias de pulsões, é introduzida – implicitamente, para dizer a verdade – em vários textos de Freud anteriores a ou contemporâneos da conferência de Bolk[9]. Entretanto, a idéia do adiantamento do desenvolvimento libidinal em relação à imaturidade das outras funções só surgirá explicitamente mencionada em 1938, no *Esboço de psicanálise*[10]. Seria, então, sob a influência de Bolk, que, pela primeira vez ao que parece, marca claramente a oposição entre os dois ritmos de desenvolvimento funcionais respectivos do *germen*

[8] L. Bolk, "La genèse de l'homme", *op. cit.*, pp. 7, 9.

[9] *Cf.* S. Freud, "Manuscrit K" (1896), *in La naissance de la psychanalyse*, Paris, PUF, 1956, p. 130; "L'hérédité et l'étiologie des névroses" (1896), *Névrose, psychose et perversion*, Paris, PUF, 1976, p. 55; G. W., I, p. 417; "Nouvelles remarques sur les psychonévroses de défense" (1896), *in Névrose..., op. cit.*, p. 65; G. W., I, p. 384; *Introduction à la psychanalyse* (1916-1917), Paris, Payot, 1962, p. 30; G. W., XI, p. 337; "Psychanalyse et médecine" (1926), *in Ma vie et la psychanalyse*, Paris, Gallimard, 1974, p. 137; G. W., XIV, p. 244; *Inhibition, symptôme et angoisse* (1926), Paris, PUF, 1965, pp. 66, 82, 83; G. W., XIV, p. 172.

[10] S. Freud, *Abrégé de psychanalyse* (1938), Paris, PUF, pp. 76, 13; ver também "Formulations sur les deux principes du cours des évènements psychiques" (1911), *in Résultats, idées, problèmes, 1, 1890-1920,* Paris, PUF, 1984, p. 140. Um artigo de Lévy-Suhl, publicado em *Imago* em 1933, confronta as idéias de S. Freud com as de L. Bolk (citado por G. Roheim, *Psychanalyse et anthropologie* (1950), Paris, Gallimard, 1967, pp. 462, 585). Então, S. Freud conhecia, pelo menos desde aquela data, as idéias de L. Bolk.

e do *soma*? Quanto a isso, é curioso ver Freud, no mesmo texto, retomar a formulação de Bolk segundo a qual a maturidade sexual do ancestral humano deveria ser alcançada "na idade de cinco anos". Quando a Bolk, teria ele travado conhecimento, em 1926, com os textos, anteriores ou contemporâneos, de Freud? É uma pergunta que não é fácil de responder.

O antropólogo e psicanalista Géza Roheim estabeleceu claramente o laço entre o ponto de vista psicanalítico e a perspectiva biológica de Bolk. Retomando a noção de desarmonia no ritmo de desenvolvimento, Roheim considera a gênese das funções bio- e psicológicas na espécie humana como caracterizada por "um tipo de *desenvolvimento meio amadurecido, meio conservador*[11]". Esses dois aspectos se referem, por um lado, ao *germen* e à pulsão sexual, por outro lado, ao *soma* e às funções de autoconservação, às pulsões do eu. Entretanto, Roheim também introduz uma nova idéia em relação à tese fundamental de Bolk sobre a desarmonia *germen-soma*, à qual, por sinal, adere incondicionalmente.

Essa inovação parece dirigida por um paradoxo do pensamento freudiano relativo às relações entre os caracteres precoces *e* imaturo (precisamente: meio amadurecido, meio conservador) das duas categorias de pulsões. Esse paradoxo é o seguinte: se as pulsões de autoconservação, as pulsões do eu, aparecem originariamente como uma organização imatura, inacabada, sobretudo no plano da mobilidade aloplástica, em compensação a instância do eu, que, em princípio, preside o conjunto dessa organização, também surge de maneira precoce, antecipada. Entretanto, nesse tipo de antecipação, com esse caráter também precoce, prematuro, o eu se mantém fraco, impotente, inacabado (*schwach*, *ohnmächtig*, *unfertig*[12]).

Retomemos o próprio texto de Freud em sua complexidade, até em suas aporias:

> Em relação à da maioria dos animais, a existência intra-uterina do homem é relativamente breve, ele é mais inacabado que eles (*unfertiger*) quando é lançado no mundo. A influência do mundo exterior real se torna então

---

[11] G. Roheim, *Psychanalyse...*, *op. cit.*, pp. 456, 463, 466, 474, 476, 481, 501, 585.

[12] Ver cap. 19.

reforçada, a diferenciação entre o eu e o isso é obtida cedo (*frühzeitig*), os perigos do mundo exterior tomam uma importância maior[13].

Essa precocidade do eu é relativa ao inacabamento das funções de autoconservação, à imaturidade das pulsões do eu, de que ele constitui a instância de controle, sobretudo como regulador potencial de acesso à mobilidade. A precocidade do eu em princípio não deve então ser confundida com a precocidade das pulsões sexuais. A menos que se considere o eu em sua função narcísica, quer dizer, como sujeito-objeto, receptáculo, da libido, uma função de uma natureza totalmente diferente de sua função adaptativo-motora.

Em todo caso, a necessidade, o progresso que o surgimento de um eu precoce constitui não têm como efeito imediato o fim do desamparo "motor" do estado neonatal, mas, antes, seu aprofundamento, sua interiorização em desamparo "psíquico". O surgimento desse eu precoce e inacabado tem por conseqüência, Freud assinala, a valorização do objeto libidinal, "a necessidade de ser amado, que não mais abandonará o ser humano[14]".

Mas hoje talvez se perceba a solução de uma dificuldade já apontada em diversas ocasiões. É que a organização das pulsões do eu talvez possa estar por si própria em atraso, imatura, inacabada e ao mesmo tempo adiantada, precoce, antecipadora em relação ao caráter de prematuração próprio da pulsão sexual. Com efeito, é totalmente paradoxal apresentar, como Freud faz, as funções da "fome", organizadas pelo eu, como pior organizadas, mais débeis na origem e mais educáveis no fim das contas, mais bem ancoradas no real do que as pulsões sexuais. Deve-se reconhecer, nesse ponto, uma aporia essencial do percurso freudiano cuja solução só pode ser imaginar o eu através de atributos contraditórios, instalar o conflito no próprio seio do eu: uma instância de cristalização precoce, prematura, mas de estrutura frágil, lábil.

É precisamente essa, na nossa opinião, a dificuldade capital que a

[13] S. Freud, *Inhibition...*, *op. cit.*, p. 85; G. W., XIV, p. 186.

[14] *Ibid.*, p. 83. Essa "necessidade" é associada à angústia de perder o objeto de amor e à "dependência" que é o seu princípio, a qual é uma variedade do *Hilflosigkeit.*

perspicácia de um Lacan discerniu no texto freudiano. A solução que ele apresenta consiste em considerar o eu, nascido da experiência especular, como dotado de uma função contraditoriamente unificante e alienante, uma estrutura marcada pelo paradoxo de uma forma de suficiência ao mesmo tempo que de uma hiância essencial. O eu inclui a função ilusória e estruturante de compensar a debilidade motora inicial do sujeito com a antecipação perceptiva de sua unidade.

Essa aporia também foi percebida e tratada por Roheim, que, por seu lado, completou as visões de Bolk pela inovação à qual aludimos mais acima.

Segundo Bolk, a desarmonia entre os modos de funcionamento do *germen* e do *soma* incluiria o surgimento tardio da consciência, cujo destino ele aparentemente considera como associado à relativa lentidão, ao atraso diferencial do desenvolvimento "somático". Ora, essa conseqüência aparentemente lógica de sua tese da fetalização evidentemente não está de acordo com a noção freudiana de um desenvolvimento relativamente precoce do eu sobre um fundo de imaturidade próprio às funções de autoconservação, ou seja, às pulsões do eu.

Segundo Roheim, o desenvolvimento relativamente lento das funções corporais em relação à função sexual não exclui o desenvolvimento relativamente rápido de um órgão especial, o cérebro (sede do eu e de sua função perceptiva)[15].

Com efeito, Roheim declara ter colhido em Weidenreich[16] "a nova e importante hipótese", em relação às visões de Bolk, segundo a qual o notável desenvolvimento do cérebro humano seria devido à "conservação da taxa de crescimento embrionária". Para o conjunto dos órgãos corporais, o ritmo de crescimento embrionário seria do tipo "proterogenético[17]": inicialmente rápido, decresce progressivamente, mas seguindo uma curva de decréscimo menos acentuada para o cérebro. Ou seja, o cérebro é um órgão singular, cujo

[15] Por esse comentário entre parêntesis, confluímos com a idéia lacaniana da função perceptiva antecipadora do eu em relação à debilidade geral da organização motora, cujo controle é sua vocação, mas que lhe escapa ainda por um tempo.

[16] Weidenreich (1942 e 1948), *in* G. Roheim, *Psychanalyse...*, *op. cit.*, p. 584.

[17] Kappers (1942), *in* G. Roheim, *Psychanalyse...*, *op. cit.*, p. 585.

amadurecimento é precoce, rápido, mas também escalonado por um longo período, por sinal em conformidade, nesse último ponto, com a hipótese do amadurecimento atrasado: a fetalização, formulada por Bolk[18].

Além disso, Roheim aplica, de maneira muito interessante, as visões de Bolk sobre o desenvolvimento neotênico ao problema de antropologia psicanalítica relativo à origem e à estrutura do complexo de Édipo. Segundo ele, o complexo de Édipo é universal, transcultural. Sua estrutura se deveria ao próprio fato da fetalização, do desenvolvimento atrasado característico da espécie humana. Efetivamente, o desenvolvimento libidinal seria dirigido por

> um mecanismo duplo: *a genitalização da criança é paralela à infantilização do adulto* [...] o adulto na criança e a criança no adulto [...] *o adulto ainda é oral, a criança oral já é genital.*

Efetivamente, "o amor só tem base instintiva na situação mãe-filho". Ora, a criança macho e seu pai se identificam um com o outro como rivais, na medida em que os dois desejam possuir uma mãe, cada um deles sua própria mãe. Em sua própria esposa, o homem-criança neotênico "deseja sempre uma mãe, é inevitável que ele se choque com sua própria descendência[19]".

Então, o *primeiro* tema psicanalítico que as visões de Bolk evocam é o do desenvolvimento diferencial, desarmônico, segundo a polaridade inacabamento-prematuração das duas categorias fundamentais de pulsões diferenciadas pelo primeiro tópico e que ilustra, segundo Freud, a dicotomia instituída pelo "poeta", entre a "fome" e o "amor".

Ora, mencionamos um *segundo* tema do pensamento freudiano ao qual o texto de Bolk alude claramente, dentro da perspectiva biológica que é a sua própria. Esse tema é o das fases de interrupção que marcam certos tipos especiais de desenvolvimento, dos quais Bolk menciona duas espécies muito diferentes, uma relativa à dentição, a outra, à função sexual.

---

[18] G. Roheim, *Psychanalyse...*, *op. cit.*, pp. 459-461.

[19] *Ibid.*, pp. 477-478.

Esse último assunto refere-se evidentemente à concepção fundamental da "instauração bifásica do desenvolvimento sexual".

Se essa expressão, em sua literalidade, não é muito freqüente, é banal dizer que a idéia faz parte do repertório dos conceitos fundamentais surgidos logo nas primeiras formulações do pensamento freudiano e sempre retomados ao longo de seu desenvolvimento ulterior[20]. Além disso, esse tema é de um destaque mais nítido, de uma expressão muito mais clara, no texto freudiano do que o tema precedente da imaturidade-prematuração.

Será que Bolk sabia desse tema do pensamento freudiano e especialmente de sua formulação como "instauração bifásica do desenvolvimento sexual[21]"? É muito possível, mesmo que não se possa afirmá-lo com certeza. De qualquer maneira, a originalidade de seu percurso consiste em relacionar a uma "desaceleração geral do desenvolvimento" os dois tipos especificamente humanos do desenvolvimento em período(s) de latência (dentição, sexualidade).

A concepção de Bolk, retomada por Freud, relativa à maturidade sexual, na idade de cinco anos, do "ancestral hominídeo", do "mamífero" ancestral[22] encontra hoje correspondências muito interessantes na etologia dos símios inferiores assim como dos grandes antropóides[23].

As visões de Bolk criam para o historiador e o epistemólogo o problema especial do caráter misto, da estrutura "desarmônica" característica a algumas, senão a todas, conceitualizações científicas. Com efeito, as mais penetrantes intuições, como a respeito da fetalização, se mesclam com as afirmações mais discutíveis. Assim, Bolk considera a postura vertical não como uma das características primárias da organização hominiana, mas como

---

20 S. Freud, "L'hérédité..." (1896), *op. cit.*, p. 55; G. W., I, pp. 384, 417; "Nouvelles..." (1896), *ibid.*, p. 65; *Trois essais sur la théorie de la sexualité* (1905), Paris, Gallimard, 1962, pp. 69, 85, 86, 151, 159-160, 177-178; G. W., V, pp. 77-78, 91, 94, 136, 142-143; *Introduction...* (1916-1917), *op. cit.*, p. 306; G. W., XII, 200-201, 207, 212; *Abrégé...* (1938), *op. cit.*, pp. 75-76; G. W., XVII, pp. 130-131.

21 *Id.*, *Trois essais...*, *op. cit.*, p. 150. G. W., V, p. 135; *Abrégé...*, *op. cit.*, p. 13; G. W., XVII, p. 75. Ver também 1905b, ed. 1915, pp. 97-98; G. W., V, p. 100, *zweizetige Objektwahl* (A escolha de objeto bifásico).

22 L. Bolk, "La genèse de l'homme", *op. cit.*, p. 9; S. Freud, *Abrégé...* (1938), *op. cit.*, p. 13.

23 S. Eimerl e I. De Vore, *Les primates,* Amsterdam, Time-Life, 1972, p. 86; J. Van Lawick-Goodall, *Les chimpanzés et moi*, Paris, Stock, 1971, p. 376.

uma característica derivada do processo de fetalização. A verticalização se explicaria pela persistência, no homem, da curvatura craniana fetal do símio, que desaparece ulteriormente no desenvolvimento deste. Ora, é duvidoso que os pré-historiadores contemporâneos, que concedem à bipedalidade o papel de fator maior da evolução já entre os predecessores dos hominianos (hominídeos), possam ainda conceder um grande crédito a essa opinião[24].

Sob outro aspecto, Bolk dedica um parágrafo bastante longo a observações de caráter comparativo sobre as raças humanas cujas conotações nos parecem, com o passar do tempo, de um gosto discutível. É assim, ele acreditava, que a raça nórdica é a mais marcada pelo processo de fetalização, ao contrário da raça negra, caracterizada por um desenvolvimento mais "propulsivo", quer dizer, mais dirigido para o estágio de desenvolvimento final do ancestral símio!

Enfim, ele finaliza a sua conferência com formulações de uma filosofia muito petulante. A velocidade de desenvolvimento do homem diminuiu a tal ponto que

> a humanidade se aproxima do ponto fatal em que a progressão significará destruição [...] idéia fascinante [...] ela deve progredir e ir ao encontro de sua destruição. Essa fatalidade lembra a profecia de Nietzsche: "Morrerás por tuas virtudes[25]".

Pode-se lembrar que a noção de neotenia assim como os prolongamentos ideológicos pouco otimistas que fazem Bolk se perder têm um precedente filosófico na célebre fábula cosmológica desenvolvida em *O político* de Platão? O filósofo se compraz em imaginar, mas aparentemente não sem um certo humor, que um belo dia os planetas se põem a girar em sentido inverso ao de sua revolução normal. Então, veríamos os idosos, literalmente, e não mais metaforicamente, cair na infância e até as crianças pequenas serem novamente absorvidas, além mesmo do estado de fetos, na terra nutrícia[26].

---

[24] M. Blanc, "L'histoire génétique de l'espèce humaine", *La recherche*, nº 155, 1984, pp. 656-658.

[25] L. Bolk, "La genèse...", *op. cit.*, p. 13.

[26] Platão, "Le Politique", 270d-271a.

Capítulo XXIV

O duplo conceito do Outro e do outro

Lacan

O texto de Lacan sobre *A família* (1938) introduz, como já vimos anteriormente, o tema da tríade outrem-ego-objeto. A experiência especular institui "uma relação imaginária, dual, votada à tensão agressiva, em que o eu é constituído como um outro e outrem, como *alter ego*[1].

Mas essa dualidade implica, paradoxalmente, sua própria ampliação pelo fato da introdução

> de um terceiro objeto que substitui a confusão afetiva e a ambigüidade espetacular pela concorrência de uma situação triangular[2].

A experiência especular é o referencial complexo no quadro do qual se produz a desfusão do eu e do outrem, depois do objeto como termo mediador de sua relação de rivalidade ciumenta.

---

[1] J. Laplanche e J.-B. Pontalis, *Vocabulaire de la psychanalyse*, Paris, PUF, 1967, p. 453.

[2] J. Lacan, *Les complexes familiaux dans la formation de l'individu* (1938), Paris, reed. Navarin, 1984, p. 46.

Trata-se primeiramente, em um contexto pré-edipiano, da rivalidade fraterna a respeito do bom objeto, ou seja: o seio. Lacan cita santo Agostinho:

> Vi com meus próprios olhos, ele escreve, e observei bem um pequenino cheio de ciúmes: ele ainda não falava e empalidecia a cada vez que seu olhar se fixava no amargo espetáculo de seu irmão de leite (*Confissões*, I, VII)[3].

Mas também podemos nos perguntar se o triângulo da rivalidade fraterna não se assemelha à forma antecipada da relação edipiana, em que o eu se institui através da dupla relação com o objeto libidinal e com o rival parental.

Com se viu mais acima, Lacan reconhece na célebre dialética do senhor e do escravo o modelo premonitório da relação narcísica, da "luta imaginária até a morte em que [...] definimos a estrutura do eu[4]".

Entretanto, nem por isso se deixa de identificar a referência implícita a esse célebre protótipo no esquema, que acabou de ser descrito, do desenvolvimento da relação dual em relação triangular, em que a relação do eu com o outro se dá como mediada pela sua dupla relação com o objeto. Sabe-se, efetivamente, que a conclusão da luta institui o senhor e o escravo em uma dupla relação referida a um terceiro termo, o objeto como matéria de gozo para um deles e produto do trabalho para o outro. Tanto em um caso como no outro, a relação com o objeto é definida, condicionada por uma certa estrutura da relação com o outro; nesse caso, o domínio ou a servidão. Além disso, sabe-se também que o motivo da luta não consiste, *ab initio*, para os dois parceiros, no desejo de um domínio do objeto, mas no de ser reconhecido por um adversário como capaz de um tal desejo. Assim, o desejo humano só alcança o objeto secundariamente, por ter primeiramente se constituído como desejo do desejo do outro. Ora, é bem essa a temática que se acha na descrição lacaniana dos avatares do ciúme fraterno em relação ao objeto:

---

[3] *Ibid.*, p. 36.

[4] J. Lacan, "La chose freudienne..." (1956), *Écrits*, Paris, Le Seuil, 1966, p. 432.

> Dessa maneira, o sujeito, empenhado no ciúme por identificação, desemboca em uma nova alternativa em que se joga a sorte da realidade: ou ele encontra o objeto materno e vai se agarrar à recusa do real e à destruição do outro; ou então, conduzido a algum outro objeto, ele o recebe sob a forma característica do conhecimento humano, como objeto comunicável, pois que concorrência implica ao mesmo tempo rivalidade e acordo; mas, ao mesmo tempo, *ele reconhece o outro com o qual se trava a luta* ou o contrato, enfim, ele encontra ao mesmo tempo a outra pessoa e o objeto socializado. Aqui ainda, o ciúme humano se diferencia então da rivalidade vital imediata, pois que *forma seu objeto mais do que o determina*: ela se revela como o arquétipo dos sentimentos sociais[5].

Esse esquema hegeliano do desejo duplicado como relação binária produtora de um terceiro termo é um dos insistentes temas do pensamento lacaniano. Lacan escreve explicitamente:

> O próprio desejo humano se constitui, nos diz Hegel, sob o signo da mediação, ele é desejo de fazer seu desejo ser reconhecido. Tem como objeto um desejo, o de outrem, nesse sentido de que o homem não tem objeto que se constitua para seu desejo sem alguma mediação, o que transparece em suas mais primitivas necessidades – por exemplo, no fato de que até mesmo o seu alimento deve ser preparado[6]
> Esse desejo [o desejo de fazer seu desejo reconhecido] em que se verifica literalmente que o desejo do homem se aliena no desejo do outro de fato estrutura as pulsões descobertas na análise, segundo todas as vicissitudes das substituições lógicas, em sua fonte, sua direção e seu objeto[7].

De fato, é claro que Lacan liga à experiência especular, como relação acoplada, a emergência de um suplemento, ou seja, do objeto, trate-se do

---

[5] Id., *Les complexes...*, *op. cit.*, p. 46. Destacado por nós.

[6] J. Lacan, "Propos sur la causalité psychique" (1950), *Écrits*, *op. cit.*, p. 181.

[7] *Id.*, "Variantes de la cure-type" (1955), *Écrits*, *op. cit.*, p. 343. Esse texto é ainda muito sobredeterminado, o tema hegeliano da luta (*via* Kojève) ali encontra ao mesmo tempo o da identificação (Freud, Wallon) e o do ciúme (Freud, C. Bühler, E. Köhler, Wallon).

objeto pré-genital da concorrência fraterna, ou então do objeto propriamente dito da rivalidade edipiana, ou ainda do objeto como matéria dos processos do conhecimento e do trabalho. Pelo fato desse terceiro termo, a relação dual, na medida em que seja mediada por ele, se elabora em uma situação triangular. Lacan escreve:

> Esse momento em que se conclui o estádio do espelho inaugura, pela identificação com a *imago* do semelhante e pelo drama do ciúme primordial (tão bem ressaltado pela escola de Charlotte Bühler nos fatos de *transitivismo* infantil), a dialética que desde então associa o *eu* a situações socialmente elaboradas.
>
> É esse momento que decisivamente faz todo o saber virar para a mediação pelo desejo do outro, que constitui seus objetos em uma equivalência abstrata pela concorrência de outrem e faz do *eu* esse aparelho para o qual qualquer impulso dos instintos será um perigo, mesmo que corresponda a uma maturação natural – a normalização desse amadurecimento passa a depender desde então, no homem, de uma intermediação cultural: como se vê, no que se refere ao objeto sexual, no complexo de Édipo[8].

De modo absolutamente coerente com esse tema hegeliano do "dois-fazem-três", Laplanche e Pontalis oportunamente extraíram do escrito lacaniano a expressão "triângulo pré-edipiano[9]".

Surgida em 1938 e mencionada também em 1948, a tríade outrem-eu-outro sofre uma nova elaboração, com o aparecimento, em 1955, do esquema em Z, no qual se introduz a diferenciação entre Outro e outro.

Esse esquema em Z, também chamado de esquema L, comporta uma estrutura quadripartida que define uma "partida a quatro[10]", espécie de "bridge analítico[11]" entre as instâncias S, m, a, A. Essa estrutura surge no seminário de

---

[8] J. Lacan, "Le stade du miroir" (1949), *Écrits, op. cit.*, p. 98.

[9] J. Laplanche e J.-B. Pontalis, *Vocabulaire...*, *op. cit.*, p. 324. Como veremos mais adiante, esse esquema fundamental representa a estrutura de base em que vêm se articular duas formas de identificação cujo conteúdo acabou de ser descrito, a identificação intransitiva *com* o outro sujeito é o processo que medeia a identificação transitiva *do* outro objeto.

[10] J. Lacan, "La chose...", *op. cit.*, p. 430.

[11] Essa expressão é aquela utilizada no *quadro comentado das representações gráficas*, p. 904 (ed. franc.) dos *Escritos* de Lacan. Para a analogia que Lacan faz com a partida de bridge, ver *La direction de la cure* (1961), *Écrits, op. cit.*, p. 589.

25 de maio de 1955, novamente comentada no seminário de 29 de junho[12]. Tais considerações serão retomadas em uma conferência de 7 de novembro de 1955 na clínica neuropsiquiátrica de Viena, depois *amplificadas* no texto chamado *A coisa freudiana*, publicado em *L'évolution psychiatrique* em 1956[13]. O mesmo número dessa revista também inclui um longo artigo de Wallon (pp. 389-401), no qual também se fala bastante do Outro, com uma maiúscula. Passemos agora em revista as quatro instâncias do esquema L.

S nada mais é que o *Es* freudiano, é o sujeito em

> sua inefável e estúpida existência [...]
> o sujeito em sua realidade[14]
> É o sujeito não em sua totalidade, mas em sua abertura. Como de hábito, ele não sabe o que diz [...] Ele se vê em *a*, e é por isso que ele tem um eu[15].

Quanto ao "m", é o eu, o qual é "uma construção imaginária[16], que só pode ser definida em relação à sua réplica em *a*.

Lacan propõe a distinção

> o Outro com um O maiúsculo [...] [e] o outro com um o minúsculo [...] sob as respectivas incidências do simbólico e do imaginário.

Esses dois lugares da partida comportam, para o eu,

> a diferença radical entre Outro ao qual sua palavra deve se dirigir e esse segundo outro, que é aquele que ele vê [...][17].

---

[12] J. Lacan, *Le moi dans la théorie de Freud et dans la technique de la psychanalyse* (1954-1955), Le séminaire, livre 2, Paris, Le Seuil, 1978, pp. 275-288 e 355-375.

[13] *Id.*, "La chose freudienne ou sens de retour à Freud em psychanalyse", *in L'évolution psychiatrique*, 1956, fascículo 1, pp. 225-252. Ver também o "Séminaire sur la lettre volée", *Écrits, op. cit.*, pp. 53-54 (redigido de meados de maio a meados de agosto de 1956 e publicado pela primeira vez em 1957).

[14] *Id.*, "D'une question préliminaire à tout traitement possible de la psychose" (1959), *in Écrits, op. cit.*, pp. 549 e 551.

[15] *Id., Le moi..., op. cit.*, p. 285.

[16] J. Lacan, *Le moi..., op. cit.*, p. 284.

[17] *Id.* "La chose...", *op. cit.*, p. 430; ver também "Subversion du sujet" (1960), *Écrits, op. cit.*, pp. 806-807, "O lugar do tesouro significante, bateria significante, lugar prévio do puro sujeito do significante".

Em primeira abordagem e para agilizar as coisas, a diferenciação entre o outro e o Outro parece instituir-se com a diferença entre o plano da imagem e o da linguagem.

O outro (a') é a imagem especular, quer dizer, aquela ao mesmo tempo do eu e do semelhante, na medida em que

> o *ego* é sempre um *alter ego*[18].
> Todos esses imaginários são objetos [...] porque são nomeados [...] um certo número de personagens, a', a". Na medida em que o sujeito os relaciona com sua própria imagem, aqueles aos quais ele fala também são aqueles com os quais ele se identifica[19].

O Outro é

> o lugar da palavra[20].
> É do *Outro* que se trata na função da palavra[21].

Em relação à posição imaginária do eu, cuja palavra vazia investiu seus objetos, ele é "o Outro radical que lhe é mascarado[22]".

> Nós nos dirigimos de fato a uns A1, A2, que são o que não conhecemos, verdadeiros Outros, sujeitos verdadeiros [...] eu nunca os atinjo. [...] Fundamentalmente, é a eles que eu me dirijo a cada vez que pronuncio uma verdadeira palavra, mas sempre atinjo a', a", por reflexão. Sempre viso os sujeitos verdadeiros e tenho que me contentar com as sombras[23].

Esse Outro tem uma relação com o supereu e, por esse viés, com a função especial que ele denominou de Nome-do-Pai. Com efeito,

---

18 *Id.*, *Le moi...*, op. cit., p. 370.
19 *Ibid.*, p. 285.
20 J. Lacan, *Subversion...* (1960), *op. cit.*, p. 807.
21 *Id.*, *Le moi...* (1954-1955) op. cit., p. 276.
22 *Ibid.*, p. 373.
23 *Ibid.*, pp. 285-286. Essa formulação conota de maneira evidente o célebre mito da caverna de Platão.

> é no *nome do pai* que se deve reconhecer o suporte da função simbólica que, desde a aurora dos tempos históricos, identifica a sua pessoa com a figura da lei[24].

O Nome-do-Pai, escreve ainda Lacan, tem seu "lugar em A", ele é o significante

> que, no Outro como lugar do significante, é o significante do Outro como lugar da lei[25].

Se compararmos a tríade inicial outrem-eu-objeto com o esquema L, podemos sugerir que o objeto foi ali substituído pelo outro, que o outrem se subdividiu ali de acordo com a dicotomia do outro e do Outro, enquanto que o eu ali se partiu segundo o par eu-Sujeito.

O Eu – O Alter – O Outro: Wallon

Diferentemente de Piaget, que tende a marcar, às expensas do papel do outro, o caráter bipolar da relação entre o sujeito e o objeto, Wallon acentuou decisivamente a função mediadora do outro no esforço da criança para dominar o objeto. O estado de dependência motora e mental do recém-nascido implica um tipo específico de estruturação da experiência organizada em função dos três termos: o eu, o objeto, o outro. Essa organização triangular da experiência é inicialmente vivida pela criança de modo sincrético, fusional. É progressivamente que ela consegue distinguir a sua própria pessoa, primeiro das coisas e depois das outras pessoas. Apesar das diferenças, esse esquema do triângulo, da mediação por um terceiro termo, contribui para aproximar Wallon da corrente psicanalítica

[24] J. Lacan, "Fonction et champ de la parole et du langage en psychanalyse" (1956), *in Écrits, op. cit.*, p. 278.

[25] *Id.*, "D'une question...", (1959), *op. cit.*, p. 583.

e o associa, no mínimo, à corrente hegeliana, em oposição aos laços mais kantianos de Piaget[26].

Wallon formulou, em dois importantes artigos, de 1946 e 1956, uma teoria do *outro*. Essa teoria, surgida de maneira bastante tardia em sua obra, é o prolongamento de suas visões sobre a emoção[27].

No primeiro artigo, intitulado *O papel do "outro" na consciência do "eu"* (1946), pode-se ler as seguintes linhas:

> Poderíamos comparar o primeiro estado da consciência a uma nebulosa em que se propagariam, sem uma delimitação específica, ações sensório-motoras de origem exógena ou endógena. Em sua massa terminaria por se desenhar um núcleo de condensação, o eu, mas também um satélite, o sub-eu, ou o outro. Entre os dois, a divisão da matéria psíquica não é necessariamente constante.

Wallon escreve mais adiante que as relações entre o indivíduo e seu meio real parecem ter como intermediário "o fantasma de outrem que cada um traz em si", supõem

> a distinção entre o eu e o que é seu complemento indispensável: esse estranho essencial que é o outro. A distinção não é como um decalque abstrato das relações individuais que o sujeito possa ter tido com pessoas reais. Ela resulta de uma bipartição mais íntima entre dois termos que não poderiam existir um sem o outro porque são antagonistas, um é uma afirmação de identidade consigo mesmo e o outro resume o que se deve expulsar dessa idéia para conservá-la. Em seu esforço para se individualizar, o eu nada pode fazer além de opor-se à sociedade sob a primitiva e larvária forma de um *socius*, segundo a expressão de Pierre Janet [...] o *socius* ou o *outro* é um perpétuo parceiro do eu na vida psíquica. Ele normalmente é reduzido, oculto, recalcado (*sic*) e como que negado pela vontade de domínio e de integridade completa que acompanha o eu.

---

26 Um dos aspectos dessa relação mediada é representado pelas noções de espaço mental, de espaço transicional; ver o cap. 14.

27 *Cf.* Bibliografia, H. Wallon, (1925), (1934), (1938), (1941).

De fato, "são as variações de intensidade que sofre esse fantasma que regulam o nível de nossas relações com outrem[28]".

Mais adiante, Wallon dá como exemplos as atividades desse

> *outro íntimo* [...] estranho essencial, os diálogos da criança consigo mesma, comuns até por volta dos três anos, as perplexidades da deliberação no adulto, mas também o demônio de Sócrates, as vozes de Joana d'Arc e até as idéias de influência características do automatismo mental de Clérambault. O *alter* que se emancipa é agressivo. É como que sua desforra contra o estado de domesticação no qual o sujeito pensava em mantê-lo[29].

Esse outro walloniano, ao mesmo tempo íntimo e estranho, oriundo de uma divisão do eu, mas capaz de a ele voltar sob uma forma estranha, apresenta conotações que não deixam de ter uma relação com a *imago* do duplo segundo as visões de Lacan, mas também com as de Freud e Rank[30].

Em um breve artigo chamado *Os estágios da evolução psicológica da criança*, datado de 1947, se encontra uma passagem muito curiosa em que reaparece essa noção do outro, mas pela primeira vez ornada com uma maiúscula. Na idade de cinco anos, Wallon escreve,

> o ciúme pode surgir, especialmente em relação ao pai, sentido ao mesmo tempo como rival e como um modelo e, mais comumente, como símbolo do *Outro*[31].

Dado o caráter um pouco especial das revistas em que os dois artigos foram publicados, o *Journal égyptien de psychologie* para o de 1946 e *L'Éducation nationale* para o de 1947, é pouco provável que Lacan possa ter tido acesso a eles. É mais razoável imaginar que a origem em comum

---

[28] H. Wallon, "Le rôle de l'autre dans la conscience du moi " (1946), *in Enfance*, pp. 283-285.
[29] *Ibid.*, p. 285. Ver o cap. 12.
[30] Ver cap. 11, "O tema do duplo".
[31] H. Wallon, "Les stades du développement psychologique de l'enfant" (1947), *in* É. Jalley e L. Maury, *op. cit.*, p. 145.

de Wallon e de Lacan a esse respeito tenha sido Janet, mas não deixando de esquecer, para Lacan, o ensinamento de Kojève. É de fato duvidoso que Wallon, por seu lado, o tenha seguido. Em seu discurso no Congresso internacional de Psicologia (1937), Janet indicou que

> a diferenciação de mim mesmo e do *socius* talvez não seja também tão fundamental, tão primitiva como se pensava;

e ele ainda diz que provavelmente o eu e o outro

> se constroem juntos de maneira confusa e apresentam os dois, ao mesmo tempo, os mesmos progressos[32].

O outro artigo de Wallon, datado de 1956, nos interessa ainda mais por ter sido publicado na mesma edição da *Évolution psychiatrique* que *A coisa freudiana*, texto em que pela primeira vez Lacan expõe explicitamente ao leitor a diferença entre o outro e o Outro, semeada anteriormente em seu ensinamento de 1954-1955. A respeito disso, talvez seja legítimo se perguntar se poderia ter chegado a Wallon algum eco da conferência proferida por Lacan em Viena, em novembro de 1955. Sem excluir totalmente essa hipótese, é admissível que se suspeite disso. Mas analisemos o conteúdo desse importante artigo, intitulado *Níveis e flutuações do eu*. Não pudemos evitar, dada a extrema densidade do texto, citar passagens bem extensas.

Esse texto coordena e desenvolve os dados dos textos de 1946 e 1947, expostos acima, situando a diferenciação, a partir do *Eu*, entre o *Alter* íntimo e o *Outro* radical. Numa outra perspectiva, e nisso mais rico que os dois anteriores, ele retoma, segue e conclui a descrição dos processos de identificação, cujas principais balizas *A evolução psicológica da criança* (1941, pp. 189-191) já havia colocado[33].

Wallon escreve:

---

[32] Discurso de P. Janet mencionado *in* R. Zazzo, *Psychologie et marxisme*, Paris, Denoël-Gonthier, 1975, p. 57. Ou seja, a relação com o Outro real seria mediada pela relação com um outro imaginário.

[33] Ver cap. 17.

> A elaboração, pela consciência, do *Eu* e do *Outro* se dá simultaneamente. São dois termos conexos cujas variações são complementares e as diferenciações, recíprocas. Supôs-se, por vezes, que o *Eu* se constituía por condensação da mais subjetiva sensibilidade e o *Outro*, pela ejeção das imagens exteroceptivas. Essa oposição não é exata. De fato, ao *Outro* é atribuída, pela consciência, tanta realidade íntima quanto ao *Eu* e o *Eu* não parece conter menos aparências externas que o *Outro*[34].

Originariamente "extremamente pobre", esse "*Outro* interior"

> não é mais o *Ego*, ele se torna o *Alter Ego*. É o "socius" de Pierre Janet; é um duplo do *Eu* que lhe é concomitante e consubstancial, mas que não lhe é sempre concordante, longe disso [...] Anteriormente acontecia de ele alternar entre dois papéis contrários ou complementares[35] [...] Ele é o esteio da discussão interior[36].

Wallon introduz então uma idéia nova em relação ao artigo de 1946. O Outro é entendido em dois sentidos: por um lado, é o *Alter*, quer dizer, o duplo do eu, por outro lado, é o *Outro* radical, ou seja, os outros sujeitos.

Veríamos bem claramente nessa oposição uma certa correspondência, guardadas as devidas proporções, com o outro e o Outro de Lacan. Por sinal, veremos mais adiante que Wallon se refere, a respeito da diferenciação desse Outro, à estruturação da experiência especular ao mesmo tempo que à ação conexa da linguagem.

Levada por esse modelo dinâmico de pontos-força a posições variáveis, essa tripartição, além do fato de que falta ali o Sujeito inconsciente como quarto termo, é naturalmente muito diferente, quanto ao conteúdo

---

34 H. Wallon, "Niveaux..." (1956a), *Enfance*, *op. cit.*, p. 90.

35 Monólogos dialogados de 2,6 anos.

36 H. Wallon, "Niveaux...", *op. cit.*, pp. 92-93. Vamos tentar, um pouco adiante, retraçar a rede dos contatos plausíveis entre Baldwin, Rank, Janet e Wallon, mostrando também que seu ponto de amarração histórico mais do que provável se encontra na filosofia hegeliana. As formulações de Wallon evocam também, em uma certa medida, o processo de *Ichspaltung*, *splitting of ego*, descrito por Freud: "Le clivage du moi dans le processus de défense" (1938), *in Résultats, idées, problèmes* 2, pp. 283-286.

material e funcional, do quaternário lacaniano. Mesmo assim ela apresenta um evidente isomorfismo formal com o triângulo eu-outro-Outro da figura em questão. Mas voltemos ao próprio texto de Wallon.

> O *Alter*, ele escreve, não é o outro todo, também existem os outros: *Alii*. Mas, termo segundo de um par indissolúvel, permanente companheiro do *Eu*, o *Alter* desempenha o papel de intermediário ou de dobradiça entre o mundo exterior e o mundo concreto do seu entorno. Ele é o confidente, o conselheiro, o censor e, às vezes, o espião que pode permanecer íntimo ou encarnar numa pessoa real. Alternadamente funcional ou dotado de existência externa, ele ao mesmo tempo traduz as veleidades do *Eu* e a influência dos *Outros* no *Eu*. Em geral, ele está na segunda pessoa e os *Outros*, na terceira. Mas pode se deslocar e contribuir para a amplificação ou encolhimento do *Eu*. [...]
>
> O *Outro* não é necessariamente o *Alter* íntimo nem a sua fixação em um indivíduo. Ele pode ser um grupo ao qual se identifica ou se opõe o *Eu*. Quanto mais aumenta a participação do sujeito em atividades coletivas, mais anônimas ou mais categoriais tendem a se tornar suas relações com o *Outro* [...] Dessa maneira, entre o *Alter* que é devido ao recalque para fora do *Eu* daquilo que a sensibilidade aparenta conter de exógeno e o *Eu* social a cadeia é contínua. Mas o *Alter* não tem nenhuma prioridade sobre o *Outro*. Ele mesmo nada mais é do que um produto do ambiente e serve como intermediário entre o *Eu* e seu círculo de seres reais. Certas circunstâncias podem, por sinal, mais ou menos apagar a fronteira [...].
>
> A primeira forma do *Outro* é ser o segundo termo do par através do qual se introduz na consciência a distinção fundamental de seres diferentes entre si mutuamente independentes e cuja existência não se confunde mais com as situações sucessivamente vividas pelo sujeito. Esse par em estado puro tem como que o valor de uma categoria cujos sucessivos conteúdos corresponderão ao crescimento e à história da pessoa.
>
> Uma das primeiras ampliações do par é se objetivar ao multiplicar atrás do interlocutor íntimo, quer dizer, o *Outro*, um número indefinido de interlocutores possíveis e, em contragolpe, levar o *Eu* a se colocar ele mesmo entre os Outros[37].

[37] H. Wallon, "Niveaux...", *op. cit.*, pp. 93, 94, 97.

Essas difíceis considerações só podem ser bem compreendidas se as situarmos em relação às etapas de um processo genético. Do ponto de vista formal, parece que aqui está em funcionamento um processo do tipo "dois-fazem-três". Em um primeiro tempo, isso no contexto da crise dos três anos, uma primeira bipartição oporia o *Eu* ao *Alter*, primeira forma do *Outro*. Ulteriormente, esse próprio *Alter* original se subdividiria em dois termos, o *Alter* propriamente dito, o Outro íntimo, o duplo do *Ego*, e os *Outros*, o *Outro* radical, os sujeitos exteriores, inclusive sob a forma do grupo.

Uma vez instalados esses três termos, essa é a segunda idéia importante de Wallon, o termo intermediário, o *Alter*, poderia ocupar posições variáveis na cadeia contínua que vai do *Eu* ao *Outro* exterior. Cada posição resultaria de um sistema de forças, abrangendo um componente centrífugo que emana do *Eu* e um componente centrípeto que emana do *Outro*. Além disso, seriam possíveis regressões para a organização primitiva a dois termos, e isso até a um estado em que a fronteira entre o *Eu* e do *Outro* permanece mal consolidada.

Wallon escreve:

> O equilíbrio entre o *Eu* e o *Outro* não é uniforme nem constante. Seu dinamismo recíproco é variável. Eles podem, alternativamente, parecer ter força equivalente; tanto o *Eu* vence, tanto, pelo contrário, é o *Outro*. A igualdade entre o *Eu* e o *Outro* pode também se estabelecer num nível elevado ou baixo [...] Em sua forma elementar, a desigualdade se traduz pela impulsividade se o *Eu* não conhece o freio do *Outro*, pela inibição, se é dominado pelo *Outro*[38].

Baseando-se nessas proposições, Wallon se entrega à análise, no plano dos fatos clínicos, de uma ampla variedade de processos psicológicos: o confusionismo característico da criança muito nova, mas que pode ressurgir no adulto, a atitude de participação característica do ciúme e, sobretudo, o mecanismo da identificação, do qual Wallon distingue uma variedade

[38] H. Wallon, "Niveaux...", *op. cit.*, p. 94. A noção de "cadeia contínua" pode comodamente ser representada por um círculo (modelo diferente do quaternário lacaniano) no qual se acham dispostos, em relações de posição variável, o *Eu*, o *Alter* (o outro) e o *Outro*.

centrífugo-projetiva (assimilação do outro no eu) e uma variedade centrípeto-introjetiva (assimilação do eu no outro)[39].

Dessas duas formas de identificação, Wallon aproxima a primeira ao transitivismo, cuja concepção ele atribui a Wernicke, enquanto que a segunda forma seria mais próxima da simpatia, mas não sempre, pois pode existir, no sujeito,

> conflito entre o protótipo, que é ele mesmo demais, e a cópia mais ou menos híbrida, na qual os traços emprestados devem coexistir com os traços pessoais[40].

Geralmente, o *Eu* "se identifica ou se opõe", em graus variáveis, pela mediação do *Alter*, às diversas formas de "Ego-referências, de grupos profissionais, culturais ou políticos". Entretanto, essa identificação do Eu, sob a forma do *Eu Social*, com o grupo dos *Outros*, com o Outro radical, pode resultar numa verdadeira alienação do Eu. Os processos regressivos mencionados acima se desenvolvem em tais casos sob uma forma centrífugo-projetiva, comportando um verdadeiro desapossamento do eu em proveito de um objeto-referência puramente externo:

> Cada membro do clã sente estender-se seu Eu ao de todos os outros. É a volta, em um plano mais elevado, à identificação inicial da criança pequena com seu ambiente afetivo[41].

A delimitação do *Eu* em relação ao *Alter* e ao *Outro* é resultado de uma gênese progressiva segundo três patamares principais: o confusionismo, a participação e a identificação. Entre essas três formas de processos, Wallon indica, pelo contexto, que o confusionismo pertence ao estágio impulsivo e emocional (de 00 a 0,9-1 ano), a participação ao estágio sensório-motor e projetivo (de 0,9 – 1 ano a 3 anos), enquanto que a identificação, que se instala com o estágio do personalismo (dos 3 aos 6 anos), supõe a diferenciação concluída do par Eu-Outro, tornando possível o jogo das duas formas

---

39 H. Wallon, "Niveaux...", *op. cit.*, pp. 95-96.

40 Mesmo que a simpatia também possa ser centrífuga: H. Wallon, *Les origines...* (1934), *op. cit.*, p. 270.

41 H. Wallon, "Niveaux...", *op. cit.*, p. 94.

centrípeto-introjetiva e centrífugo-projetiva desse processo. Entretanto, existem "níveis muito diferentes" do processo de identificação *lato sensu*: o confusionismo *inicial* representa uma forma ainda "indivisa", a participação introduz nela o princípio de "uma consciência com domicílio duplo", supondo que o "*Eu* e o *Outro* estão (já) desacoplados". Essas formas ainda sincréticas de identificação levam a um tipo mais diferenciado que instala, no fim das contas, na consciência, "o *Eu* e o *Outro*", "a distinção fundamental de seres diferentes entre si", "o par em estado puro". Todavia, as primeiras formas "podem ser encontradas pelo resto da vida". "O que parece eliminado sobrevive, mas em estado latente, ou melhor, com um papel secundário". Assim "o mimetismo fisionômico é eventualmente de todas as idades". Da mesma maneira, "a participação[42] diz respeito a uma certa idade da evolução da criança, mas não a essa idade exclusivamente"[43].

Com efeito, essas sobrevivências, esses reaparecimentos das formações psíquicas ultrapassadas se devem a que a distinção *eu-Alter-Outro*, digamos *eu-outro-Outro*, nada mais é além de um ideal limite cuja realização inclui sempre uma margem variável de inacabamento.

> O par em estado puro *Eu-Outro* tem como que o valor de uma categoria cujos sucessivos conteúdos corresponderão ao crescimento e à história da pessoa.

Ora, são esses conteúdos históricos que marcam o progresso de um princípio radical de contingência para um tal limite. Ao término do processo de personalização,

> qualquer sinal do confusionismo inicial parece ter sido eliminado. A pessoa é um todo fechado. É ali pelo menos que ela quer se afirmar. Simples limite ideal cuja realidade psicológica difere sensivelmente.

A elaboração do Eu a partir do material primordial da expressão afetiva deixa ali sobreviver, no final, o resíduo, de densidade variável, do sincretismo inicial:

---

[42] No ciúme, por exemplo.

[43] H. Wallon, "Niveaux...", *op. cit.*, pp. 89-90; 95-97; "Le rôle..." (1946), *ibid.*, p. 285.

> É no calor passional, no qual cada um se diferencia mal dos outros e da cena total, na qual se misturam seus apetites, seus desejos ou o terror, que o indivíduo inicialmente se apreende.

É por essa razão que, mesmo alcançada a fase terminal de sua diferenciação,

> o *Eu e o Outro* poderão desempenhar o papel de conceitos sem que para tal sejam abolidos os modos mais afetivos de suas relações: a participação e a identificação, cujo papel foi, por sinal, de primeiro plano em certos sistemas de crença e de civilização[44].

Mesmo a forma mais diferenciada da identificação, no caso específico da dupla identificação transitiva e reflexiva do *Eu* e do *Outro*, inclui esse componente afetivo inalienável.

É bastante singular ver um psicólogo preocupado com o problema genético da "unidade" da pessoa[45], mesmo que seja "feita de contrastes e de conflitos", administrar dessa maneira a eventualidade de princípio de uma incompletude, até mesmo de um limite no processo de totalização do sujeito pessoal.

Essa forma de relativismo pela qual a abordagem walloniana do processo de personalização é marcada aparece muito claramente na grande diversidade dos vocábulos que denominam, na pena de Wallon, as figuras do sujeito pessoal e social: consciência de si, consciência do eu, unidade de consciência, identidade do eu, o eu, o outro, os outros, outrem, ambiente, companhia, meio, Eu, *Alter*, Outro, os Outros, *Alii*, *socius*, sub-eu, outro íntimo, estranho essencial, teu-meu, a pessoa, as pessoas, a personalidade, o personagem, o sujeito. Fica entendido que essa preocupação central de Wallon relativa ao processo de formação da pessoa não corresponde completamente, como tal, à problemática do eu-outro como formação

---

[44] *Id.*, "Le rôle...", *op. cit.*, pp. 282-283; "Niveaux...", *ibid.*, p. 97. Observemos, em relação a esse "todo fechado", que Lacan, por sua parte, evoca a "unidade ideal", almejada pela identificação imaginária, "Le stade..." (1949), *op. cit.*, p. 113.

[45] H. Wallon, "Les stades..." (1947), *op. cit.*, p. 147.

imaginária na perspectiva de Lacan. Mas ela também diz respeito ao tema do Outro, da dimensão do simbólico, mesmo se o sujeito inconsciente não é seu objeto.

Wallon nota ainda, no artigo de 1956, que o objeto da identificação não se limita às pessoas. Ele pode ser também um animal, até mesmo um objeto inanimado. Mas pode ser igualmente um objeto coletivo, como já foi visto. Até mesmo uma idéia: "a ficção pode operar a transfiguração do *Eu*". Como no caso de Dom Quixote, em que se pode observar a "substituição do *Eu* pelo *Alter*[46].

Wallon relaciona a diferenciação entre o *Eu* e o *Outro* e o reconhecimento visual de si no espelho. Este pode ser adiado quando a primeira é lenta em seu estabelecimento, o que às vezes acontece com gêmeos. Com efeito, esses dois processos são muito influenciados pelos jogos de mímica expressiva que se dão precocemente entre a criança e seu grupo, nos quais se estabelecem "unidades visuocinestésicas" que podem lhe fornecer seu instrumento.

Ao longo do mesmo texto, Wallon também estuda o papel da "palavra" na gênese do processo de diferenciação entre o *Eu* e o *Outro*. Mas esse próprio fator de progresso, apesar de sua decisiva importância, depende do desenvolvimento dos tipos anteriores de organização:

> A palavra dirigida a si próprio nos solilóquios dialogados (2,6 anos) prepara a disjunção do *Eu* e do *Outro* [...]. As distinções pronominais da linguagem ajudam nessa promoção do *s* para o estado de indivíduo que toma lugar entre os outros, mas ele próprio é o reflexo dos progressos tornados possíveis pela evolução da pessoa[47].

Em textos um pouco anteriores, mas que fazem parte do mesmo período do pensamento de Wallon, pode-se discernir uma verdadeira constelação de conceitos conexos organizados ao redor do tema fundamental do duplo reflexo identificatório. Em *Cinestesia e imagem visual do corpo na criança*

[46] *Id.*, "Niveaux..." (1956), *op. cit.*, pp. 96-97.
[47] H. Wallon, "Niveaux...", *op. cit.*, p. 97.

(1954), esse tema é ilustrado em particular por uma passagem de Marx em que a relação social *latu sensu* é representada segundo o modelo metafórico da experiência especular *stricto sensu*. Em torno disso se distribuem noções de fundamental importância: a atitude, o mimetismo, a comunicação emocional, o caráter ao mesmo tempo bipolar e especular dos processos de identificação, o esquema corporal, a estranheza do duplo e, finalmente, as dificuldades características da experiência especular na criança jovem.

> A atitude rapidamente se tornou espetacular. Ela é para outrem advertência e para si mesmo meio de se identificar com uma situação, de melhor penetrar em seu sentido; secundariamente, também meio de captar nos outros, por mimetismo, o reflexo da situação resultante de sua presença. As atitudes emocionais são eminentemente contagiosas[48].
> Um tipo de mimetismo mímico liga em primeiro lugar a criança à sua mãe e àqueles que possam responder à expressão de suas necessidades, depois a um círculo mais amplo de rostos familiares sobre os quais o seu se modela, semeando nela a consciência de situações mais ou menos diversas.
> "O homem, Marx escreve, começa refletindo-se em um outro homem como em um espelho. É só quando ele consegue ter com o homem Paulo uma atitude igual à que tem consigo mesmo que o homem Pedro passa a tomar consciência de si mesmo como um homem[49]".
> Essa frase de Marx exprime muito bem esse vai-e-vem de si a outrem[50] e da imagem percebida em outrem a si mesmo[51], que não é somente uma realidade moral ou social, mas também um processo psicológico essencial.
> A criança inicia por um sincretismo total em que tudo está mergulhado em sua própria subjetividade [...]. À medida que a unidade primitiva é rompida [...] é em primeiro lugar um simples desdobramento de dois personagens ainda mal diferenciados, mesmo que por vezes em oposição[52].

---

48 *Id.*, "L'évolution dialectique de la personnalité" (1951), *Enfance*, *op. cit.*, p. 48.

49 Identificação. O texto alemão de Marx trata de "relação" (*Beziehung*) e não de *atitude*, significado talvez introduzido pelo próprio Wallon, que, por sinal, cita Marx segundo a tradução francesa de um livro russo, o qual provavelmente se refere à tradução russa de Marx. Existe aí um falso sentido bastante interessante para as visões de Wallon.

50 Projeção.

51 Introjeção.

52 Típico esquema hegeliano.

É então que a criança começa a se ver em outrem[53] e se reencontra, mais facilmente ainda, se projeta nele algo de si própria. Similar ou contrária à sua, a ação de outrem lhe parece mais ou menos elaborada pelo mesmo modelo. A assimilação[54] sucede à participação primitiva. Mas ao mesmo tempo que ela empresta a outrem sua sensibilidade cinestésica[55], recebe de outrem[56] uma marca [*empreinte*] visual, pois ela se atribui os efeitos vistos em outrem na ocasião de uma situação em comum. Ela começa assim a tomar uma consciência mais objetiva de si própria. [...]
A marca é então não somente experimentada, mas solicitada. E é assim que a criança se sente tornar-se um homem pelo duplo reflexo de si em outrem[57] e de outrem na sua própria pessoa[58]. Essa troca é perpétua. Persiste no adulto nos fatos da vida cotidiana. Qualquer um que perceba em outrem uma anomalia qualquer – falta de asseio ou pigarro – vai verificar se a sua voz está bem limpa ou se suas roupas estão em ordem. Disso resulta um controle exercido pelo meio ambiente sobre nossas maneiras de ser [...] Também resulta disso um retrato[59], o que nós fazemos de nós mesmos e que é um decalque de outrem em nós.
A imagem visual em que parece se integrar nosso esquema corporal precisa ser freqüentemente retificada. Já foi dito que nos surpreendemos na primeira vez em que ouvimos nossa voz gravada, que não somos capazes de nos reconhecer nela. E é verdade. Mas, apesar do uso corrente do espelho e da freqüência das fotos exigidas atualmente de nós para diversos atos da existência, nos surpreendemos às vezes pela imagem que ali vemos de nós mesmos[60]. [...] Sempre é necessário que nos adaptemos a nosso próprio aspecto visual.
Na criança, que seu crescimento faz mudar rapidamente de aspecto, a desorientação deve ser maior ainda. Mas lhe é necessário também resolver dificuldades mais sérias. Pois, no dia em que ela se torna capaz de estabelecer

53 Identificação.
54 Identificação diferenciada.
55 Projeção.
56 Introjeção.
57 Projeção.
58 Introjeção.
59 Noção de imaginário.
60 Tema do caráter estranho do duplo.

> uma relação entre a imagem e a pessoa, é porque a semelhança dos traços, à qual também podem se acrescentar as variações concomitantes do modelo e de seu reflexo no espelho, sobrepujaram seu desdobramento no espaço[61]. Numerosas observações devidas a diversos autores demonstram as etapas dessa identificação. Quando se trata de uma pessoa estranha, a redução do desdobramento espacial é relativamente fácil e freqüentemente muito precoce[62]. [...] Se, pelo contrário, é necessário atingir a idade de dois anos e até mais para que a criança saiba atribuir a si própria sua imagem [...] a dificuldade principal resulta da heteronomia entre os dois espaços, o espaço ótico da imagem e o espaço de sua presença corporal[63].

Esses textos notáveis mostram claramente que Wallon situou bem a noção de identificação imaginária, num sentido funcional e geral, ultrapassando o contexto material da situação especular. Talvez se deva ver, aliás, além de uma coincidência de datas (1951-1954), uma certa influência de Lacan nas formulações de Wallon. Wallon anexa a essa noção capital de identificação seu percurso particular: um acento muito marcado no componente atitude-postura, o jogo constante, em suas descrições, do mecanismo kleiniano de introjeção-projeção com um mecanismo de clivagem do tipo desdobramento-oposição.

O paradigma hegeliano da alteridade

O mecanismo hegeliano da clivagem, da cisão (*Entzweiung*) reterá nosso interesse por um certo tempo, em relação à indicação, feita um pouco mais acima, de uma rede de prováveis correspondências entre Wallon e autores tais como Janet e Baldwin, cujo organizador simbólico esse mecanismo poderia representar; um pouco distante, claro, mas incontestável.

---

61 Realismo da imagem, heautoscopia (Visão alucinatória do próprio corpo projetado no exterior). (NT)).

62 14 meses.

63 H. Wallon, "Kinesthésie et image visuelle du corps propre chez l'enfant..." (1954), *in Enfance*, *op. cit.*, pp. 260-263.

Quanto a isso, nosso ponto de partida não oferece qualquer dificuldade, já que Wallon menciona claramente, nos dois artigos, de 1946 e de 1956, que acabamos de estudar, a dívida de sua própria concepção do outro com o *socius* de Pierre Janet, mesmo se ele não confessa explicitamente que essa última noção foi o verdadeiro desencadeador de seu novo modelo do laço social, desde então acrescentado a seu modelo original da emoção. Além disso, Wallon já mencionou Janet uma primeira vez em um artigo de 1921, reescrito em 1942 para o *Novo tratado de psicologia* de Dumas:

> A afirmação do eu implica a oposição ao não-eu. Ela só pode se tornar afirmação da pessoa por oposição a outrem, ao *socius*, como Janet diz. Ela tem então como condição a vida coletiva[64].

Lagache[65] indica ter sido no âmbito de seu ensinamento no Collège de France que Janet[66] propôs repensar em termos de relações entre o eu e o *socius* os fenômenos de alucinação verbal, até então interpretados por termos exclusivamente anatomoclínicos. Zazzo, por seu lado, observa que Janet retoma essa noção de *socius* em 1937 em seu discurso inaugural no décimo primeiro Congresso internacional de psicologia, cujo secretário era exatamente Henri Wallon:

> A diferenciação do eu mesmo e do *socius* talvez não seja assim tão primitiva quanto se achava antes [...] o eu e o outro se constroem juntos de uma maneira confusa e apresentam os dois, ao mesmo tempo, os mesmos progressos[67].

Já se viu que Wallon seguia sugestões como essas com um zelo bastante grande em seus dois artigos de 1946 e de 1956.

---

[64] H. Wallon, "La conscience et la vie subconsciente" (1920-1921), *in* G. Dumas, *Nouveau traité de psychologie*, Paris, PUF, 1942, p. 29.

[65] D. Lagache, *Œuvres complètes, 1932-1964,* 6 vol., Paris, PUF, 1977-1984; "Janet au collège de France" (1950), *Œuvres complètes, op. cit.*, t. 2, pp. 232-238.

[66] P. Janet, *L'évolution de la mémoire et de la notion de temps,* Curso do Collège de France, Paris, Maloine, 1928, p. 222.

[67] R. Zazzo, *Reflets de miroir et autres doubles,* Paris, PUF, 1993, pp. 206-208.

Desse ponto de vista, deve-se lembrar que Lacan conhecia muito bem a obra de Janet, que menciona e elogia freqüentemente em sua tese de 1932 a respeito, por sinal, de suas visões sobre a psicastenia, síndrome cuja incidência no perfil que elaborou da paranóia de autopunição ele mesmo situa.

Janet conhecia bem, entre outras fontes, dois autores americanos: o filósofo e psicólogo James Mark Baldwin (1861-1934), que por sinal cita nominalmente em seu curso de 1928, e o filósofo Josiah Royce (1855-1916). Ora, Royce era, nos Estados Unidos, o principal representante de uma filosofia hegeliana tingida de pragmatismo, quer dizer, que concedia um importante papel à ação prática e à iniciativa individual.

Em uma de suas obras de sucesso, *Interpretação social e moral dos princípios de desenvolvimento mental* (1897), Baldwin expõe sua "dialética do desenvolvimento da personalidade". No decorrer de sua "psicogênese", o eu passa por vários "estágios", alternadamente objetivos e subjetivos, cada um devendo ser "ultrapassado" por um outro de forma mais elevada. Essas idéias encontrarão seu acabamento, entre outras, mas não somente, na psicologia de Wallon.

O eu real é "bipolar": eu-ego e eu-alter; o "eu" e o "outro", o *ego* e o *alter* são uma só e única coisa, nasceram juntos, são os dois essencialmente sociais; "cada um deles é um socius". Dessa maneira, o que um homem concebe como seu eu é, numa grande medida, idêntico ao que ele concebe como outrem; ele concebe o "alter" como seu "socius" precisamente porque se concebe como o "socius do outro". E o que é o alter para cada ego forma o alter comum a eles todos, torna-se um eu comum do grupo, "um espírito público, um *Zeitgeist* social".

Além disso, essa prosa de um perfume algo antiquado acompanha aqui e ali noções que conheceram desde então um grande sucesso: o conflito, a projeção, a introjeção (referida a Avenarius, filósofo físico alemão do final do século XIX), a incorporação, o eu ideal (referido ao filósofo hegeliano inglês Bradley, 1893), e até um "ideal do eu que observa a lei" (*sic*).

Baldwin, por sinal, é um autor mencionado tanto por Wallon como por Freud[68].

[68] Cf. S. Freud, *Trois essais...* (1905), *op. cit.*, p. 176.

Não menos interessante nos parece o fato de que esse psicólogo filosofante, que pré-fabrica, sem ter a menor idéia disso, algumas das principais ferramentas do dispositivo conceitual do pensamento freudiano, faz escala no horizonte da filosofia romântica alemã, como disso testemunham suas opiniões explícitas sobre Hegel:

> ele dá uma resposta relativamente completa e cuidada à questão da matéria social [...] analisou as razões das instituições e dos processos sociais com um espírito tão psicológico e genético quanto sua época lhe permitiu [...] ele mostra a dependência do desenvolvimento pessoal das condições sociais progressivas, que aparece primeiramente no fato da sujeição; por exemplo, a do escravo ao senhor.

Baldwin sugere, enfim, em vários lugares, que essa sujeição também pode servir de metáfora à relação entre o ego e o alter.

Baldwin também se interessa pela maneira como o hegeliano Bradley descreve a "trajetória da consciência": quando o "conteúdo-sujeito" se torna "conteúdo-objeto", então "não é mais" Eu [*Je*], se transformou em "eu [*moi*]"[69]. Idéia em que se anuncia, de uma certa maneira, a diferenciação, colhida por Lacan em Jakobson, entre o sujeito do enunciado e o sujeito da enunciação.

Ao final desse trajeto histórico, o pensamento de Hegel se apresenta como o protótipo filosófico inquestionável que preside, desde a origem, esse grande paradigma do desdobramento, da alteridade, de que recenseamos, acima e também em outros lugares de nossa área de estudos, variadas espécies. Com efeito, a filosofia hegeliana se apresenta, a fim de retraçarmos seu destino essencial, como uma seqüência de figuras, de quadros em que a consciência acha seu próprio reflexo sob a forma mistificada de um outro que si, que de fato é um outro si, ou melhor, a máscara de seu próprio si. De fato, a consciência humana finita se realiza, em cada um de seus sucessivos episódios, como uma "consciência duplicada" (*gedoppeltes Selbstbewusstsein*)

[69] J. M. Baldwin, *Interprétation sociale et morale des principes du développement mental* (1897), Paris, Giard et Brière, 1899, pp. 8-55, 497-498, 557-576.

que produz sua própria existência em um contexto definido como uma fase da clivagem, digamos ainda, "estágio da cisão", etapa da separação (*Standpunkt der Entzweiung, Scheidung, Trennung*). Hegel descreve esse efeito de desconhecimento de si sob a forma da captação por um outro si em termos particularmente sugestivos bem no início do famoso capítulo intitulado Domínio e servidão (senhor e escravo) e que serviu a Kojève como figura emblemática para sua interpretação antropológica e humanista da *Fenomenologia do espírito*. Pode-se ler ali:

> A consciência de si perdeu a si mesma, pois ela se encontra como sendo uma *outra* essência [...] é ela mesma que ela vê no *Outro*.

Notar-se-á que o tradutor, Jean Hyppolite (1941), vários anos antes de manifestar sua presença no seminário de Jacques Lacan (1959), elaborou de maneira interessante em francês o jogo da minúscula e da maiúscula no "outro", que se mostra, pelo contrário, em alemão, como uma imposição morfológica da língua escrita:

> Das Selbstbewusstsein [...] ist ausses sich gekommen [...] es findet sich als ein *anderes* Wesen [...] es sieht sich selbst im *Andern*.

Desse último ponto de vista, é importante ressaltar que a filosofia hegeliana, mesmo que seu conteúdo efetivo evolua já, em realidade, na dimensão conjunta do imaginário e do simbólico, praticamente nunca utiliza a metáfora especular, isso na medida em que ela se constrói numa linguagem essencialmente especulativa, que subordina a noção de "reflexo" à de "reflexão" (*Reflexion*), entendida por sinal, às vezes, num sentido quase físico, como promoção de um efeito de redobramento ao mesmo tempo agido e sofrido pelo movimento do espírito[70].

Vai-se também notar, aproveitando-se a ocasião, que em Hegel o processo de clivagem dos opostos, o módulo da esquize, não dá lugar a

[70] G. W. F. Hegel, *Phénoménologie de l'esprit* (1807), trad. Hyppolite, Paris, Aubier, 1941, p. 156; *Phäenomenologie des Geistes*, Leipzig, Meiner, 1937, pp. XI, 141; *Encyclopédie des sciences philosophiques* (1830), Paris, Vrin, 1986, pp. 481, 483; *Sämtliche Werke*, Stuttgart, Frommann, 1964, t. 8, p. 93.

uma forma de organização imobilizada, se fosse esta dinâmica, mas que, justamente, é uma "fase" (*Standpunkt*), que realiza o mecanismo produtivo de uma sucessão de figuras culturais submetidas a um processo de "ultrapassagem" (*Aufhebung*). Esse princípio de um messianismo histórico, animado por um desenvolvimento positivo (*Entwicklung*), ele próprio finalizado por um destino de reconciliação último (*Befriedigung*), é incontestavelmente muito mais próximo da mentalidade militante de um Wallon do que do universo da psicanálise.

O espelho divino

De fato, a filosofia de Hegel se associa deliberadamente à antiga tradição do pensamento religioso de origem judaico-cristã, cujo conteúdo espiritual ela se esforça em recuperar através de um duplo processo de desconstrução e de transposição no quadro laicizado de uma antropologia filosófica, de um humanismo subordinado a uma filosofia da história.

Sob esse ponto de vista, o esquema hegeliano fundamental da consciência duplicada, da identidade dos opostos, digamos melhor, da unidade dividida em espelho, pode parecer encontrar sua raiz mais arcaica e mais profunda na célebre fórmula do livro da *Gênese*, no início do *Antigo testamento* – "Quando Deus criou o homem, ele o fez à sua imagem. Criou-os homem e mulher[71] –, cuja significação prototípica pode muito bem ser considerada como presidindo decisivamente à longa história da espiritualidade ocidental. Com toda a certeza, uma tal "imagem" não é especialmente assimilável a um reflexo especular, mas ela não deixa de incluir essa noção implicitamente e até mesmo a sugere com bastante vigor.

Nos primeiros séculos de nossa era, o pensamento judaico, antes de progressivamente se canalizar, lá pelo século IV, no novo paradigma do cristianismo, parece ter tomado, na bacia mediterrânea, uma grande quantidade de modelos sob forma de variações múltiplas do esquema fundamental comum de uma consciência divina de natureza especular. Além disso, esses

---

[71] "La genèse", *Bible de Jérusalem*, Paris, Le Cerf, 1961, p. 10.

brotos dispersos de um único denominador comum do pensamento religioso de ascendência hebraica se compõem, por vezes, num sincretismo pitoresco, com temas oriundos de outras tradições. Em sua muito sugestiva obra sobre *As heresias*, Raoul Vaneigem contribui com um interessante exemplo para nosso desenvolvimento:

> A guerra das luzes e das trevas e a busca do nome e da natureza do Messias se reencontram na poética cosmogônica dos cuqueanos* da Síria, que o heresiólogo Bar-Konai resume dessa maneira em seu *Livre des scolies*: "Deus nasceu do mar situado na Terra da Luz, que eles chamavam de Mar desperto. O mar de Luz e a terra são mais antigos que Deus. Quando Deus nasceu do Mar desperto, sentou-se nas águas, olhou-as e nelas viu a sua própria imagem. Ele estendeu a mão, tomou essa imagem, tomou-a como esposa, fez amor com ela e engendrou uma multidão de deuses e deusas". A idéia de um Deus enamorado de sua imagem e procriando os espíritos que governam os elementos do mundo faz parte das especulações sobre o pneuma (Espírito), a Sabedoria ou Sofia, o Logos e o Messias[72].

A tradição hebraica poderia parecer, em uma certa medida, ter formulado a noção nova de um "narcisismo de vida", associado à idéia de reprodução criativa e que faz interessante contrapartida, para o nosso objetivo, para a noção tradicional e paradoxalmente mais bem conhecida de um "narcisismo de morte", veiculada pela mitologia grega e conotada pela idéia de uma repetição estéril. Em todo caso, parece que o tema de um espelho divino foi uma das constantes desse cristianismo intelectual, esotérico e marginal que se chamou de "gnose". Essa corrente religiosa, surgida logo nos primeiros séculos da era cristã, chegou durante o período da Renascença à Renânia, onde convergirá inicialmente com a cabala judaica, depois, um pouco mais tarde, com as correntes mais evoluídas do pensamento luterano. É no final desse percurso que Hegel a encontrará, ao herdá-la por sua vez dos grandes representantes do pensamento místico e

* *Koukéens* no original. Os "cuqueanos" (tradução livre) são mencionados, como seita – na internet–, junto com os zelotes, os essenianos, os batistas, os ebionitas, os cainitas, etc. (NT)

72 R. Vaneigem, *Les hérésies*, Paris, PUF, 1994, pp. 27-28.

teosófico alemão, primeiramente o dominicano Jean Eckhart (1260-1327) e depois o sapateiro luterano Jacob Boehme (1575-1624).

Esses dois grandes porta-vozes do misticismo especulativo são considerados como uma das origens incontestáveis da filosofia alemã, particularmente romântica. No que se refere a Eckhart, é claro que seu pensamento valoriza o tema da imagem humana como reflexo desreal. Segundo ele, a individualidade humana, na medida em que procede da divisão a partir da unidade, não participa da Deidade (*Gottheit*), é um "puro acidente, um nada". O próprio Cristo é uma "imagem" (*Bild*) que a inefável Deidade engendra em toda alma totalmente despojada. Quando a Boehme, ele encara a deidade em seu princípio como um abismo sem fundo (*Ungrund*), o nada eterno, o absoluto sem essência. Entretanto, esse *Ungrund* é uma vontade de manifestação, de revelação a si próprio. Essa vontade é em si um desejo que não tem objeto e se faz desejo dele mesmo, uma visão que se desdobra e se opõe a si própria como um espelho mágico no qual ela se olha e se apreende. Esse "espelho sofiânico", em que o um absolutamente indeterminado se divide, opondo-se uma limitação, é o princípio da criação do mundo, princípio, de resto, que contém por si próprio um "grande mistério" (*magnum mysterium*). A unidade dividida em espelho de que já falamos a propósito do messianismo laico de Hegel encontra, de fato, uma prefiguração já bastante convincente na teosofia barroca de Boehme. Aliás, Hegel homenageou explicitamente Boehme, "o primeiro filósofo alemão", por haver reconhecido, revelado e extraído a oculta essência do "princípio protestante", quer dizer, segundo Hegel, "o conflito e a luta na própria alma", e, em geral, a dinâmica da unidade dividida dos opostos, o que ele próprio qualificou por conta própria com o termo inaugural "negatividade[73].

Através de Kojève, cujo curso sobre Hegel ele acompanhava desde 1934, Lacan conhecia Alexandre Koyré, que publicou em 1929 uma tese sobre *A filosofia de Jacob Boehme* e com quem ele havia até mesmo pensado em redigir um artigo para a revista *Recherches philosophiques*, dirigida por

[73] E. Bréhier, *Histoire de la philosophie*, 3 vol., Paris, PUF, 1930-1938, reed. 1981, 1, pp. 648-654; 2, pp. 202-205; G. W. F. Hegel, *Leçons sur l'histoire de la philosophie* (1832), Paris, Vrin, 1985, pp. 1304-1355; A. Koyré, *La philosophie de Jacob Boehme* (1929), Paris, Vrin, (1929), 3ª ed. 1979, pp. 244-269.

Koyré, um artigo sobre Hegel e Freud. Como observou uma pequena obra recente de Dany-Robert Dufour, é muito plausível que Lacan, ao mesmo tempo que se iniciava na filosofia hegeliana, tenha podido, no mesmo período, travar contato com as idéias de Boehme[74].

O esquema da unidade dividida em espelho, que parece haver presidido à origem e à transformação da tradição espiritual e religiosa ocidental, não é, em realidade, nada além de uma realização, claro que importante no plano cultural, de um princípio comum por sinal identificável em outros campos. Trata-se da estrutura binária, oposicional, característica do pensamento natural, na medida em que sua matriz é constituída pelo esquema dos pares contrários contrastados, dos pares de termos bipolares. Seu princípio foi explicitamente formulado por Wallon sobretudo na sua última obra sobre *As origens do pensamento na criança*. Mas, de fato, um princípio tal já havia conhecido, bem antes disso, mais de uma realização no pensamento freudiano, sendo que a mais bem conhecida, mas em absoluto a única, é o célebre jogo do *fort-da*, em que o funcionamento de uma estrutura binária como essa se mostra de maneira exemplar na conjunção do gesto corporal e de palavra nascente. Já abordamos esse círculo de problemas no final de nosso capítulo XII dedicado aos "jogos de alternância" e não insistiremos mais nisso[75]. Em realidade, o que nos interessa aqui é o fato de que o *pensamento 2*, organizado pelo princípio da conceitualização gemelar, tende por si próprio a se tornar complexo ao se abrir para outros modos de organização suscetíveis de aumentar, no fim das contas, sua mobilidade e sua eficácia. O primeiro procedimento e o mais simples utilizado para esse fim consiste na introdução de um terceiro termo, cuja adoção corrente na criança a partir dos 8 anos, mais ou menos, Wallon sempre observou. Ora, essa passagem para o *pensamento 3* apresenta um aspecto histórico de um caráter determinado no que tange ao esquema hebraico original da consciência divina em espelho. Trata-se, nada menos, do que do esquema cristão do Deus unitrino, da Trindade,

[74] D.-R. Dufour, *Lacan et le miroir sophianique de Boehme*, Paris, EPEL, Cahiers de l'*Unebévue*, 1998 [Publicado no Brasil pela Companhia de Freud, *Lacan e o espelho sofiânico de Boehme*, 1999].

[75] Ver também É. Jalley, "Concept d'opposition", *Encyclopaedia Universalis, 16*, Paris, 1989, pp. 956-965; "Psychanalyse et concept d'opposition", *ibid.*, *19*, 1989, pp. 179-187.

que aumenta notavelmente a complexidade do esquema binário anterior ao representar *a* e-ou *as* pessoas divinas segundo a fórmula: uma pessoa em três, três pessoas em uma (*uma in tres, tres in unam*).

A elaboração dessa formulação deu lugar a uma história muito conflituosa entre as correntes do pensamento cristão nascente e só tomou uma forma consistente a partir do século IV, quando foi sancionada sob forma de moção de compromisso primeiramente pelo concílio de Nicéia (325) e posteriormente pelo de Éfeso (433). O texto dessa moção, chamado de Símbolo de Nicéia, também é conhecido pelos fiéis da Igreja romana pelo nome comum de "Credo". Esse novo modelo articula as relações entre três pessoas, aparentemente do gênero masculino, de acordo com o esquema inicial de uma consciência divina em espelho: um Pai engendra um Filho, que por sinal lhe é consubstancial de toda a eternidade, modelo binário em que se enxerta como terceiro um Espírito, que "provém" (*procedit*) dos dois anteriores como princípio "vivificante" (*vivificantem*), quer dizer, como significando seu acordo selado por um pacto, ousaríamos dizer uma espécie de "troca de olhares"?

Esse novo modelo, mesmo que a consciência dos fiéis tenha usado e abusado dele pelos séculos afora, comporta para a época uma certa sofisticação filosófica na medida em que parece discordar tanto do princípio aristotélico de não-contradição como da aritmética pitagórica elementar. Com efeito, seu esquema lógico é mais ou menos "um se divide em dois e esses dois fazem três". É plausível que esse modelo tenha sido elaborado com referência aos dados clássicos da filosofia grega, sobretudo as duas representações tripartites das funções ou instâncias da alma elaboradas por Platão (inteligência-humor-desejo) e Aristóteles (inteligência-representação-afetividade, vida orgânica). Quanto a isso, se observará que a obra de F. Brentano, *Psicologia do ponto de vista empírico*, publicada em 1874 e que provavelmente serviu parcialmente de base para seu curso de filosofia seguido por Freud precisamente no mesmo ano, dedica um capítulo inteiro às varias divisões tripartites da alma, tanto as duas anteriores como seus vários prolongamentos até o pleno século XIX[76]. É por isso que se pode assumir

[76] F. Brentano, *Psychologie d'un point de vue empirique* (1879), Paris, Aubier, 1879, reed., 1944, pp. 184-199.

um risco calculado e pensar que a elaboração desses dois tópicos freudianos talvez não deixe também de se relacionar, por vias históricas diversas, com uma tal origem. Será que podemos simplesmente sugerir que os três pólos funcionais da personalidade discernidos por Freud em sua segunda tópica – jurisdicional (supereu), defensivo (eu) e finalmente pulsional (isso) – não nos pareçam desprovidos de alguma relação com as duas classificações ternárias de Platão e de Aristóteles?

De qualquer maneira, o que nos interessa aqui é que esse modelo teológico de base Pai-Filho-Espírito representa o campo de referência no qual opera a filosofia hegeliana, ocupada em produzir uma transmutação antropológica no quadro de uma filosofia humanista e progressista da história. Em Hegel, a tríade teológica anterior é traduzida para uma nova tríade de finalidade puramente secular: Logos-Natureza-Espírito, em que o primeiro termo representa um princípio de movimento e de organização oriundo do Nada inicial (os astrônomos modernos evocam a ficção científica de um *big bang*), o segundo, o trajeto progressivo da consciência através da natureza, depois através da história, o terceiro, enfim, a hipótese de um homem pacificado pela cultura e dessa maneira reconciliado com a imagem de seu duplo. Por sinal, convém ressaltar que esse progresso diacrônico em três tempos – unidade originária, divisão, retorno à unidade – já tinha sido adotado pela filosofia cristã em benefício de sua concepção puramente religiosa de uma história da salvação da alma e que ela o articulava em posição subordinada ao seu modelo trinitário sincrônico de base das três pessoas divinas. Entretanto, também é importante mencionar que, diferentemente do esquema sincrônico da Trindade, o esquema diacrônico em três tempos de que acabamos de falar não é, em sua forma, invenção do cristianismo. Ele foi conhecido por outras filosofias, o estoicismo por exemplo, que pôde, nesse sentido, exercer uma certa influência sobre as primeiras concepções cristãs e sobre o qual também se deve observar que seu impacto se fez sentir, mesmo após a Renascença, num certo tipo de cultura aristocrática na Europa, por exemplo em muitos humanistas e também em alguns representantes da tradição clássica francesa (Corneille, Descartes, Vauvenargues).

Hegel e Freud

Se voltarmos a centrar o conjunto dos desenvolvimentos anteriores no seu verdadeiro pretexto, a articulação do que qualificamos como pensamento binário e ternário, parece que isso nos renderá conclusões interessantes e proveitosas quanto ao aspecto epistemológico do pensamento freudiano. Com efeito, mesmo que este seja normalmente mostrado como profundamente dualista, alguns de seus componentes mais importantes não se deixam reduzir a tal com facilidade. Dele também faz parte a presença incontestável de um princípio agregado de ordem ternária. A coisa é perfeitamente clara na organização triádica tanto da primeira assim como da segunda tópica. Também na progressão em três tempos da dialética dos pares de pulsões perversas sadismo – masoquismo e voyeurismo – exibicionismo: a um primeiro tempo concentrado, de ordem ao mesmo tempo ativa e passiva centrada no sujeito, sucedem em seguida dois tempos, um deles ativo dirigido ao objeto e o outro passivo, dirigido ao sujeito. Como já foi sugerido, a relação sadomasoquista, pelo fato evidente desse predicado acoplado domínio-submissão cuja marca ela ostenta, está relacionada à célebre dialética chamada comumente de do senhor e do escravo, mas facilmente qualificada por termos como "Domínio e servidão" (*Herrschaft und Knechtschaft*) na descrição inicial produzida por Hegel e que tanto canalizou o interesse de Lacan.

Além disso, além até de Hegel, é conveniente evocar outros representantes desse grande período da filosofia crítica e romântica alemã. Efetivamente, o tipo de processo então descrito por Freud é totalmente erguido sobre o movimento de "pares de opostos" (*Gegesatzpaar*) em que alguns são igualmente denominados como "polaridades" (*Polarität*), de acordo com o uso corrente alemão à época, em Hegel, com certeza, mas sobretudo na filosofia da natureza de Schelling e muito também em Goethe, um dos autores mais lidos e mais citados por Freud e que provavelmente representa o canal principal que poderia ter colocado este em relação com essa época "von Kant bis Hegel", para designá-la pelo título da obra clássica de Kröner que retraça seu conteúdo[77].

[77] R. Kröner, *Von Kant bis Hegel*, Tübingen, 1921-1924; S. Freud, "Pulsions et destins des pulsions" (1915a), *Métapsychologie*, *op. cit.*

Esses pares de opostos se organizam, então, sob a pena de Freud, de acordo com tríades de processos de inversão e de volta (*Verkehrung, Wendung*), de orientação alternativamente centrífuga e projetiva, introjetiva e centrípeta, que contribuem para a diferenciação da "oposição eu-não-eu" (*der Gegensatz von Ich-Nicht-Ich*). Vamos observar em termos muito rápidos que esse modelo da construção do sujeito segundo um procedimento de oscilação em espiral, com dominância freqüentemente triádica, representa precisamente um dos esquemas básicos da filosofia romântica alemã em geral (Fichte, Schelling, Hegel). O termo projeção (*Entwerfung*) é utilizado por Fichte enquanto que Hegel prefere dizer alienação (*Entaüsserung, Entfremdung*), que a tradução de Hyppolite deu como "estraneação [*extranéation*]" e aquela, mais recente, de Lefebvre, como o substantivo "estranhamento", formado de uma maneira um pouco singular por ele a partir de um verbo francês "étranger [estrangeiro, estranho]" ainda em uso em Stendhal. Além disso, Hegel, por sua própria iniciativa, antecipou o mecanismo que a psicanálise qualificou como identificação nesse processo de construção do sujeito pelo termo reconhecimento (*Annerkennung*), por sinal sempre obliterado pelo processo inverso de um desconhecimento, um traço que Lacan, por conta própria, parece-nos, perfeitamente discerniu e assimilou em seu processo de pensamento particular.

Wallon também utiliza, em sua psicologia do desenvolvimento da personalidade infantil, esse esquema de um desenvolvimento espiral do sujeito de acordo com um princípio de oscilação alternante entre dois tipos de fases com dominância respectivamente centrípeta e centrífuga, isso em benefício de um modelo dialético muito pessoal, situado na articulação da natureza e da história, sobre o qual se pode observar rapidamente que possui propriedades de tipo intermediário entre o modelo dialético não antagônico de Hegel e aquele, antagônico, de Marx. Esse dualismo de base do modelo genético de Wallon se torna mais complexo pela intervenção de um princípio ternário[78]. Entretanto, é interessante observar que ele transfere e transpõe,

---

[78] Ver É. Jalley, *Wallon lecteur de Freud et Piaget*, Paris, Éditions Sociales, pp. 259-316; "Psychologie génétique", *Encyclopaedia Universalis*, 19, Paris, pp. 232-238; "Les stades du développement en psychologie et en psychanalyse", *Encyclopaedia Universalis, Les enjeux, 2*, Paris, pp. 895-902; É. Jalley e L. Maury, *Henri Wallon, Écrits de 1926 à 1961, Psychologie et dialectique*, Paris, Messidor, 1990, pp. 189-243.

numa forma mais ou menos sublimada, no nível do modelo explicativo da psicogênese, a estrutura binária fundamental que Wallon identificou no pensamento infantil, pensamento de tipo "molecular", também chamado de "pré-categorial" e que se organiza, na fase de desenvolvimento (dos 2 aos 8 anos, mais ou menos) que segue aquela em que se destacam os efeitos próprios da imagem especular, numa forma que se pode corretamente qualificar como *pensamento em espelho* ("um em dois, dois em um[79]").

Algumas das formulações anteriores nos levam por sinal a indicar um bom exemplo dessas estranhas homologias que se tecem entre autores diferentes e cuja origem nem sempre é explicável. De fato, é singular se ver a figura do domínio e da servidão em Hegel, por um lado, e o par de opostos sadismo-masoquismo em Freud, por outro, surgirem como protótipos homólogos que encontram, além disso, um curioso equivalente nas relações acopladas de rivalidade, de despotismo e de submissão, cuja descrição Wallon colhe em Charlotte Bühler antes de transmiti-la a Lacan.

As formulações anteriores nos levam também a concluir, é verdade que sem grande surpresa, apesar do interesse das semelhanças acima, que o princípio dualista assume definitivamente a preponderância sobre o princípio ternário no próprio terreno da psicanálise. Deve-se convir que o que falta por princípio à psicanálise é o terceiro tempo da série diacrônica anterior, o tempo paradisíaco do retorno à unidade, a fase messiânica da reconciliação com a imagem do duplo. A não ser que se corra o risco inconsiderado de contemplar o mito de uma cura psicanalítica bem-sucedida como o equivalente pragmático dessa grande metáfora de uma felicidade encontrada para-além do sofrimento da clivagem. Quanto a isso, todavia, é interessante voltar ainda um pouco a Hegel.

Quase todo mundo sabe que a *Fenomenologia do espírito*, publicada em 1807, se apresenta como uma sucessão das sucessivas figuras da experiência cultural da consciência humana. Mas o que se notou menos é que, na "Introdução" dessa obra, Hegel descreveu o mecanismo de tal experiência em termos que se pode dizer atualmente que não deixam de lembrar justamente o que conhecemos hoje como o processo ao mesmo tempo recapitulativo e criativo de uma cura psicanalítica.

---

[79] H. Wallon, *Les origines de la pensée...*, *op. cit.*, p. 748. Ver aqui cap. 12.

Em cada uma de suas etapas, a consciência é saber (A) de um objeto (B) posto como verdade. Ora, a consciência vem fazer a sua experiência crítica (C) da inadequação de seu saber com relação ao objeto. O que Hegel nos descreve então é um processo de deslocamento, pode-se dizer de transferência, em favor do qual o tempo crítico C se cristaliza e vira para o surgimento de uma outra consciência definida por um novo saber (D) relacionado a um novo objeto de verdade (E), etc. Pode-se, *grosso modo*, representar o conjunto do processo por um esquema que mais ou menos toma a seguinte forma: (((A-B... C) D-E... F) G-H...), etc.

Entretanto, outros pontos de semelhança, tão dignos de interesse como incontestáveis, entre o pensamento hegeliano e a psicanálise ainda podem ser postos em evidência. Em primeiro lugar, Hegel descreveu, pela primeira vez em termos explícitos na história do pensamento ocidental, a consciência como sujeito em desenvolvimento (*Subjekt, Entwicklung*), em que o ser é só o resultado de sua própria história (*Geschichte*). A atividade desse sujeito é em grande parte inconsciente (*bewusstlos*), é dirigida por pulsões (*Trieb*) e também se acha em conflito consigo mesma (*Konflikt*). Esse sujeito também toma forma em uma personalidade (*Personlichkeit*) que encontra a base do sentimento de si em um corpo (*Körper*). Mas o eu (*das Ich*) só existe realmente na linguagem (*Sprache*), a qual é "a suprema potência entre os homens". Com certeza, tais temas podem muito bem nos parecer hoje em dia, do ponto de vista de que estamos, se é possível dizer, "só-depois", metáforas, antecipações, premonições das grandes descobertas da psicanálise[80].

Dessa maneira, percebemos de uma maneira cada vez mais clara que uma abordagem do pensamento freudiano à luz do pensamento hegeliano nada tem de uma aproximação culta, com certeza, mas no mínimo fruto do acaso; que, ao contrário, é uma metáfora no sentido verdadeiro, quer dizer, corresponde perfeitamente à estrutura do objeto ao qual é aplicada. Entretanto, o próprio projeto de reler o texto de Freud com a ótica hegeliana,

[80] G. W. F. Hegel, *Phénoménologie...*, *op. cit.*, "Préface", pp. 5-62; *Propédeutique philosophique* (1809-1811), "Index-Glossaire", Paris, Denoël-Gonthier, 1963, pp. 182-194.

o que constitui, antes de mais nada, uma grande parte do empreendimento lacaniano, não tinha à primeira vista nenhuma evidência. Uma dificuldade semelhante se lê e se diz ainda hoje em dia primeiramente no próprio plano das formulações explícitas do próprio Freud sobre a filosofia em geral e sobre Hegel em especial.

Efetivamente, pode-se dizer que as duas únicas menções explícitas que Freud dedica a Hegel não encorajam em nada a pesquisa dos laços temáticos, ou até mesmo de afinidades conceituais entre seu percurso metapsicológico e o pensamento hegeliano. Na *Interpretação dos sonhos*, Freud menciona simplesmente que "Hegel, citado segundo Spitta, nega ao sonho qualquer coerência objetiva inteligível[81]". Entretanto, encontra-se uma apreciação mais circunstanciada e mais interessante também nas *Novas conferências de introdução à psicanálise*:

> Na teoria marxista, existem teses que me desconcertaram, como aquela que quer que o desenvolvimento das sociedades seja um processo de ciência natural, ou que as mudanças na estratificação social procedam uma da outra pela via de um movimento dialético. Não tenho nenhuma certeza de estar compreendendo corretamente essas afirmações; por sinal, elas não soam a meus ouvidos como "materialistas", mas como uma expressão dessa obscura filosofia hegeliana, escola por onde Marx também passou[82].

Para concluir, as considerações acima, mesmo que possam parecer nos ter levado por vezes além do rigoroso tema anunciado pelo título do atual capítulo, nos parecem entretanto capazes de trazer um esclarecimento pelo menos parcial a certas perguntas que nos fizemos anteriormente relativas a uma origem hegeliana plausível que seria comum, mas com um acento diferente e entre várias outras contribuições, à psicanálise e à psicologia de Wallon. É o próprio princípio de uma tal derivação que teria ao mesmo tempo suscitado e legitimado aos seus olhos os empréstimos que Lacan

[81] S. Freud, *L'interprétation des rêves* (1900), Paris, PUF, p. 56.
[82] *Id.*, *Nouvelles conférences d'introduction à la psychanalyse* (1933), Paris, PUF, p. 236.

colheu na obra de Wallon em benefício de sua leitura hegeliana do texto freudiano.

O seminário de 1955-1956

É na fronteira de seu ensinamento, mais exatamente em setembro de 1953, no *Relatório do Congresso de Roma* (*Função e campo da palavra e da linguagem em psicanálise*), que Lacan lança a fórmula segundo a qual o "inconsciente do sujeito é o discurso do outro". Essa última palavra é então escrita com uma minúscula[83]. E, como já vimos, é no decorrer do ano de 1955 que se introduz a diferença entre o outro e o Outro (25 de maio), depois explicitamente entre o outro imaginário e o Outro simbólico (conferência em novembro, *A coisa freudiana*).

No seminário do 25 de maio, Lacan aponta uma vez, de maneira alusiva, a função identificatória do "outro especular", aquele que o sujeito vê enquanto fala ao Outro através do "muro da linguagem". Em *A coisa freudiana*, em novembro, Lacan destaca, a respeito da "paixão imaginária", da "identificação jubilatória do indivíduo com a imagem de seu corpo", a "identificação precipitada do eu com o outro no sujeito". De fato, essas afirmações não fazem mais do que retomar e desenvolver, em relação à recente noção do "outro" (1953), as formulações anteriores relativas à "identificação primordial com a imagem especular", à captação identificatória pela *imago*, até mesmo no "modo imaginário" (1946, 1949, 1950[84]).

O *Seminário III*, do ano de 1955-1956, sobre *As psicoses*, contribui para aperfeiçoar, progressivamente, os relatos anteriores relativos às relações do par outro-Outro com os processos de identificação.

---

[83] J. Lacan, "Fonction..." (1956), *Écrits, op. cit.*, p. 256. Todavia, ver também a citação de Rimbaud, "Eu [*Je*] é um outro": "L'agressivité em psychanalyse" (1948), *Écrits, op. cit.*, p. 324.

[84] J. Lacan, *Le moi...* (1954-1955), *op. cit.*, pp. 285-286; "La chose..." (1956), *op. cit.*, pp. 427-428, 430; *Les complexes...* (1938), *op. cit.*, p. 48; "Propos" (1950), *op. cit.*, pp. 183, 185; "L'agressivité..." (1948), *op. cit.*, p. 113; "Le stade..." (1949), *op. cit.*, pp. 94, 96, 98; "Fonctions..." (1951), *op. cit.*, p. 141. As datas de publicação indicadas pelas siglas desta nota são naturalmente posteriores às três datas acima (46, 49, 50), que indicam as datas de aparecimento.

Primeiramente, a diferenciação entre os modos da alteridade ali é mais refinada, sobretudo baseada em uma análise exata do processo da enunciação. Com efeito, este se desenvolve entre os dois lugares que representam "o outro e o Outro radical, o Outro absoluto[85]". Pois

> tudo o que se diz tem sob si um *eu* [*je*] que o pronuncia. É no interior dessa enunciação que o *tu* aparece [...] o *eu* [*je*] nunca está onde ele aparece[86].

O "Outro, com um O maiúsculo" é "o lugar onde se constitui o eu [*je*] que fala com aquele que ouve". Nesse sentido, esse Outro é situado ao mesmo tempo aquém e além do enunciado, "relação de sujeito com sujeito" e, como tal, "inapreensível nessa relação evanescente[87]". Por um lado, ele é "o Outro que fala do meu lugar, esse outro que está em mim[88], um outro de uma natureza completamente diferente do outro, meu semelhante". Mas, por outro lado, esse "Outro absoluto" também é "aquele a quem nos dirigimos além desse semelhante [...] desse *tu* a quem me dirijo do lugar onde estou como Outro, com um O maiúsculo". Quanto a esse *tu*, ele é

> o outro imaginário [...] o outro-reflexo [...] um para-eu que acreditava ser o verdadeiro e que era absolutamente falso [...] a alteridade em espelho, que nos faz depender da forma de nosso semelhante na medida em que ele me dá minha própria imagem, em que ele me capta pela aparência, em que ele me dá a projeção da totalidade [...] mas ele mesmo tomado comigo em uma relação de miragem[89].

---

[85] No ano anterior, em *Le moi...* (1954-1955), *op. cit.*, Lacan dizia apenas "o Outro radical, o Outro verdadeiro" e também "os Outros" (Wallon 1956a); J. Lacan, *Le moi...*, *op. cit.*, pp. 286, 288, 370. "Absoluto" é uma inovação (31 de maio de 1956) de consonância hegeliana.

[86] J. Lacan, *Les psychoses* (1955-1956), Le séminaire, livre 3, Paris, Seuil, pp. 286, 310. Lembremos ainda, em Wallon (1946) e (1956a), as noções do sub-eu, diálogo interno-externo, fantasma, estranho essencial recalcado, outro íntimo, Outro interior.

[87] Primeira menção (junho de 1956) do *fading*? Ver *ibid.*, pp. 325, 342.

[88] Ver abaixo a referência à "introjeção" e acima a noção walloniana do Outro interior (primeiro semestre de 1956, *in Evol. Psych.*, 1). A formulação de Lacan data de 16 de maio de 1956.

[89] J. Lacan, *Les psychoses*, *op. cit.*, pp. 165-166, 274, 286-287, 306-307, 309, 311-312, 323, 325, 341-342.

Certas passagens dessas análises, como que compostas com espátula de pintura, cumulam, numa forma bastante espantosa de sobredeterminação, as mais variadas referências. Dessa maneira:

> A dialética do narcisismo[90] diz respeito ao outro da partida imaginária da dialética do senhor e do escravo[91] que fomos buscar no transitivismo infantil[92], no jogo de imponência[93] em que ocorre a integração do *socius*[94], o outro que se concebe tão bem pela ação captadora[95] da imagem total[96] no semelhante[97].

A propósito, Lacan daria a entender aqui que os fatos relatados por Wallon (transitivismo, imponência 1934) foram oferecidos como exemplos privilegiados, no plano da psicologia "infantil", dessa dialética do senhor e do escravo, cujo significado fundamental em relação à análise freudiana do narcisismo por sinal Kojève lhe revelou?

De fato, tudo parece se passar como se a psicologia desenvolvimentista de Wallon fornecesse a Lacan conteúdos de experiência capazes de mobiliar, habitar o quadro especulativo da dialética hegeliana da luta pelo reconhecimento. Seria ainda necessário que um tal corpo de conhecimentos tenha as proporções e o tamanho adequados para se ajustar sem problemas em um tal hábito, o que, aliás, não poderia ser sistematicamente o caso dos outros sistemas de psicologia que floresciam naquela época (Piaget, por exemplo).

Nesse mesmo contexto do *Seminário III*, a noção de " identificação imaginária" vem se ajustar à noção nova do "outro imaginário". Nessa base conceitual ampliada, Lacan retoma, em termos particularmente vigorosos, o tema anterior do conhecimento paranóico, procedendo a uma dupla generalização dos conceitos de outro e de identificação. Formulemos essa idéia bastante difícil numa formulação mais clara: a identificação afetiva e

[90] Hegel, Freud.
[91] Hegel.
[92] Wallon, Köhler.
[93] Wallon.
[94] Wallon, Janet, Baldwin.
[95] Método do logro em etologia.
[96] *Gestalttheorie.*
[97] J. Lacan, *Les psychoses, op. cit.*, p. 165.

intransitiva com o outro-semelhante representa a condição e a base da identificação cognitiva e transitiva do outro-objeto. Cada uma das duas formas expressa, de maneira específica, "a aderência ao contra-senso imaginário da identificação com o outro". Lembremos que a identificação transitiva é um mecanismo já descrito por Freud, sob a forma de identificação onírica, no trabalho do sonho. Mas a essa referência maior se mesclam, na trama do relato de Lacan, as inevitáveis harmônicas que constituem as referências, em acordes completos, a Hegel assim como a Wallon. Que se julgue:

> Todo conhecimento humano se origina na dialética do ciúme[98], que é uma manifestação da comunicação. Trata-se ali de uma noção genérica observável, behaviouristicamente[99] observável. O que acontece entre crianças pequenas comporta esse transitivismo imaginário [...] fundamental que se expressa no fato de que uma criança que bateu em outra pode dizer: "o outro me bateu". Não que ela minta – ela é a outra literalmente[100] [...] É na ordem do imaginário que se situa a relação de identificação a partir da qual o objeto se realiza como objeto de concorrência [...] Uma alteridade primitiva está incluída no objeto na medida em que ele é primitivamente objeto de rivalidade... Ele só interessa como objeto do desejo do outro[101]. O conhecimento dito paranóico é um conhecimento instaurado na rivalidade do ciúme, no decorrer da identificação primeira do estádio do espelho. Essa base rivalitária e concorrencial está no fundamento do objeto [...] O domínio do conhecimento está fundamentalmente inserido na dialética primitiva paranóica da identificação com o semelhante. É dali que parte a primeira abertura de identificação com o outro, isto é, um objeto. Um objeto se isola, se neutraliza e, como tal, se erotiza particularmente. É o que faz entrar no campo do desejo infinitamente mais objetos materiais do que entram na experiência animal[102].

[98] S. Freud, C. Bühler, H. Wallon. Somos obrigados a silenciar sobre as complexas análises de Freud sobre o ciúme, cujos prolongamentos se identificam em Spitz, Winnicott, Elsa Köhler e Wallon.

[99] A psicologia como ciência séria.

[100] Wallon, Elsa Köhler.

[101] Hegel.

[102] J. Lacan, *Les psychoses* (1955-1956), *op. cit.*, pp. 49-50, 200, 275, 342.

Na maior parte dos textos anteriores, o princípio genético do conhecimento paranóico é associado seja ao transitivismo (Elsa Köhler, Wallon) (1946), seja às relações acopladas entre crianças de colo do segundo semestre (Charlotte Bühler, Wallon) (1948); então, definitivamente, aos fatos relatados por Wallon na obra de 1937[103].

Definitivamente, ao longo do ano de 1956, cujo primeiro semestre vê ao mesmo tempo se concluir o *Seminário III* e serem publicados na *Évolution psychiatrique* (nº 1) os artigos de Lacan e de Wallon analisados mais acima, Lacan não parece ainda de posse de um modelo generalizado dos processos de identificação.

No terreno próprio da psicologia infantil, e pelo seu método particular de estudo dos comportamentos observáveis, Wallon realiza análises do maior interesse sobre os fenômenos de identificação: identificações fusional e diferencial, formas introjetiva e projetiva desses processos, papéis dos fatores especular e de linguagem, etc.

É bastante verossímil que Lacan tenha lido o artigo de Wallon, localizado uma centena de páginas mais à frente do seu na revista. Não poderíamos ousar discernir qualquer "influência" que seja do artigo de Wallon (*Níveis e flutuações do eu*) no ulterior progresso do pensamento lacaniano relativo aos problemas da identificação (*De uma questão preliminar a todo tratamento possível da psicose*, dezembro de 1957). De todo modo, é a partir de 1956-1957 que o percurso de Lacan se mobiliza de maneira decisiva numa abordagem generalizada das formas da identificação. É conveniente ter em mente as bastante curiosas convergências a respeito desse conceito, entre Wallon e Lacan, no período de 1946-1957. Sobretudo, a menção da figura do pai como o *Outro*[104] representa uma "antecipação" realmente singular do Outro lacaniano, que emerge, por sua vez, em 1955.

---

[103] J. Lacan, *Les complexes...*, *op. cit.*, pp. 46-48; "Propos..." (1950), *op. cit.*, p. 180, proferido em 1946; "L'agressivité..." (1948), *op. cit.*, pp. 111-112; "Le stade..." (1949), *op. cit.*, p. 96; "La chose..." (1956), *op. cit.*, pp. 428-429. Ver também *Les psychoses* (1955-1956), *op. cit.*, "De nos..." (1956), *op. cit.*, p. 65.

[104] H. Wallon, "Les stades..." (1947), *op. cit.*, 1947.

Capítulo XXV

Conclusão: o problema da influência na história das idéias

Assim, pois, a relação de Lacan com a psicologia de Wallon não se limita às raras e breves menções que ele fez a ela, mesmo que relacionadas a aspectos históricos e teóricos importantes.

Surpreendentemente, lembremos, essas referências somam somente duas (1946, 1948), nos *Écrits*, depois mais uma, em 1964, no resto da obra de Lacan[1].

Por outro lado, a relação de Lacan com a obra de Wallon não se resume, como se poderia acreditar, a colher nela segmentadamente o tema da imagem em espelho para renovar sua apresentação e sua interpretação em um contexto propriamente psicanalítico. De fato, esse tema central da imagem especular é cercado, no percurso de Wallon, de um vasto conjunto de temas conexos: imponência, exibição, despotismo, ciúme, simpatia, transitivismo, etc. Esse conjunto de comportamentos define, do nascimento até mais ou menos os 3 anos, um registro da experiência marcado primeiramente pela prevalência da expressão emocional (de 0,3 até 0,9 ano), depois pelo

[1] J. Lacan, "L'agressivité em psychanalyse" (1948), *Écrits*, Paris, Seuil, 1966, p. 112; "Propos sur la causalité psychique" (1950), *Écrits, op. cit.*, p. 185, proferido em 1946. Wallon também é mencionado nos *Quatre concepts fondamentaux de la psychanalyse* (1964), Paris, Seuil, 1973, p. 60, a respeito do aparecimento das primeiras referências visuais do objeto materno.

realismo da imagem, também pela ambigüidade da representação acoplada do eu e do outro (de 0,9 até 3 anos). Wallon descreve esse conjunto todo em benefício e dentro do quadro de uma teoria dos processos primitivos da identificação sociopessoal que antecipa as visões modernas relativas aos mecanismos do apego (Harlow 1958, Bowlby 1958[2]).

Nesse sentido, endossamos sem reservas a opinião de E. Roudinesco segundo a qual a psicologia de Wallon já contém os principais elementos que vão servir a Lacan de arcabouço para a elaboração dos dois conceitos fundamentais de imaginário e de simbólico[3]. Mas, se essa afirmação é correta, ela convida a se ampliar logo a perspectiva. Haveria interesse em não se tratar isoladamente a relação de Lacan com Wallon, em situá-lo novamente no conjunto do movimento histórico do pensamento freudiano assim como de sua descendência. Nesse sentido, já analisamos anteriormente alguns aspectos particularmente significativos das relações entre as visões de Wallon e as de Freud, mas também as dos principais representantes da herança freudiana: Spitz, Melanie Klein, Winnicott e Bion.

Assim, então, a economia geral de nossa obra mobilizava o pressuposto de que a contribuição da psicologia de Wallon à formação do pensamento lacaniano não poderia ser reduzida a um problema de filiação histórica puramente local relativa ao tema específico da imagem em espelho. Em outras palavras, e insistamos ainda, uma contribuição dessas só poderia ser apreciada com a clareza e a dimensão verdadeiras se fosse re-situada no quadro de um contexto histórico e cultural mais amplo. Em realidade, tratava-se de um tipo de empreendimento cujo princípio não deixa de apresentar, *a priori* e por seu próprio projeto, grandes dificuldades, mesmo que sua realização, tão mal sucedida quanto possa ser, processe normalmente, como se espera ter convencido o leitor que nos acompanhou até aqui, descobertas tão inesperadas como sugestivas para a mente.

---

[2] Os principais antecedentes dessa noção de apego se acham parcialmente nas visões de Baldwin (1897) e de Janet (*passim*) sobre a origem em comum do eu e do outro, mas sobretudo em Freud (1933) e Melanie Klein (1937). Wallon fala da "necessidade de apego pessoal" da criança sobretudo em *L'évolution psychologique de l'enfant*, Paris, A. Colin, 1941, reed. 1974, pp. 189-191.

[3] E. Roudinesco, *La bataille de cent ans. Histoire de la psychanalyse em France, 2, 1925-1985*, Paris, Seuil, 1986, p. 84.

Concluindo esta obra, nos pareceria interessante ampliar a nossa problemática inicial para nos empenhar em explicar, na medida do possível, os tipos de mecanismos que presidem a transmissão do saber entre os criadores intelectuais do que se pode precisamente chamar de um contexto cultural, sobre os quais gostaríamos de discorrer em seguida a fim de mapear melhor essa noção. Esse problema, muito geral, não foi freqüentemente tratado, ao que saibamos. Ele se apresenta como um dos mais árduos e ingratos no campo da história das idéias e pareceria inicialmente interessar a não mais que um pequeno grupo de pesquisadores especializados nesse campo.

A transferência, a adaptação e o destino dos temas principais da doutrina psicanalítica nos sistemas de herdeiros importantes do pensamento freudiano não causam nenhum problema histórico que não seja atualmente muito bem situado. Entretanto, esse não é em absoluto o caso a propósito das principais noções que situam a outra via de pensamento trilhada por Freud paralelamente à teoria propriamente dita das pulsões. Trata-se da via que se relaciona com outro tipo de laço afetivo, a afetividade expressivo-social primitiva, o laço de identificação primária. Ora, foi em relação a essa segunda via da instauração da psicanálise que a psicologia genética de Wallon desempenhou um papel de articulação histórica essencial entre o pensamento freudiano, por um lado, e autores tão diferentes em sua própria importância, como Lacan e Spitz, por outro lado. Entretanto, nesse processo de articulação, o papel das concepções wallonianas aparece de maneira complexa e operando em vários níveis.

Em primeiro lugar, a relação de Wallon com o pensamento freudiano se deixa definir, nos parece, segundo dois eixos principais. Um deles diz respeito ao que se pode chamar de discurso manifesto de Wallon sobre a psicanálise. Esse discurso constitui um *corpus* muito importante cujos temas essenciais e principais características analisamos em outro lugar[4]. O tom desse discurso é de uma qualidade muito especial e sem qualquer equivalente na época: ele exprime uma atitude de interesse, real mas ambíguo, em que se mesclam, em proporções muito variáveis segundo os textos, a adesão e a crítica, a curiosidade intelectual e a reserva pessoal. Entretanto, paralelamente a esse aspecto

---

[4] É. Jalley, *Wallon lecteur de Freud et Piaget*, Paris, Éditions sociales, 1981, pp. 171-257, 381-521.

explícito, a relação de Wallon com o texto de Freud nos parece conter também uma outra dimensão, implícita, latente, até mesmo inconsciente. A obra de Wallon, tal como apresentamos seus traços essenciais ao longo de nosso livro, se mostra, sob vários aspectos, como o resultado de um trabalho de retomada e de elaboração original dos temas que margeiam o que qualificamos como a segunda via do pensamento freudiano: a expressão emocional, a impotência neonatal, a identificação como mecanismo do laço inter-humano primário, entre outros temas, em um conjunto centralizado pelo conceito fundamental de pulsões do eu ou de autoconservação.

Dito isso, deve ficar entendido que Wallon não se interessou em acompanhar e seguir Freud na investigação do inconsciente. Ele se preocupa exclusivamente com a problemática do laço identificatório, excluindo-se o laço objetal tal como a psicanálise o concebe. O que interessa Wallon na psicanálise são os elementos para uma doutrina da afetividade social, diferente da afetividade pulsional. Nessa perspectiva, pode-se formular que Wallon introduziu as formas sociais e não diretamente pulsionais da identificação no interior da pessoa, ou ainda da esfera do eu, por sinal tal como contemplada pela psicanálise.

Em segundo lugar, se é verdade que Wallon desenvolve uma psicologia da identificação e do apego, cujas células temáticas, as matrizes conceituais, lhe são fornecidas pelo pensamento freudiano, ele também convoca para esse projeto o conjunto dos dados utilizáveis que a literatura psicológica da época assim como as recentes descobertas da neurologia lhe permitem organizar em torno de suas observações pessoais. Em especial, são esses dados de caráter psicobiológico que parecem ter faltado a Freud para desenvolver, além de notáveis esboços, uma teoria conseqüente da expressividade socioemocional e da intersubjetividade primária.

É óbvio que a sagacidade de um Lacan logo percebeu essa paradoxal relação de dependência e de fecundidade em que se sustenta a obra de Wallon em relação a uma certa linha do pensamento freudiano. Também percebeu o contexto enciclopédico, de caráter bio-psico-sociológico, que o pensamento walloniano havia organizado à volta dessa trama de temas fundamentais deixados em suspenso pelo empreendimento teórico de Freud. Assim, a psicologia de Wallon oferecia a Lacan um ponto de apoio e até uma alavanca especialmente adaptada para reformular em novas bases a problemática, iniciada por Freud, dos tipos fundamentais (imaginário e simbólico, dirá Lacan) do processo de identificação.

Vários tipos de situações podem ser considerados, na história das idéias, para compreender a circulação, ou até, de maneira mais ampla, a comunidade dos conteúdos de saber, os temas de inspiração e em geral os temas culturais, entre autores de gerações diferentes ou contemporâneas. Antes de retomar nossa pesquisa sobre o tema exato das relações de Lacan com o pensamento de Wallon, achamos útil tentar definir, em seus traços essenciais, os diferentes modos de comunicação, as diversas formas de informação dentro do vasto conjunto histórico cujos principais testemunhos evocamos acima, ou seja, na ordem histórica: o pensamento freudiano, a psicologia de Wallon, as principais concepções pós-freudianas. Nós nos ateremos, para limitar o debate, ao pensamento de Wallon como eixo principal, se não exclusivo, de nossa análise. A partir dessa generalização relativa e controlada de nosso problema, pensamos achar meios que possam permitir uma nova abordagem dele. Enfoquemos sucessivamente esses vários tipos de relação entre os autores em questão. Parece-nos que o conjunto dessas relações pode ser figurado, sumariamente, pelo esquema abaixo.

Indiquemos brevemente a maneira de se ler o gráfico proposto. Este indica cinco situações fundamentais relativas ao modo de transmissão da informação entre os diversos autores pelos quais nos interessamos até agora em nosso trabalho:

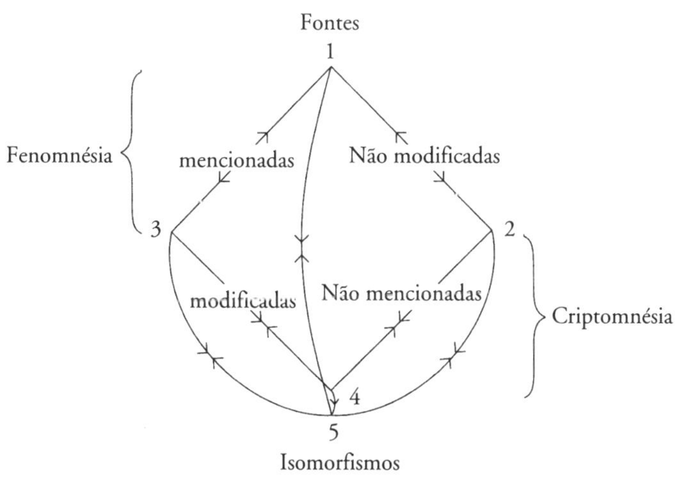

– *primeira situação*: fontes mencionadas e não modificadas;

– *segunda situação*: fontes não mencionadas e não modificadas;

– *terceira situação*: fontes mencionadas e modificadas;

– *quarta situação*: fontes não mencionadas e modificadas;

– *quinta situação*: isomorfismos ou correspondências estruturais entre temas desenvolvidos por diversos autores.

As setas indicam:

Em primeiro lugar, que as situações 2 e 3 representam duas formas de estados de transição entre as situações 1 e 4.

Em segundo lugar, que a situação 5 pode ser explicada por uma rede de transmissões entre diversos autores, podendo mobilizar, segundo conjunções variáveis, os tipos de situações 1, 2, 3 e 4.

O termo fenomnésia designa o registro das referências explícitas, enquanto que o termo criptomnésia, do qual se situará melhor a origem e o significado, designa o registro dos empréstimos não mencionados.

A *primeira* situação refere-se à forma de transmissão de informação entre um autor A e um autor B, representada pelos empréstimos tomados ao autor A, esses sendo ao mesmo tempo mencionados e não modificados em seu conteúdo pelo autor B. Trata-se então do procedimento, aparentemente sem mistério, da referência explícita. Além disso, são possíveis todos os graus entre a citação literal e a reprodução mais ou menos fiel.

Lembremos, a respeito desse primeiro caso exemplar, as principais ilustrações que tivemos que descrever ao longo de nosso trabalho.

Referências de Wallon, mas também de Lacan, a respeito de Charlotte Bühler e Elsa Köhler, mas, no que diz respeito a essa última, com graus de fidelidade variáveis.

Referências também de Lacan a Wallon, tão escassas quanto possam ser, mas relativas a noções importantes, mesmo que não se trate da imagem especular. Além disso, vimos que as referências explícitas de Lacan a Bühler e Köhler parecem ter como principal função a de silenciar um leque muito maior de empréstimos colhidos em Wallon.

Spitz também se refere a Wallon, com quem reconhece sua dívida sem nenhuma ambigüidade, a propósito do conceito das duas organizações cinestésica/diacrítica. Ele se refere da mesma clara maneira a Freud quanto ao tema do *Hilflosigkeit*, o que nem Lacan nem Wallon fazem[5].

Observemos também que, excetuados Spitz e Lacan, uma quantidade não negligenciável de psicanalistas franceses há muito reivindicam como seu, por diversos motivos, o pensamento de Wallon. Vão ser encontradas, a esse propósito, referências relativas a apenas alguns desses autores na Bibliografia (Lebovici, Soulé, Bergeron, Ajuriaguerra, Diatkine, Badaracco, Lagache, Hesnard, Doron, Zazzo – principal discípulo de Wallon –, Widlöcher, Malrieu – um outro célebre discípulo dele).

Enfim, a primeira situação, de que acabamos de dar vários exemplos, também inclui em primeiro lugar o imponente *corpus* dos escritos de Wallon relativos ao pensamento freudiano. Mesmo que não seja o caso de abordá-lo aqui, o discurso explícito de Wallon sobre a psicanálise[6] representa um parâmetro que pesa indiretamente em nosso problema.

Uma *segunda* espécie de situação a se considerar, freqüentemente reencontrada no trabalho atual, é o registro dos *empréstimos não mencionados e não modificados* tomados por um autor B ao autor A.

De fato, é importante notar que esse tipo de situação não é em absoluto unívoco, mas representa o termo extremo de uma série de graus entre o empréstimo explicitamente citado (situação 1) e a influência absolutamente inconsciente de um tema não transformado: situação 2 propriamente dita. A não-atribuição do empréstimo efetuado pelo autor B ao autor A não exclui a possibilidade de que ele pudesse estar presente, segundo graus de consciência bastante variáveis, na mente do que tomou o empréstimo:

– Pode ser uma noção que caiu em domínio público, que pertence à cultura comum dos autores envolvidos, como conceitos fundamentais da psicanálise. De fato, certos conceitos que julgamos atualmente mais familiares puderam ser relativamente menos familiares em uma época anterior, como o conceito de prematuração.

– O autor tem pouca propensão pessoal a citar suas próprias fontes.

---

[5] Ver páginas 295-296.

[6] É. Jalley, *Wallon lecteur...*, *op. cit.*, p. 359, nota 4.

– Os empréstimos em causa podem ter sido colhidos em lembranças de leitura mais ou menos esquecidas.

Os três fatores anteriores podem se conjugar, em proporção e segundo constelações variáveis, nos diversos casos.

Da mesma maneira que existe uma escala de graus entre a situação 1 e a situação 2, existe outra entre a situação 2 e a situação 4: os empréstimos não mencionados podem ser não modificados (situação 2), ou, ao contrário, mais ou menos modificados (situação 4).

O conjunto dos fenômenos escalonados de maneira mais ou menos contínua, de que se acabou de falar, diz respeito ao mecanismo da rememoração infraconsciente que Ellenberger designou, segundo Flournoy, pelo termo "criptomnésia". Tal fenômeno interessaria principalmente, segundo ele, ao campo dos vestígios de leitura esquecidos. Ele explicaria em particular os casos, não raros, de pseudoplágio na área da leitura. Ellenberger menciona a capacidade excepcional de que Nietzsche era dotado, segundo alguns de seus biógrafos, para assimilar muito rápido as idéias dos outros e logo esquecer sua origem. Dessa maneira, quando tal idéia, vinda de outra pessoa, se apresentava novamente à sua mente, ele não a reconhecia como se fosse alheia e acreditava sinceramente havê-la concebido ele mesmo. É assim que ele teria tomado emprestado diretamente a seu amigo, o poeta Paul Rhée, seu famoso tema filosófico do "eterno retorno". Flournoy, assim como Valéry, chegava até a ver nesse mecanismo de reintegração subliminar o princípio da criação literária.

Segundo Ellenberger, o mecanismo em questão também explicaria o fato de que algumas objeções, inicialmente rejeitadas por um autor, possam progressivamente trilhar seu caminho na sua mente. Ele vê um exemplo bastante esclarecedor disso na atitude de Freud quanto à idéia de um instinto de agressividade autônomo proposta por Adler em 1908. Freud a rejeita na época para reencontrá-la, como se sabe, em 1920.

Bem além desse campo de vestígios de leituras esquecidas, Ellenberger pensa estender a noção de criptomnésia ao contexto das estimulações trazidas por certos acontecimentos da época sobre o trabalho de criação ideológica. Segundo ele, o mito da horda e da revolta dos filhos contra o pai primitivo, exposto em *Totem e tabu*, estaria em ressonância com o vivo interesse que havia provocado, em Viena, a revolta dos Jovens turcos, em 1908-1909, contra o "Sultão Vermelho", Abdul Hamid II, déspota da Turquia, esse então anacrônico império vizinho da Áustria[7].

Fora isso, esse segundo tipo de situação pode estar imbricado, sobreposto ao primeiro: menção explícita de um tema determinado que se associa à menção não referenciada de um outro tema, até mesmo de toda uma cadeia de temas associados. Esse processo se observa correntemente na relação entre dois autores de gerações diferentes A e B (2a), mas também na relação entre um autor ulterior e vários autores precedentes (2b) (essa relação múltipla, ou, se o desejarmos, sobredeterminada ou sobrejetiva, que comporta a eventualidade de interferências anteriores entre essas diferentes origens [2c]).

Pode-se perceber um emaranhado complexo como esse, que mistura citações explícitas e evocações não referenciadas de várias origens, na dupla relação de Spitz com Freud e com Wallon.

Assim como se viu mais acima (situação 1), Spitz menciona claramente seus empréstimos tomados em Wallon (organizações cinestésica / diacrítica), estes também referidos a Head, autor mencionado por conta própria por Wallon (situação 1). Todavia, a partir desse empréstimo, explícito, outros temas da obra de Spitz exprimem uma relação de filiação, de caráter mais oculto, com o pensamento de Wallon: psicofiosiologia da comunicação expressivo-emocional, mas também, entre outros temas, defasagem entre o desenvolvimento afetivo-social e o desenvolvimento cognitivo.

Além disso, e naturalmente de maneira muito mais marcada, Spitz se refere explicitamente a Freud a respeito do tema duplo da expressão das emoções como correlação funcional da impotência neonatal (situação 1). Mas, ao mesmo tempo, as conotações, sobretudo psicofiosiológicas, sobre as quais se acaba de dizer que cercam esse tema nos desenvolvimentos de Spitz, evocam indiscutivelmente a teoria walloniana da emoção como forma de "pré-língua" associada à imperícia infantil. Ora, se tocarmos nesse último ponto, a própria teoria de Wallon retomava já, uns trinta anos antes (1925[8]), o tema freudiano em questão para aperfeiçoar seu esboço e enriquecê-lo

---

[7] H. F. Ellenberger, *À la découverte de l'inconscient*, Lyon, Simep, 1970, "Índice", p. 752.

[8] H. Wallon, *L'enfant turbulent*, Paris, Alcan, reed. PUF, 1984.

com novos atributos. Mas esse último aspecto nos faz já antecipar quanto à quarta situação[9].

Propomos aqui resumir o conjunto dessas visões sobre o tecido das relações de Spitz a Freud e a Wallon, relativas ao tema da expressão emocional, pelo seguinte esquema:

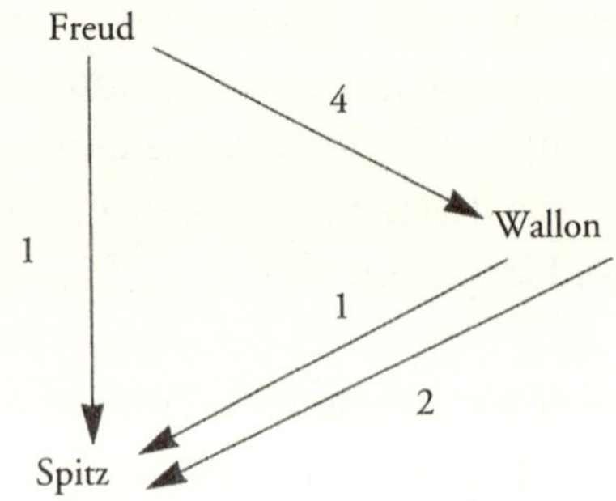

1 – empréstimos mencionados
2 – empréstimos de conteúdo próximo e não mencionados
4 – empréstimos não mencionados e transpostos
} criptomnésia

Na mesma perspectiva ainda, lembremos, simplesmente para efeitos de memória, o denso elenco das noções colhidas por Lacan na obra de Henri Wallon sem qualquer referência explícita a ela. O comportamento especular, importação maior já de há muito notada por certos autores, representa o eixo conceitual ao redor do qual Lacan reagrupa outros empréstimos cuja proveniência legítima permaneceu até agora desconhecida: ciúme e simpatia, transitivismo, imponência, etc.

Lacan tampouco refere a Freud o conceito de prematuração, cujas

---

[9] R. Spitz, *Le non et le oui. La genèse de la communication humaine* (1957), Paris, PUF, 1962, pp. 2-3, 20, 26, 69, 74, 93, 95, 260; *De la naissance à la parole* (1965), Paris, PUF, 1968, pp. 34, 56, 81, 97, 131, 133, "Índice", p. 301. Didier Anzieu e col., *L'attachement*, Neuchâtel, Delachaux et Niestlé, 1974, p. 74; H. Wallon, "L'évolution dialectique de la personnalité" (1951), *Enfance*, *op. cit.*, p. 48 ("pré-língua"). Existem também outras correspondências implícitas entre Spitz e Wallon que não podemos considerar detalhadamente aqui: tipologia comum das emoções, contribuição dos pródromos da imitação (reprodução em eco) à identificação, caráter contínuo-descontínuo do desenvolvimento.

modalidades de aparecimento no texto freudiano estavam longe, na época e mesmo ainda atualmente, de serem bem identificadas. Ainda sobre esse ponto, a ocasional referência a uma fonte de importância menor (Bolk) parece aqui desempenhar o mesmo papel de ocultação que aquele assinalado acima a respeito de C. Bühler como autora de referência que mascara mais ou menos inteiramente os empréstimos tomados à obra de Wallon. Por várias vezes, inclusive, Lacan atribui a si próprio a verdadeira paternidade desse conceito de prematuração, chegando até a indicar a sua premonição na filosofia hegeliana!

Mesma ausência de referências de Lacan ao pensamento freudiano relativo às noções de "impotência" (*Ohnmacht*), de "desamparo original" (*Hilflosigkeit*), de "inacabamento" (*Unfertigkeit*), de "dependência" (*Abhängigkeit*), cujas ocorrências assinalamos em vários de seus textos[10].

Muitíssimas vezes, o suplemento de notações fisiológicas específicas com as quais Lacan completa o relato da prematuração neonatal indica claramente a sobredeterminação desse conceito freudiano por uma marca walloniana[11].

De fato, pode-se muito bem fazer algumas observações do mesmo quilate à atitude do próprio Wallon quanto a determinadas fontes suas.

Dessa maneira, Wallon nunca se referiu a Freud a respeito das noções de inacabamento, de impotência e de dependência neonatais, que ele aclimata à sua própria perspectiva psicobiológica, moldando-as seja de modo literal ("impotência", "dependência"), seja em seu próprio vocabulário: imperícia, incompletude, parasitismo[12]. De fato, essa última conjuntura se referiria mais já à quarta situação.

---

[10] J. Lacan, "Le stage du miroir" (1949), *Écrits*, *op. cit.*, p. 96, "Fonctions de la psychanalyse en criminologie" (1951), *op. cit.*, p. 13; "Propos sur la causalité psychique" (1950), *op. cit.*, p. 186; "Variantes de la cure type" (1955), *op. cit.*, 1955, p. 345; "La chose freudienne" (1956), *op. cit.*, p. 427; "Remarque sur le rapport de Daniel Lagache" (1961), *op. cit.*, p. 675; "Subversion du sujet" (1960), *op. cit.*, p. 810.

[11] J. Lacan, *Les complexes familiaux...*, pp. 28-31, 42-43, 93; "De nos antécédents", *Écrits*, *op. cit.*, p. 69; "Le Stade..." (1949), *op. cit.*, p. 96; "L'agressivité em psychanalyse" (1948), *op. cit.*, pp. 113, 116; "Fonctions de la psychanalyse em criminologie" (1951), *op. cit.*, p. 136; "Propos..." (1950), *op. cit.*, pp. 186-187 (desamparo, mal-estar, desespero, miséria); "Variantes..." (1955), *op. cit.*, p. 345; "Remarque..." (1961), *op. cit.*, p. 675; "Subversion du sujet" (1960), *op. cit.*, pp. 811-812.

[12] Ver pp. 294-295.

Da mesma maneira, ele não remete nem a Freud, nem a Lacan, o termo "prematuração", que colheu neste último na passagem de 1941.

Deixando de lado a *terceira* espécie, abordemos agora a *quarta* espécie de situação que diz respeito, no universo dos autores que fomos levados a abordar até aqui, ao registro dos empréstimos ao mesmo tempo não mencionados e transpostos.

Com efeito, não nos cabe tratar, na economia de nossa classificação, do caso relacionado aos empréstimos ao mesmo tempo mencionados e transformados (*terceira* situação). Trata-se ali de uma conjuntura verdadeiramente clássica na história das idéias, em que um autor B *critica uma noção atribuída* por ele a um autor A e a *transforma*, de maneira a importá-la no seio e em benefício de seu próprio sistema de concepções. Dessa maneira, por exemplo, o par extratensividade/introvertibilidade que Rorschach elabora em função de uma leitura crítica da oposição estabelecida por Jung entre tipos introvertido e extrovertido. Da mesma maneira, o remanejamento que Piaget impõe à noção de formas cognitivas em função de uma crítica explícita do "estatismo" introduzido pela *Gestalttheorie*. Poderíamos citar numerosos exemplos. De resto, Wallon se comporta assim, às vezes, em relação ao pensamento freudiano. Ele adota certos conceitos clínicos elaborados por Freud e os adapta ao mesmo tempo à sua própria perspectiva teórica, por exemplo e entre outros, o conceito de ambivalência[13]. De fato, não tivemos a oportunidade de encontrar, ao longo de nosso presente trabalho, esse tipo de relação entre autores, relação que é caracterizada pela transformação de um conceito em função de uma leitura crítica.

Além da situação 1 (empréstimos citados e não modificados), o tipo de transformações que fomos levados a encontrar opera na dimensão do implícito, nas profundidades ocultas do trabalho mental (situações 2 e 4).

A *quarta* espécie de situação se refere ao processo pelo qual um autor B utiliza *e transforma, sem os citar*, uma certa quantidade de materiais colhidos no autor A.

O fato de omitir a menção do empréstimo em questão não implica nada, em princípio, quanto à natureza consciente ou inconsciente do proces-

[13] É. Jalley, *Wallon lecteur...*, *op. cit.*, pp. 241-243.

so de tomada de informação, de circulação temática e cultural que culmina no autor. Já levantamos esse problema ao tratar da situação 2. Entretanto, nos casos que interessam ao nosso atual trabalho, somos levados a considerar que a circulação de informações se trava, entre autores, muito provavelmente no plano infraconsciente, pelo menos no que se refere à situação 4. De fato, estamos às voltas aqui com uma forma mais opaca, mais subterrânea ainda, de criptomnésia do que aquela representada pela segunda situação.

Além disso, como também já indicamos, a partir da ausência de modificação (situação 2) pode-se imaginar uma escala, um *continuum* de níveis variáveis em um conjunto de transformações definidas de maneira genérica como situação 4.

Um caso especial e, sendo franco, extremo, no quadro dessa situação 4 refere-se – relativamente aos autores que estão sendo estudados aqui – à relação entre Wallon e Freud; pelo menos a um dos aspectos essenciais dessa relação.

Como foi visto, Wallon toma ao pensamento freudiano um certo número de problemas, que este teria percebido e cujo desenvolvimento teria até mesmo esboçado, mas cujas soluções permaneceram em suspenso. Mencionamos um certo número desses temas, entre os quais o da expressão emocional como forma afetiva dominante no regime inicial da psicogênese[14]. Mas existe também um certo número de outros, cujos conteúdo ou agenciamento das relações recíprocas com os antecedentes não estudamos detalhadamente[15]. Uma análise como essa diria respeito a um outro trabalho relativo aos processos de identificação em Freud e no conjunto dos principais representantes do movimento psicanalítico. Essa quarta situação de fato está implicada no recenseamento dos procedimentos segundo os quais Wallon adota, refaz e transpõe um certo número de esboços temáticos cujo desenvolvimento Freud, por razões de ordem histórica particulares, só esboçou sem promover sua conseqüente elaboração e integração. Esses esboços temáticos, traçados e depois desinvestidos por Freud, provavel-

[14] Ver pp. 293-295.

[15] O par introjeção-projeção, o mecanismo de diferenciação da mônada narcísica, as formas transitiva e intransitiva, centrípeta e centrífuga de identificação, a noção de identificação dupla, a de função proprioplástica.

mente devido à urgência de outros programas a serem instituídos, teriam sido retomados por Wallon, elaborados e desenvolvidos de uma maneira que pudesse interessar ulteriormente a teoria psicanalítica. Isso é o que Lagache tentou indicar em um dos textos que mencionamos[16]. É também o que Lacan teria imediatamente percebido para que elaborasse, da maneira mais rápida possível e sem hesitação, suas conseqüências no seu artigo sobre *A família*. Nessa perspectiva, Roudinesco destaca de maneira bastante pertinente que a psicologia walloniana "participa, em um primeiro tempo (1920), da introdução do freudismo na França e, num segundo tempo (1938), da sua renovação[17]".

De fato, é característico que o aparato teórico no qual Wallon investiu põe em funcionamento e superdesenvolve esses temas básicos do pensamento freudiano se situa em um plano de discurso que não recorta em quase nada o discurso explícito pelo qual Wallon representa, expõe e critica (situações 1 e 3) o pensamento freudiano. Dessa maneira, o trabalho real empreendido por Wallon, no corpo de sua obra, sobre o texto psicanalítico (situação 4) mostra, se examinado, uma fisionomia em tudo diferente da atitude oficial, se é que se pode dizer assim, que ele estampa no *corpus* superabundante de seu discurso explícito sobre Freud (1 e 3). Com certeza, os pressupostos neurológicos de Wallon o impedem de se engajar no movimento psicanalítico, cuja difusão caminha então lentamente na França. Com toda certeza, sua atitude pessoal em relação à psicanálise se exprime fundamentalmente por um interesse de caráter *intelectual* quanto ao pensamento freudiano como *texto*. Entretanto, aquém do patente discurso que ele desenvolve em relação a esse texto, ele trabalha também alguns de seus elementos e os transforma em um nível de grande profundidade. Tudo acontece como se Wallon negasse, no plano da atitude consciente, do julgamento intelectual, a psicanálise como *práxis*, ao mesmo tempo que a coloca em funcionamento e a desenvolve, segundo a palavra de Kant, como "arte oculta nas profundidades", no plano de sua prática teórica.

---

16 D. Lagache, "Note sur le langage et la personne" (1938), Œuvres complètes, 6 vol., Paris PUF, 1977-1984, t. 2, pp. 205-213; "Quelques aspects de l'identification" (1954), *op. cit.*, t. 3, pp. 202-213; "La psychanalyse et la structure de personnalité" (1961), *op. cit.*, t. 4, pp. 191-237.

17 E. Roudinesco, *La bataille de cent ans...*, t. 2, *op. cit.*, p. 83. Parêntesis nossos. Ver também: É. Jalley, *Wallon lecteur...*, *op. cit.*.

Esse tipo de relação, de um caráter privilegiado, que acabamos de descrever entre Wallon e o pensamento freudiano poderia ser definido, de maneira aproximada mas mais ou menos satisfatória, como uma relação de simbiose criativa, ou, se preferirmos, de dependência construtiva. Aliás, existem outras ilustrações disso no tecido das relações entre os principais herdeiros do pensamento freudiano.

Entretanto, como já demonstramos de maneira muito mais circunstanciada em nosso estudo, essa quarta espécie de situação também toca a relação de Lacan com suas fontes, Freud e Wallon.

No que se refere primeiramente ao fundamental tema da experiência especular, a relação que Lacan mantém com os desenvolvimentos de Wallon sobre a imagem em espelho se origina no tipo 4: empréstimos não mencionados e modificados.

No que diz respeito às fontes freudianas do mesmo tema no percurso de Lacan, eles nos parecem provir, por um lado, da situação 2 e, por outro, da situação 4.

Com efeito, a nota sobre o espelho anexada por Freud a seu tema sobre o *fort-da* em *O ego e o id* parece poder bem ser associada, pelo partido que Lacan tirou dela, ao registro dos empréstimos não mencionados e não modificados (situação 2). Pelo menos as modificações que o tema colhido sofreu são de um grau moderado.

Por outro lado, os desenvolvimentos de Freud sobre o par das pulsões voyeurismo-exibicionismo[18] e sobre o efeito de espelhamento (*Vorspiegelung*) da identificação por laço de massa forneceram a Lacan, muito provavelmente, materiais que estimularam e enriqueceram, incorporando-se a elas, suas visões sobre a identificação especular-imaginária. O tipo de transferência da informação posto em jogo nesse plano vem da situação 4.

Entretanto, também não é inconcebível que os desenvolvimentos de Wallon sobre a imagem em espelho tenham sido mobilizados, motivados, pelo menos parcialmente, por sua reflexão a partir do pensamento freudiano referente aos processos de identificação. Podemos nos perguntar, por sinal, se Wallon não teve conhecimento dos textos de Freud que acabamos

[18] S. Freud, "Pulsions et destins des pulsions" (1915), *Métapsychologie*, Paris, Gallimard.

de mencionar a respeito da relação Lacan-Freud. Novamente, esse tipo de transferência de informação se deixaria definir pela situação 4.

De fato, é possível que Freud tenha fornecido a Lacan – e também a Wallon, que por sua vez também bebe em outras fontes – o tema da imagem em espelho, o que teria naturalmente motivado Lacan a retomar em Wallon a descrição geral que ele elaborou da organização imaginária e de seus descritores laterais.

Pois, em realidade, o tema da imagem especular em si está longe de ser o único que Lacan deve a Wallon. Esse tema, cuja importância não deve ser minimizada em uma tal herança, desempenha entretanto o papel de uma espécie de pano de fundo sobre o qual se destacam, para a frente da cena, uma certa quantidade de figuras que lhe servem de descritores ou, se preferirmos, o ecoam e amplificam em forma de harmônicas. A *Gestalt* central de uma configuração como essa, o tema principal ao redor do qual se organizam todos os outros (exibição e despotismo, ciúme e simpatia, mimetismo afetivo, função de imponência) é incontestavelmente, através de uma forma bastante singular de transposição, de efeito de defasagem, a noção de transitivismo.

Em resumo, o conjunto das relações entre Freud, Wallon e Lacan relativo ao tema da experiência especular poderia ser representado pelo seguinte esquema, o qual, assim como o anterior, por sinal relativo a Freud, Wallon e Spitz, representa um exemplo, bastante comum nas história das idéias, de um mecanismo de derivação lateral como processo de transferência de saber que pode, entre outros, assumir um papel de componente essencial na estruturação dos contextos culturais, tal como tentaremos formular sua noção um pouco mais adiante.

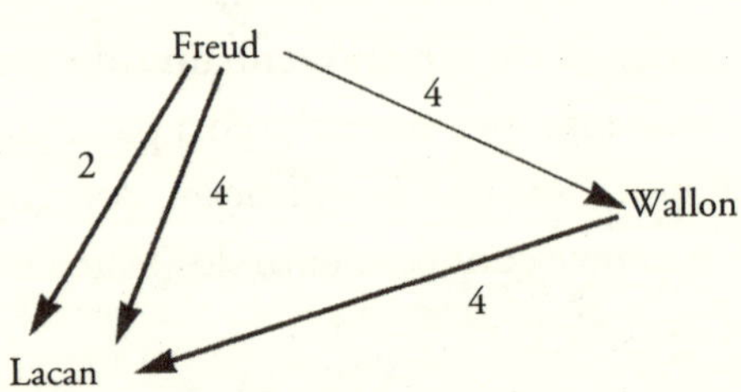

Enfim, sempre a respeito dessa situação 4, a noção lacaniana de simbólico parece bem ter sido elaborada, por um lado, a partir da noção de "espaço de ultrapercepção" (espaço mental) exposto por Wallon no capítulo de 1934 sobre a experiência especular[19]. Esse ponto específico foi destacado com bastante propriedade por Roudinesco[20].

Abordemos agora, nesse conjunto de considerações sobre a metodologia da história do pensamento psicanalítico, um último e importante aspecto.

Uma *quinta* espécie de situação, no tecido das relações entre os diversos autores que nos interessam, consiste num certo número de homologias, de isomorfismos, enfim, de afinidades formais, de correspondências estruturais entre temas teóricos. Essas correspondências não vêm de uma influência histórica assinalável entre autores, seja esta explicitamente reconhecida (situação 1 e 3), ou, pelo contrário, de um caráter mais oculto (situações 2 e 4), o que não significa tampouco que sejam o resultado do acaso. Podem ser devidas a vários fatores.

Um deles é a referência de dois ou vários autores a uma fonte em comum mais ou menos afastada. No caso em que a fonte em questão se situe em um grau apreciável de afastamento histórico, é possível que já tenha suscitado uma quantidade relativamente importante de comentários, interpretações, ressonâncias. Disso resulta a eventualidade de processos de deriva mais ou menos acentuados e de afastamentos de importância variável entre os autores que nelas se inspiram. Veremos isso de maneira mais clara a respeito da influência comum de Freud, como também de Hegel, nas contribuições de Wallon e de Lacan.

Outros fatores também podem intervir além daquele de uma influência ideológica de um autor-fonte sobre uma posteridade de devedores mais ou menos longínqua. Essas correspondências temáticas podem ser explicadas também por outros fatores de alcance mais local: preocupações teóricas e/ou práticas em comum dos autores em questão (b), até mesmo preocupações gerais da época.

[19] Ver capítulo 14.

[20] E. Roudinesco, *La bataille de cent...*, t. 2, *op. cit.*, pp. 84-86, 266.

O caso mais notável relativo ao primeiro tipo de fator enunciado acima (a) consiste na convergência do conjunto dos autores que estudamos – Wallon, Spitz, Klein, Winnicott e Lacan – a respeito do tema da impotência e da dependência neonatais. É claro que essa convergência, apesar das diferenças de perspectivas e de vocabulário, depende exclusivamente do conhecimento que os autores em questão têm (mas só Spitz menciona isso: situação 1) do tema freudiano do estado de desamparo (*Hilflosigkeit*).

Essa dependência comum, no que toca ao tema em questão, em relação à fonte freudiana, surge como um fator sobredeterminado pelo segundo tipo de fator (b). Este diz respeito à referência da maior parte dos autores em questão à área de uma mesma prática, a medicina e a clínica infantis, de que dependem de maneira definitiva, segundo estilos com certeza diferenciados, as concepções essenciais de Wallon assim como as de Spitz, de Klein e de Winnicott. No que diz respeito a Lacan, sua prática clínica, mais centrada no adulto do que na criança, não o impede de se interessar pelos comportamentos característicos, revelados a ele por Wallon, do desenvolvimento neonatal.

Porém o jogo dos dois fatores que se acabou de destacar e cuja interação define a situação 5 relativa às relações entre os autores em questão não exclui, mas também encerra, junto com elas, outras formas mais localizadas e mais especificadas de relações entre autores. Lembremos a influência histórica direta de Wallon em Spitz em Lacan, também de Melanie Klein em Winnicott.

Essa comunidade temática relativa à noção do *Hilflosigkeit* do conjunto dos autores examinados comporta, a título de corolário de notável interesse, um vasto sistema de correspondências relativas à pontuação, ao corte temporal da fase inicial da psicogênese[21].

Também nos parecem se originar na mesma situação as correspondências, ao mesmo tempo estruturais e funcionais, entre o jogo do *fort-da* em Freud, os jogos de estrutura bipolar segundo Spitz e os jogos de alternância segundo Wallon. Entretanto, pode-se hesitar aqui quanto a saber se as relações de Spitz e de Wallon com Freud, no que se refere ao tema dos jogos na criança

[21] Ver também final do cap. 21.

muito nova, não seriam mais do tipo 4. Seria então, baseando-se num processo de extensão e de enriquecimento do tema capital representado pelo *fort-da*, que Spitz e Wallon teriam desenvolvido suas respectivas descrições.

As relações de Spitz com a obra de Wallon, tais como até agora discernimos, são então muito variáveis, originando-se, de acordo com os casos, dos tipos de situação 1, 2 e 5.

É provável, vimos, que, por sua parte, Lacan elabore sua própria noção do simbólico a partir do conceito walloniano de espaço mental (situação 4). Entretanto, as correspondências bastante perturbadoras desse último conceito com aquele de espaço mental em Bion, com aquele também do espaço transicional de Winnicott não parecem poder ser explicadas por nenhuma influência histórica dectável[22].

O destaque especial conferido por Wallon ao fenômeno da emoção provavelmente teve um eco na obra de Spitz (situação 2), mas nem por isso poderia ser relacionado ao interesse dos outros autores ingleses pelo mesmo mecanismo funcional (Klein, Winnicott, Bion[23]).

Certas anotações de Melanie Klein sobre a importância da função das atitudes, sobre o significado relacional das emoções primitivas, sobre o mecanismo de apego (*attachement*), sobre a interação dos dois componentes, constitucional e ambiental, sobre os fenômenos de oscilação característicos da psicogênese por vezes evocam, de maneira bastante singular, os próprios desenvolvimentos de Wallon. Lembremos também as visões de Wallon sobre o caráter fragmentado da experiência arcaica do corpo próprio[24].

Para descrever a experiência neonatal, Wallon utiliza bastante (1938, 1952, 1956) a noção de simbiose, assim como Spitz (1954) e também Margareth Mahler (1952), também citada a esse respeito por Spitz e Winnicott[25].

---

[22] Ver cap. 14.

[23] *Ibid.*

[24] Ver cap. 13 e o final do cap. 21. D. Anzieu e col., *L'attachement*, *op. cit.*, p. 47; H. Wallon, *Les origines du caractère chez l'enfant...*, *op. cit.*, pp. 241, 243-244, 248, 250; M. Klein e J. Rivière, *L'amour et la haine* (1931), Paris, Payot, 1968, p. 118; *Essais de psychanalyse* (1952), Paris, PUF, 1966, pp. 190-191, 193, 199, 218-219, 225-226, 229, 231, 236-237, 241, 248-249, 251, 278, 284, 290; *Envie et gratitude et autres essais* (1957-1963), Paris, Gallimard (1968), pp. 101, 113, 116; *The writings of Melanie Klein*, 4 vol., Londres, Hogarth Press, I, p. 327; III, pp. 89-90, 99.

[25] H. Wallon, *La vie mentale*, Paris, Éditions Sociales, 1982, p. 282; "Les étapes de la sociabilité chez l'enfant" (1952), *Enfance*, p. 75; R. Spitz, "Les premières relations objectales" (1954), *Revue française de psychanalyse*, 18, pp. 483, 499; *De la naissance...* (1965), *op. cit.*, p. 227; D. Win-

A noção de correspondências estruturais, de isomorfismos entre temas teóricos, que define esse quinto tipo de situação referente às relações entre autores, nos permitirá agora situar, identificar, entre as respectivas visões de Wallon e de Lacan, um certo número de afinidades, de correspondências que o simples mecanismo da "influência", explícita ou implícita, entre autores, invocada de maneira clássica na história das idéias, não poderia explicar.

A análise dos cinco tipos diferentes de situações fundamentais no que se refere às relações entre os autores anteriormente estudados nos obrigou a pôr em operação, ao longo de nosso trabalho, duas formas diferentes de métodos.

A primeira é o *método histórico crítico*, cujos procedimentos e aplicações são variáveis, de acordo com as perspectivas de nossa área de investigação: análise das referências explícitas de Lacan aos autores anteriores (C. Bühler, E. Köhler, Wallon, os etólogos, Hegel). Fomos levados, deste ponto de vista, a ampliar nosso tema e levar em consideração também as referências explícitas de Wallon a suas próprias fontes, igualmente as de Spitz a Wallon. Análise também das fontes não mencionadas de Lacan, mas também de Wallon, de Spitz. Quer dizer que esse primeiro método, de natureza por sinal tradicional, intervém predominantemente nas situações 1 e 2, mas em escala não desprezível também na situação 4.

O método histórico-crítico chega a estabelecer relações longitudinais, de tipo diacrônico, entre ocorrências de temas, explícitos ou implícitos, em diversos *corpus*. Quanto a isso ele exige, para ser completado, um *método propriamente epistemológico, de caráter sincrônico*, cuja função é desobstruir as eventuais relações, de natureza transversal, entre *corpus*, na medida em que seus conteúdos e / ou suas estruturas as sugiram e impliquem.

Esse segundo método se aplica, nas relações entre diferentes *corpus*, às estruturas, às células temáticas cujas realizações compreendem diversos graus de modificação orientados por um esquema de base idêntico, uma espécie de denominador comum.

Essa é a razão pela qual seu uso é conveniente e até mesmo indispensável no plano dos tipos de situação 4 e sobretudo 5. Quanto a essa

nicott, *De la pédiatrie à la psychanalyse* (1958), Paris, Payot, 1978, pp. 168, 169; *Jeu et réalité, l'espace potentiel* (1971), Paris, Gallimard, 1975, p. 136.

última forma, ela consiste exatamente em definir essas correspondências temáticas de que falamos, entre dois ou vários autores, e estudar suas variações em relação ao que se pode postular como sendo as suas dimensões subjacentes comuns. Esse processo pode ser definido de maneira mais clara com a referência analógica a dois temas bem conhecidos na história contemporânea das ciências humanas. O primeiro é representado pela noção piagetiana de invariante estrutural como núcleo que organiza um sistema de transformações. Essas transformações desenvolvem a invariante segundo um certo número de trajetos, cujo conjunto forma um sistema centrado pela constância da invariante. O segundo tema que oferece uma metáfora plausível ao nosso método poderia consistir na diferenciação chomskiana entre estruturas profundas e estruturas superficiais. Estas são, de maneira comparável, transformações que realizam, segundo maneiras variáveis, um núcleo básico comum. Aliás, é significativo que certos autores tenham pensado em aproximar Piaget e Chomsky nesse aspecto[26].

De fato, é claro que nenhum desses métodos, de tipo diacrônico ou de tipo sincrônico, pode ser utilizado, digamos, em estado puro, em outras palavras, sem mobilizar e mesmo implicar, de maneira mais ou menos direta, o outro tipo de método.

Isso é verdade primeiramente no que se refere ao método de tipo diacrônico em relação ao método de tipo sincrônico. De fato, paralelamente à influências históricas claramente discerníveis, tenham elas sido mencionadas (sit. 1) ou não (sit. 2), existem também afinidades temáticas entre autores, cuja margem de variações em relação ao tema básico é variável, e que podem se explicar por um mecanismo provável de influência histórica de um autor no outro, mesmo que a sua ação seja menos transparente à primeira vista. Esse conjunto de casos é representado pela situação 4 e pelos estados de transição que a associam à situação 2. Nesses casos, a localização de uma genealogia histórica só se esclarecerá se se deixar conduzir por uma análise estrutural dos temas. Assim acontece, por exemplo, lembremos, com a noção lacaniana de simbólico em relação ao conceito walloniano de espaço mental.

[26] H. Sinclair de Zwaart, "Jean Piaget et la linguistique", *Cahiers Vilfredo Pareto*, 10, 1966.

Em segundo lugar, o principal interesse do método sincrônico é permitir, em certos casos, correspondências temáticas horizontais, digamos em latitude, originadas na situação 5, o destaque de certas relações em longitude, ou seja, de certas dependências históricas verticais, cuja realidade até então escapou numa certa medida. A coisa é clara nos casos em que essas correspondências temáticas acham sua razão provável na dependência em comum dos autores em questão em relação a uma mesma fonte histórica, até mesmo a várias. Mas, nessa última eventualidade, é o problema dos laços históricos eventuais entre essas diferentes fontes que pode então aparecer.

Duas formas interessantes dessas afinidades estruturais, desses isomorfismos definidos pela situação 5 podem ser destacados no que se refere às relações entre a psicologia de Wallon e as concepções de Lacan.

A primeira se relaciona com o par lacaniano outro-Outro (imaginário-simbólico) na medida em que apresenta uma relação dupla de identidade-diferença bastante curiosa com a teoria walloniana do Outro. Supusemos que essa afinidade encontra a sua origem na linhagem que passa por Janet e Baldwin, indo finalmente deste a Hegel através de Josiah Royce.

A segunda refere-se ao outro par fundamental requisitado pela teoria lacaniana do sujeito: o par S_1-S_2, significante unário-significante binário, na medida em que comporta uma relação de parentesco, na nossa opinião muito sugestiva, com o processo que Wallon denominou de pensamento por pares.

Somos levado a considerar, sem poder aqui dar a justificação completa de uma tal formulação, que esse parentesco se explica pela derivação das visões de Wallon e de Lacan sobre esse assunto em relação não mais a uma só fonte em comum (Hegel), mas, muito mais provavelmente, de duas (Freud, Hegel).

Com efeito, dois módulos temáticos, dois arquétipos conceituais parecem provavelmente pesar, de um ponto de vista histórico, nas concepções de Wallon e Lacan relativas aos pares de significantes.

Seria, por um lado, o duplo tema freudiano dos "pares de oposições" e das "polaridades" que já tivemos ocasião de evocar no final do capítulo XI.

Por outro lado, um outro módulo temático posto em jogo pelas elaborações de Wallon e Lacan parece ser o módulo hegeliano da identidade-clivagem, da unidade-cisão em movimento (*Entzweiung-Trennung*). De fato, esse módulo hegeliano, cujo esboço essencial traçamos no capítulo anterior, representa uma versão especificada de um cenário conceitual mais amplo e de que existem outras realizações na filosofia pós-kantiana: Fichte, mas sobretudo Schelling desenvolvem por conta própria esse esquema fundamental do par das diferenças, do par contrastado, da polaridade.

Essa rápidas observações pedem, para concluir nossa formulação, a retomada de certas questões, não desprovidas de importância histórica, que por várias vezes, por sinal, evocamos.

Em primeiro lugar, o que pode significar e o que é que legitima o fato histórico de uma leitura hegeliana de Freud por Lacan, mas, já bem antes disso, por Wallon? Tratar-se-ia de uma opção de leitura em si mesma contingente, facultativa e até mesmo discutível? Ou então uma tal abordagem poderia, pelo menos em parte, se explicar por certas conivências, tão distantes e tão solicitadas sejam elas, entre o objeto freudiano e o arquétipo hegeliano?

Em segundo lugar, várias referências de Freud a seus antecedentes filosóficos se mostram de alguma maneira como alusivas, até mesmo como mascaradas. É o caso, parece-nos, das referências a Schelling e a alguns de seus discípulos (Carus, von Schubert) que formam um *corpus* de ocorrências relativamente importante, mas cuja situação é difícil e não havia até aqui conquistado a atenção que merece. Pensamos já há muito tempo que a abordagem de muitos textos metapsicológicos de Freud poderia receber disso um esclarecimento interessante.

Para voltar ao conceito de polaridade evocado um pouco mais acima, sua utilização estratégica dominante no célebre ensaio de 1915 sobre *As pulsões* nos incitava, em relação à constatação que acabamos de formular, a pesquisar laços entre o pensamento freudiano e os bastidores mais afastados da tradição cultural alemã definidos pela filosofia crítica (Kant) e romântica (Fichte, Schelling, Hegel), em suma o famoso período "Von Kant bis Hegel[27]", decisivo para toda a cultura européia, particularmente para o desenvolvimento ulterior das ciências humanas. É inegável que nenhuma

[27] R. Kröner, *Von Kant bis Hegel*, Tübingen, 1921-1924.

idéia confessa do próprio Freud encoraja tais pesquisas, pelo contrário – em razão da aparência oscilante e até, definitivamente, do teor geral muito ambivalente de seus posicionamentos em relação à filosofia anterior.

De fato, um exame mais atento parecia dever se impor, levando-se em consideração o fato de que esse conceito de polaridade é uma noção ausente de todos os dicionários filosóficos de língua francesa, mais familiar, pelo contrário, à filosofia alemã desde que Kant, pioneiramente, teorizou seu conteúdo no ensaio sobre o "conceito de grandeza negativa" (1763) e o próprio Schelling também, pioneiramente, deu seu nome (*Polarität*). Fomos convencidos, já de há muito, da relevância de pesquisas mais cuidadosas sobre os antecedentes culturais de certas noções metafísicas.

Da mesma maneira, resolvemos empreender nós mesmo tais pesquisas, cujos principais resultados poderão ser encontrados expressos em vários artigos publicados na edição de 1989 na *Encyclopaedia universalis.* Essas pesquisas realmente não fazem parte do campo definido pelo tema desta obra redigida um pouco antes (1988), mesmo que possam parecer ser um complemento natural seu. Da mesma maneira, não achamos desejável aumentar o peso deste livro. Nada impede que se possa referir a elas como uma ampliação das questões históricas desenvolvidas neste e como uma abertura desejável para temas de história cultural de conteúdo conexo[28].

Quanto a isso, assinalamos que esses artigos estudavam de maneira relativamente mais aprofundada as relações do pensamento freudiano com Kant, Fichte e Schelling. A abordagem desse aspecto na configuração geral formada pela filosofia crítica e romântica alemã é fácil, pois pelo menos Kant e Schelling são mencionados e comentados de maneira muito positiva por Freud, que indica, de forma relativamente clara, senão completa, as relações entre o próprio desenvolvimento de seus pensamentos e suas respectivas concepções. Em compensação, Freud se separou ostensivamente do pensamento hegeliano, o que, por sinal, não desviou Lacan de empreender a releitura do texto freudiano sob essa luz bem particular. Da mesma maneira, a relação

[28] É. Jalley, "Concept d'opposition", *Encyclopaedia universalis, 16*, Paris, 1989; "Psychanalyse et concept d'opposition", *Encyclopaedia universalis, 19*, Paris, 1989b; "Psychologie génétique", *Encyclopaedia universalis, 19*, Paris, 1989; "Les stades du développement en psychologie et en psychanalyse", *Encyclopaedia universalis, Les enjeux, 2*, Paris, 1989.

de Freud com o pensamento hegeliano seria muito mais secreta do que com os autores anteriores e não se reduziria inteiramente ao que Lacan expôs e cujo conteúdo podemos examinar, por exemplo, no Índice dos *Escritos* (*Categorias hegelianas*). O conjunto dessas razões faz com que nossa elaboração sobre Hegel em relação ao pensamento freudiano nos pareça ter que solicitar complementos ulteriores em relação ao que havíamos formulado nesses textos da *Encyclopaedia universalis.* Foi o que tentamos em algumas passagens da presente obra, para no final poder sentir menos insatisfação.

Tentemos agora, para terminar, formular melhor a noção de contexto cultural, à qual aludimos anteriormente, cujo conteúdo, além disso, o conjunto todo de nossa formulação anterior já trabalha para definir.

No quadro de um determinado período histórico, os contextos culturais, que podem existir numa quantidade variável para a mesma época, se apresentam como formações organizadas em rede que é conveniente analisar em componentes elementares, em esquemas modulares cujo modelo da derivação lateral demos mais acima a título de exemplo. Pode-se imaginar aqui a grosseira analogia das instalações em série ou em paralelo familiares aos eletricistas.

Essas redes culturais se entendem somente na superfície do presente da cultura, mas mergulham, é claro, no passado de sua história. Nesse sentido, elas se apresentam com uma configuração mais ou menos semelhante à dos *icebergs*, cujo maior volume, como se sabe, jaz submerso. Isso significa que elas devem ser abordadas ao pé da letra como formações do inconsciente, de um inconsciente que, em todo caso, excede o do sujeito individual, que qualificamos como a dimensão inconsciente da cultura social, até mesmo como uma forma trans-subjetiva do inconsciente, que por sinal não poderia ser assimilado em hipótese alguma a um inconsciente coletivo de tipo junguiano.

De qualquer maneira, é difícil, no campo da história das idéias, se abster da noção de uma circulação mais ou menos inconsciente dos conteúdos de saber e completamente inoperante se contentar com a noção de "influência", tão fraca como persistente em uma tal área.

Assim, por exemplo, todo mundo admite que em um certo período histórico certas idéias estão mais ou menos no "ar da época". De fato, é esse "mais ou menos" que está em questão e que deve ser objeto em cada caso específico de uma pesquisa tão exata e aprofundada quanto for possível. Nós nos habituamos já há vários anos a esse tipo de dificuldades com relação ao objeto de nossa obra e temos bastante consciência de que nem todas estão resolvidas.

Vamos lembrar que existem, na história das ciências em especial, dois temas muito famosos dessas idéias que circulam no ar da época. Trata-se inicialmente da descoberta simultânea do cálculo infinitesimal por Newton e Leibniz, preparado entretanto pelos trabalhos anteriores de Pascal, Fermat e Roberval. A mesma situação se refere à hipótese da evolução das espécies, formulada por Darwin e Wallace de modo independente, mas absolutamente compreensível a partir das antecipações de Lamarck.

Encaremos, nesse ponto, para encerrar, uma outra metáfora, esta colhida – no domínio da circulação do sangue e familiar – ao fisiologista e até mesmo ao cirurgião, a de uma rede capilar iluminada por um instrumento luminoso: ao lado dos vasos de grande tamanho bem visíveis ao olho nu, a rede comporta uma infinidade de outros, de dimensão invisível ao olhar não provido de aparelhagem, mas que nem por isso deixam de transportar uma parte significativa do sangue.

No domínio da história das idéias, a transmissão dos conteúdos de saber pelo mecanismo das fontes não citadas e modificadas (nossa quarta situação) representa um mecanismo de fato muito difundido. Desse ponto de vista, embora seja geralmente admitido que a cultura francesa, já há cento e cinqüenta anos pelo menos, desde Maine de Biran, enriqueceu-se muito de reminiscências colhidas no período *Von Kant bis Hegel*, é muito menos sabido, por outro lado, que esse rico período do pensamento germânico foi, por sua vez, buscar subsídios tão consideráveis como não declarados na maioria dos casos, na filosofia francesa do século XVIII. Como Albert Rivaud[29] mostra muito bem no notável volume de sua *História da filosofia* dedicado à *Filosofia francesa e inglesa de 1700 a 1830*[30], os principais representantes da época das Luzes e do romantismo na Alemanha, Kant,

[29] A. Rivaud, *Histoire de la philosophie*, 6 vol., Paris, PUF, 1948-1968.

[30] *Ibid.*, t. 4, *Philosophie française et philosophie anglaise de 1700 à 1830*, Paris, PUF, 1962.

Fichte, Schelling, Hegel, Herder, Jacobi, Schiller, Goethe, colheram subsídios inestimáveis, sem quase nunca aludir explicitamente à sua origem, de uma plêiade de autores ligados à grande constelação francesa definida pela *Encyclopédie*: Montesquieu, Voltaire, Diderot, d'Alembert, Rousseau, Condillac, d'Holbach, Condorcet, Buffon e Lamarck, mas também Quesnay e Sébastien Mercier, sem esquecer os ideólogos Cabanis e Volney.

Aquém de Hegel, em relação ao paradigma do espelho se perfilam com certeza a teosofia barroca de Boehme, mas provavelmente também as idéias de um Condillac, que descreve, por exemplo, a credulidade popular como imaginando "seus devaneios interiores pelo modelo das imagens vistas no espelho das águas[31]".

Que os historiadores o digam então, existe ainda para eles um amplo material, ainda mais que são poucos a produzir revisões críticas no domínio da história da psicanálise e também no da psicologia.

[31] *Ibid.*, p. 119.

BIBLIOGRAFIA*

AJURIAGUERRA J. de (1952), *Méconnaissances et hallucinations corporelles; intégration et désintégration de la somatognosie,* Paris, Masson.

AJURIAGUERRA J. de et ANGELERGUES R. (1963), *La cécité psychique, étude critique de la notion d'agnosie,* Paris, Masson.

AJURIAGUERRA J. de et HÉCAEN H. (1964), *Le cortex cérébral, étude neuro-psycho-pathologique,* Paris, Masson. ANZIEU D. et col. (1974), *L'attachement,* Neuchâtel, Delachaux et Niestlé.

BALDWIN J. M. (1899), *Interprétation sociale et morale des principes du développement mental,* Paris, Giard et Brière.

Bible de Jérusalem, Paris, Les éditions du Cerf, 1961.

BION W. (1962), *Aux sources de l'expérience,* Paris, PUF, 1979.

BION W. (1963), *Éléments de la psychanalyse,* Paris, PUF, 1979.

BION W. (1967), *Réflexion faite,* Paris, PUF, 1983.

* O ano posto entre parêntesis imediatamente após o nome do autor remete ora ao ano de publicação da edição de referência utilizada por É. Jalley, ora ao ano de primeira publicação do título considerado. Nesse segundo caso, a edição de referência é indicada se necessário após a menção do título. Além disso, duas classificações sucessivas foram reservadas para Freud: em primeiro lugar estão reunidos os títulos das edições francesas de referência e em seguida somente os títulos de Freud por ordem cronológica de primeira publicação. Da mesma maneira, os *Écrits* de Lacan são apresentados separadamente por ordem cronológica de primeira publicação (NDE).

BION W. (1970), *L'attention et l'interprétation,* Paris, Payot, 1974.

BIRINGER F., et ANDERSON J. R. (1994), "La reconnaissance de soi et d'autrui dans la maladie d'Alzheimer et au cours du vieillissement normal", *Psychol. franç.,* 39.3, pp. 301-306.

BLANC M. (1984), "L' histoire génétique de l'espèce humaine", *La Recherche,* n° 155, pp. 654-669.

BLEANDONU G. (1985), *L'école de Mélanie Klein,* Paris, Le Centurion.

BOLK L. (1926), "La genèse de l'homme", *in Arguments,* 18, 2, 1960, pp. 3-13.

BOWLBY J. (1958), "The nature of child's tie to his mother", *in Inf. J. of psycho-an.,* 39, pp. 350-373.

BRÉHIER E. (1930-1938), *Histoire de la philosophie,* 3 vol., Paris, PUF, 1981.

BRENTANO F. (1874), *Psychologie d'un point de vue empirique,* Paris, Aubier, 1944.

BÜHLER C. et col. (1927), *Soziologische und psychologische Studien über das erste Lebensjahr. Iena, Fischer.*

BÜHLER C. (1931), *Kindheit und Jugend, Genese des Bewusstseins,* (Enfance et adolescence, Genèse de la conscience).

CHILAND C. (1981), *Les écoles psychanalytiques. La psychanalyse en mouvement,* Paris, Tchou.

CORRAZE J. (1980), *Image spéculaire du corps. Choix de textes présentés,* Toulouse, Privat.

COURBON P. et TUSQUES J. (1932), "Identification délirante et fausse reconnaissance», *Ann. méd.- psych.,* 14 s, t. 2.

DANSET A. (1983), *Éléments de psychologie du développement,* Paris, Armand Colin-Bourrelier.

DARWIN C. (1859), *L'origine des espèces,* Paris, Maspero, 1980.

DARWIN C. (1877), "A biographical sketch of an infant", *in Mind,* 7, pp. 287-294.

DEROMBIES (1935), *L'illusion de Sosie, forme particulière de méconnaissance systématique,* Cahors, Coueslant.

DONNET J. L. et PINEL J. L. (1968), "Le problème de l'identification chez Freud", *L'inconscient,* 7, pp. 5-22.

DOR J. (1994), *Nouvelle bibliographie des travaux de Jacques Lacan. Thésaurus Lacan,* vol. 2, Paris, EPEL.

DORON R. (1964), "La socialisation de l'enfant: la prématuration, la croissance, la communication, l'intégration sociale", *in* Daval R. et col., *Traité de psychologie sociale,* 2, Paris, PUF, pp. 1-94.

DORON R. (1968), "Sens clinique et psychologie clinique", *Bull. psychol.,* 270, 21, 15-19, pp. 1151-1167.

DORON R. (1978), *Éléments de psychanalyse,* Paris, PUF.

DUFOUR D. R. (1998), "Lacan et le miroir sophianique de Boehme", *Cahiers de l'Unebévue,* Paris, EPEL.

EIMERL S. et DE VORE I. (1972), *Les primates,* Amsterdam, Time-Life.

ELLENBERGER H. F. (1970), *À la découverte de l'inconscient,* Lyon, Simep.

FERENCZI S. (1932), "Confusion de langue entre les adultes et l'enfant. Le langage de la tendresse et de la passion", *La psychanalyse,* 1961, 6, pp. 241-243.

FREUD S., *Gesammelte Werke,* 18 vol., G. W., Londres, Imago, 1940-1952.

FREUD S., *The Standard Edition of the Complete Psychological Works,* éd. par James Strachey, 24 vol., Londres, Hogarth Press, 1953-1966.

FREUD S. (1956), *La naissance de la psychanalyse,* Paris, PUF.

FREUD S. (1954), *Cinq psychanalyses,* Paris, PUF.

FREUD S. (1967), *Métapsychologie,* Paris, Gallimard.

FREUD S. (1969), *La vie sexuelle,* Paris, PUF.

FREUD S. (1973), *Névrose, psychose et perversion,* Paris, PUF.

FREUD S. (1974), *Ma vie et la psychanalyse,* Paris, Gallimard.

FREUD S. (1975), *Essais de psychanalyse appliquée,* Paris, Gallimard.

FREUD S. (1981), *Essais de psychanalyse (EP),* Paris, Payot.

FREUD S. (1984-1985), *Résultats, idées, problèmes,* 1, 1890-1920; 2,1921-1938, Paris, PUF, t. 1, 1984 (1), 1985 (2).

FREUD S. (1890), "Traitement psychique (traitement d'âme)", *in Résultats, idées, problèmes,* 1, *op. cit.,* pp. 1-23.

FREUD S. (1895 a), "Manuscrit H", *in La naissance de la psychanalyse, op. cit.,* pp. 98-102.

FREUD S. (1895 b), "Esquisse d'une psychologie scientifique", *in ibid.,* pp. 313-396.

FREUD S. et BREUER J. (1895 c), *Études sur l'hystérie,* Paris, PUF, 1978.

FREUD S. (1896 a), "Manuscrit K", *in La naissance de la psychanalyse, op. cit.*, pp. 129-137.

FREUD S. (1896 b), "L'hérédité et l'étiologie des névroses", *in Névrose, psychose et perversion, op. cit.*, pp. 47-59.

FREUD S. (1896 c), "Nouvelles remarques sur les psychonévroses de défense", *in ibid.*, pp. 61-81.

FREUD S. (1896 d), "L'étiologie de l'hystérie", *in ibid.*, pp. 83-112.

FREUD S. (1899 a), "Lettre n° 103 du 30-1-99", *in La naissance de la psychanalyse, op. cit.*, pp. 244.

FREUD S. (1899 b), "Lettre n° 125 du 9-12-99", *in ibid.*, pp. 270-271.

FREUD S. (1900), *L'interprétation des rêves,* Paris, PUF, 1971.

FREUD S. (1905 a), "Fragment d'une analyse d'hystérie: Dora", *in Cinq psychanalyses, op. cit.*, pp. 1-91.

FREUD S. (1905 b), *Trois essais sur la théorie de la sexualité,* Paris, Gallimard, 1962.

FREUD S. (1905 c), *Le mot d'esprit et ses rapports avec l'inconscient,* Paris, Gallimard, 1969.

FREUD S. (1908), "La morale sexuelle 'civilisée' et la maladie nerveuse des temps modernes", *in La vie sexuelle, op. cit.*, pp. 28-46.

FREUD S. (1909 a), "Analyse d'une phobie d'un petit garçon de cinq ans: le petit Hans", *in Cinq psychanalyses, op. cit.*, pp. 93-198.

FREUD S. (1909 b), "Cinq leçons sur la psychanalyse", *in Psychologie des foules et analyse du moi,* Paris, Payot,1950. FREUD S. (1911 a), "Le président Schreber", *in Cinq psychanalyses, op. cit.*, pp. 263-324.

FREUD S. (1911 b), "Formulations sur les deux principes du cours des événements psychique", *in Résultats,idées, problèmes,* 1, *op. cit.*, pp. 135-143.

FREUD S. (1913 a), *Totem et tabou,* Paris, Payot, 1947.

FREUD S. (1913 b), "L'intérêt de la psychanalyse", *in Résultats, idées, problèmes,* 1, *op. cit.*, pp. 187-213.

FREUD S. (1914), "Pour introduire le narcissisme", *in La vie sexuelle, op. cit.*, 1914, pp. 81-105.

FREUD S. (1915 a), "Pulsions et destins des pulsions", *in Métapsychologie, op. cit.*, pp. 11-44.

FREUD S. (1915 b), "Le refoulement", *in ibid.*, pp. 45-63.

FREUD S. (1915 c), "L'inconscient", *in ibid.,* pp. 65-123.

FREUD S. (1915 d), "Considérations actuelles sur la guerre et la mort", *in Essais de psychanalyse, op. cit.,* pp. 7-40.

FREUD S. (1916-1917), *Introduction à la psychanalyse,* Paris, Payot, 1962.

FREUD S. (1918), "L'homme aux loups", *in Cinq psychanalyses, op. cit.,* pp. 325-420.

FREUD S. (1919 a), "Un enfant est battu", *in Névrose, psychose et perversion, op. cit.,* pp. 219-243.

FREUD S. (1919 b), "L'inquiétante étrangeté", *in Essais de psychanalyse appliquée, op. cit.,* pp. 163-210.

FREUD S. (1920), "Au-delà du principe de plaisir", *in Essais de psychanalyse, op. cit.,* pp. 41- 115.

FREUD S. (1921), "Psychologie collective et analyse du moi", *in ibid.*, pp. 117-217.

FREUD S. (1922), "Sur quelques mécanismes névrotiques dans la jalousie, la paranoïa, l'homosexualité", *in Névrose, psychose et perversion, op. cit.*, pp. 271-281.

FREUD S. (1923 a), "Le moi et le ça", *in Essais de psychanalyse, op. cit.*, pp. 219-275.

FREUD S. (1923 b), "Une névrose démoniaque au XVIIIe siècle", *in Essais de pyschanalyse appliquée, op. cit.,* p.211-251.

FREUD S. (1924), "La perte de la réalilé dans la névrose et dans la psychose", *in Névrose, psychose* et *perversion, op. cit.,* pp. 299-303.

FREUD S. (1925), "La negation", *in Résultats, idées, problèmes,* 2, *op. cit.,* pp. 135-139.

FREUD S. (1925 a), "Ma vie et la psychanalyse", *in Ma vie et la psychanalyse, op. cit.,* pp. 9-91.

FREUD S. (1926 a), "Psychanalyse el médecine", *in ibid.,* pp. 93-184.

FREUD S. (1926 b), *Inhibition, symptôme et angoisse,* Paris, PUF, 1965.

FREUD S. (1927), *L'avenir d'une illusion,* Paris, PUF, 1971.

FREUD S. (1930), *Malaise dans la civilisation,* Paris, PUF, 1971.

FREUD S. (1931), "Sur la sexualité féminine", *in La vie sexuelle, op. cit.,* pp. 139-155.

FREUD S. (1932), "Sur la prise de possession du feu", *in Résultats, idées, problèmes,* 2, pp. 191-196.

FREUD S. (1933 a), *Nouvelles conférences d'introduction à la psychanalyse,* Paris, PUF, 1984.

FREUD S. (1933 b), "Pourquoi la guerre?", *in Résultats, idées, problèmes,* 2, pp. 203-215.

FREUD S. (1938 a), *Abrégé de psychanalyse,* Paris, PUF, 1951.

FREUD S. (1938 b), "Résultats, idées, problèmes", *in Résultats, idées, problèmes,* 2, pp. 287-288.

FREUD S. (1938 c), "Le clivage du moi dans le processus de défense", *in ibid.,* pp. 283-286.

GRATIOT-ALPHANDÉRY H. (1976), *Lecture d'Henri Wallon, choix de textes, introduction,* Paris, Éditions sociales.

GREEN A. (1977), "La royauté appartient à l'enfant", *in* D.W. Winnicott, *L'arc* n° 69, Aix-en-Provence, pp. 4-12.

GRINBERG L. et col. (1976), *Introduction aux idées psychanalytiques de Bion,* Paris, Dunod.

GUILLAUME P. (1925), *L'imitation chez l'enfant,* Paris, Alcan, rééd. PUF, 1968.

HALBERSTADT (1923), "Le syndrome d'illusion des sosies rapporté à une observation clinique" *Journ. psychol. norm. path.,* oct.

HECAEN H. et ANGELERGUES R. (1965), *Pathologie du langage,* Paris, Larousse.

HEGEL G. W. F. (1807), *Phénoménologie de l'esprit* (trad. Hyppolite, 1941; Lefebvre, 1991), Paris, Aubier; *Phänomenologie des Geistes,* Lasson, XI, Leipzig, Meiner, 1937.

HEGEL G. W. F. (1809-1811), *Propédeutique philosophiques,* Paris, Denöel, Gonthier, 1963.

HEGEL G. W. F. (1830), *Encyclopédie des sciences philosophiques I,* Paris, Vrin, 1986; Sämtliche Werke, éd. Glockner, 8. Stuttgart, Frommann, 1964.

HEGEL G. W. F. (1832), *Leçons sur l'histoire de la philosophie,* Paris, Vrin, 1985.

JACCARD R. el col. (1982), *Histoire de la psychanalyse,* 2 vol., Paris, Hachette.

JAKOBSON R. (1963), *Essais de linguistique générale,* Paris, Minuit.

JALLEY É. (1981), *Wallon lecteur de Freud* et *Piaget,* Paris, Éditions sociales.

JALLEY É. (1982), "Introduction à la lecture de H. Wallon", *in Wallon: la vie mentale,* Paris, Éditions sociales.

JALLEY É. (1986), *Wallon et la psychanalyse,* Thèse de doctorat ès Lettres et Sciences humaines, Bibliothèque des Thèses de La Sorbonne, 1127 pages.

JALLEY É. (1989 a), *Concept d'opposition. Encyclopoedia universalis,* 16, Paris, pp. 956, 965.

JALLEY É. (1989 b), *Psychanalyse* et *concept d'opposition. Encyclopoedia universalis,* 19, Paris, pp. 179, 187.

JALLEY É. (1989 d), *Psychologie génétique. Encyclopoedia universalis,* 19, Paris, pp. 232, 238.

JALLEY É. (1989 d), *Les stades du développement en psychologie* et *en psychanalyse. Encyclopredia universalis, Les enjeux,* 2, Paris, pp. 895, 902.

JALLEY É. et MAURY L. (1990), *Wallon. Psychologie et dialectique. Écrits de* 1926 *à* 1961, Paris, Messidor, 1990.

JANET P. (1928), *L'évolution de la mémoire et de la notion de temps, Cours du Collège de France,* Paris, Maloine.

JANET P. (1929), *La personnalité, Cours du Collège de France,* Paris, Maloine.

KAUFMANN P. et col. (1993), *L'apport freudien. Éléments pour une encyclopédie de la psychanalyse,* Paris, Bordas.

KHAN M. (1971), "Préface" *in* Winnicott D., *La consultation thérapeutique et l'enfant,* Paris, Gallimard, pp. VIII, XLIV.

KLEIN M. (1932), *Die Psychoanalyse des Kindes. Wien, IPV. La psychanalyse des enfants,* Paris, PUF, 1978.

KLEIN M. (1946), "Notes sur quelques mécanismes schizoïdes", *in* Klein, M. et col., *Dèveloppements de la psychanalyse, op. cit.,* pp. 274-300.

KLEIN M. (1948), *Essais de psychanalyse,* Paris, Payot, 1968.

KLEIN M. (1957-1963), *Envie* et *gratitude et autres essais,* Paris, Gallimard, 1968.

KLEIN M. (1975), *The writings of Melanie Klein,* 4 vol., London, Hogarth Press.

KLEIN M. et col. (1952), *Développements de la psychanalyse,* Paris, PUF, 1966.

KLEIN M. et RIVIERE J. (1937), *L'amour et la haine,* Paris, Payot, 1968.

KÖHLER E. (1926), *Die Persönlichkeit des dreijahrigen Kindes,* Leipzig, Hirzel.

KOYRÉ A. (1929), *La philosophie de Jacob Boehme,* Paris, Vrin, 1979.

KRETSCHMER M. (1950), *Paranoïa et sensibilité,* Brionne, Monfort, 1963.

KRÖNER R. (1921-1924), *Von Kant bis Hegel,* Tübingen.

LACAN J. (1932), *De la psychose paranoïque dans ses rapports avec la personnalité,* suivi de *Premiers écrits sur la paranoïa,* Paris, Le Seuil, 1975.

LACAN J. (1937), *Le stade du miroir. Théorie d'un moment structurant et génétique de la constitution de la réalité, conçu en relation avec l'expérience et la doctrine psychanalytique,* 14° Congrès psychanalytique international, Marienbad, 3 août 1936. Indexé sous le titre "The looking-glass-phase" dans *l'International Journal of Psychoanalysis,* 1937, t. 1, pp. 78.

LACAN J. (1938), *Les complexes familiaux dans la formation de l'individu,* Paris, Navarin, 1984.

LACAN J. (1966), *Écrits,* Paris, Le Seuil.

LACAN J. (1973), *Les quatre concepts fondamentaux de la psychanalyse, Le séminaire XI,* Paris, Le Seuil.

LACAN J. (1975), *Les écrits techniques de Freud 1953-1954, Le séminaire livre I,* Paris, Le Seuil.

LACAN J. (1978), *Le moi dans la théorie de Freud et dans la technique de la psychanalyse* 1954-1955, *Le Séminaire livre 2,* Paris, Le Seuil.

LACAN J. (1981), *Les psychoses* 1955-1956, *Le Séminaire livre 3,* Paris, Le Seuil.

LACAN J. (1936), "Au-delà du 'Principe de réalité'", *in Écrits, op. cit.,* pp. 73-92.

LACAN J. (1948), "L'agressivité en psychanalyse", *in ibid.,* pp. 101-124.

LACAN J. (1949), "Le stade du miroir", *in ibid.,* pp. 93-100.

LACAN J. (1950), "Propos sur la causalité psychique", *in ibid.,* pp. 151-193 (première parution en 1947).

LACAN J. (1951), "Fonctions de la psychanalyse en criminologie", *in ibid.,* pp. 125-149.

LACAN J. (1955), "Variantes de la cure-type", *in ibid.,* pp. 323-362.

LACAN J. (1956), "Fonction et champ de la parole et du langage en psychanalyse", *in ibid.,* pp. 237-322.

LACAN J. (1956), "La chose freudienne", *in ibid.,* pp. 401-436.

LACAN J. (1957), "Séminaire sur la lettre volée", *in ibid.,* pp. 11-61.

LACAN J. (1957), "L' instance de la lettre dans l'inconscient", *in ibid.,* pp. 493-428.

LACAN J. (1958), "D'une question préliminaire à tout traitement possible de la psychose", *in ibid.,* pp. 531-583.

LACAN J. (1960), "Subversion du sujet", *in ibid.,* pp. 793-827 (non publié avant 1966).

LACAN J. (1961), "Remarque sur le rapport de Daniel Lagache", *in ibid.,* pp. 647-684.

LACAN J. (1961), "La direction de la cure", *in ibid.,* pp. 585-645.

LACAN J. (1966), "De nos antécédents", *in ibid.,* pp. 65-72.

LACAN J. (1966), "D'un syllabaire après coup, in Sur la théorie du symbolisme d'Ernest Jones", *in ibid.,* pp. 717-724.

LACAN J. (1966), "Index raisonné des concepts majeurs", *in ibid.,* pp. 893-902.

LAGACHE D. (1932-1964), *(Œuvres complètes,* 6 vol. (t.), Paris, PUF, 1977, 1984.

LAGACHE D. (1938), "Note sur le langage et la personne", *in ibid.,* t 1, pp. 205-213.

LAGACHE D. (1949), *L'unité de la psychologie,* Paris, PUF.

LAGACHE D. (1950), "Janet au collège de France", *in ibid.,* t. 2, 1950, pp. 232-238.

LAGACHE D. (1954), "Quelques aspects de l'identification", *in ibid.,* t 3, pp. 202-213.

LAGACHE D. (1955), *La psychanalyse,* QSJ, n° 660, Paris, PUF.

LAGACHE D. (1960), "La psychologie et les sciences humaines", *in (Œuvres complètes, op. cit., t.* 4, pp. 147-175.

LAGACHE D. (1961), "La psychanalyse et la structure de la personnalité", *in ibid.,* t. 4, pp. 191-237.

LAGACHE D. (1962 a), "La conception de l'homme dans l'expérience psychanalytique", *in ibid.,* t. 4, pp. 283-296.

LAGACHE D. (1962 b), "Pouvoir et personne", *in ibid.,* t. 4, pp. 297-304.

LAGACHE D. (1962 c), "La théorie des relations parents-enfants", *in ibid.,* t. 4, pp. 313-314.

LAGACHE D. et col. (1965 a), *Les modèles de la personnalité, Symposium de l'APSLF,* Paris, PUF.

LAGACHE D. (1965 b), "Wallon Henri (1879, 1962)", *in (Œuvres complètes, op. cit.,* t. 6, pp. 185-191.

LAMBOTTE M.C (1993), "Miroir (stade du)", *in* P. Kaufmann et col., *L'apport freudien, op. cit.,* pp. 244-247.

LAPLANCHE J. (1970), *Vie et mort en psychanalyse,* Paris, Flammarion.

LAPLANCHE J. et PONTALIS J. B. (1967), *Vocabulaire de la psychanalyse,* Paris, PUF.

LAWICK-GOODALL J. van (1970), *Les chimpanzés et moi,* Paris, Stock, 1971.

LEROI-GOURHAN A. (1964), *Le geste et la parole,* 2 vol., Paris, Albin Michel.

LÉVY-BRUHL L. (1931), *Le surnaturel et la nature dans la mentalité primitive,* Paris.

LHERMITTE J. (1939), *L'image de notre corps,* Paris, Éd. de la nouv. rev. crit.

LUZÉS, P. (1985), "Vers une nouvelle théorie psychanalytique des émotions", *in Revue franç. de psychan.,* 49, n° 1, 1985, pp. 327-353.

MAURY L. (1984), *Piaget et l'enfant,* Paris, PUF.

MAUPASSANT G. de (1962), *Le Horla,* Paris, Albin Michel.

MERLEAU-PONTY M. (1988), *Merleau Ponty à la Sorbonne, résumé de cours* 1949-1952, Grenoble, Cynara.

MOOR L. (1969), "Lexique français-anglais-allemand des termes usuels en psychiatrie, neuro-psychiatrie infantile et psychologie pathologique", *L'expansion scientifique française,* 2e éd., Paris.

MOUNOUD P. et VINTER A. (1981), *La reconnaissance de son image chez l'enfant et chez l'animal. Textes de base en psychologie,* Paris, Delachaux et Niestlé.

OSTERRIEH P. et col. (1956), *Le problème des stades en psychologie de l'enfant,* Symposium de l'APSLF, Paris, PUF.

PAROT F. et RICHELLE M. (1992), *Psychologues de langue française. Autobiographies,* Paris, PUF.

PETOT J. M. (1982), *Mélanie Klein, le moi et le bon objet, 1932-1960,* Paris, Dunod.

PIAGET J. (1928), "Les trois systèmes de pensée de l'enfant", *in* L. Maury, *op. cit.,* pp. 24, 44.

PIAGET J. (1936), *La naissance de l'intelligence chez l'enfant,* Neuchâtel, Delachaux et Niestlé.

PIAGET J. (1946), *La formation du symbole chez l'enfant,* Paris, Delachaux et Niestlé.

PIAGET J. (1950), "Autobiographie", *in Cahiers Vilfredo Pareto,* n° 38, 39, 1976, pp. 1, 43.

PONTALIS J. B. (1971), "Trouver, accueillir, reconnaître l'absent. Préface à *D. Winnicott: Jeu et réalité, l'espace potentiel,* Paris, Gallimard, 1975, pp. VII-XV.

POROT A. (1965), *Manuel alphabétique de psychiatrie,* Paris, PUF.

POSTEL J. (1961), "Le compagnon imaginaire chez l'enfant de 3 à 10 ans", *Mémoire DES philos.,* Bibliothèque CHS Sainte-Anne, n° 08.1269.

POSTEL J. (1962), "Contribution à l'étude des troubles de la reconnaissance de l'image spéculaire de soi chez les personnes âgées: l'épreuve spéculaire dans les démences tardives", *Thèse doctor. psychol.,* Bibliothèque CHS Sainte-Anne, n° 08.343.

PRÉVOST C. M. (1973), *La psycho-philosophie de Pierre Janet,* Paris, Payot.

PREYER G. (1882), *Die Seele des Kindes, L'âme de l'enfant* (trad. Varigny), Paris, Alcan, 1887.

RANK O. (1914-1922), *Don Juan et le double. Études psychanalytiques,* Paris, Payot, 1932.

RÒHEIM G. (1950), *Psychanalyse et anthropologie,* Paris, Gallimard, 1967.

ROUDINESCO E. (1982), *La bataille de cent ans. Histoire de la psychanalyse en France,* vol. I, 1885-1939, Paris, Ramsay.

ROUDINESCO E. (1986), *La bataille de cent ans. Histoire de la psychanalyse en France,* vol. 2, 1925-1985, Paris, Le Seuil.

ROUDINESCO E. (1993), J*acques Lacan. Esquisse d'une vie, histoire d'un système de pensée,* Paris, Fayard.

ROUDINESCO E. (1984), "Lacan lecteur de Wallon et Kojève", *in Libération,* 2-4, 1984, p. 32.

ROUDINESCO E. et PLON M. (1997), *Dictionnaire de la psychanalyse,* Paris, Fayard.

SCHILDER P. (1935), *L'image du corps,* Paris, Gallimard, 1968.

SINCLAIR DE ZWART H. (1966), "Jean Piaget et la linguistique", *in Cahiers Vilfredo Pareto,* 10, pp. 31-34.

SMIRNOFF V. N. (1966), *La psychanalyse de l'enfant,* Paris, PUF, 1992.

SMIRNOFF V. N. (1979), "De Vienne à Paris, sur les origines d'une psychanalyse à la française", *in Nouv. Revue de psychan.,* 20, pp. 13-58.

SOLLIER P. et COURBON (1924), *Pratique sémiologique des maladies mentales, guide de l'étudiant et du praticien.*

SOLLIER P. (1903), *Les phénomenes d'autoscopie,* Paris, Alcan.

SPITZ R. A. (1954), "Les premières relations objectales", *in Revue franç. de Psychan.,* 18, pp. 479-575.

SPITZ R. A. (1957, 1962), *Le non et le oui. La genèse de la communication humaine,* Paris, PUF.

SPITZ R. A. (1959, 1979), *L'embryogenèse du moi. Une théorie du champ pour la psychanalyse,* Bruxelles, Complexe.

SPITZ R. A. (1965, 1968), *De la naissance à la parole,* Paris, PUF.

THIBIERGE S. (1997), "Généalogie et analyse critique du syndrome d'illusion de Frégoli. Contribution à la question des troubles de la reconnaissance et de la nomination en psychopathologie et spécialement dans les psychoses", Thèse de doctorat, non publiée.

TRAN-THONG (1971), *Stades et concept de stade de développement de l'enfant dans la psychologie contemporaine,* Paris, Vrin.

VANEIGEM R. (1994), *Les hérésies,* Paris, PUF, coll. "Que sais-je?", n° 2838.

VIÉ J. (1930), "Un trouble de l'identification délirante: l'illusion des sosies", *in Ann. méd.-psych.,* t. 1.

VOUTSINAS D. (1983), "Chronique bibliographique, à travers les revues", *in Bulletin de psychologie,* n° 362, 36, 18, pp. 965, 967.

WALLON H. (1909), *Délire de persécution. Le délire chronique à base d'interprétation,* Paris, Baillière.

WALLON H. (1920,1921), "La conscience et la vie subconsciente", *in* G. Dumas, *Nouveau traité de psychologie,* Paris, PUF, 7, 1942, pp. 1, 38.

WALLON H. (1924), "L'interrogation chez l'enfant", *in* J. *de psychol.,* 21, pp. 170-182.

WALLON H. (1925), *L'enfant turbulent,* Paris, Alcan, rééd. PUF,1984.

WALLON H. (1928 a), "La mentalité primitive et celle de l'enfant", *in Revue philosophique,* 7-8, 1928, pp. 82-805.

WALLON H. (1928 b), "L'autisme du malade et l'égocentrisme enfantin intervention aux discussions de la these de Piaget", *in L. Maury, op. cit.,* pp. 36-42.

WALLON H. (1928 c), "La maladresse", *in Enfance, n° spécial Henri Wallon,* 1959-1963, pp. 264-278.

WALLON H. (1929), "L'habileté manuelle. Ses conditions psychophysiologiques", *in ibid.,* pp. 111-120.

WALLON H. (1930), "De l'image au réel dans la pensée de l'enfant", *in Revue philosophique,* 5-6,1930, pp. 446-458.

WALLON H. (1931), " Comment se développe chez l'enfant la notion du corps propre", *in Enfance, op. cit.,* pp. 121-150.

WALLON H. (1932), "De l'expérience concrète à la notion de causalité et à la représentation-symbole", *in ibid.,* pp. 337-366.

WALLON H. (1934), *Les origines du caractère chez l'enfant. Les préludes du sentiment de personnalité,* Paris, Boivin, rééd. PUF, 1973.

WALLON H. (1935), "Le réel et le mental", *in Enfance, op. cit.,* pp. 367-397.

WALLON H. (1937), "Psychologie et éducation de l'enfance", *in ibid.,* pp. 195-202.

WALLON H. (1938), *La vie mentale,* Paris, Éditions sociales, 1982.

WALLON H. (1941), *L'évolution psychologique de l'enfant,* Paris, A. Colin, 1974.

WALLON H. (1942), *De l'acte à la pensée,* Paris, Flammarion.

WALLON H. (1945), *Les origines de la pensée chez l'enfant,* Paris, PUF, 1963.

WALLON H. (1946), "Le rôle de l'autre dans la consciente du moi", *in Enfance, op. cit.,* pp. 279-286.

WALLON H. (1947 a), "L'étude psychologique et sociologique de l'enfant", *in ibid.,* pp. 297-308.

WALLON H. (1947 b), "Les stades de l'évolution psychologique de l'enfant", *in* E. Jalley et L. Maury, *op. cit.,* pp. 140-147.

WALLON H. (1951), "L'évolution dialectique de la personnalité", *in Enfance, op. cit.,* pp. 43-49.

WALLON H. (1952), "Les étapes de la sociabilité chez l'enfant", *in ibid.,* pp. 309-323.

WALLON H. (1954), "Kinesthésie et image visuelle du corps propre chez l'enfant", *in ibid.,* pp. 252-263.

WALLON H. (1955), "L'instabilité posturo-psychique chez l'enfant", *in ibid.,* pp. 163-171.

WALLON H. (1956 a), "Niveaux et fluctuations du moi", *in Enfance, ibid.,* pp. 87-98.

WALLON H. (1956 b), "Les étapes de la personnalité chez l'enfant", *in ibid.,* pp. 73-85.

WALLON H. (1958), "Le dessin du personnage chez l'enfant: ses étapes et ses mutations", *Enfance,* 3, pp. 177-211.

WALLON H. (1959), "L'espace graphique de l'enfant", *J. de psychol.,* 56, pp. 425-454.

WALLON H., et LURCAT L. (1962), "Espace postural et espace environnant", *in Enfance,* 1, pp. 1-33.

WERNICKE K. (1906), *Grundriss der Psychiatrie,* 2. éd.

WIDLÖCHER D. (1979), "Wallon et Freud", *Enfance,* pp. 335-345.

WINNICOTT D. W. (1958), *De la pédiatrie à la psychanalyse,* Paris, Payot, 1978.

WINNICOTT D. W. (1965), *Processus de maturation chez l'enfant,* Paris, Payot, 1978.

WINNICOTT D. W. (1971), *Jeu et réalité, l'espace potentiel,* Paris, Gallimard, 1975.

ZAZZO R. (1962), *Conduite et conscience.* 1. *Psychologie de l'enfant et méthode génétique,* Paris et Neuchâtel, Delachaux et Niestlé.

ZAZZO, R. (1973), "À travers le miroir, une étude sur la découverte de l'image de soi chez l'enfant", *Laboratoire de psycho-biologie de l'enfant (EPHE),* film, J.P. Dalle, SFRS.

ZAZZO R. (1975 a), *Psychologie et marxisme,* Paris, Denöel-Gonthier.

ZAZZO R. (1975 b), "La genèse de conscience de soi (la reconnaissance de soi dans l'image du miroir)", *in* R. Angelergues, et col.: *Psychologie de la connaissance de soi,* Symposium de l' APSLF, Paris, PUF, pp. 145-204.

ZAZZO R. (1977 a), "Image spéculaire et image anti-spéculaire. Expériences sur la construction de l'image de soi", *Enfance,* 2-4, pp. 223-230.

ZAZZO R. (1977 b), "Image spéculaire et conscience de soi", *in* G. Oléron et col., *Psychologie expérimentale et comparée. Hommage à Paul Fraisse,* Paris, PUF.

ZAZZO R. (1983), *Où en est la psychologie de l'enfant?,* Paris, Denöel-Gonthier.

ZAZZO R. (1993), *Reflets de miroir et autres doubles,* Paris, PUF.

Impresso nas oficinas da
SERMOGRAF - ARTES GRÁFICAS E EDITORA LTDA.
Rua São Sebastião, 199 - Petrópolis - RJ
Tel.: (24)2237-3769